BLACK ATHENA

黑色雅典娜

古典文明的亚非之根

（全三卷）

2

考古学和
书面证据（下）

［英］马丁·贝尔纳 —— 著

李静滢 —— 译

MARTIN BERNAL

VOLUME II

THE ARCHAEOLOGICAL
AND DOCUMENTARY EVIDENCE（II）

THE AFROASIATIC ROOTS OF CLASSICAL CIVILIZATION

南京大学出版社

Black Athena: The Afroasiatic Roots of Classical Civilization, Volume I: The Fabrication of Ancient Greece, 1785-1985 by Martin Bernal
Copyright © Martin Bernal 1987, Reprinted 8 times
First Published by Free Association Books Publishers, represented by Cathy Miller Foreign Rights Agency, London, England.
Simplified Chinese edition copyright © Shanghai Sanhui Culture and Press Ltd, 2011, 2020
Published by Nanjing University Press
All rights reserved.

Black Athena: The Afroasiatic Roots of Classical Civilization, Volume II: The Archaeological and Documentary Evidence by Martin Bernal
Copyright © Martin Bernal 2000
First Published by Free Association Books Ltd, represented by Cathy Miller Foreign Rights Agency, London, England.
Simplified Chinese edition copyright © Shanghai Sanhui Culture and Press Ltd, 2020
Published by Nanjing University Press
All rights reserved.

Black Athena: The Afroasiatic Roots of Classical Civilization, Volume III: The Linguistic Evidence by Martin Bernal
Copyright © Martin Bernal 2006
First Published by Free Association Books Ltd, represented by Cathy Miller Foreign Rights Agency, London, England.
Simplified Chinese edition copyright © Shanghai Sanhui Culture and Press Ltd, 2020
Published by Nanjing University Press
All rights reserved.
版权登记号：图字10-2019-366号

图书在版编目（CIP）数据

黑色雅典娜：古典文明的亚非之根：全三卷 / (英) 马丁·贝尔纳 (Martin Bernal) 著；郝田虎等译
. -- 南京：南京大学出版社, 2020.7
书名原文：Black Athena: Afroasiatic Roots of Classical Civilization
ISBN 978-7-305-23267-1

Ⅰ. ①黑… Ⅱ. ①马… ②郝… Ⅲ. ①西方文化—文化史—研究 Ⅳ. ①K103

中国版本图书馆CIP数据核字(2020)第079719号

出版发行 南京大学出版社
社　　址 南京市汉口路22号　　邮　编 210093
出 版 人 金鑫荣

书　　名 黑色雅典娜：古典文明的亚非之根（全三卷）
著　　者 ［英］马丁·贝尔纳
译　　者 郝田虎 程　英 李静滢 冯金朋 赵　欢
策 划 人 严搏非
责任编辑 陈蕴敏
特约编辑 张少军 张嘉宁 孔繁尘

印　　刷 山东临沂新华印刷物流集团有限责任公司
开　　本 787mm×1092mm 16开　　印张 135　字数 2032千字
版　　次 2020年7月第1版　　2020年7月第1次印刷
ISBN 978-7-305-23267-1
定　　价 398.00元

网　　址 http://www.njupco.com
官方微博 http://weibo.com/njupco
官方微信 njupress
销售热线（025）83594756

目录

前言和致谢 / **001**

转写和表音拼法 / **009**

地图和表 / **013**

年代表 / **031**

绪　言 / **035**
倾向于修正的古代模式而非雅利安模式的内在原因
一些理论上的思考
观点概述

第一章　宫殿时期之前的克里特：公元前 7000 年—公元前
　　　　2100 年 / **097**
"传播论者"和"孤立主义者"之间的争论
公元前 21 世纪以前的克里特
青铜时代早期的克里特宗教
结论

第二章　公元前三千纪埃及对波伊奥提亚和伯罗奔尼撒的影响
　　　　（第一部分）：膜拜、神话和传说中的证据 / **115**
塞墨勒和阿尔克墨涅
雅典娜和波伊奥提亚的雅典：对雅典娜·埃托尼亚和雅典
　娜·阿拉尔克墨纳的膜拜
奈斯：水域的控制者
奈斯与塞特之战，雅典娜与波塞冬之战
波塞冬 / 塞特
奈斯 / 雅典娜和奈芙蒂斯 / 厄里倪厄斯

赫拉克勒斯

结论

第三章　公元前三千纪埃及对波伊奥提亚和伯罗奔尼撒的影响（第二部分）：
　　　　考古证据 / **172**

斯巴达人的考古：阿尔克墨涅之墓

安菲翁和仄托斯的墓葬

排干科帕伊斯湖

粮仓

阿尔戈斯地区的灌溉和殖民过程

阿卡狄亚的排水和灌溉

波伊奥提亚和阿卡狄亚地名之间的对应

青铜时代早期希腊的社会和政治结构

古王国时期的埃及在爱琴海留下的其他考古证据

青铜时代早期文明的"全盛时期"走向终结

结论

第四章　古宫殿时期的克里特和埃及中王国：公元前 2100 年—公元前
　　　　1730 年 / **208**

弥诺斯早期三段——前宫殿时期

铅和螺旋

克里特宫殿

克里特的文字体系

早期宫殿时期克里特的膜拜象征

公牛膜拜可能存在的安纳托利亚渊源

雷电与性：敏神、潘神和 B^{w}ÄZÄ

敏神与弥诺斯

对于存在埃及影响的反对意见

蒙特和拉达曼提斯

公牛膜拜的延续——克里特的保守主义

结论

第五章　色梭斯特里斯（第一部分）：希腊人讲述的色梭斯特里斯征服——考古学和文献证据 / **247**

米特·拉辛纳碑文的发现

铭文的重要意义：中王国时期埃及在亚洲建立帝国的证据

森乌塞特和色梭斯特里斯

色梭斯特里斯故事中的真实与虚构成分

中王国时期埃及的军事力量

背景

战役的考古证据

色梭斯特里斯是毁灭者吗？

色梭斯特里斯到达过色雷斯和塞西亚？

色梭斯特里斯到达过科尔基斯？

米特·拉辛纳碑文对色梭斯特里斯"征服"的证明

结论

第六章　色梭斯特里斯（第二部分）：膜拜、神话和传说中的证据 / **305**

埃及的传说

黎凡特和安纳托利亚的传说

色雷斯和塞西亚

科尔基斯：埃及的殖民地？

美索不达米亚和伊朗

关于门农及其征服安纳托利亚的希腊传说

公元前 1900 年左右埃及人对特洛伊的征服

色梭斯特里斯 / 森乌塞特和阿蒙涅姆赫特的征服：证据的小结

第七章　锡拉火山爆发造成的影响：从爱琴海到中国 / **351**

关于锡拉火山爆发时间的争议

重新判定的锡拉火山的爆发时间

重新确定年份的意义

锡拉和卡利斯提

《出埃及记》中关于火山的典故

孟布利阿罗斯与无边的黑暗

亚特兰蒂斯的神话

亚特兰蒂斯和"大西洋"

冰岛的海克拉火山喷发

中国：历史学的影响

锡拉火山爆发在世界范围内的影响

结论

第八章　希克索斯人 / **403**

第十三王朝年表：埃及的混乱状况

第十五王朝年表：希克索斯统治的开端

位于泰尔埃尔-达巴的希克索斯都城

400 年纪念石碑和塞特神庙

对年表的总结

希克索斯人的身份

关于希克索斯人的起源和到来的不同观点

作为多民族群体的希克索斯人

马和双轮战车：胡里安人和雅利安人

胡里安人和希克索斯人

希克索斯物质文化

《圣经》中描述的被扣留在埃及或休整

结论

第九章　公元前 18 世纪—公元前 17 世纪的克里特、锡拉以及迈锡尼文化的产生——希克索斯人的入侵？ / **449**

克里特的新宫殿

弥诺斯中期三段的克里特武器

腾空跳跃、斯芬克斯和格里芬

希克索斯人是否在公元前 1730 年左右入侵了克里特？

希克索斯人在锡拉岛？

迈锡尼文明的起源

关于侵略的雅利安主义模式

在雅利安模式和古代模式之间：弗兰克·斯塔宾斯

结论：对古代模式的修正

第十章　埃及、美索不达米亚、黎凡特与爱琴海的接触：文献证据 / **503**

指代爱琴海地区的埃及地名

Danaan（达那厄人）的词源

青铜时代晚期有关埃及人与爱琴海之间关系的文献证据

埃及铭文和墓葬壁画的准确性与杂合性

克里特王子为何会向埃及进贡

迈锡尼控制克里特的年代学问题

前往埃及的克里特和迈锡尼使团

阿蒙诺菲斯三世雕像的基座

第十八王朝后期和第十九王朝时期埃及与爱琴海地区的接触

小结：埃及文献和绘画的证据

美索不达米亚和乌加里特的文献

爱琴海地区的文献资料

结论

第十一章　公元前 1550 年—公元前 1250 年间埃及和黎凡特与爱琴海地区的接触：考古证据 / **546**

迈锡尼文化后期的希腊

公元前 1550 年—公元前 1470 年间爱琴海地区的相对孤立

约公元前 1520 年—公元前 1420 年间埃及的扩张

珀罗普斯和亚加亚人：来自安纳托利亚的证据

"皇冠王子"珀罗普斯？

亚加亚人和达那厄人

亚加亚人的考古学踪迹

迈锡尼人和赫梯人

乌加里特和塞浦路斯

迈锡尼的扩张和图特摩斯三世的征服

青铜时代晚期的地中海商人？

卡什沉船：水手

埃及的底比斯和迈锡尼：公元前 1420 年—公元前 1370 年

地基陶板

贸易用语

公元前 1370 年—公元前 1220 年：埃及在爱琴海地区的影响衰退

Phi 和 Psi 的小雕像，以及攻击之神

迦南罐子

象牙

结论

第十二章　英雄时代的英雄式终结：底比斯、特洛伊和迈锡尼的陨落（公元前 1250 年—公元前 1150 年）/ **604**

柱形印章

波伊奥提亚的底比斯人和腓尼基人的到来

古代年表

卡德摩斯与字母表

卡德摩斯与达那俄斯：希克索斯统治者

B 类线形文字的书写问题

卡德摩恩的财宝

与加喜特的联系

底比斯的衰亡

特洛伊历史概述

特洛伊战争的时间

底比斯和特洛伊

　　迈锡尼文明的崩溃

　　结论

结　语 / **637**

词汇表 / **643**

参考文献 / **655**

索　引 / **732**

译后记 / **748**

第八章　希克索斯人

我在前面几章所强调的内容中，有两点可以被称为公元前两千纪年表的两个"锚地"或基点。第一点在第五章中已经讨论过，就是以森乌塞特三世统治第七年为基点所确立的埃及第十二王朝的年表。根据记录，在这一年，埃及阳历新年的开始与标志着尼罗河开始泛滥的天狼星的上升恰好发生在同一个时间点。如果当时的观测是在孟菲斯进行的，时间就应该是公元前1872年，这似乎是合理的。这种时间的重合多年里一直受到埃及学家的注意，帕克在1950年确立了从公元前1991年到公元前1786年的完整的王朝年表。不过，帕克等人接着开始重新审视传说认定的法老统治的年限，最后他压缩了法老统治的时间长度，并延长了所有共同摄政的时间，这样得出的该王朝的持续时间就缩短了42年，被定在了公元前1801年到公元前1979年之间。前面提到，在引用象岛观测结果的基础上，德国埃及学家新的倾向是把这一基点向后推42年。[1]

第二点是把公元前1628年作为锡拉火山爆发的年份，而不是公元前1450年或公元前1500年，上一章对此已进行了详细讨论。

埃及第十二王朝的年表几十年来已经得到了普遍接受。将锡拉火山的爆发判定为更早的时间，就意味着对低位年表的否定。这样的年表主要是由欧洲中

1　参考本书第五章注释70—72。

321　部的学者制定的，他们主导着对埃及第二中间期历史的研究，这一时期从公元前 1800 年左右的第十二王朝和中王国结束开始，一直到公元前 1570 年新王国和第十八王朝兴起为止。

几乎可以肯定，尼罗河三角洲东部在公元前 18 世纪晚期受到了黎凡特人的大举渗透或入侵。这一章关注的就是这些迁徙和"希克索斯人"的性质。从公元前 3 世纪的埃及祭司曼涅托开始，这些外国人就被称为"希克索斯人"。不过，这个名字的埃及语原型 ḥḳ3 ḫ3st（山地国家的族长）被证实在"希克索斯"时期之前、之中和之后都有使用。

第八章会对希克索斯人的种族构成这一历史学问题进行广泛讨论。争论主要在这样的两方中展开，一方认为希克索斯人只是生活在巴勒斯坦的讲迦南语的邻近居民，一方认为希克索斯人包括北方的胡里安人，甚或还有来自高加索东部和叙利亚北部的雅利安人成分。前者的理由是，"Hyksos"（希克索斯）或 ḥḳ3 ḫ3st 总是含有首领或统治者的意思，却从没有任何特殊的种族意义。与此相反，后者依循了曼涅托的主张，曼涅托把"希克索斯人"描写成"不明种族的侵略者"，他们或许来自遥远的"东方地区"。

到了 19 世纪 80 年代，人们试图把希克索斯人等同于胡里安人。胡里安人的语言既不是闪米特语也不是印欧语。那时，胡里安人被视为后来的土耳其人和蒙古人的融合，因为他们来自遥远的中亚。从那时起人们就认为，到第 2 中间期时，胡里安人在美索不达米亚北部以及附近的山区即使没有生活了数千年，至少也生活了很多个世纪。

无疑，在公元 19 世纪后期反闪族主义呈上升态势时，认为强大有力的希克索斯人来自北方，要比认为他们是本地的"闪米特人"更加有吸引力。人们对胡里安人和他们在公元前两千纪繁荣兴盛于美索不达米亚北部和叙利亚东部的米坦尼王国越来越感兴趣，因为人们发现米坦尼人以印度神灵的名义起誓，他们的一些国王拥有雅利安语的印度名字，而他们使用的一些与驾驶双轮战车有关的词语——他们以利用马匹和双轮战车而闻名——同梵文中的相关词语非常相似。对此，最合理的解释就是，印度-雅利安语的使用者——也就是与印322　度语而非伊朗语相似的印度-伊朗语的使用者——征服了胡里安人并保持了对胡里安社会的主导权，使后者获得了活力，横扫了亚洲西南地区。

这一观点曾一度广为流传，特别是得到了印欧语学者和古代史学家的支持，但是也遭到了很多埃及学家和巴勒斯坦的一些考古学家的反对。他们看不出有什么考古证据能够证明此时在巴勒斯坦或埃及存在"北方人"。他们似乎还对能够引起轰动或广为流传的事件持有专业上的反感，也不喜欢外界插足他们的学术领域。而且，随着反闪族主义在 20 世纪 20 年代和 30 年代变得更加极端，很多自由学者也越发憎恶这样的历史模式所具有的意识形态意义和具体应用。

"二战"后，这种"专业-自由的"思潮在反法西斯主义的氛围中成为主导。1950 年后，希克索斯人的"入侵"通常被认为是讲闪米特语的人缓慢而温和的渗透，这些人与很多埃及人有合作关系。要否定关于胡里安人的旧的假说，最有效的方式之一就是采取被普遍接受的针对美索不达米亚历史的中间年表或低位年表，这样就可以显示出，由于在公元前 17 世纪末以前美索不达米亚北部没有胡里安人活动，那么胡里安人不可能在这之前 100 年就向南深入埃及。不过，如果接受了美索不达米亚的"长"或高位年表，就会消解掉对胡里安人假说的这一反对。

胡里安人和印度-雅利安人都与轻型战车的发展和使用相关，传播论者倾向于认为这是他们获得军事胜利的原因，这似乎是合理的，因为在埃及中王国时期几乎或完全没有马和双轮战车的踪影，而在第十八王朝和之后的王朝里，它们都扮演了重要角色。反对把胡里安人和希克索斯人联系到一起的学者们直到最近还认为，由于埃及最早提到双轮战车是在希克索斯统治末期，因此就没有理由认为它们从最初就在埃及存在。不过，20 世纪 60 年代，在与希克索斯人有联系的公元前 18 世纪下半叶的墓葬中发现了马或至少是马科动物的遗骸。因此，似乎没有理由否认这一具有内在合理性的观点，即马和战车随着希克索斯人一起进入了埃及，希克索斯"入侵"与胡里安人的扩张直接或间接相关，而且，讲印度-雅利安语的人可能也参与了这一过程。

令人不安的是，所有这些观点都与雅利安主义者甚或纳粹的观念相仿，都把印欧人描绘为"优等种族"。不过我认为，我们应该明确地区分开个人的偏好与实际的可能性。我在第一卷中指出，即使某些论述迎合了令人厌恶或不道德的理据，我们也不能因此就说这些论点或论据不成立。雅利安模式在此似乎是有效的，这与印度北部的情况相似，但是不同于古希腊的情况。

不过，这里所说的"有效"是相对的。在希克索斯人迁徙的过程中，胡里

323

安人和印度-雅利安人存在的意义似乎只体现在军事技术上；匈奴人在欧洲没有产生长久的影响，虽然土耳其人曾经构成了印度莫卧儿人的核心，但是他们最终也没有在那里留下任何痕迹。这些范围广泛的活动的结果就是打破了当时存在的政治结构，使各国文化相互融合——日耳曼语言和"文化"进入了西罗马帝国，波斯文明进入了印度。同样，希克索斯人带到埃及的物质和语言文化，似乎主要来自相邻的迦南人。而从公元前 1750 年到公元前 1570 年，主导下埃及的，就是这种加上了某些"蛮族的"因素的埃及-黎凡特文明。

第十三王朝年表：埃及的混乱状况

我在第五章中提到，我们很幸运，能够获得一份相对完善的第十二王朝年表。与此正好相反，紧随其后的就是埃及史上最混乱的时期之一。对这个问题必须加以重视，因为埃及年表直到最近一直是地中海东部所有地区年表的基础，包括黎凡特、塞浦路斯、安纳托利亚和爱琴海地区。因此，任何根据这些地区的陶器证据重构埃及历史的努力都是在做循环论证。不过现在，情况已经有所改变，因为独立的锡拉火山爆发的时间为我们提供了新的基点，尽管这并不能解决所有的问题。

就连这一中间期的开始时间都引起了争论。第五章已经提到，我在这本书中选择了折中的公元前 1801 年。[2] 引发争论的还有第二中间期的结束时间以及第十八王朝和新王国的开始时间。加德纳在《法老的埃及》（*Egypt of the Pharaohs*）一书中认为这一时间是公元前 1575 年，这代表了传统观念。不过《剑桥古代史》界定的时间是公元前 1567 年，大多数德国学者则认为是公元前 1550 年，甚至有人激进地将之定为更晚近的公元前 1539 年。

不论赞同哪个日期，我们所考虑的时间间隔都在 211 年到 260 年之间。这一间隔期限必须能够涵盖与第十三王朝和从北方入侵的希克索斯人的王朝相契合的时间点。在公元前 3 世纪写成的《历史》中，曼涅托或他的抄写者把希克索斯王朝划分进了埃及第十五、十六和十七王朝中，尽管其中多有重复。所谓的第十四王朝似乎是由三角洲西部的本土统治者构成的。现代埃及学家用"第

324

2　参考本书第五章注释 70。

十七王朝"指代底比斯的埃及君王，其子孙后来驱逐了希克索斯人，重新统一了国家并建立了第十八王朝。[3]于是，第十三王朝可能与一些希克索斯统治者的统治时间重合，并且至少可以肯定，后者在很多年里与第十四王朝和"第十七"王朝共存。

这一时期的混乱不仅意味着有很多国王同时统治，而且意味着他们的权力并不稳固且统治时间短暂，因此他们几乎没有建立起多少纪念碑，我们也无从推知他们统治了多久。而且，刻在石头上的公元前13世纪的阿拜多斯和塞加拉（Saqqara）国王名录绕开了这一时期。第十八王朝和公元前15世纪的《卡纳克名录》（Karnak Table）包含了这一时期的法老名字，但是很多都与其他真实的和杜撰的名字混淆了。[4]大多数考古学家认为《都灵纸草》值得重视，纸草上的国王名录始自公元前13世纪的埃及第十九王朝，也涵盖了这一时期。但是，第二中间期后半期的记录只是残缺的片段。《都灵纸草》显然原本系统记录了这一时期的法老名字和他们的统治时间，尽管其中的一些似乎是幻想出来的。不过，《都灵纸草》如今只剩下了一些这样的残片，残片上各有一个或若干个名字。一丝不苟、富有魅力的海因里希·伊布舍（Heinrich Ibscher）在20世纪20年代和30年代对这些名字进行了排序，尽管他不懂埃及文，但是他对纸莎草书的"感觉"非常敏锐独到。[5]

由于一些显然无法逾越的困难，我们也很难借助于曼涅托的《历史》。首先，保存于后世史书中的这部作品的片段往往互相矛盾。其次，它们给出的王朝持续的时间大于第十二王朝到第十八王朝的时间总长。其中一些尽管并非完全不可能，但也似乎是太长了。最后，我们能够在第十五王朝的纪念碑和文献记录中查询到的法老世系与曼涅托给出的完全不同。因此，尽管人们通常认为曼涅托的工作是可靠的，可以由此重构古埃及历史，但是他的记录是不连贯的，就这一时期而言只有非常有限的价值。[6]

我们唯一能够用于这一时期的相对确切的年代，来自政治秩序完全瓦解之前，也就是第十三王朝的最初几年。在第十三王朝开始时有两位法老，在他们

3　von Beckerath（1965, p. 165）.

4　von Beckerath（1965, p. 70）；Gardiner（1961a, p. 440）.

5　Gardiner（1959, p. 17, plate III）.关于对伊布舍的欣赏，见 Gardiner（n.d., pp. 47-50）.

6　Van Seters（1966, p. 155）；Kempinsky（1985, pp. 132-3）.

各自统治了整个埃及三年或更长的时间之后，就是六年没有法老的阶段。对那之后的情况，我们直到最近还是一片茫然。

对于第十三王朝的年代界定，来自外部的唯一重要线索就是，一位名叫安汀（Yantin）的毕布勒王子曾经向法老耐夫侯特普（Neferḥotpe）献礼，人们认为这位王子是毕布勒王子安汀·哈姆（Yantin Ḥammu），他与马利国王兹姆里-利姆（Zimri-Lim）属于同一时代。奥尔布赖特表示，这两个具有共时性的事件可能发生在公元前 1730 年左右，很多埃及学家都支持他的这种说法。[7]不过，奥尔布赖特依据的是美索不达米亚的低位年表，这给大多数学者带来了问题，因为他们认为应该考虑中间年表。在 1967 年发表的一篇文章中，埃及学家基钦（K. A. Kitchen）认为安汀统治了 25 到 30 年，根据中间年表或低位年表给出的兹姆里-利姆的统治时间，即公元前 1775 年到公元前 1762 年或公元前 1705 年到公元前 1685 年，从时间上看，安汀就有可能向耐夫侯特普表示臣服。[8]沃尔夫冈·黑尔克则认为这是不可能的。尽管按照美索不达米亚的低位年表可以解决共时性的问题，但是黑尔克指出，如果依循中间年表，就必然要把献礼的安汀与安汀·哈姆区分开来。[9]克劳斯（Krauss）新划定的埃及低位年表使情况更为复杂。因此，基钦在 20 年后就此写作时，不得不把埃及的高位和低位年表与美索不达米亚的中间和低位年表进行排列比对。不过，由于他把安汀的统治时间定在了 25 年到 30 年间，就仍能使安汀与耐夫侯特普处于同一时代。[10]

所有这些计算都基于同一种假设，就是耐夫侯特普的统治时间约为公元前 1730 年。这与《都灵纸草》上的名字顺序大致相符。不过，它呈现出的历史问题是，从耐夫侯特普的纪念碑看，他似乎是强大的统治者，不仅控制着整个埃及，也对毕布勒施加有影响。然而，很多历史学家认为此时正是希克索斯人即将从叙利亚-巴勒斯坦侵入或渗透到埃及的前夕，因此，耐夫侯特普的强大似乎是不太可能的。也就是说，在奥尔布赖特提出安汀与耐夫侯特普的共时性之前，存在着一种倾向，就是调整《都灵纸草》中的法老顺序，并且把耐夫侯

7　Albright（1945; 1965, pp. 54-7）; Hayes（1973a, p. 49）; von Beckerath（1965, p. 222）; Helck（1971, pp. 95-6）.

8　Kitchen（1967, pp. 50-3）.

9　Helck（1971, pp. 64-6）.

10　Kitchen（1987, p. 48）.

326

特普和在他之前相对强大的法老叟伯克侯特普（Sebekḥotpe）的统治时间定为
公元前 18 世纪初期而非末期。[11]

如果接受美索不达米亚的长年表，奥尔布赖特提出的共时性就会面临更
加尖锐的问题。这是因为，兹姆里-利姆的统治时间变成了公元前 1831 年到公
元前 1818 年之间，这时已接近第十二王朝末期。我们知道，毕布勒的另两个
王子与第十二王朝最后两个法老阿蒙涅姆赫特三世、阿蒙涅姆赫特四世是同代
人。根据帕克的说法，他们的统治时间分别是公元前 1859 年—公元前 1814 年
和公元前 1814 年—公元前 1805 年。这样安汀·哈姆的统治就是在第十二王
朝末期之前，也就是公元前 19 世纪 30 年代和公元前 19 世纪 20 年代。尽管将
二者等同的想法很吸引人，但是这个安汀不可能是在第十三王朝时向耐夫侯特
普献礼的安汀。如果这两个安汀会是同一个人，那么我们就要脱离作为确立第
十二王朝年表基础的天狼星时间，把该王朝结束的时间提前数十年，改成公元
前 1830 年。虽然在前面提到的两种定年基点中，天狼星时间更不牢靠，与休
伯提出的长年表或锡拉火山在公元前 17 世纪喷发的时间相比更应被质疑，但
是如果我们改变这种定年，肯定就会引起更多的年代混乱。更简单的做法似乎
就是根据各种理由，按照黑尔克的做法，认为有两个安汀，也就是放弃两个安
汀是同一个人的看法。两个毕布勒王子的名字完全有可能相仿甚至相同，这应
该没有什么问题。比如说，我们知道，在公元前 18 世纪有两个名叫阿比舍姆
（Abishemu）的王子。[12]

在奥尔布赖特的文章首次发表后，所有的学者都把安汀的君主耐夫侯特普
的统治时间定为公元前 1730 年左右，即使这并非两人同属一个时代的必要前
提。尽管这有可能是事实，但是我们也没有理由否定斯托克的看法，他在 20
世纪 40 年代早期提出，法老耐夫侯特普和叟伯克侯特普的统治时间是在公元
前 1780 年到公元前 1760 年之间。[13] 这种看法的优势是可以保证，在希克索斯
人到来之前还能有数十年的时间，期间埃及在黎凡特只具有受到削弱的势力或
彻底失去了影响。无论采取哪种精确的年表，第十三王朝和公元前 18 世纪的

11　Stock（1955, p. 62）。

12　基钦已经看到，如果接受了有关美索不达米亚的高位年表，就有必要把两个安汀区分开来（1967, p. 53）。

13　Stock（1955, p. 62）的基准是，第十二王朝末期是在公元前 18 世纪 80 年代。因此，我认为王朝结束的时间是公元前 1801 年左右，也就把斯托克的时间提早了大约 10 年。

大部分时间里埃及政府都是软弱无能的。现在，我们应该考虑一些比第十三王朝年表更加复杂难解的问题，也就是以希克索斯人为核心的问题。

第十五王朝年表：希克索斯统治的开端

327

希克索斯人入侵或渗透的性质会在下面讨论。这里我们关注的只是年表以及希克索斯时代是从何时开始的。一种回答就是，该时代始自第十三王朝末期。

因此，希克索斯人的统治可能始于公元前 1650 年左右。曼涅托提到了第十五王朝有"来自腓尼基的六位外国国王"，但是，关于这些国王的名字和排序有两种不同的版本，分别出自早期的基督教年代学家阿菲利加努斯（Africanus）所录的曼涅托作品摘要以及犹太历史学家约瑟夫斯的大段引用中，对此将在下面讨论。这些统治者的统治时间加到一起是 250 年到 284 年间，这显然不可能。[14] 不过，基督教教父和年代学家尤西比厄斯提到过，希克索斯的第十七王朝有一些类似的名字。柏拉图《蒂迈欧篇》的训诂或评论给出的这一王朝的持续时间更短，是 103 年。[15] 这事实上非常符合《都灵纸草》中就国王统治时间给出的 108 年的期限。因此一些埃及学家推测，希克索斯的第十五王朝大约始于公元前 1650 年，终于公元前 1540 年。[16]

这种解释需要把第二中间期的结束和第十八王朝的开始定成更晚近的时间。就如第十二王朝的情况一样，第十八王朝的基点就来自对天狼星升起的观测或天狼星定年，这在第十八王朝的记录中发生在法老阿蒙霍特普一世统治的第九年。直到近年，埃及学家一直认为这一观测是按照惯例在孟菲斯进行的，并且根据统治时长提出该王朝始于公元前 1570 年左右。[17] 不过学者们最近指出，由于在进行观测时底比斯是埃及的行政中心，记录有天狼星定年的纸莎草书就是在这里发现的，那么观测地点就应该是底比斯。这样的观测地点会把阿蒙霍特普一世统治第九年的时间推后，而王朝开始的时间就会推后 20 年，变成公元前 1550 年。德国学者克劳斯更进一步，他认为当时的观测是在位置更靠南

14　Manetho, frgs 43-4, trans. Waddell（1940, pp. 90-5）.

15　Manetho, frgs 48-9, trans. Waddell（1940, pp. 95-9）.

16　von Beckerath（1965, p. 223）；Helck（1971, pp. 95-6）；Bietak（1979, pp. 235-6;1980, col.101;1984, p. 473）；Kitchen（1987, p. 44）.

17　Parker（1976, p. 186）.

的象岛进行的，因此王朝开始的时间应为公元前 1539 年。[18]

最后的这种观点也有道理，因为尼罗河洪水据信就是从象岛开始泛滥的。不过，在象岛和底比斯观测的可能性不如在孟菲斯或邻近的赫利奥波利斯的可能性大，因为后者是传统上进行天文观测的地点。[19] 因此我们就应该考虑，虽然公元前 1570 年和公元前 1550 年左右都可能是第十八王朝开始的时间，但二者都不太可能为处于公元前 1650 年后的第十五王朝挤出 103—108 年的时长。

不过，对于第十五王朝持续了一个多世纪这样的说法，我们又能相信多少呢？《都灵纸草》似乎是可信赖的，可是保留下来的王表中没有多少关于该王朝的记录。和曼涅托一样，《都灵纸草》声称有六位希克索斯统治者。我们也从同时代的资料中得知，最后一位国王名叫 Ḥmwdy 或 Khamudi（哈姆迪）。哈姆迪之前的统治者的名字未能在《都灵纸草》中保留下来，根据曼涅托的记录，这可能是名叫阿波菲斯（Apōphis）的国王，统治期长达 40 多年。这似乎是有可能的，尽管这个名字本身有些混乱，因为可能若干个希克索斯统治者都叫这个名字。

阿波菲斯统治初期似乎一派繁荣，希克索斯最高统治者与埃及底比斯的本土统治者关系良好。不过，到他统治的末期，这些埃及统治者开始反叛，并在阿波菲斯死后将希克索斯人逐出了埃及。[20] 曼涅托作品的一些版本认为，阿波菲斯统治了 61 年。倘若依循传统，认为这一王朝结束的时间约为公元前 1570 年，而哈姆迪统治了六到八年，那么阿波菲斯的统治就始于公元前 17 世纪 30 年代，也就是早于锡拉火山爆发并对埃及造成影响的公元前 1628 年。这样的年表得到了《莱因德纸草书》（*Rhind Mathematical Papyrus*）背面一份注解的支持，该纸草书是在阿波菲斯统治的第 33 年时誊写的。注解提到，在一位不知名的法老统治的第 11 年时出现了 "塞特的声音" 和 "伊希斯的降落"。埃及学家汉斯·戈迪克认为这可能是指火山活动，因为塞特是动乱之神，他也把这份记录与锡拉火山爆发特别联系到一起。这是有道理的。不过他认为，这里的法老是第十八王朝的第一个统治者阿赫摩斯（Ahmose）。在重新判定锡拉火山

328

18　Krauss（1985, pp. 63-7; 109-10）.

19　基钦否定了克劳斯的观点，见 Kitchen（1987, p. 42）。

20　Hayes（1973, pp. 60-4）.

的爆发时间后，这里的火山指的就不可能是锡拉。另一方面，把 1628 年作为阿波菲斯统治的第 11 年，会与这里提出的年表非常吻合。但是，这一文本和戈迪克的诠释都存在着很多不确定性。[21]

即使接受了这样令人生疑的假设，我们也不可能说火山爆发摧毁了希克索斯王朝的统治，因为在事件发生后阿波菲斯的统治仍然持续了很多年。当然，不论在位的是哪位希克索斯国王，火山爆发都会削弱他的统治。

《都灵纸草》中缺失了阿波菲斯之前的国王名字，因此我们几乎无法追溯这个王朝的历史。曼涅托声称王朝的第一个统治者是萨里提斯（Salitis）或塞提斯（Saitis），一些学者认为萨里提斯就是国王 š3rk（Sharek，沙莱克），在阿波菲斯之前一代的孟菲斯祭司的宗谱中提到了他。[22] 这似乎是非常不可能的，不仅是由于语音上的问题，也由于曼涅托坚持认为萨里提斯即使不是希克索斯最初征服的领导者，也是希克索斯王朝的建立者。实际上，如同美国埃及学家温洛克（H. Winlock）指出的，Salitis 很像闪米特语词根 √slṭ，甚至与在希伯来语中发现的元音化的 salîṭ（含义为"统治者"）也很近似。阿拉伯语的 Sulṭan 就源自这个词根，它可能也曾是用来泛指希克索斯统治者的闪米特头衔，但是被解释成了人的名字。[23] 不管怎样，把萨里提斯等同于沙莱克，对我们并不能有任何帮助。

同样，很多现代埃及学学者认为，曼涅托提到的统治者伊阿纳斯（Iannas）或斯塔恩（Staan），就是法老 Ḥy 3n，基安。基安被排为第二、第三或第四位希克索斯统治者。[24] 另一方面，以色列学者凯宾斯基（Kempinski）认为 Ḥy 3n

---

21 关于年代判定的非常规性和翻译的不确定性，见 Goedicke（1986, pp. 37-8）。注解的第二行提到了进入赫利奥波利斯，似乎还提到了攻打塞尔（Sile）的前线堡垒。戈迪克认为，这指的是驱逐希克索斯人。除了究竟有没有提到希克索斯人是不确定的之外，令人感兴趣的还有，这里提到的是赫利奥波利斯和塞尔，而不是希克索斯都城阿瓦利斯（Avaris）。围攻阿瓦利斯在第十八王朝关于重新征服的传说中扮演了重要角色。总之，这一文本似乎不可能指的是驱逐希克索斯人。不过戈迪克假设说，注解的第三行是基于更早的埃尔曼的作品的气象学记录，这似乎有较大的可信度，因为阿波菲斯统治的第 11 年很可能接近公元前 1628 年。参考本书第七章注解 80。不过，整个理论仍然极不确定。

22 von Beckerath（1965, pp. 133-4）。

23 Winlock（1947, p. 96, ntoe. 21）。

24 von Beckerath（1965, pp. 130-1）认为基安是第二位希克索斯统治者。Gardiner（1961a, p. 158）和 Hayes（1973, p. 60）认为他是第三位统治者，而 Bietak（1980, col.95）认为他是第四位统治者。不过后来，Bietak（1984, p. 474）接受了凯宾斯基的观点，认为基安应该与阿帕克南对应，因此是第三位希克索斯法老。

与曼涅托名单上的另一个名字阿帕克南（Apachnan）相对应。[25] 围绕着基安的不确定性更能促使人们去探究，因为他似乎是强有力的长寿帝王。不仅在整个埃及，就连巴勒斯坦，甚至美索不达米亚，都能看到里面写有他的名字的椭圆形图框。而且我们在第七章中也提到，在克诺索斯发现的石膏罐的盖子上刻着他的名字。关于这些发现的地理学问题还会在下面讨论。这里我们先谈一下年代问题。根据阿瑟·埃文斯的说法，这个盖子是在弥诺斯中期三段陶器时期的地层中发现的。我们已经看到，有人同意这个年代，有人则提出了质疑。[26] 如果我们相信埃文斯，那么根据新的爱琴海陶器时期年表，基安的盖子就可以追溯到公元前 1675 年以前。这样的话，要么基安无法作为阿波菲斯的前任统治者而与伊阿纳斯或阿帕克南对应，要么希克索斯的第十五王朝可能在公元前 1650 年的数十年前就已经开始了，要么就是曼涅托并没有列出某个王朝的所有六位统治者，而只是列出了六位最著名的希克索斯统治者。

另一个希克索斯领袖的身份和年代也难以确认，他的名字是 M3ʿib Rʿ / ššy，在埃及、巴勒斯坦和苏丹第三瀑布边的凯尔迈（Kerma）均发现了刻有他的名字的圣甲虫。一些学者把他与曼涅托提到的法老阿希斯（Assis）相对应，但是其他人并不同意，而是把他与萨里提斯联系起来。[27] 根据在凯尔迈同一地层中发现的陶器，M3ʿib Rʿ/ššy 的统治时间是公元前 17 世纪中期。由于人们把锡拉火山的爆发时间定为更早的年代，并采用了美索不达米亚的长年表，黎凡特和爱琴海的陶器时期的年代也随之提前了，因此苏丹的文化序列也应该加以更新，于是我们现在应该考虑的时间是公元前 17 世纪上半叶甚至更早。[28]

更有趣也更令人困惑的希克索斯统治者是 Mr wsr Rʿ /Yʿ ḳb hr。这个名字虽然与《圣经》中的雅各（Jacob）有关，但是无法与《都灵纸草》或曼涅托提到的任何名字相联系。他的圣甲虫雕饰与 M3ʿib Rʿ /ššy 的圣甲虫雕饰在风格上具有相似性，这让学者们认为两人具有非常密切的联系。[29] 因此，冯·贝克

330

25　Kempinski（1985, pp. 131-4）.

26　参考本书第七章注释 49、59。

27　Stock（1955, p. 69）; von Beckerath（1965, p. 134）; Bietak（1984, p. 474）; Kempinski（1985, p. 132）.

28　关于凯尔迈和泰尔埃尔-达巴的地层的对应，参考 Bietak（1984, p. 475）。Bietak 当然仍然坚持有关二者的低位年表。

29　Stock（1955, pp. 66-7）; von Beckerath（1965, pp. 134-5）; Kempinski（1985, pp. 132-3）.

拉特（von Beckerath）认为 Mr wsr Rʿ /Yʿ ḳb hr 的前任就是 M3ʿ ib Rʿ /ššy，而凯
宾斯基则认为两人的统治顺序正好相反。[30]

不过，凯宾斯基发现了这里的不寻常之处。他在海法（Haifa）附近的希
克莫纳（Shiqmona）的一处墓葬中发现了统治者 Yʿ ḳb hr 的圣甲虫，并把它的
时间定为青铜时代中期（MB）二段 B 的黎凡特陶器时期初期。他把这一时期
界定为公元前 1750 年到公元前 1720 年之间。因此，凯宾斯基就不得不推测
有两个不同的统治者——时间上相当于第十三王朝时期的巴勒斯坦本土统治者
Yʿ ḳb hr 和 80 到 100 年后统治埃及和巴勒斯坦的希克索斯法老 Mr wsr Rʿ /Yʿ ḳb
hr。[31] 在安汀和安汀·哈姆的例子中我们看到，认为两个不同的人物处于同一
时代会有助于我们的分析，但是在这个例子中似乎没有这样做的必要。更加简
单的方法是，像贝克拉特那样认为 Mr wsr Rʿ /Yʿ ḳb hr 是 M3ʿ ib Rʿ /ššy 的前一
任统治者，只是两个人的统治时间都是公元前 18 世纪而非公元前 17 世纪。

位于泰尔埃尔-达巴的希克索斯都城

现在我们有必要考虑一下 1965 年之后的考古学突破，尤其是 20 世纪 70
年代曼弗雷德·比塔克（Manfred Bietak）和他的奥地利考古队在三角洲东部
的泰尔埃尔-达巴进行的考古挖掘。他展示出，这就是希克索斯的都城阿瓦利
斯（Avaris）。由于积水，埃及三角洲的挖掘条件非常艰难，但是比塔克利用精
细的考古技术对遗址进行了清晰的地层划分。有了之前对希克索斯人的了解，
人们可以预估，在这座城市里既有埃及的也有叙利亚-巴勒斯坦的材料，指示
出了大多数希克索斯人的来源地。

泰尔埃尔-达巴不仅向我们揭示出希克索斯文化的特点，也为确立年表提
供了一些有趣的数据。只可惜比塔克试图使获取的信息迎合于德国学者所偏好
的低位或极低位的年表，然而这些时间都不符合更高位的爱琴海和美索不达
亚年表。即使是与正统的叙利亚-巴勒斯坦年表相比对，比塔克划定的年代也
离现在太近了。比如说，传统上被普遍接受的叙利亚-巴勒斯坦青铜时代中期

30　von Beckerath（1965, pp. 134-5）; Kempinski（1985, pp. 132-3）.

31　Kempinski（1985）.

二段 A 到二段 B 的转变是发生在公元前 18 世纪中期的，但是比塔克认为这是在公元前 1700 年左右。[32] 他认为青铜时代晚期二段 B 是在公元前 1590 年左右结束的，这就需要把巴勒斯坦显然时间很长的陶器时期大幅压缩。以位于现代纳布卢斯（Nablus）附近的示剑（Shechem）的五处城市防护工事的大规模重建为例。[33] 比塔克在关于这一主题的最新文章中，给出了三项证据，以此把它们的时间划定为更晚近的年代，并声称他所给出的年代是不能再提前的。所有这些都来自圣甲虫雕饰的风格。

圣甲虫的类型、排序和年代问题都极其麻烦，以此为基础的理论会被轻易推翻，这是众所周知的。比塔克就已经推翻了自己的一项依据。1984 年后，他发现了人们所说的 Rhy-Rˁ 圣甲虫，他原本声称这些圣甲虫的时间不可能早于公元前 1650 年，但是即使按照他自己的年表，他发现的圣甲虫所在的地层也属于这一时间之前。因此这无法作为证据。[34] 比塔克还在他的 G.2—3 层中发现了"莲花背"的圣甲虫。他认为这个类型是独属于法老叟伯克侯特普和耐夫侯特普统治时期的，因此要被定位在公元前 1730 年之后。[35] 可是正如我们在前面看到的，这些法老的统治时间极不确定，他们的统治时间或许比这要早 30 或 40 年。[36] 第三个类型的圣甲虫是在泰尔埃尔-达巴的 F 层中发现的，上面"深深刻着"动物或人的纹样。比塔克认为这些圣甲虫只是在 Mȝˁib Rˁ/ššy 统治时期才出现的。因此，按照他的年表，这不可能早于公元前 17 世纪初。[37] 但是前面提到，有证据表明这位统治者曾在公元前 18 世纪进行统治。

无论如何，比塔克利用圣甲虫来确定年代的做法是十分不可靠的。研究古埃及与黎凡特关系的专家威廉·沃德对此进行了详细说明。在近期的一篇文章中，沃德以埃及和黎凡特的圣甲虫资料为基础，主张青铜时代中期二段 A 向青铜时代中期二段 B 的转变发生在公元前 19 世纪初期，当时在位的法老是色

32　Bietak（1984, pp. 476-7）.

33　Kenyon（1973, p. 111）; Cole（1984）.

34　私人通信，J.Weinstein，89 年 1 月 30 日。实际上，Rdi Rˁ 的圣甲虫是在埃尔-库巴尼耶（El Kubaniyeh）南部第十二王朝晚期的地层中发现的；参考 Kemp and Merrillees（1980, p. 218）。

35　Bietak（1984, p. 479）.

36　见本章注释 13。

37　Bietak（1979, p. 235）.

梭斯特里斯二世和三世，也就是说要比比塔克提出的时间早 150 年。[38] 比塔克认为：

> 巴勒斯坦的年表依赖于埃及的绝对年表，因此，根据巴勒斯坦年表的年代来判定泰尔埃尔–达巴文化序列的时间，并以此推断其在埃及框架下的恰当背景，这在方法上就是错误的。[39]

如同前面提到的，这种感觉在整体上或许是正确的，但是就第二中间期而言肯定是错误的，因为埃及年表的建立在此需要依赖所有能得到的外部的帮助。有了新确立的更高位的爱琴海地区年表，要推后传统认为的叙利亚–巴勒斯坦陶器时期的年代就不会有问题。实际上，这些时间可能是应该被提前的；虽然说如果接受了帕克对第十二王朝的定年，那么这个程序就不能走得太远。沃德把青铜时代中期二段 A 到青铜时代中期二段 B 的转变定为公元前 19 世纪早期，但是如果像他那样认为比塔克的地层划分是准确的，那么他的定年就是站不住脚的。把沃德提出的年表应用到泰尔埃尔–达巴的地层上，就意味着 F 层应该被划定为公元前 1850 年之前，G 层则要比这早几十年。在泰尔埃尔–达巴的中心，在 G 层之下有一座似乎被叙利亚–巴勒斯坦人破坏了的埃及宫殿，而这些人在这里定居了两个世纪。我们无法想象这样的事情会发生在强盛的第十二王朝巅峰时期。因此，沃德的年表、比塔克的地层划分与第十二王朝的传统定年之间的矛盾是无法调和的。

更好的办法似乎是把青铜时代中期二段 A 向青铜时代中期二段 B 转变的时间定为更接近常规的公元前 1750 年或略早。这样就会与比塔克的 F 层的情况相符，比塔克认为这就是希克索斯时期在泰尔埃尔–达巴的开端。泰尔埃尔–达巴 G 层的放射性碳测年的结果只有两种，不过它们都集中在公元前 18 世纪中期的核心时期。比塔克自己承认，两个时间中的第一个"非常符合巴勒斯坦考古通常采用的绝对年表方案"。[40] 不存在与 F 层相关的破坏层。不过前面提到过，一层厚厚的灰将它下面的一层和更早的地层分开了。因此，根据这里提

38　Bietak（1984, p. 479）.

39　Ward（1987, pp. 531-2）.

40　Bietak（1984, p. 472）.

出的年表，第十二王朝的埃及宫殿是在公元前 19 世纪晚期或公元前 18 世纪早期被主要来自亚洲的人们破坏并换掉的，也就是说在时间上接近第十二王朝的结束或第十三王朝的开始。

400 年纪念石碑和塞特神庙

人们认为，公元前 18 世纪，叙利亚-巴勒斯坦人或希克索斯人至少在三角洲东部拥有统治权。让这种看法更加可信的是，在泰尔埃尔-达巴北部的塔尼斯（Tanis）发现了纪念修建塞特神庙四百周年的石碑。这一石碑是否与希克索斯人在阿瓦利斯确立统治权有关，这一问题已经引起了大量争论。没有人会反对希克索斯人特别敬奉塞特的事实，也没有人会反对在阿瓦利斯有一座敬献给塞特的重要神庙。尽管有人提出塔尼斯就是阿瓦利斯的地点所在，但是比塔克在泰尔埃尔-达巴的发现让相关观点都消失无声了。

塔尼斯的石碑是第十九王朝法老的一位祖先塞提（Seti）竖立的，他是第十八王朝最后一位统治者霍伦海布（Ḥaremḥeb）手下的一位官员。通常认为霍伦海布的统治是在公元前 1348 年到公元前 1320 年间。关于刻在石碑上的 400 年这个时间的准确度仍有疑问，但是大多数学者认为，可以按照表面意义理解这个数字。[41] 这样，神庙最初建造的时间就是在公元前 1748 年到公元前 1720 年之间。

尽管普遍存在很大的不确定性，但是人们大多认为，塞特膜拜在某些方面与国王奈赫希（Neḥesy）联系在一起，他的名字出现在了《都灵纸草》中。这是因为人们发现了一块残片上刻着铭文"R-3ḫt 之主，塞特宠爱的奈赫希"，R-3ḫt 的意思是"进入富饶的土地"，或许是用来指代希克索斯首都阿瓦利斯的。[42] 通常的看法是，奈赫希是第十四王朝的国王。[43] 不过，曼涅托著作的所有版本都坚持认为，这一王朝发端于三角洲西部的索伊斯（Xois）。虽然带有奈赫希这

41　青铜时代中期-1165 和青铜时代中期-1225。参考 Shaw（1985, p. 312），Bietak（1979, p. 255）。

42　有关这一点在 20 世纪 60 年代引起的讨论，见 Van Seters（1966, pp. 98-103）。同时参考 von Beckerath（1965, pp. 161-2）。考虑到 Casperson（1986）关于图特摩斯三世的太阴历定年，那么就第十八王朝而言，Parker（1957）的低位定年和 Kitchen（1987, p. 52）更低位的定年现在看来似乎并不可靠。

43　见 von Beckerath（1965, pp. 262-3）。Van Seters（1966, pp. 101-2）把 R-3ḫt 错误地印刷成了 R-3ḫt。R-3ḫt（进入富饶的土地）是常见的希腊地名 Laris(s)a 的源头，见第一卷，第 76、452 页。

个名字的刻铭来自东方的塔尼斯和泰尔埃尔-达巴，但我们似乎更应采纳加拿大古代史学家约翰·冯·赛特斯（John van Seters）更为谨慎的说法，即奈赫希只是阿瓦利斯地区的地方统治者。[44] 希克索斯人在统治末期向塞特献祭一事已经得到证实，因此冯·赛特斯的看法是可信的，他认为在阿瓦利斯出现塞特膜拜的一个原因就是在这一地区已经有了亚洲人的强大存在。不过，和其他学者一样，他认为，由于奈赫希的名字有努比亚人（Nḥs）的含义，因此他肯定是个埃及官员，这就排除了他是亚洲人的可能性。[45]

奈赫希很可能是努比亚人。另一方面，我们知道，讲闪米特语的人使用了同一个名字。《圣经》名字品哈斯（Pînḥâs）来自埃及语的 P3 Nḥs，意思是"努比亚人"或"黑人"。尤其有趣的是，这个名字第一个得到证实的用法就是《出埃及记》中提到的亚伦（Aaron）的孙子（这与希克索斯人的联系会在下面予以探究）。[46] 当然，我们无法说出这个名字所属的时代。不过，由于名字往往是神话和传说中最不易变化的元素，那么它很可能能够追溯到公元前两千纪甚至出埃及这一事件发生的时期。

这绝对不是说在奈赫希和品哈斯之间存在关联，而只是表示，名字 Pînḥâs（黑人）为说迦南语的人所使用，而他们与努比亚没有直接接触。这个名字也有趣地显示出该人群的"种族"构成，即其中存在天生比普通的地中海人肤色更黑的人，但是这一特征不够普遍，并不显著。[47] 我们已经知道叙利亚-巴勒斯坦在公元前 18 世纪的泰尔埃尔-达巴存在影响，并且后来的希克索斯人会向塞特献祭，考虑到这些，我看不出有什么理由去否定奈赫希（黑人）本身可能为一个亚洲统治者的观点。我们也从另一处铭文和圣甲虫中得知，奈赫希声称自己是国王之子，因此或许也不是他这一脉最早的统治者。通常认为，他的父亲创立了这个"王朝"，但这也是无从考证的。

比塔克发现了刻有奈赫希名字的石灰石残片，并认为残片来自一座重要的庙宇。比塔克认为这座庙宇属于公元前 18 世纪，同时承认这与他的其他定年

44　关于这一普遍的传统看法，参考 von Beckerath（1965, p. 82）。
45　Van Seters（1966, pp. 101-2）。
46　Van Seters（1966, p. 101, n. 22）。
47　Exodus 6.25 以及其他出处。还有一个 Pînḥâs 也是一个祭司的儿子，经常出现在撒母耳记上（I Samuel）中。参考本章注释 140—147。

结果不同，这就需要把他的 F 层提前到大约公元前 1715 年。[48] 如果我们遵循
巴勒斯坦考古学家的做法，把 F 层推到公元前 1750 年之前，就会发现，泰尔
埃尔-达神庙的修建时间与公元前 1748 年—公元前 1720 年这个时间段非常
契合，而这个时间段是根据特别标示为纪念都城阿瓦利斯的塞特神庙建造 400
周年的石碑推算得出的。而且，如同冯·赛特斯指出的，即使是在奈赫希之前，
在东北边疆地区可能就已经存在着塞特膜拜。[49] 这些人未必就是亚洲人，不过
可能性很大，因为泰尔埃尔-达巴的居民在奈赫希之前的很多年里就已经在使
用着叙利亚-巴勒斯坦的物质文化，根据我们这里提出的年表，那就是在公元
前 18 世纪早期。

对年表的总结

现在我要总结一下这部分讨论的第二中间期的埃及年表，并提出我的研究
假设。在公元前 1800 年第十二王朝覆灭前后，发生了政治上的崩溃，这期间
三角洲东部的一些区域落到了亚洲人手中，之后的两个世纪里亚洲人一直留在
了这些地方。尽管如此，第十三王朝在公元前 18 世纪 70 年代再次兴起，在曳
伯克侯特普和耐夫侯特普法老的带领下，至少名义上在整个埃及和一些传统上
受到埃及影响的区域重新确立了统治权。

这与传统观点不同，传统上人们认为这些强大的帝王是在公元前 18 世纪
30 年代进行统治的。不过如上所述，传统上较晚的定年的主要基础，是奥尔
布赖特提出的与马利的兹姆里-利姆国王的共时性。这种共时性可能是错误的，
而且由于兹姆里-利姆的统治时间可能比这早 80 到 100 年，这就几乎可以肯
定是错误的。[50] 如果依循《都灵纸草》，那么若要把耐夫侯特普的统治时间定得
更早，尽管并非不可能，也会遇到困难，而且《都灵纸草》本身作为证据就不
够牢靠。但是更高位的年代界定的好处是，这可以留下充足的时间，能够允许
叙利亚-巴勒斯坦巩固在下埃及，尤其是在泰尔埃尔-达巴地区的势力，考古学
告诉我们，这一阶段处于公元前 18 世纪下半叶。希克索斯统治者 Ykb ḥr 似乎

335

48　关于非洲黑人的另一个名字 Simeon 参考本书第十章注释 155—159。

49　Bietak（1979, p. 255）.

50　Van seters（1966, p. 101）.

就属于这一时期。不过没有多少疑问的是，势力缩减后的第十三王朝在小范围内于孟菲斯继续进行统治，而后又在上埃及统治了几十年，时间上或许持续到了公元前17世纪中期，而这一时期的后半期可能处在希克索斯人的统治之下。第十四王朝在三角洲西部维系了小规模的统治，统治持续的时间大概与第十三王朝一样。

《都灵纸草》中提到了六位希克索斯国王，他们一共统治了108年，时间大约是从公元前1680年到公元前1570年。这些似乎与曼涅托给出的第十七王朝的时间一致。应该强调的是，今天我们把这些底比斯的埃及本土统治者的统治时期称为第十七王朝，虽然他们中一些人的名字出现在了《都灵纸草》上，但是曼涅托并没有说他们是第十七王朝的统治者。后来的希克索斯王朝的最后一位法老无疑是哈姆迪，同样几乎可以确定的是，他的继任者就是阿波菲斯。在那之前，尽管曼涅托提到的名字除了萨里提斯很可能是头衔之外或许都是真实的人名，但我们还是不可能确知他们属于哪个朝代。《都灵纸草》上混在一起的名字也是一样，其中一些似乎符合曼涅托给出的名字。不过，尽管这些名字的排序令人困惑，但是曼涅托的所有版本都提到了由希克索斯法老统治的两个王朝。这似乎意味着，他们是约公元前1680年之前埃及的希克索斯统治者，而三角洲东部的叙利亚-巴勒斯坦物质文化也为此提供了考古学的证据。纪念碑已经证明了统治者基安的真实性，于是，以基安为代表的强大的希克索斯统治者，可能就在公元前17世纪早期甚至公元前18世纪晚期统治了埃及。

从公元前18世纪下半叶起，下埃及地区被希克索斯人所统治，这样的观点也非常符合孟菲斯的石碑上刻写的孟菲斯祭司宗谱。前面提到，其中一个祭司来自阿波菲斯统治时期，另一个出自其情况不明的前任 š3rk（沙莱克）的统治时期。接下来是与前五位统治者相对应的祭司，第六位统治者则是被称为 Ibi（国王 Ibi 名字的最后一部分出现在了《都灵纸草》上）的国王的继任者，名为 ˹ḳn。加德纳说：

> 有关孟菲斯石碑的重要一点是，它包含了整个希克索斯时期，因此如果统治者的统治是正常的时间长度，它目睹的统治者就不会超过六任。[51]

51　见本章注释9—14。

这是毫无特点的草率思考。情况并不十分明确，如果这期间介入的统治者不是埃及人，那么祭司的统治就覆盖了从第三任之前直到最后一个希克索斯帝王沙莱克的五代人。于是，如果祭司世代和国王统治的时间一样长，那么可能一共就有八个希克索斯法老，这超过了《都灵纸草》或曼涅托所指出的人数。我们有足够的理由认为，祭司世代的时长就像那些最有特权的群体一样大约是 25 年。因此，如果沙莱克是在公元前 17 世纪 20 年代或 30 年代在位，那么 ˹ḳn 和 Ibi 的统治大约就比这早了 125—150 年，也就是在公元前 18 世纪中期。在这样的情况下，在曼涅托所说的第十七王朝或现代所说的第十五王朝开始前，孟菲斯就会在七八十年的时间里处于希克索斯人的统治下。因此，希克索斯统治者似乎在公元前 18 世纪中期已经控制了下埃及的大部分地区。这样，埃及年表就不仅会与巴勒斯坦考古学发现相一致，而且与时间上被提前了的新的爱琴海年表相一致。

希克索斯人的身份

我相信有必要从一开始就建立一个时间框架，但是，如果不去考虑"希克索斯人"这个称号指的是什么、他们来自何方或如何到来，就把这一名称与"叙利亚-巴勒斯坦人"互换使用并描述希克索斯统治的年代，那么，先行探讨年表的做法在很多方面都是本末倒置。

在现存的曼涅托的与摘要相对的历史记录中，最长的就是关于希克索斯人的篇章。这些记录保存在公元 1 世纪时约瑟夫斯为抨击亚历山大时代的希腊人阿皮翁（Apion）的反闪族主义论著所做的论辩中。关键的一段是这样开始的：

> ……图提迈奥斯（Toutimaios）。在他统治时，出于我所不知道的原因，神的打击降临到我们头上；来自东方地区的不明种族的侵略者带着必胜的信心，踏进了我们的土地。凭借主要力量，他们未费力气就夺去了我们的土地；并且他们征服了这片土地的统治者，接着粗暴地烧毁我们的城市，夷平我们的神庙，野蛮地对待当地居民。他们屠杀了其中一些人，剩下的妇孺都沦为奴隶。最后，他们中的一员被拥戴为国王，名字叫萨里提斯。他以孟菲斯为中心，强迫上埃及和下埃及向他敬奉，并总是在最有利的地

337

方布下堡垒……在塞易斯［塞特洛特（Sethroite）］行省，他发现一座城市位置非常优越，这座城市位于尼罗河的布巴斯提特（Bubastite）支流的东面，按照古代宗教传统被称为阿瓦利斯。他在这个地方进行重建，加固高墙。……萨里提斯在统治了 19 年后死去，第二个国王布农（Bnōn）继位并统治了 44 年。接着是阿帕克南，统治了 36 年零 7 个月；而后是阿波菲斯，统治了 61 年，以及伊阿纳斯，统治了 50 年零 1 个月；最后是阿希斯，统治了 49 年零 2 个月。这六位国王作为第一批统治者，越来越渴望铲除埃及之根。他们的种族被统称为 Hyksōs（希克索斯），意思是"国王-牧羊人"，因为 hyk 在宗教语言中的含义是国王，而 sōs 在日常用语中的含义是"牧羊人"或"领路人"：这样就合成了单词 Hyksōs。有人说他们是阿拉伯人。在另一份文本中 hyk 表达的含义据说并不是"国王"：相反，这个复合词指"俘虏-牧羊人"。而在埃及语中，hyk 和发成送气音的 hak 实际上指"俘虏"。[52]

埃及学家和古代史学家认为这一段落源自埃及民间传说，因此也就不值得相信。[53] 情况当然是如此，但是没有人会怀疑这一文本也包含了一些历史事件。我在其他地方讨论过，名字可能比传说中的其他因素更不易改变，因此我们应该考虑这些名字的真实性。

比如说，希克索斯这个名称的一些版本当时肯定得到了使用。自中王国以来人们就在用 ḥk3 ḫ3st（山地国家的首领）来表示贝都因的酋长，这也是用来描述第二中间期的"希克索斯"领袖和国王的词语。[54] 曼涅托有关词源的讨论的第一部分是准确的，第二部分依据的事实是，当时存在来自更早的 š3sw 的科普特词语 šōs，词义是"埃及东北的贝都因人和他们的土地"。来自约瑟夫斯的另一种说法是，hyk 的意思是"俘虏"，这在某种层面上看似乎是为了把希克索斯人的故事与《圣经》中在埃及逗留的俘虏联系到一起。不过，即使在这里，也存在单词 ḥ3ḳw，（俘虏）的词源基础。ḥḳ3 与 ḥ3ḳw 之间的双关实际上非常古老，因为写成的 ḥ3ḳw 的含义是"掠夺者"，这个称

52　Gardiner（1961, p. 160）.

53　Josephus, *Contra Apionem*, I.14, trans. Manetho, frg. 42, Waddell（1940, pp. 79-85）.

54　例如 Meyer（1928-36, I.2, p. 313）。

号非常适合新王国眼中的希克索斯人。

也有不少人尝试把 Toutimaios（图提迈奥斯）这个名字与被称为 Ddw-ms 的法老联系在一起，这个法老的名字被刻在了上埃及的纪念碑上，或许就是《都灵纸草》中出现的名字"???-ms"所指代的人。埃及学家汉斯·斯托克和威廉·海耶斯认为它们应该互相对应。[55] 加德纳和他最有天分的学生巴蒂斯科姆·冈恩（Battiscombe Gunn）在一篇很有影响力的文章中否认了这种对应，认为埃及语中构成名字的要素 -ms 只是作为 -mosis 或 -mbis 被转换到希腊语中的。[56] 在我看来，这里的情况似乎是错位的精确，尽管 Toutimaios 这个名字的翻译或许会被修正为名字 Timaios（蒂迈欧），也就是柏拉图最著名的对话录的名字，但它纯粹属于埃及语，并不能为我们提供足够的理由来否定 Toutimaios 和 Ddw-ms 之间显著的相似性。因此，我认为汉斯·斯托克和威廉·海耶斯是正确的。

338

关于希克索斯人的起源和到来的不同观点

直到 19 世纪末，大多数学者都只是从字面上去理解约瑟夫斯所摘录的曼涅托的记录，认为希克索斯人是在一次暴虐的入侵中进入埃及的。另一方面，很多学者看到了曼涅托的记录和《圣经》中在埃及的"临时逗留"或"被扣留"之间的对应性，认为侵入者是以色列人或原始以色列人，不论如何都是属于闪米特种族的。[57] 不过，在 19 世纪末还有一种观点，认为有一个民族以与雅利安人有关的方式沿着富饶的河谷地区横扫而下，这种观点通常根本不是"闪米特的"，至少对犹太人来说并非如此。越来越多的人倾向于认为，那些人来自更远的北方，或许是雅利安人。

这样的观点得到了曼涅托的说法的支持，曼涅托说，希克索斯人是"来自东方地区的不明种族的侵略者"，这似乎不会是指邻近的闪米特人，因为埃及人一直是熟知闪米特人的。例如，在 1884 年第一版出版后很快成为经典的《古代史》（*History of Antiquity*）中，爱德华·迈尔指出，尽管希克索斯人基本上

55　Gardiner（1961a, pp. 156-7），Van Seters（1966, p. 3）. 同时参考第一卷中关于这个说法的讨论，见第一卷，第 97 页。

56　Stock（1955, p. 63）；Hayes（1973a, pp. 52-3）.

57　Gardiner and Gunn（1918, p. 38, n. 5）.

讲属于闪米特人，具体来讲属于迦南人，但他们"或许属于内陆的亚洲民族"。[58]
迈尔这里的"内陆亚洲"指的就是亚洲内陆！在 19 世纪 80 年代，人们认为
某些写着希克索斯名字的狮身人面像的脸庞具有明确的蒙古人的特征。不过那
之后不久，人们就认识到，即使存在着这样的相似性，这些狮身人面像也是第
十二王朝的，要比希克索斯时代更早。[59] 实际上，这些狮身人面像既不像欧洲
人也不像地中海东部的人。那么它们是否与第十二王朝法老的肖像一样具有非
339 洲人的特征呢？

　　在 19 世纪末期发现了一篇古代文本，它似乎可以支持希克索斯人是独
立的"优等种族"的观点。1898 年，上了年纪的博学之士弗里德里希·马克
斯·缪勒（Friedrich Max Müller）发表了一篇关于近东历史的文章。早在 19
世纪 40 年代，缪勒就在克里斯蒂安·本森的提议下成为牛津的东方学、印度
和印欧研究的主席，此后他一直是英国这些研究领域的领军人物。[60] 他所考察
的文本是公元前 15 世纪早期的女法老哈特谢普苏特在上埃及北部的斯庇欧斯-
阿提米多斯（Speos Artemidos）留下的铭文。根据缪勒的考察，女法老描述说，
"ꜥ3mw 曾经在北方居住，在阿瓦利斯，它们中间是 šm3w"。缪勒按照传统方式
把 ꜥ3mw 解释为闪米特的游牧部落，他们曾一直居住在埃及北部。通常人们认
为 šm3w 只是指"漫游者"，缪勒则根据 šm（旅行）或"外国人"，认为 šm3w
指的是曼涅托所说的来自东方地区的"不明种族"。他也推测说这一"优等种
族"可能是雅利安人。[61]

　　人们发现赫梯人的语言是印欧语，也发现米坦尼王国的人讲的语言是胡里
安语（一种既非闪米特语亦非印欧语的语言），后者在埃及新王国期间广泛使
用于美索不达米亚北部。这些发现增加了缪勒观点的可信度和意识形态上的包
袱。我们现在知道，胡里安人于公元前三千纪时生活在美索不达米亚西北部，
他们可能从公元前七千纪起就已经在那里活动了。[62] 不过，在 20 世纪之初，人
们倾向于认为胡里安人是雅利安人的游牧祖先。人们还发现一些米坦尼神灵和

───────────

58　19 世纪关于希克索斯人的观点的概述，见 Griffith（1911）。参考下面关于希克索斯人和《出埃及
记》之间的关系的讨论。

59　Meyer（1884, I, pp. 133-4）.

60　关于这一矛盾的描述，参考 Petrie and Walker（1909, I, pp. 237-40）、Hall and King（1906, p. 136）。

61　关于缪勒的生平和观点，见 Chaudhuri（1974）。

62　Müller（1898, p. 7）. 关于斯庇欧斯-阿提米多斯的铭文的文本，参考 Sethe（1906-9, IV. 2, p. 390）。

王族的名字以及与驾驶双轮战车有关的术语都属于"雅利安语"，也就是说属于印度－伊朗语族的印度语分支，因此研究热情越发高涨。

这些发现受到了再热切不过的欢迎。它们似乎一直都在昭示，讲胡里安语的米坦尼王国是由驾着战车的印欧王者建立的，或至少是由他们统治的。[63]这非常适合 19 世纪那种将雅利安人视为驾着战车从中亚或大草原出发进行扩张的"优等民族"的观念。1908 年，爱德华·迈尔发表了一篇文章，讨论的是米坦尼人使用的一些印度语名字，以及出现在加喜特人中间的一些印欧语的神灵名字。加喜特人来自东边的山区，几乎是在希克索斯人入侵埃及的同一时间征服了美索不达米亚。[64]第二年，迈尔在他的《古代史》第二版中写道，希克索斯人"来自更遥远的地方，来自小亚细亚。他们占领了叙利亚和埃及，或许他们与赫梯人有关联"。[65]1910 年，埃及学家库尔特·泽特发表了一篇讨论希克索斯人的文章。他在文章中展示出，ḥk3 ḫ3st 是一个中王国时期表示贝都因酋长的词语，也是希克索斯领导者的自称。因此，他提出这个词语是用来表示身份等级而非"民族"的。另一方面，他指出，至少在公元前 15 世纪图特摩斯三世统治时，Ḥk3 ḫ3st 指的就是一个民族。这就为曼涅托的说法提供了至少 200 年的世系。不过，泽特并没有回答 ḥk3 ḫ3st 是否曾在第二中间期被用来表示两种含义。[66]

作为专业人士，埃及学家在总体上不赞同关于作为异族的希克索斯人的大胆推测。美国埃及学家詹姆斯·布雷斯特德的内容全面的《古埃及记录》（*Ancient Egyptian Records*）在 1906 年出版，其中质疑了缪勒对斯庇欧斯－阿提米多斯铭文的解读。他认为，ʿ3mw 和 šm3w 不应被解读为 "ʿ3mw 曾经在北

340

63　在美索不达米亚北部发现了公元前六千纪和公元前五千纪哈拉夫文化的（Halafian）器皿，它们与公元前两千纪的胡里安人的关系在 1930 年代引起了争论。总体的结论是，二者之间的时间差距太大了，不可能有任何关联。参考 von Soden（1937, p. 9）和 Albright（1939, p. 121）。尽管实际上从早期哈拉夫器皿到公元前两千纪胡里安人的彩陶不可能有任何连续性，但是来自乌卜拉的证据显示，公元前三千纪在叙利亚有说胡里安语的人，Hrozn（1947, pp. 47-9）谈到了闪米特语和取代了欧贝德器皿的哈拉夫器皿之间的联系，在我看来再次引发了这个问题（同时参考第一卷，第 12 页）。关于公元前三千纪的胡里安人，参考 Kammenhuber（1977, pp. 133-5）和 Pettinato（1981, p. 27）。

64　持这种观点的不仅是 Wolfram Nagel（1987, pp. 169-70）等种族主义者。受人尊敬的印欧研究专家 Mallory（1989, pp. 37-8）也赞同这种看法。

65　关于加喜特人，参考本书第六章注释 79—80。他们的神灵的印度语名称引起了争论。见 Mallory（1989.p. 38）。

66　关于米坦尼，参考 Meyer（1907a）。这一引用见 Meyer（1909, I.ii, p. 291）。

方居住，在阿瓦利斯，它们中间是 šm3w"。这两个词应该是同义词，这行铭文应被平行地解读成："它们的"sn 指的不是 ˈ3mw，而是北方大地。[67]40 年后，加德纳翻译了这片铭文的改良版本，尽管他没有明确舍弃他的老友布雷斯特德的翻译，但是明显依循了缪勒的版本。[68]1912 年，伯查特（M. Burchardt）在发表的一份名为"希克索斯人的民族关系"（"The Racial Affliations of the Hyksos"）的笔记中对迈尔做出了回应。伯查特回顾了很多希克索斯人名的明显的闪米特词源，坚持认为 ˈ3mw 一直被视为闪米特语，尽管他承认一些希克索斯人名并不能被清楚地解释成闪米特语，赫梯或雅利安有可能对希克索斯人产生了影响。[69]

尽管有了专业人士的回应，但是在 20 世纪 20 年代日益浓厚的种族主义和反闪米特氛围下，这种认为希克索斯人是来自东方的"优等种族"的观点，仍然有相当大的吸引力，在研究通史的历史学家中间尤其如此。在《剑桥古代史》第一版的关于"闪米特人"的文章中，库克（S. A. Cook）把斯庇欧斯-阿提米多斯铭文释读成了希克索斯人的言论，"他们带来了很多 Amu（贝都因人），但是他们自己是外国人"。他称赞米坦尼具有他所说的"极其阳刚的组织"，认为其中也包括赫梯人和其他印欧人。[70] 在同一卷中关于"中王国和希克索斯征服"的一章是霍尔写的，他更加谨慎，但是也认为希克索斯入侵是印欧人活动的结果。霍尔在米坦尼人和加喜特人中间都发现了印欧人的影响。[71]

341　　1925 年，爱德华·迈尔就早期印欧人的扩张发表了一篇新文章，其中强调了印欧人对米坦尼和加喜特的关键性影响。他也认为，印欧人和胡里安人都主导了闪米特的希克索斯人进入叙利亚、埃及和爱琴海地区的行动。从我们这本书的视角来看，他谈到希克索斯人进入爱琴海地区，这是耐人寻味的；[72] 不过，他倾向于把印欧人和胡里安人混为一谈。在 1928 年版的《古代史》中，

67　Sethe（1910b）.

68　Breasted（1906, II, p. 125）. 同时参考 Gardiner（1946, pp. 47-8）。加德纳的译文是："即使是在亚洲人生活于北方大地上的阿瓦利斯的时候，游荡的部落在他们中间，压倒了那曾被……"

69　Burchardt（1912a）.

70　Cook（1924, pp. 232-3）.

71　Hall（1924, p. 317）.

72　Meyer（1925, p. 253）.

迈尔把人们在很多地方发现的带有基安名字的物品串联在一起，推测希克索斯帝国从克里特、叙利亚一直延伸到埃及和苏丹，由于迈尔的头脑中仍然萦绕着中亚的形象，因此他将希克索斯帝国与"蒙古人或匈奴人的短命帝国"联系在一起。[73] 即使是在反闪米特主义思想日渐加强的 20 世纪 20 年代晚期，也有人反对这种观点。1929 年，埃及学家沃尔夫（W. Wolf）发表了一篇文章，其中强调了希克索斯人的闪米特性质；尽管他承认可能存在胡里安人的影响，但是否定了雅利安人的影响。[74]

1933 年白俄罗斯印度学家米罗诺夫（N. D. Mironov）试图强化关于加喜特人和希克索斯人的雅利安假说，他不仅找出了那些无法用闪米特语或胡里安语解释的名字的印度语词源，甚至还对已经确定的一些闪米特语和胡里安语词源提出了反对意见。[75]

这里提到的所有作品都属于通常被称为希克索斯研究的"前史"的内容。研究的"历史"始自埃及的埃及学家帕霍尔·拉比卜（Pahor Labib）的论文《希克索斯人在埃及的统治和衰落》（"The Hyksos Rule in Egypt and Its Fall"），这篇论文在 1936 年发表，详细研究了关于这一主题的铭文和文献资料。拉比卜根据闪米特语的王室名字总结说，希克索斯人是闪米特人。[76] 丹麦裔美国人、埃及学家恩格伯格（R. M. Engberg）在 1939 年发表的专题研究《重论希克索斯人》（"The Hyksos Reconsidered"）中并没有进行这样明确的划分。他采取了曼涅托的做法，把希克索斯用作表示民族的词语，认为"在希克索斯人里，除了闪族之外肯定还有其他血统"。他得出的总体结论是：

> 闪米特成分显然强大。胡里安人似乎也在过程中起了主要作用……其他可能的参与者中，印度-伊朗成分似乎有重大贡献。[77]

第三帝国（Third Reich）的德国人认为情况更加简单，没有多少必要进行

73　Meyer（1928-36, I.ii, pp. 315-19）. 20 世纪 20 年代，不少学者想把希克索斯和中亚联系在一起，举例来说，我们可以参考 Peake and Fleure（1927, p, 202）。

74　Wolf（1929）.

75　Mironov（1933, esp. pp. 150-70）.

76　Labib（1936, pp. 3-8）.

77　Engberg（1939, pp. 47, 49）.

学术争论。埃及学家赫尔曼·容克（Hermann Junker）认为，希克索斯人是雅利安人在公元前 18 世纪扩张时"不同种族"融合的结果。[78] 年轻的埃及学家汉斯·斯托克在《埃及第十三王朝到第十七王朝的历史和考古学》（*History and Archaeology from the 13th to 17th Egyptian Dynasties*）中写道：

> 无论如何，认为希克索斯人纯粹是或主要是闪米特人，都会引起疑问。**整个行动的领导者无疑有非闪米特的渊源。**……希克索斯人首先不应被视为迦南人或来自巴勒斯坦的王子。……这个民族从未显示出必要的军事威力和武装力量（强调之处为原文所加）。[79]

后来，他承认埃及在这一时期受到了闪米特的影响，但是坚持说：

> 不过，我们必须回到非闪族层面上的来自北方的侵略的特点中来。因此，我们应该和格策（Götze）一样，考虑一下由包括胡里安人还有闪米特人在内的雅利安君王领导的行动。[80]

斯托克和他的同代人格策、冯·索登（von Soden）一样使用了学术语言，不过下面我们会讨论到，有一些内在的理由让人们认为希克索斯人受到了来自"北方的"影响。[81] 即使如此，这些结论无疑都受到了一种世界观的影响，就是认为"闪米特人"，至少是那些来自巴勒斯坦的人（不包括阿拉伯人），在历史进程中基本上是被动的，没有能力建立起大规模的政治组织。这种观点并不局限于纳粹德国。马克斯·缪勒和爱德华·迈尔，还有前面引用过的参与《剑桥古代史》编写的很多英国学者都持有这种观点。

这一时期反闪族主义的势力强大，因此这种观念居然引起了激烈反对就格外令人惊讶。反对来自各方。埃及学家和巴勒斯坦考古学家对于人们试图从小亚细亚和高加索侵入他们的领域表示怀疑，这是出于一种本位主义的思想。在

---

78 Junker（1933, p. 105）.

79 Stock（1955, p. 71）.

80 Stock（1955, p. 74）. 提到的格策的作品是 Götze（1936, p. 99）.

81 赫梯研究专家格策实际上是逃离纳粹迫害的难民，但是他也受到了同样的思潮的影响，参考 Götze（1936, pp. 99, 105-6）和 von Soden（1937, pp. 14-17）.

他们的实证主义思想中，由于希克索斯人的遗迹和记录主要都是叙利亚-巴勒斯坦和闪米特的，因此他们看不出有什么进行更广泛的推测的需要。我也曾提到，通史学家和业余爱好者津津乐道于重构戏剧化的或影响深远的事件，他们对此则持有专业上的反感。最后就是，他们对以种族主义为原则建构历史表示怀疑，并在 1933 年之后进一步强化了自己的态度，对种族主义的政治意义表示了厌恶。[82]

由于这些原因，随着对大浩劫的揭示和以色列的诞生，情况发生了根本性的转变。在 20 世纪 40 年代之前学者明确分为两派，一边是大多数专业的埃及学家，一边是关注泛历史时期的通史学家以及一些尊重曼涅托的记录的埃及学家，维系他们的是流行的对历史的种族解读和反闪族主义。到 1950 年，情况发生了变化，由于学术界广泛反对反闪族主义，原本只是少数派的专业人士得到了支持。

343

1951 年，瑞典学者萨维-索德伯格（T. Säve-Söderbergh）发表了极有影响力的文章，其中并没有给北方人甚至侵略留下余地。根据他的观点，希克索斯人统治埃及是由埃及内部的亚洲人崛起造成的，这些亚洲人在此前几个世纪里就在埃及定居，与埃及当地人一起生活。[83] 有趣的是，同样健康的反对"优等种族"及其征服的氛围，和 20 世纪 40 年代、50 年代倾向于社会变革而非种族冲突的观念，促使乔治·门登霍尔（George Mendenhall）否定以色列人是"征服了"迦南，认为实际上的"征服"是受到欢迎的振兴发展。[84] 加德纳到 1947 年还认为，胡里安人是"入侵埃及的希克索斯人的一大组成部分"，但是 14 年后在《法老的埃及》中接受了萨维-索德伯格的观点。[85]

萨维-索德伯格也得到了法国和德国的顶尖闪米特研究者罗兰德富（Roland de Vaux）和阿尔布莱希特·阿尔特（Albrecht Alt）的支持，他们认为，讲闪米特语的叙利亚-巴勒斯坦人所进行的新行动，是讲闪米特语的亚摩利人从叙利亚沙漠进入黎凡特和迦南造成的结果。阿尔特认为，在第十三王朝的所谓《咒诅文》中可以看到这一过程的踪迹，在《咒诅文》中，埃及人诅咒内陆

82 关于这点，具有说服力的例子参考奥尔布赖特对于当时纳粹亚述学家 Wolfram von Soden（1939）的 Der Aufiieg des Assyrerreichs... 的评论。感谢彼得·丹尼斯（Peter Daniels）为我提供该资料。

83 Säve-Söderbergh（1951）.

84 Mendenhall（1962）.

85 Gardiner（1947, I, p. 185; 1961a, pp. 156-7）.

的叙利亚-巴勒斯坦王子的名字，因为他们威胁到了埃及在那里的势力。[86]

希克索斯人只是闪米特人，其兴起主要属于巴勒斯坦当地发展的结果，这种观点如今仍然占主导地位，尤其是在中欧以外的地区。极力主张这一观点的包括研究第二中间期的德国专家尤尔根·冯·贝克拉特（Jürgen von Beckerath）和加拿大埃及学家、古代史学家约翰·冯·赛特斯，威廉·海耶斯在《剑桥古代史》中也表达了这样的观点。[87]

不过，沃尔夫冈·黑尔克撰写的关于公元前三千纪和公元前两千纪埃及与近东关系的作品堪称典范，如今他则站出来反对这一新的趋势，并有力地指出在希克索斯人中间有胡里安人的成分。他认为人们不应该忽视曼涅托有关希克索斯人是"来自东方"的"不明种族"的描述。他做出了明确区分，一边是悄悄渗透而入三角洲东部的讲闪米特语的人和他们的小国君王，一边是被称为希克索斯的后来的法老。他不赞同主流学说的反对意见，认为很多希克索斯法老的名字不能用闪米特语或埃及语来解释。[88] 黑尔克认为需要区分开"闪米特的"和"更早的希克索斯的"时期，这是由于他接受了美索不达米亚的低位年表。这似乎让他无法相信公元前 17 世纪中期埃及存在胡里安人，反过来却让他相信公元前 18 世纪有闪米特人侵者或渗入者。如果接受了"长"年表，那么我们就有可能承认，在公元前 1760 年左右的青铜时代中期二段 B 开始之时，巴勒斯坦存在"北方的"元素。根据中间年表，这可能是在公元前 18 世纪 40 年代。只有在低位年表中，才需要黑尔克这种显得生硬的划分两个阶段的解决方案。

黑尔克并不相信公元前 18 世纪埃及存在胡里安人，但是他指出，胡里安人来到叙利亚-巴勒斯坦的时间应该比普遍认为的时间更早。这里我们所面对的，是关于希克索斯人中间存在着胡里安人或许还有印度-雅利安人的最有力的主张之一。这种主张的根据是，尽管古王国和中王国时期的埃及文献里没有证据显示叙利亚-巴勒斯坦人中存在胡里安人，但是在相当多的新王国文献中记录了胡里安人，以至到了公元前 13 世纪的拉美西斯时期，巴勒斯坦的名称之一就是"Ḫurru 的土地"。[89] 而且，埃及和乌加里特文献都用印度名字证

86　de Vaux（1967, pp. 481-503）；Alt（1954）. 关于"咒文"见 Posener（1940, 1975），Helck（1971, pp. 44-67）。

87　von Beckerath（1965, pp. 114-19）；van Seters（1966, pp. 181-90）；Hayes（1973, pp. 54-5）。

88　Helck（1971, pp. 101-3）。

89　关于这一点的资料参考 Gardiner（1947, I, pp. 181-7）。

344

实了这一地区的王子的名字。这些胡里安人和印度–雅利安人显然非常强调使用战车作战的文化意义。[90] 不过，新王国提到胡里安人和印度–雅利安战士或"Maryannu"，只是在公元前 15 世纪图特摩斯三世开始征服之后，也就是说比黑尔克判定的胡里安–希克索斯侵入埃及的时间晚两个世纪。[91] 冯·赛特斯认为，埃及人从公元前 15 世纪开始的对胡里安人的这个名字的使用和了解，意味着他们过去使用的表示希克索斯人的词语 ꜥ3mw 显示出外来者中并没有胡里安人。

冯·赛特斯也相信，对于公元前 15 世纪巴勒斯坦人中存在胡里安人的观点，最好的解释就是，第十八王朝在早期攻打了叙利亚的讲闪米特语的亚摩利国，由此留下的权力真空地带后来被胡里安人占领了。[92] 比如说，冯·赛特斯和其他学者指出，在叙利亚海滨城市阿拉拉赫（Alalakh）的 VII 层发现的档案中提到了马和战车，却没有显示出胡里安人或印度–雅利安人的存在。[93] 不过，如果接受美索不达米亚的"长"年表，就可以把胡里安人和加喜特人的活动（后者从东北进入美索不达米亚）视为发生在公元前 18 世纪早期。而且，这样的话阿拉拉赫 VII 就会被置于公元前 18 世纪而非公元前 17 或公元前 16 世纪，因为这座城市是被赫梯国王哈图西里（Ḫattusili）一世毁灭的。按照"长"年表，哈图西里一世的统治时间是在公元前 1700 年之前；按照中间年表，他的统治时间就是公元前 1675 年—公元前 1650 年间。

语言学家和古代史学家安纳利斯·卡门胡贝尔（Anneliese Kammenhuber）指出，胡里安人在安纳托利亚向西方最远的扩张发生在赫梯国王哈图西里一世统治期间，她认为这是在公元前 16 世纪。[94] 如果接受了长或中间年表，把哈图西里一世的统治时间提前几十年或一个多世纪，那么这一证据就有了不同的意义。这似乎可以支持我们所讨论的对象，那就是在公元前 18 世纪的黎凡特存

345

90　例如，米坦尼国王的名字 Tush-ratta（恐怖的战车），在努斯的胡里安人中使用的印度语 Bardashwa（很多匹马），巴勒斯坦王子亚柯（Accho）使用的名字 Zurata（拥有优良战车的人）。关于这些的讨论见 Drews（1988, pp. 150-1）。

91　关于公元前 15 世纪和公元前 14 世纪埃及其他提到 Mariannu 的情况，见 Helck（1971, pp. 482-7）。

92　Van Seters（1966, pp. 186-7）。

93　Van Seters（1966, p. 185）。

94　关于哈图西里一世，参考 Kammenhuber（1977, p. 133）。类似的论述是，胡里安人的名字没有出现在巴比伦的汉谟拉比的继承者萨姆苏·伊路那统治期间。参考 Kammenhuber（1977, p. 132）。不过，根据长年表，他的统治现在应该被定为公元前 1806 年初，而不是根据中间的或低位年表得出的公元前 1750 年或公元前 1686 年。

在胡里安人。

作为多民族群体的希克索斯人

近年来，泰尔埃尔-达巴的挖掘者曼弗雷德·比塔克发展了关于希克索斯人的新图景。他注意到，在他挖掘的遗址中有大量叙利亚-巴勒斯坦式的贮藏葡萄酒和油的罐子，这显示出在希克索斯时代肯定存在沿着尼罗河进入地中海的大规模贸易。他以此为基础提出，古代资料和之前的考古学家肯定出了错，因为他们认为希克索斯人是以陆地为根基的征服者。与此相反，他推测说，讲闪米特语的黎凡特人从毕布勒经海上迁徙至阿瓦利斯，而阿瓦利斯的兴起可以与毕布勒的衰落联系在一起。因此，他认为希克索斯政权本质上是一个不好斗的商业网络，权力结构类似于公元前一千纪腓尼基人的权力结构。[95]

关于希克索斯人保护下的大规模贸易，比塔克提出的证据是无可置疑的。不过，他由此得出的结论不够可靠。首先，埃及或后来的资料都没有提到在这一时期或其他时期出现过由毕布勒到阿瓦利斯的迁徙。而且，忽视古代广为流传的传统观点似乎是危险的做法，这些传统观点明确地声称在陆上发生了从东北而来的重要侵略，这是公元前 7 世纪亚述人入侵以前埃及史中唯一提到的一次侵略。这一观点并没有受到考古学的批驳，下面我们会看到，一些考古学家相信他们发现了可以对此提供支持的物质证据。比塔克自己在泰尔埃尔-达巴发现了与征服相对应的破坏结果，还发现了埋葬着全副武装的士兵的墓葬，随葬的则是两具马科动物的骨骸。

我并不认为，毕布勒在阿瓦利斯繁荣期出现的衰落，是人口从黎凡特经海路迁徙至尼罗河三角洲的结果。似乎更可信的是，这是传统中所描述的陆地入侵的结果，当时的入侵为叙利亚-巴勒斯坦人提供了机会，使之可以控制埃及、尼罗河、黎凡特的贸易。这促使阿瓦利斯成为新的商业中心，代价或许就是毕布勒的衰落。

不过最重要的一点是，在总体上，军事征服与河流和海洋贸易绝不是互相排斥的。有很多对应的例子，比如说，伊斯兰的阿拉伯人把沙漠突袭和机动

346

---

95 Bietak（1983）. 关于比塔克对此的最新观点，见 Neil Asher Silberman（1989, pp. 147-52）的访谈。

的陆地战役与商业化的深入结合起来，并在后来控制了地中海东部和南部的贸易。在北欧，以劫掠著称的海盗们也开展了可观的贸易活动，并在北欧大部分地区建起了城市。因此，我看不出有什么理由来否定希克索斯人的传统形象。相反，我认为我们只应加上比塔克在挖掘中发现的证据，这些证据证明了希克索斯人在河流与海洋上的商业贸易活动，此外还要加上他们在爱琴海地区留下的遗迹，对此将在下一章进行讨论。

马和双轮战车：胡里安人和雅利安人

我们并不清楚，黑尔克在反对希克索斯人纯粹是闪米特人时是否只想到了胡里安人。他在《埃及古代史》（*History of Ancient Egypt*）中写道：

> ［胡里安人］向南扩张，征服了叙利亚、基祖瓦特那［（Kizzuwatna）奇里乞亚］和巴勒斯坦，进入了三角洲。他们后来有一部分由印度贵族［上层社会（Oberschicht）］统治，在迁徙过程中从俄罗斯南部的大草原带来了马匹和轻型战车。美索不达米亚地区自然早就知道马这种动物……但是与新出现的轻型战车联系在一起之后，马的重要性和价值才得到了大幅提升。[96]

四轮车在公元前三千纪时无疑已经在美索不达米亚投入使用。最早时人们用牛或水牛拉车，后来又用野驴或驴子拉车。马和马车在古巴比伦时代（公元前 20 世纪和公元前 19 世纪）就在美索不达米亚存在，尽管我们并不清楚它们得到了什么样的应用。[97] 几乎可以肯定，马匹是从欧亚大草原引入到中东的，但是这既不意味着马匹也是在那里首次用于战车的，也不意味着马匹用于战车与说印欧语或印欧语的分支，即印度-伊朗语或印度-雅利安语的人有关。

玛丽·利陶尔（Mary Littauer）和朱斯特·克鲁维尔（Joost Crouwel）在关于这一主题的最近出版的书中提出，早在印欧人在这一地区留下任何踪迹之前，四轮车就已经演进成为辐条结实的双轮战车。[98] 俄罗斯语言学家和

347

96　Helck（1968, p. 132）.

97　Mallory（1989, pp. 40-1），Yadin（1963, pp. 36-8, 74）.

98　Littauer and Crouwel（1979, pp. 51, 61）. 同时参考 Drews（1988, pp. 96-7）。

古代史学家迪亚克诺夫（I. M. Diakonoff）有力地论述说，由于印度-雅利安人被证实只是在公元前 1600 年后才存在于近东地区，而这时战车已经在那里使用很久了，因此马和战车不应被视为印欧人存在的标志。[99] 这显然是正确的，举例来说，人们在努比亚布衡的第十二王朝堡垒附近就发现了一匹马的残骸。[100]

无论如何，对来自欧亚大草原、讲印欧语的人来说，马和乘马车旅行至关重要，因此他们至少以一种松散的方式与近东地区战车的发展联系在一起。俄罗斯考古学家罗曼·格尔斯曼（Roman Ghirschman）提出，讲印度-雅利安语（或至少是印度-伊朗语）的人从公元前三千纪早期起就生活在伊朗东北部，他们驯化了马匹，用马拉车。他还认为，公元前 1800 年左右，讲印度-雅利安语的人与札格罗斯山脉（今天的库尔德斯坦）的胡里安人杂居，正是这种共生关系构成了在公元前两千纪中期控制上美索不达米亚及其北方边界地区的米坦尼社会。[101]

格尔斯曼用以支持这一印度-雅利安人活动的考古证据，遇到了激烈的挑战。不过，这些反对观点在我看来并没有摧毁整个方案的可信性。[102] 德国考古学家安纳利斯·卡门胡贝尔提出，雅利安战车驾驭者的征服只是个神话。她认为，存在于米坦尼的印度词语只是遗留的风俗，而非口语的一部分，当地的口语显然是赫梯语，而雅利安的国王和神灵的名字只不过是胡里安语和印度-雅利安语在这个千纪中期偶然接触的结果。[103] 她的观点的前一部分具有说服力，不过暗示着讲胡里安语的人和讲雅利安语的人的接触发生得要更早，因此更有可能与战车的引入有关。她的观点的第二部分就是，神灵和国王的名字都是偶然获得的，这很难令人信服。

简单地说，尽管共生关系的确切表现形式并不明确，但在事实上，后来的文本明确说明，一些米坦尼神灵和王族的名字以及一些与战车有关的词语都出自印度-雅利安语，而基本词汇则属于胡里安语，这的确暗示着存在雅利安主义者梦想的精英征服者。正如当代印欧研究专家马洛里（J. P. Mallory）所说的，

---

99 Diakonoff（1972, pp. 91-120）。

100 参考本书第五章注释 55—56。

101 Ghirschman（1977, pp. 3-10, 25-32）。

102 关于这些争论的讨论，见 Mallory（1989, pp. 39-41）。

103 Kammenhuber（1977, pp. 220-3）。

情况似乎是：

> 讲印度语的战车武士自己加入讲胡里安语的当地人中间，形成了统治了很多个世纪的王朝。关于这种印度语的元素与胡里安语融合的具体机制的情况，我们并不清楚。[104]

尽管存在意识形态上的拒斥，我仍然发现这是非常合理的情形。不过，这并不能排除利陶尔和克鲁维尔提出的一点，那就是轻型战车可能是在美索不达米亚北部而非伊朗或大草原发展起来的。[105] 不过，雅利安与米坦尼战车具有联系，而且事实上在战车从中亚到爱尔兰的使用中都牵涉了讲印欧语的人，因此不论战车在哪里出现，讲印度–雅利安语的人似乎都很可能参与到了战车的发展中。[106] 最令人信服的图景是德国考古学家格特鲁德·赫米斯（Gertrude Hermes）在 20 世纪 30 年代提出的：轻型战车是通过讲印欧语的人和近东的技术专家，在马和马车的接触中发展起来的。[107]

因此，尽管十分明确的是，正如迪亚克诺夫所说的那样，使用战车并非印欧人的专利，战车的使用扩展到了说多种语言的多个民族中，但是我看不出有什么理由来否定战车最早是由讲印度–雅利安语的人开发的。

胡里安人和希克索斯人

进一步的问题就是，胡里安人和印度–雅利安人的混合体在米坦尼的形成，是否与希克索斯人有关。直到公元前 15 世纪和公元前 14 世纪，美索不达米亚、安纳托利亚和埃及的资料才开始提到这个国家。不过，正如马洛里所指出的：

> 我们对米坦尼文本中印度–雅利安要素的时间界定，纯粹只是基于提

104　Mallory（1989, p. 41）.

105　Littauer and Crouwel（1979, pp. 51-68）.

106　持有这一立场的是 Drews（1988, pp. 136-57）.

107　Hermes（1936, pp. 393-4）.

349

供了可判定年代的书面资料。我们无法肯定地把这些时间往回推到公元前 15 世纪之前，但是我们不应忘记，印度元素似乎比胡里安语中一种**死掉**语言的残留多不了多少。产生了米坦尼语的共生关系或许在很多个世纪之前就已经出现了。[108]

前面提到，很多学者只是因为时间的原因就否定了胡里安人对希克索斯人的影响，甚至更坚决地否定了印度-雅利安人的影响。如同比利时的亚述学家库珀（J. R. Kupper）在《剑桥古代史》中论述的那样：

> 通常认为，希克索斯时期是在接近公元前 18 世纪末时开始的。……希克索斯人进入三角洲时，胡里安人恰好进入了叙利亚北部，他们唯一可行的路线就是进入埃及。如果是这样，那么要是不把汉谟拉比［著名的巴比伦国王，美索不达米亚年表主要以他的统治时间为依据］的统治往回推很长时间，就无法把希克索斯人与胡里安人的迁徙联系到一起。同样，在阿拉拉赫 VII 时期当然就不会有印度-雅利安人的影响，他们出现得显然更晚。[109]

如果依循长年表，那么汉谟拉比的统治时间就是更早的公元前 1848 年—公元前 1806 年，赫梯国王哈图西里一世则是在公元前 1700 年左右在安纳托利亚中部与胡里安人作战。根据中间年表，汉谟拉比的统治时间是公元前 18 世纪上半叶，与胡里安人迁徙对应的加喜特人就出现在汉谟拉比的继任者萨姆苏·伊路那（šamšuiluna）统治时期。在这两种情况下，公元前 18 世纪下半叶胡里安人在叙利亚-巴勒斯坦存在的可能性都非常大。只有低位年表才会拒斥这种可能性。因此，即使接受来自美索不达米亚和叙利亚国家的默证，也没有理由否定公元前 18 世纪在黎凡特地区存在讲胡里安语甚至印度-雅利安语的人。在所有这些讨论中，我认为都低估了新的军事、政治或宗教力量突然出现的速度。伊斯兰、蒙古人和太平军都是突然开始大规模行动的，所引起的反应

108　Mallory（1989, p. 42）.

109　Kupper（1973, p. 36）.

也与曼涅托笔下的希克索斯人给埃及人带来的惊讶相仿。

关于存在胡里安人的考古学和语言学证据

那么考古记录是否会证明公元前 18 世纪胡里安人在叙利亚-巴勒斯坦的存在呢？总体上，唯一可能标示着胡里安人到来的公认分界线就是青铜时代中期二段 A 和 B，前面提到，这应该追溯到公元前 1775 年—公元前 1750 年。20 世纪的学者强调了缺乏改变的状况。如同凯瑟琳·凯尼恩夫人（Dame Kathleen Kenyon）在《剑桥古代史》中说的：

> 就巴勒斯坦而言……从青铜时代中期开始到它结束，并在那之后过了很久，所有的物质证据——陶器、武器、装饰品、建筑、埋葬方式——都强调了在文化和基本人口上没有发生变化……这是地中海沿海地区的迦南文化。[110]

这一陈述的真实性绝对毋庸置疑。不过尽管如此，还是出现了陶器风格的变化，最突出的是别具特色的泰尔埃尔-耶胡迪耶（Tell el Yehudiyeh）容器的广泛使用，它是根据希克索斯人在三角洲东部的聚落命名的。在整个黎凡特和埃及东北部都发现了这种陶器。虽然它始于何时仍然存疑。但是在泰尔埃尔-达巴，它首先出现在 G 层中，比塔克认为这是在第十三王朝，青铜时代中期二段 A 转向二段 B 之前。[111] 不过，几乎没有多少疑问的是，这种陶器首先出现在三角洲东部的叙利亚-巴勒斯坦人当中，时间是公元前 1775 年—公元前 1750 年，并且在整个希克索斯时代都有所使用。不过，它是被来自北方的印度-雅利安侵略者或胡里安人带来的，这一点并没有什么问题。

一些学者注意到了他们所认为的堡垒形态的变化，即高大的防御土墙由下而上厚度渐减，形成嵌着石头的斜坡。这通常与战车战役以及希克索斯人联系在一起，有时也与来自北方的胡里安人的入侵联系在一起。[112] 不过，这些"改

110　Kenyon（1973, p. 115）.

111　Bietak（1984, p. 476）. 同时参考 Kemp and Merrillees（1980, pp. 96-8）。

112　关于这点的扩展讨论，见 Van Seters（1966, pp. 27-37）。

进"在第十二王朝的努比亚堡垒中已经出现，在公元前 20 世纪和公元前 19 世纪的青铜时代中期二段 A 时期显然已经在叙利亚－巴勒斯坦广泛应用。[113] 另一方面，在叙利亚北部，从巴勒斯坦直到三角洲东部的泰尔埃尔－耶胡迪耶和现代开罗郊区的赫利奥波利斯，发现了很多前所未有的建筑形式，即堡垒化的围墙，有时会在一角筑有高出的卫城。[114] 皮特里认为围墙可能是为存放战车而设，我不知道有谁想出过更好的解释。[115] 不论情况是否如此，它们的用途无疑都与军事有关。

351　　这让我们考虑到战车在巴勒斯坦和埃及的传播。第五章讨论了在色梭斯特里斯时代的埃及把战车用于仪式的可能性。[116] 埃及人最早提到 ḥtr 和 tꜣ nt ḥtry，也就是马和战车，是在公元前 16 世纪底比斯统治者卡摩斯（Kamose）纪念抵御希克索斯人的战役的铭文中。[117] 冯·赛特斯指出，在铭文中没有提到它们用于战争目的，但是大概 50 年后的一份铭文提到了卡摩斯的继任者阿赫摩斯（ʿAḥmose）一世驾着战车围攻阿瓦利斯。冯·赛特斯表示这是弄错了年代，因为铭文也提到在上美索不达米亚的那哈拉因（Naharayin）缴获了一辆战车，他认为这只可能发生在公元前 15 世纪。[118] 这似乎是诡辩，因为公元前 16 世纪初，战车无疑是不仅在巴勒斯坦，也在埃及使用的。

　　关于这一语义场的词汇来源存在一些争论。词语 ḥtr 本身显然是古埃及语中表示一对或一队耕种的牛的词语的改用。这个词被用来表示一种以两匹马拉战车的新技术，继而被用来表示马。另一个表示马的词语是 ssmt，首次出现在第十八王朝。这与希伯来语的 sûs（马）和阿卡德语的 sîsû 相关。关于这一词群仍有争议，但是通常认为其来源于在梵语 ašva（马）中发现的原始印欧语形式的重构。人们还发现了乌加里特语的形式 śśw，可能读成 *sʷasʷa，因此这个词源就更加可信。另一方面，尽管这些词语并没有明确的关联，但

113　参考第五章注释 69 和 Van Seters（1966, pp. 33-7）。

114　Van Seters（1966, pp. 28-9）。

115　Petrie（1952, p. 3）。

116　本书第五章注释 55—57。

117　Gardiner（1916, p. 107）。

118　关于这一铭文，参考 Sethe（1906-9, IV pp. 1-3）和 Pritchard（1955, pp. 233-6）。同时参考 Gardiner（1961a, pp. 168-9）。关于冯·赛特斯的观点，参考 Van Seters（1966, p. 184, n. 25）。

是它们仍有可能源自另一种未知的语言。[119] 表示"牧马"的埃及词语 ibr 也是最早出现在第十八王朝，它显然源自在希伯来语 ʾabîr 和乌加利特语 ʾibr 中发现的闪米特语形式。[120] 表示战车的一个埃及词语 mrkbt 明显来源于出现在希伯来语 merkåvåh 中或者结构形式 merkebet 中的闪米特语形式。另一个词语 wr(r(y))t，在闪米特语言学家和研究胡里安语的早期专家斯派泽看来，是来自胡里安语的 waratušhu，但是这个形式是否存在并不确定。[121] 不过，尽管有这样的不确定性，但是似乎迎合了这一来自新物种和技术的新需求的，不仅有本土的埃及语词汇，也有闪米特语词汇，可能还有一些胡里安语词汇，最后则是印度-雅利安语词汇。

除了布衡的马以外，还有其他迹象显示希克索斯时期结束前在巴勒斯坦和埃及存在着马匹。皮特里在加沙（Gaza）发现了青铜制的马嚼子，他把其所在的位置描述为希克索斯地层。1936 年，研究古代马匹的专家格特鲁德·赫米斯把它们的时间定为约公元前 1700 年。[122] 从那时起，其他学者倾向于把时间推后，但是如同当代古典学者罗伯特·德鲁斯（Robert Drews）所说，它们并没有"正视赫米斯的观点"。[123] 考虑到在这一章前面给出的更早的年代得到了普遍证实，那么似乎没有理由怀疑那些马嚼子来自公元前 18 世纪。

来自泰尔埃尔-达巴的证据倾向于证实马匹或至少马科动物是在公元前 1750 年以前被引进黎凡特和下埃及的。在遗址的 G 层到 D3 层中发现了 17 头驴或马科动物的骨骼，也就是说它们属于公元前 1800 年到公元前 1570 年这一时间段。[124] 它们大多数成对埋葬在墓葬前，人们认为它们是成对用来拉车的。如果看到了这些墓葬的平面结构，人们会强烈地感受到它们的外形模仿了由马科动物拉动的货车或大车。[125] 在 F.9 层（公元前 18 世纪早期或中期）的一位配

352

119　Ellenbogen（1962, p. 123），Gordon（1966, p. 451）. 反对者见 Littauer and Crouwel（1979, p. 59, n. 52）和 Drews（1988, p. 141）。他们的依据是，亚述词语 sisu 或 sisi e 在公元前 19 世纪用于了安纳托利亚，那时讲印度-雅利安语的人尚未到来。另一方面，Segert（1983, pp. 202, 215）把乌加利特语的 š 读成 sʷ，加强了这种联系。

120　Gardiner（1957, p. 459（E5））和 Gordon（1966, p. 350）。有趣的是，这里就像埃及语的 ḥtr 一样，西闪米特语的 ibr 原本也有牛的含义，意思是"（带驼峰的）公水牛"。

121　Speiser（1933, pp. 49-52）. 但是我在 Laroche（1977）中没有找到 waratušhu。

122　Hermes（1936, pp. 379-81）.

123　Drews（1988, pp. 102-3）.

124　Van den Brink（1982, pp. 46-7）.

125　参考 Bietak（1968, pp. 91, 98）.

备武装的重要人士的墓葬前，发现了两具年轻人和五具马科动物的骨骸。比塔克认为这两个人和五头牲畜或许都是殉葬的。[126] 在公元前 18 世纪晚期的 E.2 层中发现了马的牙齿。[127] 在死者的墓葬中或墓葬附近埋葬驴子或马的做法也出现在青铜时代早期二段，见于三角洲东部的英沙斯（Inshas）、泰尔埃尔-法拉莎（Tell el Farasha）和泰尔埃尔-马斯库萨（Tell el Maskhutha）以及巴勒斯坦的杰里科和泰尔埃尔-阿朱勒（Tell el Ajjul）等遗址中。这种做法似乎与配备武装的人（或许是武士）之间存在普遍的联系。[128] 因此，尽管没有关于战车的直接证据，但是三角洲的新来者似乎把马科动物和战车看得十分重要，这不仅发生在宗教层面，也发生在实际层面。

与战役联系在一起的马科动物和马车被从叙利亚和／或更北的地方引进到巴勒斯坦和埃及，这清楚地证明了有关希克索斯人的假说，那就是在希克索斯人迁徙的过程中牵涉到了胡里安人和印欧人。

希克索斯物质文化

在挖掘泰尔埃尔-达巴之前，人们对于希克索斯时代埃及的物质文化所知甚少。部分原因是，对他们充满敌意的第十八王朝统治者有意毁坏了希克索斯人留下的东西；不过更主要的原因是，人们并没有把"希克索斯"物质文化的遗存视为独立的存在。实际上，埃及和巴勒斯坦的考古学家对泰尔埃尔-达巴文化早有了解，他们认为那是青铜时代中期二段叙利亚-巴勒斯坦文化和埃及中王国晚期文化的混合体或一系列融合的结果。

一些特征似乎是在青铜时代中期二段 A 的黎凡特发展起来的，例如筑于房屋地面下的墓葬。其他一些特征或者是在黎凡特或者是在三角洲东部的迦南地区形成的，例如泰尔埃尔-耶胡迪耶容器。另一方面，两种现象都成为希克索斯文化和希克索斯时期的特点。[129] 泰尔埃尔-达巴的墓葬中有很多青铜武器，尤其是战斧、匕首和刀，制造工艺属于埃及第十二王朝以来

126　Bietak（1968, pp. 90-2）.

127　Boessneck（1976, p. 25）; Bietak（1979, p. 247）.

128　Van den Brink（1982, pp. 74-83）.

129　关于墓葬，参考 Van den Brink（1982, pp. 74-83）; 关于泰尔埃尔-耶胡迪耶日期，参考 Kemp and Merrillees（1980, p. 97, n. 252）。

在叙利亚-巴勒斯坦发展起来的精湛的金属工艺风格。[130] 尽管在泰尔埃尔-达巴还没有发现长剑,但是在青铜时代中期二段 B—C 的叙利亚-巴勒斯坦各地都发现了长剑,它们显然是从更早的匕首发展而来的。[131] 公元前 18 世纪下半叶叙利亚-巴勒斯坦的希克索斯文化已经拥有了青铜时代晚期主要的新型武器,它们当然是驴、马、马车和精良的匕首,很可能还有战车和长剑。

考古学家和艺术史学家海伦妮·坎特(Helene Kantor)把希克索斯时期的艺术描写为一种"混合艺术"(Mischkunst)。[132] 唯一能够显示出希克索斯上层阶级和北方接触的独特物品,就是一件令人印象深刻的金银合金头饰,上面饰有四个瞪羚头,还有一个看起来极具安纳托利亚特色的牡鹿头。这来自所谓的萨利希耶(Salhiya)宝藏,是在距离泰尔埃尔-达巴大约 10 公里的地方发现的,人们认为它来自那里的一座希克索斯王室陵墓。[133] 在杰里科发现的一个希克索斯时期的罐子上,一个大胡子男人的肖像赫然醒目,肖像具有一种在其他时期从未见过的蛮夷之人的特征。[134]

而且,在很多地方都出现了"腾空跳跃"的形象,其中动物的腿分别向前后伸展,从而营造出速度感。人们经常用这一姿势表现奇异的怪兽格里芬(第九章将会进一步讨论格里芬和飞奔的姿势)。[135] 坎特在 1947 年出版了题为《公元前两千纪的爱琴海和东方》(*The Aegean and the Orient in the Second Millennium BC*)的开拓性论著,其中提出"腾空跳跃"的形象是从近东传入爱琴海地区的。坎特的论述在年代上非常不精确,她的观点的基础似乎是来自更早的权威人士,他们纯粹从考古学角度进行推理,表示这样的"活力"肯定具有欧洲来源。不过,黑尔克继续支持了这一假设。[136]

柱形印章和象牙的雕刻似乎在很大程度上借鉴了叙利亚北部的式样,尽管加入了许多埃及式的图案。[137] 在下埃及和巴勒斯坦,比印章和象牙更为常见的

---

130 Bietak(1968, pp. 106-9)。

131 Van Seters(1966, pp. 56-7)。

132 Kantor(1956, p. 153)。

133 Bietak(1979, pp. 242-3)。

134 在耶路撒冷博物馆。很多地方都有描述,包括 Amiet(1977, plates. 77)。

135 Bisi(1965, p. 167);Frankfort(1970, pp. 263-4)。

136 Kantor(1947, pp. 92-5);Helck(1979, pp. 80-1)。关于克里特或希克索斯在这一主题和其他主题上的优越性的进一步讨论,见下一章。

137 Van Seters(1966, pp. 67-70);Porada(1984)。

是希克索斯的圣甲虫。一些圣甲虫复制了埃及中王国的样式，一些则在保留了基本形式的同时发展出了刻画在平坦表面的独特设计，表现出了叙利亚-巴勒斯坦艺术的影响。[138]

希克索斯精美艺术品的主要来源之一显然是毕布勒，多个世纪以来，那里形成了兼容并蓄的埃及-黎凡特传统。一个令人印象深刻的例子就是色彩亮丽的金属镶嵌工艺或乌银镶嵌工艺，从中王国时期起，毕布勒就开始大量制造这类金属制品。冯·赛特斯描述了一把剑柄和剑鞘装饰着浮雕花纹的希克索斯匕首：

> 剑柄的一侧是埃及风格的人物，他们穿着短裙，头戴的王冠类似埃及的"白色王冠"。另一侧是两头羚羊，它们抬起前腿背对背站立，头则扭转过来朝向对方。这当然是亚洲的图案样式，在叙利亚的雕刻中很常见。在两头羚羊上方是第三头羊，它正在吃草，姿态也更加自然。剑鞘的设计也混合了多种元素，其中包括埃及的元素，例如一个男孩的身边是狒狒、野狗和鱼；两个男人的衣着也是埃及的式样。但主题是羚羊、狮子和猎人，以及骑在驴上、佩戴着短弯刀的男人，它们显然属于亚洲的风格。[139]

同样的风格也出现在经常被视为希克索斯艺术的考古学范例之中。那是在塞加拉的一座墓葬中发现的一把匕首，墓主名叫ʿabd，这显然是个闪米特名字。匕首一侧刻着希克索斯法老的名字阿波菲斯。另一侧写着"主人Neḥmen的随从"，这或许是见于希伯来语Naḥămånî（富于同情心）的西闪米特名字。剑的类型是亚洲的，剑柄的乌木上镶嵌着金银合金，图案描绘的是：

> 一个勇猛攻击一头狮子的男人。他穿着埃及短褶裙，但是戴着亚洲式的臂钏和金属项圈，胸前则是两条交叉的饰带，上面挂着多个圆环。一头狮子和一只羚羊的姿态都是"腾空跳跃"。[140]

138　Van Seters（1966, pp. 61-7）; Ward（1987, pp. 517-32）.

139　Van Seters（1966, p. 71）.

140　Van Seters（1966, pp. 71-2）. 同时参考 Hayes（1975, p. 64）。

冯·赛特斯继续描述道：

> 这一图案充分表现出当时的工艺进展、艺术折中主义以及政治和经济的互相依赖，这些都是青铜时代中期二段 B—C 时期叙利亚-巴勒斯坦和希克索斯的埃及的普遍情况。[141]

355

他并没有继续去说明，在出于迈锡尼竖井墓的同一时期的珍贵文物中，这些工艺种类和混合艺术主题多到了什么程度。一些存在对应的艺术品将在下一章予以讨论。

《圣经》中描述的被扣留在埃及或休整

在两种非埃及的传说中保留了一些有关希克索斯人的征服和被逐出埃及的民间记忆，在以对希克索斯文化兼容并蓄的特点的概述收尾之前，我想先对这其中的一种进行一下考察。对于希腊版本的达那俄斯和埃古普托斯的竞争故事，第一卷中已经进行了介绍，在下一章中也会进一步讨论。[142] 这里我们要讨论的是另一种传说，也就是《创世记》的结尾和《出埃及记》的开头部分。

《创世记》的故事中含有偏离主题的内容和民间传说的特色。故事中说，约瑟（Joseph）被卖到埃及当奴隶，在那里作为执掌印章的人或臣子从而获得了权力，后来迦南发生了饥荒，约瑟的父亲雅各和他的兄弟们到埃及寻找粮食，约瑟让他们作为法老的仆人在埃及定居下来。[143]

这个故事在《出埃及记》中被重新提及。这已经是在三个世代之后了，此时希伯来人口大幅增长，新的法老认为他们构成了威胁，让他们在三角洲东部为他建造新的城市。被当作埃及人抚养长大的希伯来男孩摩西回到了族人中间，在上帝的支持下进行了政治／魔法斗争，让以色列人得以离开埃及回到迦南。上一章已经谈到，上帝和摩西加诸埃及人身上的瘟疫与火山的特性相关，但是还有其他很多灾疫，最终的灾难是杀死埃及的所有长子，而以色列人从中

---

141 Van Seters（1966, p. 72）.

142 第一卷，第 94—98 页。

143 Genesis 37-50.

幸存下来。这摧垮了法老的抵抗，他允许犹太人离开，他们立刻动身离开，白
天有烟柱为他们引路，夜里有火柱为他们引路。法老随后改变了主意，派出所
有的战车要把以色列人带回来。犹豫之后，以色列人继续赶路，上帝为他们在
海水中分出路来，并用海水淹没了埃及军队。不过，以色列人的问题并未结束，
他们在荒野中流浪了 40 年，直到摩西的继任者约书亚（Joshua）带领他们进
入了迦南地。[144]

356　　　《圣经》对于出埃及的时间给出了相互矛盾的证据。《圣经·列王记》给
出的年份是公元前 965 年修建圣殿的 480 年之前，也就是公元前 1445 年左
右。[145] 如果把《出埃及记》《士师记》《撒母耳记》和《列王记》中提到的年份
按年代顺序加到一起，总共就是 554 年，而且还有很多时期没有被算到里面。[146]
这就会得出一个处于公元前 16 世纪的时间。不过，在《出埃及记》中提到了
修建比东（Pithom）和拉美西斯（Ramesses）这两座"积货城"，这接近公元
前 1308 年到公元前 1194 年间的第十九王朝。[147] 后一个时间似乎符合摩西的孙
子生活在公元前 1150 年左右的说法。因此，传统观念倾向于第十九王朝末期，
可能是麦伦普塔赫在位的公元前 1224 年—公元前 1214 年。但是，《出埃及记》
中提到的非利士人只是从公元前 12 世纪起才开始出现在埃及资料中，这仍是
与之不相容的。不过，上一章谈到，人们发现的纪念石碑提到了这时以色列人
已经作为一个民族在巴勒斯坦定居下来，这样就排除了出埃及发生在麦伦普塔
赫统治时期的可能性。[148]

　　这些早就出现的困惑在现代考古学的观照下变得更加复杂。对于征服故事
中提到的迦南城市的毁灭发生在什么时候，人们已经争论了一个多世纪。[149] 不
过，争论主要围绕着的是《列王记》引文所支持的公元前 15 世纪与符合宗谱
的公元前 13 世纪。[150] 最近一轮争论是由英国《圣经》考古学家约翰·比姆森
（John Bimson）和大卫·利文斯顿（David Livingston）引起的。他们重提《列

144　Exodus.

145　I Kings 6. 1.

146　参考 Rowley（1950, pp, 87-8）的计算。

147　Exodus I. 11.

148　参考本书第七章注释 81—83。

149　关于二战前的相关争论的综述，参考 Rowley（1950, pp. 10-19）。

150　Rowley（1950, pp. 10-11）。

王记》中的时间，总结说在公元前 13 世纪没有发生符合《圣经》描述的毁灭。唯一可以满足他们要求的时间段出现在青铜时代中期二段 C 和青铜时代晚期一段的交界。这在传统上被认为是公元前 1550 年左右，但是为了符合《列王记》给出的年代，比姆森和利文斯顿把这个时间推后到了公元前 1420 年。[151]

这种编年上的变化与其他所有证据皆不相容，尤其是它涉及了对青铜时代晚期一段长度的压缩，因此无法得到其他学者的认同。[152] 另一方面，支持公元前 13 世纪这一时间的人无法回答比姆森和利文斯顿提出的最基本的批评，也就是没有考古证据能够支持公元前 13 世纪迦南被征服的假设。不过事实上，对于公元前 16 世纪和公元前 15 世纪发生在巴勒斯坦的破坏，最好的解释就是埃及的征战，我们从埃及的记录中可以了解到这些战役确实发生过。

人们已经浪费了大量时间和精力，试图以错位的精确去追寻以色列人出埃及的地理路线，与此相似，人们试图确定出埃及发生的时间，这同样也是徒劳无功的。显然，很多线索都被纳入整个传说的创造过程之中。不过在我看来，对于人们在埃及的休整和出埃及的所有故事来说，最重要的基础就是希克索斯人占领埃及和被逐出埃及的历史事实。希克索斯人和以色列人的关系并不确定，也就是说，我们无法弄清公元前 17 世纪和公元前 16 世纪是否存在着作为独立种族的以色列人，倘若真的存在，那么以色列人在入侵者中又扮演了什么样的角色。以色列似乎更有可能是在后来发展起来的，如果是这样，那么构成以色列的一些元素是否会来自希克索斯联盟呢？抑或仅仅是以色列人借用了其他民族的传说？

大部分希克索斯人与后来的以色列人一样，是来自迦南的讲西闪米特语的人。除此之外，还有两点特殊的理由暗示着希克索斯人与以色列人有更直接的关系。首先，经证实，在公元前 18 世纪晚期，巴勒斯坦和下埃及都存在表示希克索斯统治者的名字 Yʿḳb hr 或 Yʿḳb。这个名字与雅各，Yaʿāqov 极其相近。[153] 雅各·以色列不只是以色列的独有祖先和名字来源，根据传说，他也是带领以色列人进入埃及的法老。第二，在如今的西岸（West Bank）地区，也就是青

357

151　他们的最新观点见 Bimson and Livingston（1987, pp. 40-53, 66-7）。

152　Halpern（1987, pp. 56-71）。

153　参考本章注释 31。Astour（1967a, pp. 193, 393）指出，名字 Ykbʿr 或许是 Yqbir 的错误读法，而是来自 Yakke Bʿal（让 Bʿal 打击）的形式。

铜时代末期以色列的核心地带，人们发现了迄今为止数量最多的希克索斯圣甲虫雕饰，这是有效的考古证据。[154] 同样有趣的是，前面提到的对《士师记》的年表的计算结果，给出的时间与公元前 16 世纪中期希克索斯人被逐出埃及这一时间相符。

把希克索斯人与以色列人等同起来的想法并不新鲜。阿布德拉的赫卡泰奥斯在公元前 4 世纪末时写道，关于出埃及的犹太传说与关于达那俄斯和卡德摩斯迁徙的希腊传说，都来自希克索斯人被逐出埃及的史实。[155] 在曼涅托《历史》的一个版本中，名叫图特摩斯（Tethmōsis）的第十八王朝首位法老"驱逐了"牧羊人。另一个版本把牧羊人称为摩西领导下的"犹太人"。[156] 不知道是曼涅托还是后来的节选者给出了这种对等关系，不过，很有可能曼涅托就是这样认为的。毫无疑问，公元 1 世纪亚历山大时代的反闪米特主义者阿皮翁和他的论辩对手约瑟夫斯认为希克索斯人和犹太人是一回事，实际上，约瑟夫斯把他们描写成"人们所说的牧羊人，我们的祖先"。[157] 根据拜占庭僧侣乔治·辛凯洛斯（George Syncellos）的说法，认为出埃及发生在第十八王朝末期而非早期，从而把以色列人和希克索斯人区分开来的是公元 4 世纪时的教父尤西比厄斯，后者或许是受到了《圣经》的影响。[158] 从那时起，人们就倾向于认为，把这两者等同起来，即使不是反闪米特的，也是反宗教的观点。[159]

随着 19 世纪末世俗化风气兴起，很多学者回到了把以色列人和希克索斯人相等同的早期观点中。大多数持不可知论或无神论的古代史学家，包括迈克尔·阿斯特、詹姆斯·布雷斯特德、勒内·迪索、阿兰·加德纳、H. R. 霍尔、萨洛莫·卢里亚（Salomo Luria）和雷蒙·韦尔（Raymond Weill）在内，都认为希克索斯的统治阶段是《圣经》中对以色列人在埃及逗留或被扣留的描写的直接或间接基础，而希克索斯人被驱逐则是《出埃及记》的基础。[160] 这种观点

154　Weinstein, 1981, pp, 8-10.

155　Diodoros Sikeliotes, XL.3.2.

156　Frg. 50，Josephus, *Contra Apionem*, I. 15，frg. 51，Theophi-lus, *Ad Autolycum* III, 19, frg. 52, Syncellus.

157　*Contra Apionem*, I. 14-16.

158　Manetho, frg. 53. See Waddell（1940, pp. 114-15）.

159　例如 Schwartz（1950）的态度。

160　Astour（1967a, pp. 98-9）；Breasted（1912a, p. 220）；Dussaud（1946-8, pp. 45-7）；Gardiner（1961a, p. 156）；Luria（1926, p. 97）；Weill（1923, pp. 185-91）.

也得到了一些思想较为开放的宗教学者的接受。[161] 因此没有理由怀疑，出埃及的故事至少在部分上体现了希克索斯人被逐的民间记忆。

结　论

蛮族的入侵或征服总是令人困惑的事件；异族人突然而至，而后又会迅速消失或被同化。如果入侵的时间短暂，再加上地理范围广阔分散的话，就会给系统的挖掘造成困难。"蛮族"通常不会留下永久性的纪念碑，他们是游牧民族或至少处于游牧阶段，相对而言没有多少物资财产。他们拥有的物品一般是由当地人或其他本土民族制造的。因此，考古学很难追溯他们的迁徙过程或分析那些在史学上已经得到证实的迁徙事件的性质，包括发生在公元 5 世纪的匈奴人的征服、13 世纪的蒙古人的征服和 15 世纪的莫卧儿人的征服。

不过人们的确会注意到，在这些时期里存在风格的混合和工艺的迅速传播。例如公元 13 世纪和 14 世纪中国和波斯艺术复杂的交互影响。[162] 这导致了之前的本土工艺或艺术传统的瓦解。兼收并蓄的结果是，一些原本属于"蛮族"的传统发展成为独特的风格。不过，随着蛮族失去政治权力或被同化，甚至在此之前，这种风格往往就会消失。在这之后，旧的本土文明重新确拾自己的身份，尽管人们有时会刻意复古，但是本土文明通常总会有所改进。

蛮族征服的另一个特点是，外来的蛮族总会直接或间接激发"内部的"蛮族，后者常常在几个世纪里居住于更富有的文明国家附近。于是，极少数匈奴人或讲土耳其语的人渗透进了罗马帝国，而哥特人（Goth）和日耳曼人则由于匈奴人的出现一拥而入。同样，尽管征服并统治了印度的莫卧儿人首领是讲土耳其语的，但是随他们的入侵进入印度的并不是土耳其或中亚文化，而是波斯人的文化，这个具有高度文明的民族几个世纪以来一直居住在印度西北。

这种日积月累的推动力的模式看起来与公元前 1750 年—公元前 1570 年叙利亚-巴勒斯坦和下埃及的考古证据是相符的。前面提到，在青铜时代中期二段存在物质文化的基本连续性。不过，在公元前 18 世纪出现了一些变化，其

359

161　例如 Baron（1952, I, pp. 35-9）。

162　Ashton and Gray（1935, pp. 246-8），Grousset（1959, pp. 287-8）.

中大多数涉及美索不达米亚、叙利亚、黎凡特和埃及风格的融合，同时还有一些北方或蛮族影响的痕迹，也就是强调动感和暴力。不过即使如此，公元前18世纪下埃及的文化基本上仍然是叙利亚–巴勒斯坦的。

没有理由认为语言影响的平衡会有所不同。从人们的名字上看，在埃及的希克索斯人似乎很大一部分是讲闪米特语的，同样，正如泰尔埃尔–达巴的希克索斯物质文化在公元前17世纪越来越体现出埃及特色一样，埃及语也在闪米特语面前重新确立了地位。尽管事实上埃及语和闪米特语无疑都是埃及当时的主要语言，但是可能也有人在讲其他语言。

表面上看，不属于亚非语的希克索斯人名无疑难以用胡里安语和印欧语来解释。不过，考虑到曼涅托的传统记录、斯庇欧斯–阿提米多斯的铭文、胡里安人公元前18世纪在叙利亚的扩张、米坦尼人与马和战车的联系、公元前15世纪巴勒斯坦存在讲胡里安语和印欧语的人，我看不到有什么学术理论可以否定他们都参与到了希克索斯入侵埃及的过程中。我认为这让人难以承认，原因从我对关于这个问题的史学研究的综述中就可以看出，那就是我感到我在意识形态上强烈认同那些持反面意见的人，反对这一看起来显然能够证实雅利安人的“优等民族”形象的说法。

另一方面，如同我在这一章前面坚持认为的那样，我相信一名学者应该尽最大努力让自己的历史解释不受意识形态偏好的影响。在这个问题上，我接受雅利安主义者的解释，但我拒绝接受他们基本上属于社会达尔文主义的假设，即认为通过暴力进行征服或统治会让某个民族或语言群体在道德上或创造力上**优于**被征服或被统治的民族。我当然不会把德国纳粹的地位置于他们曾统治并屠杀的犹太人、吉卜赛人（Gypsy）、同性恋者和共产主义者*之上*，同样也不会接受匈奴人＞日耳曼人＞高卢罗马人（Gallo-Roman）或蒙古人＞土耳其人＞波斯人＞印度人的层级结构。

第九章　公元前 18 世纪—公元前 17 世纪的克里特、锡拉以及迈锡尼文化的产生——希克索斯人的入侵？

这一章关注的是近东和爱琴海在公元前两千纪中期的接触。这是个关键时期，原因不仅在于考古证据；根据帕罗斯碑提供的最全面的古代年表，在公元前 16 世纪，埃及和腓尼基王子在希腊确立了他们的统治。于是，狭义的古代模式（也就是认为希腊文化是埃及／腓尼基殖民的结果）就依赖于这一时期的证据。存在于这一时期的接触似乎既包括从埃及和黎凡特到爱琴海和希腊本土的直接接触，也包括通过克里特和爱琴海南部进行的间接接触。

克里特文化具有兼收并蓄、四海一家的性质，这在第一章和第四章中都讨论过，第二章和第三章也讨论了埃及和黎凡特在公元前三千纪的岁月里对希腊本土产生影响的可能性。前面的四章尽管谈到了关于希腊的内容，但是主要关注的是边缘性的主题，包括色梭斯特里斯在小亚细亚的征服、对锡拉火山爆发年代的重新界定在年代学上的意义以及希克索斯人的兴起。不过，我们先考虑上述这些内容是有必要的，目的就是帮助理解这一章的核心议题——公元前1750 年—公元前 1500 年间可能存在的埃及和黎凡特在爱琴海地区的殖民。

有关公元前两千纪中期近东和爱琴海存在大量接触的考古证据，为本书提出的很多观点提供了有力的支持。如果在迈锡尼文明形成时期的物质层面上存在这样的大量接触，那些反对希腊曾在文化上，尤其是语言和宗教上，向近东学习借用的人，就会从根本上失去理据。另一方面，考古证据并不能帮助狭义的古代模式。青铜时代中期最后的定居点或宫殿虽然有一些位于下面是更早的古希腊工艺品的毁灭层之上，但是并没有发现包括武器在内的纯属埃及和黎凡特的物品窖藏。

而且，我们在第十一章中还会谈到，在爱琴海的青铜时代层位中发现的大多数埃及和黎凡特物品都来自公元前 15、14 和 13 世纪。一些埃及宗教机构也有可能在这些稍晚的时期于希腊设立了起来。另一方面，"希腊的"迈锡尼王国此时无疑已经建立，尽管传统上认为公元前 15 或 14 世纪珀罗普斯人从安纳托利亚来到了伯罗奔尼撒（对此第十一章也将讨论），但是，传统上认为"埃及"和腓尼基殖民地的出现是先于这一事件的。

这就增加了一种可能性：在希腊文化中发现的近东文化踪迹，即使不是大部分，也是有很多来自埃及、黎凡特和爱琴海地区的长久交往，而不是希腊传说中提到的军事征服造成的结果。

我在 1986 年完成了《黑色雅典娜》的第一卷，之后的四年里我逐渐意识到，我有可能高估了"殖民"期间近东文化渗透的程度，并低估了在此后发生的文化渗透的程度，尤其是埃及第十八王朝的文化渗透，那时埃及的力量和威望都发展到了巅峰。

文化借用的程度在获得政治独立之后反而比政治上受人统治时更大，这样的模式已经在历史上得到了证实。类似的情况发生在东亚。后来，成为越南腹地的红河三角洲无疑在公元前 1 世纪到公元后 10 世纪的汉朝及后代王朝的直接殖民时期之中及之前都受到了中国的影响，然而，越南的大规模汉化却是 19 世纪越南本土强大的阮（Nguyen）王朝带来的。[1] 希腊或许也经历了类似的模式，对埃及和黎凡特影响的接受主要发生在公元前 1450 年之后。

虽然迈锡尼文明和铁器时代的希腊具有让人无法忽视的兼容并蓄的特性，并且这又推进了腓尼基人和埃及人的融合，不过这种文化融合本身并不能证明公元前 1750 年到公元前 1500 年间在希腊存在希克索斯人的殖民地。不过我相信，来自这两个半世纪的语言学证据和其他证据足以显示出，在这一较早的时期发生了文化借用。

363

1　Woodside（1971）.

在公元前 1750 年到公元前 1500 年期间，也就是这一章所关注的时期，有关埃及和黎凡特与爱琴海相接触的考古证据具有显著的军事特色。这十分符合古典时代希腊传说中所说的"英雄时代"，其中来自东方的英雄在希腊建造起了他们的城市。于是我们似乎可以相信，在这些年代里至少存在间接的埃及-黎凡特的殖民过程。不过，考古学对于这样的问题无法提供确切的答案，我们会看到对于这一证据可以用多种方式进行解释。也就是说，考古证据既可以用来支持古代模式也可以用来支持雅利安模式。与此前各章一样，在这一章里我们会看到，有确切的证据倾向于支持存在来自近东早期文化的影响。不过，在此我认为，我们可以进一步寻找有说服力的考古证据，它们可以表明存在源自外国的王朝，正是他们改变了爱琴海沿岸地区的文化面貌。

我在《黑色雅典娜》中提出的对古代模式的第一项修正就是，接受 19 世纪语言学家关于希腊语基本上是印欧语的说法，因此这也就意味着在某个阶段肯定存在来自北方的一次或多次入侵或渗透。第二项修正就是这一章里将谈到的。我在第一卷中讨论了古代作家的观点，他们相信希腊的殖民发生在公元前 16 世纪，他们把达那俄斯获取阿尔戈斯地区与希克索斯人战胜埃及人联系在一起，我们知道希克索斯人的胜利发生在公元前 1575 年—公元前 1550 年。[2] 在考古证据面前，这个年表一直让人难以接受；而在重新判定锡拉火山爆发的时间和爱琴海的陶器时期年代后，这一年表就更不可能成立了。因此，我不得不与古代历史学家分道扬镳，认为殖民或者埃及-黎凡特影响的浪潮发生在公元前 18 世纪晚期的希克索斯时代开始之时，而不是公元前 16 世纪早期的希克索斯时代终结之时。

我在第一卷的绪言中提及了多种可能的原因，来解释古代作家为什么要把这些事件发生的时间判定得离现在更晚近。一种可能的原因是，不仅现代的历史学家感到保守的叙述显得更加清醒可信，古人也一样感受到了这种压力，而与此相反的渴望则是用特别古老的年代来赢得听者的注意。

把时间判定得更晚近的另一种可能的原因就是，看到自己的国家成为征服的牺牲品，当然会让爱国的希腊作家感到痛苦，他们更愿意看到自己的国家友善地接纳了避难者。在 Hyksos（希克索斯）和 hikesios 的形容词 hiketēs（恳

364

2　第一卷，第 84—101 页。

求的）之间存在的相似关系，更强化了这种意味。在希腊化时代，人们也热切地想把达那俄斯迁徙和《圣经》中出埃及的故事联系在一起，前一章已经谈到，《出埃及记》的历史根据主要来自埃及人把希克索斯人驱逐出境的史实。

克里特的新宫殿

到目前为止，对于克里特考古学，我倾向于使用建立在弥诺斯早期至后期的陶器时期基础上的埃文斯年表。前面提到，埃文斯的时期划分是基于埃及年表的，弥诺斯早期与埃及古王国对应，中期与中王国对应，后期与新王国对应。这样做的一个问题是，在埃及和克里特，文化的显著变化常常发生在一个王国的末期，处于一个中间期之前或期间，而非下一个强大的王朝形成之时。

不过自 20 世纪 50 年代以来，新的模式开始得到使用，人们试图解决这个问题，并且通过对建筑的关注拓宽了这些时期的文化范围。根据这种模式，青铜时代克里特的年表应该被分成前宫殿时期、宫殿时期早期、宫殿时期晚期和后宫殿时期。关于前宫殿时期和宫殿时期早期之间的分界存在着一些争论，一些学者认为弥诺斯中期一段 A 的陶器时期是前宫殿时期，其他人认为这属于宫殿时期早期。[3]另一方面，对于宫殿时期中间出现的断裂，人们存在共识。通常认为，这发生在弥诺斯中期二段和三段的陶器时期之间。具体的时间通常被认为是公元前 1700 年，但是由于锡拉火山爆发的时间被重新划定，这一时间似乎会是稍早些的公元前 1730 年左右。

这一断裂的标志是，克里特岛上的三处主要宫殿都遭到了破坏，包括北部的克诺索斯、东部中心的马利亚（Mallia）和南部美萨拉平原上的斐斯托斯。这些破坏的出现通常被归因于一次大地震。无疑，克里特处于地壳极其不稳定的地区，在史前时代和有历史记录以来经常发生地震造成的大范围破坏。另一方面，与先前的宫殿相比，在这些破坏发生之后建造的宫殿显现出细微然而明显的差别，也让学者们看到在早期宫殿和晚期宫殿之间存在着作为分水岭的文化断裂。

365

3　前一种观点参考 Platon（1956）。后一种观点参考 Matz（1973a, pp. 141-3）。关于"后宫殿时期"的性质也存在争论，参考本书第十章注释 89—95。

近东对于宫殿时期早期的克里特的影响很大，这在第四章中已经讨论过。不过，人们通常确定地认为，这些影响，尤其是来自埃及的影响，是随着公元前 18 世纪晚期新宫殿的建造而增加的。[4] 比如说，在弥诺斯中期三段（公元前 1730 年—公元前 1675 年），克里特宫殿里建起了埃及风格的浴室和精美的宴会厅。[5]

在克诺索斯保留下来的大多数绘画属于较晚的时期。第五章讨论过，埃及传统似乎至少从宫殿时期开始之时就主导了这里的绘画风格。[6] 我们无法确切得知，独特的埃及图案究竟从何时起开始出现在这座岛上。此外，尽管最早出现在弥诺斯中期三段的一些主题看起来是埃及的或黎凡特的，但是很多其他的图案，例如海豚、章鱼和其他海洋生物的图案，都是克里特独有的。

几乎没有多少疑问的是，近东尤其是埃及对克里特绘画的影响在弥诺斯中期三段初期得到了强化。[7] 一些新的异国形象，例如长翅膀的斯芬克斯、格里芬和"腾空跳跃"，会在下面详细讨论。这里，我们先介绍一些不太有直接"政治"意义的形象。这些形象包括山鹑和戴胜鸟，它们与埃及所描绘的一模一样。对芦苇的描绘也几乎完全符合埃及传统。还有纸莎草，它们的形象也与埃及绘画中所表现的一致，尽管这种植物如果是在爱琴海地区种植就不会像在埃及的尼罗河边那么普遍了。[8] "尼罗河场景"描绘的是一只悄悄接近猎物或在捉鸟的猫，这在埃及直到新王国时期才出现。[9] 然而，该场景在爱琴海地区出现得甚至更早，在弥诺斯中期三段／弥诺斯文化后期一段时就已出现在了克里特，在公元前 17 世纪也出现在了锡拉和迈锡尼。不过，自从古王国时期以来，构成该场景的不同要素逐步发展，实际上可以肯定它就是源于埃及的。[10] 公元前 18 世纪和公元前 17 世纪爱琴海地区获取的战利品可能包括蓝色的猴子。这本身就有趣地显示了克里特与埃及和非洲其他地区的联系。不过，同样有可能的是，

4　Pendlebury（1963, p. 173）；Higgins（1979, p. 60）.

5　Graham（1962, pp. 125-8, 1975; 1977）.

6　参考本书第四章注释 34。

7　Chachermeyr（1967, pp. 47-8）.

8　参考 Morgan（1988, pp. 20-4）。他通常坚决支持爱琴海孤立说。

9　Davies and Gardiner（1936, plates. 54 and 65）.

10　Morgan（1988, pp. 146-50）. 关于弥诺斯中期三段采用和调整后采用的埃及艺术图案，参考 Higgins（1979, pp. 22-9）。

爱琴海的艺术家是在模仿非洲艺术对猴子的表现形式。[11]

366 　　宫殿时期晚期开始之时财富稳步增加，装饰风格越发富丽堂皇，这似乎也表现为弥诺斯中期一段和二段的华美的卡马雷斯（Kamares）陶器标型器的大幅减少。对此令人信服的解释是，人们越来越多地使用金属，尤其是金和银。[12]罐子的新风格也显示出埃及的影响，正是在这一时期，用于陶器制造的快速陶轮首先在埃及和克里特得到了普遍使用。[13]同样是在弥诺斯中期三段，彩陶制品在克里特变得非常普遍。更早的制造基地是在埃及和叙利亚。[14]在宫殿里还发现了著名的装饰精美的"王室棋盘"，在第十八王朝的埃及也有与此对应的物品。[15]

　　令人感到奇怪的是，虽然墓葬是埃及和迈锡尼考古学的主要对象，但是它们对于公元前两千纪的克里特却并不重要。这有两点原因，首先，宫殿可以提供大量信息；其次，当时存在极其混杂多样的葬俗。不过，也存在一些重要的大型墓葬。

　　位于克诺索斯宫殿南部的"庙宇墓"可以追溯到弥诺斯中期三段—弥诺斯文化后期一段 A。这一华美的建筑由院落、地下室和墓室构成，地下室上面建有一座庙宇。阿瑟·埃文斯指出，这一模式完全与狄奥多罗斯对西西里的一座弥诺斯墓葬的描述相对应，那座墓葬也是隐藏在阿佛洛狄忒（Aphrodite）神庙之下的。[16]尽管这与埃及墓葬没有严格的对应关系，但是克里特的这一建筑无疑属于广义上的祭庙，在整个公元前三千纪，埃及都会在距离墓葬非常近的地方修建这种祭庙。除了这种整体设计上的相似性外，墓葬的一些细节也纯属埃及风格，例如地下室的天花板被涂成代表天空的蓝色。我会在第四卷中尝试将之与埃及天空女神努特联系起来，在石棺中的木乃伊上方和石棺上方的天花板上都绘制有努特的形象。努特的希腊对应者瑞亚的名字来自太阳神 Ra 的阴性对应者 R't，她也是掌管墓葬的地下女神，在铁器时代的克里特众神中仍然是主要一员。

　　位于克诺索斯和现代的伊拉克利翁（Herakleion）之间的伊索帕塔（Isopata），

11　Morgan（1988, pp. 39-40），同时参考 Davies and Gardiner（1936, plates. 16, 33）。

12　Pendlebury（1963, p. 158）；Betancourt（1985, pp. 103-4）。

13　Pendlebury（1963, pp. 159, 165）。

14　Pollinger-Foster（1979, pp. 153-5）。

15　Pendlebury（1963, pp. 166-7），Sakellerakis（1981, p. 39）。

16　Diodoros, IV. 79.3; Evans（1921-35, IV pp. 960, 965）。

有一处墓地包括了一些藏品丰富的墓葬，时间可以追溯到弥诺斯中期三段。那里最大的"王室墓葬"有一条通往墓室的宽阔的斜坡墓道和一个巨大的墓室，地下墓室的叠涩式券顶约有 8 米高，这意味着它突出地表形成了一个大土丘。[17] 埃及和近东至少从公元前三千纪开始时就已在使用叠涩砌法，不过没有迹象显示在克里特出现了比这一墓地更早的对叠涩法的大规模使用。但是，这或许只是因为，石质结构只是用于建筑基座。[18] 伊索帕塔的其他墓葬都有两三米深的竖井通往墓室。[19] 这似乎在爱琴海地区是一种新的墓葬形式，但是在近东大部分地区都很普遍，尤其是在毕布勒，那里的一处王室竖井墓墓地修建于埃及中王国时期，墓葬呈圈状排列，与我们下面要看到的迈锡尼墓地基本属于同一类型。[20]

弥诺斯中期三段的克里特武器

自从埃文斯首先创造出了平静天真的弥诺斯人形象以来，这种吸引人的形象就非常有影响力。[21] 这一理论的基础是这一事实：没有宫殿或城墙的存在证据。不过，我们不要忘记斯巴达也没有城墙；克里特没有城墙，这只能显示出缺少外来的军事威胁，而非对暴力缺乏兴趣。无论如何，弥诺斯中期三段的许多克里特墓葬中都随葬有精良的青铜武器，这强烈显示出墓主与战斗和战役有关。[22] 实际上，在弥诺斯中期三段，精良的匕首和长剑的发展令人惊奇。

人们早就注意到，这一时期的青铜武器表现出整个中东和爱琴海地区鲜明的一致性。考古学家雷切尔·马克斯韦尔-希斯洛普（Rachel Maxwell-Hyslop）对这些匕首和长剑进行了编目，提出：它们肯定是由一群"接受了同一流派的冶金训练"的流浪工匠打制的。[23] 不过，黑尔克令人信服地否定了这种可能性，理由在于，首先，在青铜时代的文本中没有对流浪的工匠的记载，其次，在公元前一千纪关于工匠离开本土的记录中从未提到过自由工匠，而在埃及，制造

17　Pendlebury（1963, pp. 193-4）.

18　Graham（1962, p. 160）.

19　Pini（1968, p. 45）.

20　Montet（1928-9, pp. 143-238）.

21　Pendlebury（1963, p. 164）. 同时参考 Hiller（1984）。

22　Maxwell-Hyslop（1946, esp. p. 15）。

23　Maxwell-Hyslop（1946, p. 15）.

武器的人是由国家雇用的。[24] 实际上，我在第五章中已经提出，公元前 20 世纪的色梭斯特里斯征服的后果之一就是，把安纳托利亚东部的金属工匠带到了埃及和黎凡特，即使这并非征服的目的。[25]

对于克里特在那之后两个世纪里的发展，彭德尔伯里在如今仍是经典之作的《克里特考古》（*The Archaeology of Crete*）中写道：

> 与迈锡尼文化中期一段的武器相比，这些青铜武器显示出明显的进步。马利亚的匕首必然要被视为那个年代别具一格的武器，我们有理由认为，这样的剑最早出现在弥诺斯中期三段。[26]

弥诺斯中期三段武器制造的总况以及具体的长剑制造起源，是个非常难解的问题。南希·桑达斯（Nancy Sandars）就爱琴海地区的长剑起源进行过论述，认为长剑是在叙利亚的影响下在爱琴海地区发明出来的。[27]

考古学家和古代冶金学专家基思·布兰尼根深入研究了这个问题，认为情况非常复杂，原因正如我在第四章中提到过的，他认为弥诺斯的武器制造业从弥诺斯早期三段起就受到了来自黎凡特的大量影响。[28] 就弥诺斯中期二段和三段的变化而言，他没有找到单一的来源，最后妥协说：

> ［弥诺斯中期三段—弥诺斯文化后期一段武器的］融合并不包含任何叙利亚或黎凡特的元素，这很罕见。……尽管有出自这些特征的灵感来源，这些武器仍然具有爱琴海而非黎凡特的外观。[29]

这里谈到的似乎包括三类匕首和长剑，马克斯韦尔-希斯洛普把它们归为了第 31、32 和 33 类。第 31 类的特征是"凸缘剑柄"。凸起的边缘使镶嵌装饰的剑柄可以用铆钉铆接在一起。这种基本类型也见于巴勒斯坦的泰尔-阿朱

24　Helck（1979, p. 55）。

25　本书第五章注释 153—154。同时参考本书第六章注释 163。

26　Pendlebury（1963, p. 164）。同时参考 Shaw（1978, p. 444, 1980, p. 246）。

27　Sandars（1961）。

28　本书第四章注释 12。

29　Branigan（1968b, p. 201）。

勒和泰尔-法拉（Tell el Fara）的希克索斯地层中。尽管不可能完全确定，但是这种类型的匕首的形象也出现在了中王国的棺材上，有时被标示为 m3sgw，也就是 b3sgw，这个词与义符🗡写在一起表示匕首。[30] 于是，这可能构成了公元前 20 世纪晚期和公元前 19 世纪军事技术的科伊内［（koinē）普遍标准］。[31] 相近类型的长剑也出现在弥诺斯中期三段的克里特，并且此后在克里特得到了改进。

马克斯韦尔-希斯洛普描绘的第 32 类是匕首和短剑里所常见的。它们缺少第 31 类中的铆钉，具有不同的脊状外形。这一类别的剑似乎是源自公元前 18 世纪的毕布勒，尽管在整个中东和爱琴海地区都有所发现，但是在叙利亚-巴勒斯坦最为普遍。

马克斯韦尔-希斯洛普描述说，第 33 类带有"边缘笔直的带尖剑刃，素面凸缘剑柄与剑刃铸在一起，剑柄的侧面凹陷、底面浅平，剑鞘卡榫是长方形的"。[32] 这个类别最普遍地使用了镶嵌式剑刃，例如，在一把短剑上装饰着希克索斯法老阿波菲斯的仆人 Nḥmn 猎捕狮子的场景，这在上一章中曾经描述过。[33] 马克斯韦尔-希斯洛普认为这一类型产生于叙利亚北部，在中王国时期流行于讲胡里安语的地区，因此她相信这是希克索斯人的武器，尽管出现得比第 31 和 32 类更晚。[34]

明显的是，即使在上述武器类型的封闭世界中，也存在具有相近样式的区域，这包含叙利亚-巴勒斯坦、下埃及和弥诺斯中期三段的克里特这些希克索斯地区。实际上几乎可以肯定，弥诺斯文化后期一段开始后的革新都是在爱琴海地区完成的，其中一些输出到了黎凡特。同样有可能的是，弥诺斯中期一段和二段的冶金术发展对于弥诺斯中期三段的繁荣起到了某些作用。不过，我认为弥诺斯中期三段的基本武器类型有可能来自黎凡特的希克索斯地区。

这一观点部分来自这一事实：它符合其他地区文化融合发生的方向，其中

369

30　Lacau（1904-6, I, plate. 43, nos. 255, 257, 259, 261），引用于 Gardiner（1957, p. 511, item 8, n. 2）。

31　本书第五章注释 151。

32　Maxwell-Hyslop（1946, pp. 33-41）. 尽管这位作者是在 40 多年前写作的，但是她采用的年表要比大多数后来的作品更接近于本书的年表。

33　本书第八章注释 140—141。

34　Maxwell-Hyslop（1946, pp. 38-41）.

一些我们已经谈及，另外一些会在下面加以考虑。在关于剑的希腊语词汇中也
能找到可以支持这一观点的证据。

表示长剑和匕首的亚非语词汇

希腊语中表示长剑的最常用的词语是 xiphos。这个名称在 B 类线形文
字中可能表示为 qi-si-pe-e。[35] 思想开放的印欧语研究者奥斯瓦尔德·切梅
林伊（Oswald Szemerényi）认为这标示了一种带有圆唇软腭音开头的形式
*kʷsiphos。但他承认，*令人惊奇的是这在后来并没有产生出形式* *psiphos。[36]
我认为，在这里假设有一个圆唇软腭音或许是错位的精确。它可能只是个押韵
的软腭音和咝音，就如在 ke-se-ne, xenos（陌生人）和 ku-su xyn 或 syn 中一样，
表示的是在一个借词中发成软腭音的咝音。[37]

19 世纪 50 年代，在雅利安模式胜过埃及学之前，塞缪尔·伯奇（Samuel
Birch）和海因里希·布鲁格施都提出，xiphos 来自埃及语的 sft，也就是科普
特语的 sēfe（剑，刀）。[38] 完美的相应关系让几名埃及学家保留了这种词源，尽
管这不符合雅利安模式；但是其他人对此则感到不快。[39]

1912 年埃及学家伯查特试图对此进行否定，理由是 xiphos 不可能具有埃
及词源，因为埃及人并不使用这种希腊类型的双刃剑。[40] 但是，他的前提和推
理都是错误的。在第二中间期的埃及无疑存在着双刃。[41] 即使并非如此，在普
遍的情况中，革新几乎总是从原本相近的对象中借用或改变意义。比如最早在
美国定居的英国移民用"corn"（谷物）这个词来描述此前未见过的玉米，又
比如用由马拉动的"car"来表示新发明的汽车。与我们所讨论的词语更接近

370

的是表示"匕首"的埃及词语 b3gsw，它源自更早的 b3gs（荆棘）。伯查特无力的论述似乎指向了他在解释词源时所面对的意识形态困境。大多数古典学者都会有与他相似的感受，他们尽管完全乐于接受表示奢侈品的腓尼基名称，却不愿去讨论英雄时代表示高级武器的词语可能具有的埃及词源。[42]

实际上，xiphos 无疑是个借词，不仅是因为这里缺少可接受的印欧语词源，而且由于存在一些很不寻常的相似词语，它们显然处于借词模式之中。[43]首先，存在着方言形式 skiphos，显示出希腊语面对复杂的咝音时普遍的不确定性。其次，存在单词 sēpia（墨鱼）。一向足智多谋的尤利乌斯·波科尔尼无法为 sēpia 找到印欧语词源，尚特莱纳则无法接受弗伦克尔（Fraenkel）根据墨鱼墨汁提出的这个词源自 sēpomai（腐烂的）的说法。[44]更有可能的是，这种腹足纲软体动物的名字来自其内壳，它看起来非常像希克索斯或迈锡尼的匕首。这当然与英语单词 cuttlefish（墨鱼）中的 cuttle 相似，这个英语单词即使不是来自 cut（切割）或者由 cut 延展出的 cutler（刀匠）或 cutlass（刀身略弯的短刀），也是受到了这些词语的影响。因此，sēpia 可能是另一个借词，来自埃及语的 sft，即科普特语的 sēfe，尽管两个开头的 s 和长 e 显示出了晚些时候的借用。与从埃及语 f 到希腊语 p 的转变对应的是，希腊语的 kēpos、kēbos 或 keibos 源自埃及语的 gf（猴子），而希腊语的词干 kapn-（烟）源自埃及语中书写时带有义符▲［金属火盆，上面冒着火（和烟？）］的 gfn（烘烤）。[45]与此相似，埃及语的 f 等同于希腊语的 ph，这似乎出现在 xiphos 对 sft 的借用之中，这种对等也发生在其他地方，例如一些名字和称号的转写，包括来自 tfnt 的 -thphēnis、来自 K3 mwt.f 的 Kamēphis、来自 Wnn wfrw 的 Onnōphris、来自 Mn nfr 的 Memphis。

不过在 1971 年，一名埃及学家对这一似乎正确的图景提出了质疑。英国学者理查德·霍尔顿·皮尔斯（Richard Holton Pierce）根据三方面的理由攻击了这种词源。第一个理由是基于伯查特的批评。第二个理由几乎同样不可能。皮尔斯提出："科普特语的 sēfe 显示出 sf.t 的第一个音节中有一个重音长元音，但是人们

42　Hemmerdinger（1969, p. 239）是个例外。

43　本弗尼斯特（Benveniste）认为这源于词根 *kšipra，据称是在奥谢迪语 aexsyrf（长柄大镰刀）中发现的，对此的否定参考 Szemerényi（1966b, p. 36, n. 3）。

44　Frankel（1910-12, II, p. 174, n. 1）。第三卷会提出 sēpomai 的闪米特词源。

45　下一章会进一步讨论到 kēpos 的词源。同时参考本章注释 146。

所认为的 xiphos 的借词在对应位置有一个短元音。"[46] 这显示出对于从科普特语中
371 可以重构出古埃及语元音的强大信心。更常见的观点是加德纳提出的，他写道：

> 人们想利用科普特语来解释古埃及语，但是科普特语的缺点在于在时
> 间上与古埃及语相隔甚远。要把科普特语的 ōbᵉt（鹅）这样的单词读成古
> 埃及语中与之对等的 3pd，是没有多少合理性的，因为这就相当于用现代
> 英语的读音来读盎格鲁–撒克逊语（Anglo-Saxon）。更古老的语言中的元
> 音和辅音通常会在时间长河中经历修改和变化，因此，最接近的对等词**至
> 多只能作为推理的基础**（强调为作者所加）。[47]

皮尔斯提出的理由只有第三点具有价值，他质疑埃及词语开头的 s 为什么
要被视为 ks 的组合，因为 qi-si 和 xi 都会指向 ks。这似乎又是错位的精确。首先，
在希腊语不同的咝音之间无疑存在大量互换。[48] 第二，有人反对说，皮尔斯未
能区分开埃及语的 s 和 z。这在一定程度上是可以原谅的，因为很多埃及学家
都认为这两个咝音在中期埃及语中就已经融合在了一起，在 s/zft 的写法中 s
和 z 会被混淆。另一方面，值得注意的是，从公元前 14 世纪到公元前 8 世纪，
巴比伦和亚述转写的埃及语区分开了 s 和 z。[49] 因此，借用发生时的形式很可
能是 zft，词首也就更有可能是 x。

利比亚部落把 Mšwš 写成 Maxyes，其中埃及语的 š 和希腊语的 x 无疑是
对等的；然而除了 s/zft 到 xiphos 外，并没有其他得到接受的借词或把埃及语
或闪米特语的 s 转写成 x 的例子。但是，我在第三卷中会详细讨论一系列涉
及这种转换的借词，特别是来自闪米特语的 śnˀ（恨）的 xen-（陌生的，外国
的），还有 xyn 或 syn（和，跟，随着，带有），它们来自在埃卜拉语的 ši-in
（向……移动，直到）中发现的闪米特语词干和埃塞俄比亚南部的贡纳–古拉格
语（Gunna-Gurage）中的介词 sǝ'n（到，直到，到……为止）。

我在第三卷中将会讨论的还有 xanth-，它的含义并非"金黄色"，而是"深

---

46 Pierce（1971, p. 106）.

47 Gardiner（1957, p. 428）.

48 第三卷会对此进一步讨论。

49 Erman and Grapow（1982, VI, pp. 241-2）.

棕红色"、"烹制的肉类的颜色和气息"和"神圣的"，它来自埃及语的 sntr（焚香，献祭）。有时会作为颜色词与 xanthos 混用的是 xouthos，这个词另外的含义是"快速来回移动，敏捷的"，这或许是它的主要含义，用来形容蜜蜂、蚂蚱等。埃及语的 swtwt（到处走，漫步，散步）似乎非常符合这个含意。一种可能是，埃及语单词不总是重复的，因为科普特语的 sōt 或 sot（回到或重复）并没有其他词源，它们似乎会与 swtwt 有联系。[50] 于是，似乎会有很多可能的例子，其中埃及语的 s 会在希腊语中作为 x 出现。[51] 这里提到的希腊语单词没有一个具有可接受的印欧语词源。[52]

不论我提出的渊源关系是否站得住脚，皮尔斯把咝音的借用作为这些反对理由的基础，这种基础极不确定，无法否定 xiphos 源自 sft 的传统观点，后者完全有可能是合理的。[53]

如果 xiphos 来自埃及语，另一个在荷马时代表示"剑"的词语 phasganon 就没有可接受的印欧语词源，似乎会是闪米特语，phasganon 在 B 类线形文字中被证实为 pa-ka-na。[54] 词尾的 -(a)n 是最常见的闪米特语后缀，作用很不确定；没有了这个词尾，词根就是 √psg。[55] 在《圣经》地名 Pisgåh（一座有裂缝的山）中发现了 psg（切成两半）。尽管写在中间的是 sameḥ 而非 śin，但是 psg 似乎有可能是边擦音 pśg 的反映，而 pśg 可能与词根 plg（分开，分割）有关，这

50　Černy（1976）并没有提出 sōt 的词源，也没有把它列入那些没有给出词源的词语列表中。

51　另一种微乎其微的可能性是，希腊语单词 xylam- 源自埃及语的 srmt，后者是在科普特语的 sorm、sarm、sorem 中发现的。没有印欧语词源的 xylam- 只在埃及得到了证实，它显然与农业相关，因此人们试图为之找到埃及词源，但是没有成功。试图把 xylam- 与 srmt 或 sorm 联系到一起是困难的，因为这两个词的含义都极其不确定。词语 xylam- 是指在种植前准备土壤的过程。如果这是某种施肥活动，那就会与 srmt l sorm 有关，它后来有了"渣滓""沉淀物"的意思，但是更早时表示的是某种经过加工可以食用的颗粒（Gardiner, 1947, II, pp. 234-5）。它是否也用来指肥料，就与整个问题一样并不确定。

52　关于无法为这些词语找到印欧语词源的情况，参考 Chantraine（1968-75, pp. 763-8）。

53　Rendsburg（1989b, p. 76）认为 xiphos 源自 sft 是"极其合理的"。

54　关于为这个词寻找印欧语词源的尝试失败的情况，参考 Chantraine（1968-75, p. 1180）。另一个存在于公元前 20 世纪或公元前 19 世纪的军事用语 koinē 中的表示"剑"的词语，是埃及语中的 ḫpš，带有义符 〰。这是一把加长的镰刀。Brown（1968a, pp. 178-82）提出，希腊词语 harpē（镰刀）来自西闪米特语的 √ḥrb，这个闪米特语是在希伯来语 ḥereb 中发现的，它源自在阿拉姆语 ḥarba（剑）中表现出来的早期的元音化的 ḥarb。这种说法很有吸引力。不过如同 Burkert（1984, p. 41, n. 32）指出的，harpē 具有一个令人满意的印欧语词源。（伯克特的文本中有个印刷错误，"是"读成了"而不是"，后者在词源上是 √ḥrb，不是 √ḥr。）我看不出有什么理由优先考虑印欧语词根，也毫不怀疑这里存在某种"不纯"。不过 Brown 提出的闪米特语词源的例子似乎确实受到了削弱。

55　关于后缀 -(a)n，参考 Gordon［1965, p. 63（8.58）］和 Moscati et al［1969, p. 82（12.21）］。

在闪米特语中得到了很好的证实。[56] 后一个词干似乎在后期埃及语中写作 png（离开或分开），与表示刀的义符 ➘ 写在一起。因此，似乎有一种很大的可能性，就是希腊语的 phasganon 来自闪米特语词根 *√pśg，意思是"宽刃大刀"。

应该注意到，这两个词带有的 B 类线形文字符号 qi-si-pe- 和 pa-ka-na 都意味着，它们如果是借词，就是在希腊语的圆唇软腭音消失之前引入的，否则 qi-si-pe- 就会读成 *ti-si-pe-；我也认为，较晚的来自亚非语的 pa 或 ba- 音的借词被转写进了 B 类线形文字中并加上了 qa 的符号，qa 也与 pa 是同音异形。

圆唇软腭音的消失时间并不确定且存有争议，不过人们通常认为，尽管这或许发生在元音 u 和 y 之前，但是在 B 类线形文字泥板写就之时，其他圆唇软腭音仍然是这样拼读的。[57] 我会在第三卷中阐述，B 类线形文字的拼写传统在现存文书所属的公元前 14 世纪和公元前 13 世纪就已经确立，那时圆唇软腭音已经被转到了大多数希腊方言之中。[58] 在这样的情况下，词语 xiphos 和 phasganon 的引入似乎在公元前 1400 年就已发生，或许比那还要再早几百年。这样，这些词语的引入时间就会被纳入与爱琴海地区出现长剑和改进的匕首的时间相一致的时间范围内。

这里还要指出，让情况更加复杂的是，公元前两千纪上半期克里特岛的主要语言可能是一种闪米特语，即使不是这样，埃及语和西闪米特语的方言无疑也在岛上广泛使用。[59] 这样带来的可能性就是，即使词语 xiphos 和 phasganon 源自埃及语和闪米特语词根，它们也可能起源于克里特，因此无法告诉我们有关岛上或岛外刀剑的发展情况。不过，sft 在埃及成为表示"剑"的标准词语，

56　关于 ś 和 l 的轮换，参考 Steiner（1977）。plg 最普遍的用法之一是作为分隔的溪流或运河：见阿卡德语的 palgu 以及希伯来语的 pᵉlagåh 和 pᵉlugåh。尽管希腊语的 pelagos 意思是"开阔的海"而非"海峡"，但我并不认同 Muss-Arnolt（1892, p. 69）对 19 世纪学者提出的闪米特语词源 plg 的否定。这似乎比目前欧洲语言中的候选者 ptak-（伸展，平坦）更加接近（Chantraine, 1968-75, p. 872）。而且，由于我所看到的希腊语 thalassa（大海）和 isthmos（地峡或颈部、狭窄地带）最为可信的更早形式是埃及语的 tš（分界）和 sdmi（依附在），作为分隔的大海的形象似乎也得到了加强。它们都没有印欧语词源，在第三卷中会进一步讨论。

不过，Muss-Arnolt 的确认同希腊语的 pallakē（妾）来自闪米特语的 pᵉlagåh，意义是"从家庭中切分出去"。不过，他认为希伯来语的 pilegeš（妾）是从 paltakē 借来的词。这两个词密切相关，但是关联的确切方式很难确定。关于这方面的 19 世纪参考资料的详细介绍，见 Muss-Arnolt（1892, pp. 65-6）。更近的讨论见 Ellenbogen（1962, p. 134），Rabin（1974），最主要的则是 Brown（1968a, pp. 164-9）。

57　参考 Szemerényi（1966b），Lejeune［1972, p. 46（33）］。同时参考本书第十二章注释 51。

58　同时参考 Bernal（1989b, pp. 35-7）。

59　参考本书第十章注释 14—23。

更早时又被用来表示"刀"的含义，因此它有可能就是在埃及当地发展起来的。phasganon 的情况则不那么明确，因为无法证明 psg、pśg 或 plg 是否在黎凡特语中表示一种锋利用具或武器。因此，phasganon 可能有克里特的闪米特渊源，尽管源于大陆的可能性更大。

无论如何，这些词源似乎可以支持考古证据，它们暗示着克里特的长剑和改进的匕首是在公元前 18 世纪下半叶从希克索斯人控制的黎凡特地区引入克里特岛的。

复合弓、马和战车

在弥诺斯中期三段，多种材料制成的"复合"弓首先出现在克里特，弓的木质弧形弓片是用动物角加固的。[60] 这似乎也有叙利亚的渊源。在埃及，复合弓在第十二王朝就已出现，但是只限于国王和上层人物使用，外观也保留了与"亚洲风格"的联系。[61] 因此，复合弓出现在弥诺斯中期三段，就与希克索斯人入侵的时间相一致。

我们回头考虑希腊本土的情况时，会更详细地探讨爱琴海地区对战车的最初的引进。不过这里要指出，克里特人对马和战车的最早表现，是在弥诺斯中期三段。在克里特岛南部美萨拉平原的阿基亚特里亚达（Aghia Triada），人们在这一时期的小型宫殿里发现了刻有两匹马拉的战车的印章。[62] 在克诺索斯南部阿卡尼斯（Archanes）显然属于王室的地下穹隆顶蜂巢式墓葬中发现了用于献祭的被肢解的马匹，这也显示出马在新宫殿时期具有重要意义。[63]

腾空跳跃、斯芬克斯和格里芬

几乎没有多少疑问，"腾空跳跃"的形象是较晚引进埃及的，因为得到证实的最早例子出现在公元前 15 世纪。[64] 另一方面，它看起来是几乎同时出现

374

60　Lorimer（1950, pp. 276-80）。

61　Wolf（1926, pp. 14-26）；Lorimer（1950, pp. 278-80）。

62　Pendlebury（1963, p. 172）；Crouwel（1981, p. 122）。

63　伊拉克利翁博物馆展柜 75A；Sakellerakis（1981, p. 60）。

64　Helck（1979, pp. 80-1）。同时参考本书第八章注释 136。

在叙利亚和克里特的。在克里特，这一形象出现在弥诺斯中期三段开始时，但同时也出现在黎凡特的希克索斯艺术中。[65]坎特认为这样的活力必然属于欧洲人，但是其他资料把"腾空跳跃"以及对狩猎和战斗场面的热衷与希克索斯人的生活方式联系在一起，相比之下后者更加令人信服。"腾空跳跃"的出现，只是弥诺斯中期三段克里特艺术中动感和自然主义的发展所表现出来的一个方面。[66]因此，与建筑和冶金业的情况一样，我们从当时的艺术创造中也可以看到令人瞩目的新形式的出现，这些新的形式源于弥诺斯传统和当时希克索斯人所在的近东地区的艺术特点。

现在我们来探讨一下与王室和征服有关的两个特殊主题。狮身人面像斯芬克斯的名称 Sphinx 可能来自埃及语的 šsp ʿnḫ（活的雕像），它或许在《辛奴亥的故事》中用来表示守护色梭斯特里斯宫殿的斯芬克斯。[67]狮子和人的组合形式首先出现在弥诺斯中期二段的克里特，但是这一形象得到接纳，以及最早出现长着翅膀的斯芬克斯的时间，只能追溯到弥诺斯中期三段。不过，斯芬克斯在埃及、叙利亚和美索不达米亚的出现时间显然比这更早。

尽管这一巨型怪兽像在公元前三千纪上半叶的埃及和美索不达米亚都有所表现，但是它似乎肯定是在埃及成为太阳的象征，并在埃及发展出了长着翅膀的形式，这或许也与格里芬类似。在斯芬克斯这一形象的发展和传播过程中，叙利亚肯定一直起着非常重要的作用。[68]安德雷·德塞纳（André Dessenne）进行过关于斯芬克斯的专题研究，对于被他视为希克索斯时期的无序状态的情况，他描述为，"［斯芬克斯］它没有消失，不仅如此，我们可以说它获得了新的力量"。[69]在中王国和新王国时期埃及和叙利亚无疑关系密切，但是与第 2 中间期相比，斯芬克斯出现得并不多，这让德塞纳感到惊奇。因此他得出结论说，这一怪兽对于希克索斯人有特殊的重要意义。他描述了斯芬克斯是多么频繁地出现在希克索斯人的圣甲虫雕饰上。德塞纳也注意到了斯芬克斯的多种表现形式，没有翅膀的、长着翅膀的、运动中的、静止不动的、站着的、躺着的、戴王冠的、不戴王冠的。不过，他强调了绝大多数斯芬克斯是叙利亚式的而非

65　Matz（1973a, p. 157）；Stock（1955, pp. 31-2）. 同时参考第八章注释 135—136。

66　Matz（1973a, p. 157）.

67　Dessenne（1957, p. 76）.

68　Dessenne（1957, pp. 27, 175-6）.

69　Dessenne（1957, p. 178）.

埃及式的。考虑到与埃及的密切联系，德塞纳认为这一情况令人称奇。[70]

德塞纳认为，斯芬克斯是在弥诺斯中期三段开始之时进入克里特的。而且，那时的斯芬克斯的样式具有叙利亚的渊源。[71] 德塞纳否定了之前的雅利安主义的观点，这种观点认为在雄性的埃及斯芬克斯和雌性的爱琴海斯芬克斯之间有根本差异，但是德塞纳认为这两个地区存在性别的混淆。[72] 不过他不想承认，斯芬克斯是由希克索斯入侵者带到克里特的。德塞纳写作于 20 世纪 50 年代，那时有关希克索斯人侵入埃及的观点还不盛行，侵入克里特就更是让人感到荒诞了，因此德塞纳只有求助于有关两个共时事件的假设：

> ……大灾难给早期宫殿的存在野蛮无情地画上了句号，之后人们看到了东方化的浪潮，这是值得研究的有趣现象。这一浪潮带来了大量东方的艺术图案和主题，其中包括斯芬克斯和格里芬。克里特为什么在那时更能接纳这些呢？我们只能进行推测。一种可能是，即使在第一批和第二批宫殿之间没有出现断裂，震荡也会产生一个真空。……如同我们在第一部分中所说的那样，在希克索斯时期，克里特和东方的联系可能比通常所认为的更多。[73]

克里特的斯芬克斯形象来自希克索斯人控制下的区域，格里芬的引入则是斯芬克斯情况的再现。鹰首狮身的格里芬同样可以追溯到公元前四千纪的美索不达米亚、埃兰和埃及。[74] 格里芬在整个古王国时期和中王国时期都存在于埃及和叙利亚，在此期间，克里特人都有可能借用格里芬的形象。克里特岛上最早表现这一形象的例子，是在斐斯托斯古宫殿最上层发现的两个印章的印记。奥地利古代史学家弗里茨·沙赫尔迈尔（Fritz Schachermeyr）指出，这或许是埃及影响的结果。[75] 但是，就格里芬进行过专题研究的安娜·玛丽亚·碧斯（Anna Maria Bisi）认为：

---

70 Dessenne（1957, pp. 35-43, 178-9）.

71 Dessenne（1957, p. 124）.

72 Dessenne（1957, pp. 112, 149）。同时参考 Helck（1979, p. 75）。

73 Dessenne（1957, p. 187）.

74 Bisi（1965, pp. 21-42）.

75 Schachermeyr（1967, p. 32, plate. 76）.

在克里特的格里芬发展的过程中有两点似乎可以确定。第一，格里芬在弥诺斯中期三段［按本书的年代是公元前1730年—公元前1675年］之前并没有出现在克里特岛上。第二，格里芬的形象从最初起就不是自发创造出来的，而是从这一地区之外引进的，也就是公元前两千纪的叙利亚。[76]

要调和这两种主张并不像看起来的那样困难。首先，历史上或考古记录上出现过多次"断裂"，一些情况下与新时期联系在一起的现象在此前时期的末期就会小规模地出现。第二，沙赫尔迈尔倾向于主张埃及的影响，这与阿瑟·埃文斯的观点一致，但是碧斯主张叙利亚的影响，这也是亨利·法兰克福（Henri Frankfort）的主张。这些观点上的分歧只不过是又一个例子，可以表明艺术史和考古学的多个领域以及古代模式本身在这个问题上对这一时期的情况有多么不确定。比如说，希罗多德不确定斯巴达国王的祖先是埃及人还是"亚述人"。[77]答案显然是，在弥诺斯中期三段，叙利亚南部和下埃及都处在希克索斯人的控制之下。这在格里芬的情况中就可以清楚地表现出来。亨利·法兰克福在1936年写过一篇出色的文章，其中比较了爱琴海地区的格里芬和中王国时期埃及的格里芬，以及米坦尼和中亚述时期印章上的格里芬，并认定这一形象是在希克索斯时期创造出来的。[78]碧斯完全接受了这种结论。[79]

格里芬的再现形式并不只是一件艺术史研究者关注的小事，相反，它具有重要的政治意义。和斯芬克斯一样，格里芬最早似乎是一种保护法老的生灵。不过，它总是具有侵略性的、掠夺性的特点，这些特点在公元前两千纪上半叶的叙利亚占据了主导地位，尽管格里芬仍然保留了与王室相关的含义。这种本性上的特点，加上它与希克索斯人在时间和空间上都是同时出现的，这让人们几乎可以肯定格里芬是希克索斯王权的象征和支持者。格里芬的迦南对应者似乎是 kᵉrûb［智天使（cherub）］，二者的作用是一致的，在《圣经》中，神奇的智天使具有各异的形态，他们是上帝宝座的支撑者和上帝活的战车。[80]

76　Bisi（1965, p. 167）.

77　Evans（1921-35, I, pp. 709-13）；Frankfort（1936-7）. 同时参考 Morgan（1988, pp. 50-1），Herodotos, VI.53-4.

78　Frankfort（1936）.

79　Bisi（1965, pp. 72-3）.

80　参考 Gesenius（1953, pp. 500-1）的短文.

　　单词 kᵉrûb 具有明确的闪米特词源，见于阿卡德语的 karûbu 或 karîbu，19
世纪的很多学者都认为它和希腊语的 gryps grypos（格里芬）有关联。这种观
点后来遭到了反对，尽管词汇学家无法找到这个词的印欧语词源。[81]1968 年，
古典学者和闪米特学家约翰·佩尔曼·布朗（John Pairman Brown）利用《圣
经》以及希腊和拉丁语文本的丰富资料论证指出，希腊语的 gryps 和希伯来语
的 kᵉrûb 具有惊人相似的形式和作用，目前还没有什么理由能否定这种词源。[82]
不过，布朗并没有推测借词出现的时间。"格里芬"这个词并没有出现在赫西
俄德或荷马的文本中，因此借词可能发生在公元前 6 世纪的"东方化"时期，
那时格里芬实际上已经是频繁出现的图案主题了。[83] 由于有大量青铜时代的图
案为证，语言上的借词或许发生在公元前两千纪。

　　考虑到构成希克索斯群体的主要是讲闪米特语的人，因此在公元前 18 世
纪，人们可能就已经把格里芬称为 karûbu、karîbu 或 kᵉrûb 了。[84] 增加了这个
词在青铜时代晚期的爱琴海地区投入使用的可能性的是，正在奔跑、翱翔或
捕猎的格里芬是弥诺斯文化后期和迈锡尼的艺术中最常见的意象。其中最令
人瞩目的是，在宫殿时期晚期的克诺索斯和迈锡尼的皮洛斯，帝王宝座两侧
的墙上都画着成对的格里芬。[85] 这意味着它们在宫殿时期晚期的克里特和迈
锡尼时代的希腊是标准的王权象征。克里特的成对格里芬或许属于弥诺斯文
化后期二段，因此可以追溯到公元前 15 世纪或公元前 16 世纪上半叶；皮洛
斯的格里芬在时间上则可能更晚。因此我们可以认为，格里芬是纯属迈锡尼
的象征。不过，第十一章会讨论到，希腊占领克里特中部是弥诺斯文化后期
三段 A 开始之时才发生的事情，也就是说晚于克诺索斯的格里芬的出现时间。
而且，所发现的小型物件足以证明格里芬这一主题在弥诺斯中期三段和弥诺
斯文化后期一段 A 所具有的重要性，周边的证据也足以显示出格里芬在这些

377

　　81　关于 19 世纪的学者，参考支持这点的 Muss-Arnolt（1892, p. 100）。关于 20 世纪学者的观点，参
考 Brown（1968a, p. 185, n. 3）。同时参考 Grimme（1925, p. 17）和 Chantraine（1968-75, P. 75）。

　　82　Brown（1968a, pp. 184-8）。

　　83　Bisi（1965, pp. 197-246）。

　　84　有人认为皮洛斯的格里芬可能被称为 po-ni-ke，这种可能性被 Ventris and Chadwick（1973, p.
136）所否定。这或许是个替代的名字。无比复杂的 Phoinix（腓尼克斯）和相似的词语会在第三卷讨论。

　　85　Bisi（1965, pp. 167-95）. 关于皮洛斯的麦加拉（megara）的一对格里芬以及它们与克诺索斯的一
对格里芬之间的对比，参考 Lang（1969, pp. 99-103, 194-211）。

时期所具有的王权意义。[86]

于是，格里芬和斯芬克斯的情况都体现出，在弥诺斯中期三段，希克索斯人控制下的叙利亚和埃及对克里特岛上王权的象征形象产生了直接影响。

希克索斯人是否在公元前 1730 年左右入侵了克里特？

在弥诺斯中期三段的陶器时期开始之时，克里特的三处宫殿全部被摧毁，而后又迅速重建起来。尽管在破坏之前和之后存在着明显的连续性，但是也发生了显著的改变，足以使考古学家和古代史学家将之描述为克里特宫殿文化唯一的一次断裂。改变发生在建筑、墓葬结构、绘画、微观艺术乃至青铜武器的制造上。这些变化大多数都显示出对埃及和叙利亚的风格、技巧的借用与本土的发展。其中的一些变化显示出与希克索斯人的特别接触，例如引进战车或是至少了解了战车。引入“腾空跳跃”的形象以及希克索斯形式的斯芬克斯和格里芬这两种王室象征，都显示出与希克索斯人的联系又进了一步。

我们该怎么解释这些新的特征呢？三处宫殿又为什么会全部遭到摧毁呢？毋庸置疑，生活在 20 世纪的人们不想接受克里特遭到了侵略的说法。这样“切实”而平淡的解释有时会被证明是错误的。例如，考古学家伦纳德·伍利（Leonard Woolley）在 1953 年给出了非常有道理的论证，认为叙利亚西北部的阿拉拉赫的第七座城市不可能毁于外来侵略。[87]但是，1957 年发现的一份赫梯文本显示出，这座城市是在公元前 1700 年左右被赫梯国王哈图西里一世毁灭的。[88]在克里特，用地震来解释发生的灾难仍然是主导的做法，尽管考古学家辛克莱·胡德试图用内部战争来解释这些毁灭。[89]认为宫殿是被自封为克里特统治者的希克索斯“王子”摧毁的，这难道不是更为方便省力的提案吗？

阿瑟·埃文斯认为当时发生的变化为“新的种族成分”的出现提供了证据，但是他坚持说这些证据不足以显示出有“外国人的掌控”。[90]大多数现代学者甚至无法接受这种程度的文化渗透，他们坚持认为，从公元前 3000 年到公元前 1400

86　Bisi（1965, pp. 167-77），Morgan（1988, pp. 49-51）.

87　Woolley（1953, pp. 80-5）.

88　Kupper（1973, p. 31）.同时参考本书第八章注释 93。

89　Hood（1967, p. 80）.

90　Evans（1921-35, I, p. 316）.

年左右"希腊人"入侵克里特岛，期间一直存在着连续性。[91]弗兰克·斯塔宾斯在他收录于《剑桥古代史》的关于早期迈锡尼的文章里提出，希克索斯王子在公元前 16 世纪早期定居于阿尔戈斯地区。这种观点本身并不太受欢迎，今天的人们无法想象在公元前 18 世纪和公元前 17 世纪希克索斯人统治了克里特。[92]

在一些例子中，以陆地为根基的"蛮族"征服者适应了海洋的环境。蒙古人并没有征服日本，但是他们无疑能够组建起大型舰队并发动大规模远征。尽管罗马人坚决禁止教授蛮族造船或航海的方法，但是日耳曼部族的汪达尔人（Vandal）仍然在公元 5 世纪和 6 世纪的数十年里占领了北非大部分地区并以海军力量控制了地中海西部。[93]

我们在上一章里讨论过，就希克索斯人的情况而言，比塔克在泰尔埃尔-达巴进行的挖掘显示出他们曾大规模参与航海活动。比塔克把希克索斯人的航海活动与塞浦路斯和克里特联系到一起。[94]关于希克索斯的这一新发现尚未得到当代历史学家的承认。此前，爱德华·迈尔和其他 20 世纪早期的古代史学家曾指出，在爱琴海地区存在过希克索斯人的统治，但是当代历史学家认为这些想法都是荒诞的。迈尔的说法主要是基于在克诺索斯的弥诺斯中期三段地层中发现的盖子，上面刻着希克索斯法老基安的名字。[95]不过，迈尔他们仅依托于这一件物品来建立自己的假说，这未免荒谬。他们的主要观念就基于他们所观察到的在埃及和克里特同时发生的相似变化。[96]

不过，迈尔遇到的主要挑战都是基于这个盖子的，特别是由于在赫梯首都的一个黑曜石化妆盒上同样发现了基安的名字。人们认为这个盒子是法老送给赫梯国王的礼物，因此有人认为在克里特发现的盖子也是一样。它远不能证明希克索斯帝国的存在，而只是显示出了独立力量的聚合，也就是说，这一发现能标示的只是相互接触而不是存在着一个帝国。[97]埃及学家和艺术史学家史蒂文森·史密斯接受了这种看法，但是不愿意以此否定迈尔的观点，他写道："迈

379

91　Warren（1973, p. 43）。

92　Stubbings（1973）。下面会讨论这一主题。

93　Courtois（1955）。

94　参考本书第八章注释 95。

95　参考 Schachermeyr（1967, p. 43）和 Helck（1979, p. 49）。关于盖子，参考本书第七章注释 51—52 和 61 以及本书第八章注释 26。

96　Meyer（1928-36, II, pt. I, pp. 40-58, 162-75）。

97　Schachermeyr（1967, p. 43），Helck（1979, p. 49）。

尔凭借敏锐的直觉，富于想象地强调了［埃及］与爱琴海和叙利亚日益增多的接触，这种接触的迹象如今更加明显。"[98] 我认为我们可以更进一步去认识迈尔的观点，将"日益增多的接触"视为当时希克索斯王子建立的某种联盟，它处于埃及希克索斯法老的统治之下。不过，由于克诺索斯宫殿是如此富丽堂皇，那么弥诺斯中期三段到弥诺斯文化后期一段 A 的克诺索斯统治者似乎就有可能是国王或地位高于爱琴海地区其他王子的人。

下面将谈到的考古证据会显示出，在基克拉泽斯的一些地区即使不存在希克索斯人的直接统治，也存在着对其的密切附属关系。在竖井墓和迈锡尼文化早期大陆的其他墓葬中发现的物品受到了克里特的巨大影响，这似乎可以强化有关忒修斯（Theseus）、雅典人每年向弥诺斯国王献祭和弥诺陶洛斯的传说。这些传说指向了弥诺斯人的"制海权"或以某种形式统治陆地国家的海上帝国。在以"弥诺斯制海权：神话还是现实？"为主题的会议上，大多数与会者都相信这些传说主要是指新宫殿时期开始之时，尽管他们并不想把神话和现实不理智地完全等同起来。[99]

前面提到，斯塔宾斯提出，希克索斯王子尽管没有征服克里特，但是征服了希腊大陆的大部分地区。我相信同样的情况也出现在了克里特。沙赫尔迈尔和黑尔克对迈尔想象中的希克索斯帝国提出了质疑，他们指出，与在克诺索斯和赫梯首都发现的物品相似的礼物是中王国时期由埃及送给毕布勒统治者和其他叙利亚-巴勒斯坦王子的。这让我们又回到了第五章讨论过的问题，就是中王国时期埃及在黎凡特的影响或势力的性质和程度。不过没有人怀疑，在第十二王朝的大部分时间里附属于埃及的毕布勒收到了法老的礼物。[100] 因此，法老显然有可能给臣服于他的统治者送去私人礼物。

下面我们总结一下这一部分的讨论。我们知道，所有的克里特宫殿都在公元前 1730 年左右遭到摧毁，并在重建后显示出与此前的差异。差异虽然不大，但是不容忽视，其中很多都顺应了当时处于希克索斯统治下的黎凡特和下埃及的潮流。特别值得注意的是，作为象征的斯芬克斯和格里芬在弥诺斯中期三段首次出现在了克里特，此前它们一直与希克索斯王权及其征服联系在一起。我

---

98 Stevenson Smith（1965, p. 28）.

99 主要参考 Wiener（1984）, Hiller（1984）, Stos-Gale and Gale（1984a）, Korres（1984）.

100 本书第五章注释 8—30。

们也知道，随后的数十年里在克里特和"希克索斯地区"之间存在接触。

在这方面还有另一项证据，就是所谓的"象形文字库"（Hieroglyphic Deposit）。这是指在克诺索斯宫殿里发现的许多印章，它们就处于弥诺斯中期二段和弥诺斯中期三段之间的毁灭层中。"象形文字库"的说法来自印章上的克里特象形文字。不过，正如弗里德里希·马茨在《剑桥古代史》中所说的：

> 除了带有装饰图案和象形文字的印章外，还有一些印章上刻着图画，这种直接表现自然的图画在克里特、埃及或东方都没有找到先例。[101]

如同马茨所说的，在之前的弥诺斯中期二段的克里特宝藏中可能会发现这些图画的前身。不过，它们的主要成分似乎是上一章讨论过的"希克索斯国际化"风格，这种风格兼容并蓄且富有活力。[102] 两个最引人注目的印章以自然主义的风格描绘了通常被视为"统治者"的大胡子壮年男人，以及被视为"王子"的无须年轻男子。与"统治者"肖像相似的，是在杰里科一处"希克索斯"墓葬中发现的罐子上的肖像（在上一章已经提到），以及在一处竖井墓中发现的印章和来自迈锡尼的黄金王室面具，后两者会在下面进行讨论。[103] 如果这些真的如同通常认为的那样是统治者的肖像，那么它们描绘的就非常有可能是希克索斯蛮族。

总之，尽管没有直接**证据**表明克里特在公元前 18 世纪晚期被来自下埃及的希克索斯武士征服，但是，既然我们已经对新兴起的具有侵略性的希克索斯人有所了解，那么采纳这种假设显然比认同安德雷·德塞纳的看法更加便捷。安德雷·德塞纳认为先后发生了两种事件，首先是在弥诺斯中期二段末期宫殿不知何故遭到摧毁，之后才是克里特受到了外国的影响。[104]

希克索斯人在锡拉岛?

毫无疑问，如果希克索斯人征服了克里特，那他们也只会影响到已经发展

101　Matz（1973a, p. 157）。

102　本书第八章注释 132—139, 162。

103　参考本书第八章注释 134。

104　Dessenne（1957, p. 178）。

成熟的复杂文明的表面形式。于是，假设这种征服发生过，那么就在征服发生

381　后不久，希克索斯人对当地物质文化的影响就在弥诺斯传统乃至地中海东部文明中消失了。

克里特北部的情况或许不同。虽然如第二章和第三章谈到的，那里在公元前三千纪似乎受到了埃及和黎凡特的很大影响，而且当地出现了高水平的文明，但是在公元前两千纪之初，当地的文化发展呈现出低潮。因此，希克索斯殖民对希腊大陆的文化可能造成了更加持久的冲击。

而且，正如"希克索斯"对埃及的最大影响是引入了邻近的巴勒斯坦文化，"希克索斯人入侵"对爱琴海地区的最大影响可能就来自克里特。埃及的希克索斯人似乎是印度-雅利安-胡里安-闪米特人，克里特的希克索斯人似乎是印度-雅利安-胡里安-闪米特-埃及人，而基克拉泽斯和希腊大陆的希克索斯人则是印度-雅利安-胡里安-闪米特-埃及-克里特人。如果这样的复杂组合看似不太可能，那么我们只需要考虑一下西罗马帝国入侵者的匈奴-土耳其-伊朗-哥特性质或诺曼征服背后的海盗-法国人（意大利人）的组合。还应该注意到，在历史上所有得到证实的情况中，邻近的文化总是最有影响力的。就爱琴海地区整体上的物质文化而言，我们可以期待看到弥诺斯的形式和风格的扩散；就克里特的闪米特化和埃及化程度而言，我们可以期待看到在神话、宗教和语言领域对这些文化的引入。

来自锡拉的考古证据

第七章详细讨论了锡拉火山爆发和人们对火山爆发时间的界定。这里要考虑的只是被火山爆发摧毁的文化所留下的大量遗存的某些特点。在介绍阿克罗蒂里的重大发现之前，我们似乎需要提一下位于锡拉岛上其他地方的两大发现，它们似乎能显示出与希克索斯人的某种接触。

首先是在锡拉博物馆展出的三个泰尔埃尔-耶胡迪耶风格的小罐子。如何辨别泰尔埃尔-耶胡迪耶风格和希克索斯风格尚无定论，尽管有一些令人疑惑的情况，但是这两种风格的重叠仍然令人无法忽视。人们对这些小罐子的出处也存有疑问，它们可能是在近代从埃及带到锡拉的。不过，由于它们不带什么

382　装饰，也不具备埃及的典型特点，因此这种猜测并不太可能符合实情。或许我们应该接受瑞典考古学家阿斯特罗姆的判断，认为它们是在古代被带到岛上

的，就和在塞浦路斯发现的类似小罐子一样。[105] 有一把剑，据说也是在锡拉发现的，上面的装饰采用了叙利亚的乌银镶嵌工艺，在上一章里已经提到过这种工艺与希克索斯艺术的联系。[106]

被锡拉火山爆发毁掉的地方包括一座城，位置在现今的阿克罗蒂里村。这座城被火山灰覆盖，考古学家克里斯托斯·杜马斯（Christos Doumas）恰如其分地称之为"古爱琴海的庞贝"。第七章中谈到，人们普遍认为公元前1450 年左右锡拉火山的爆发摧毁了弥诺斯文明，1939 年，斯派雷登·马瑞纳托斯将这一普遍观点学术化。他提出，这种情况下迈锡尼人能够征服这一地区。不过，他直到 20 世纪 60 年代才检验了自己的假设。当时马瑞纳托斯在他认为最有希望的地方进行了挖掘，挖掘得到了资金支持，动用了精良设备，挖掘的结果令人激动。只用了几个小时，考古学家就发现了一座城市，而在随后的几年里，他们挖掘出数十座保存良好的建筑，有些建筑有两层楼高。但是，由于技术上的困难，也出于考古学的审慎，他们没有继续挖掘一处显然更大的遗址。[107]

这座城显然表现出，公元前 17 世纪爱琴海南部的生活高度复杂化。它的文化呈现出与克里特相似的特点。这一时期，来自锡拉和基克拉泽斯群岛的为数不多的记录是用克里特的 A 类线形文字写就的。阿克罗蒂里的计量单位与克里特的一致，因此也与中东的度量衡一致。[108] 在锡拉有很多弥诺斯时期的石制容器，而且据估计，6.5% 的陶器都是进口的，可以料想它们是来自克里特东部和北部。[109]

与希腊大陆的接触似乎少得多，只有 2.5% 的陶器来自希腊大陆。即使如此，在竖井墓中发现的陶器也与之有相似性；并且，在公元前 1730 年到公元前 1675 年间的希腊青铜时代中期三段的陶器时期，锡拉、伯罗奔尼撒东北部的阿尔戈斯与米洛斯岛、基亚（Kea）岛和基西拉岛存在特别的联系。[110]

105　Åström（1971）。

106　Thorpe-Scholes（1978, p. 40）. 同时参考本书第八章注释 139—141。

107　Doumas（1983, pp. 11-14, 29-42）. 关于古代阿克罗蒂里的更多情况，参考 Barber（1987, pp. 201-16）。

108　Barber（1987, pp. 191-6）. 关于度量单位的更多情况参考本书第十章注释 145—146。

109　Niemeier（1980）；Morgan（1988, p. 171）。

110　Morgan（1988, p. 171）. 她令人困惑地坚持对火山爆发的低位定年，但是诚实地承认，锡拉陶器的这些相似性就如 Marthari（1988, p. 211, n. 17）所说是"青铜时代中期传统"。

在弥诺斯中期三段的克诺索斯也发现了基克拉泽斯的容器。一种合理的观点就是，基克拉泽斯是通往希腊大陆的主要中转地。[111] 另一方面，至少商业上的更多接触似乎是有可能的，因为事实上，弥诺斯中期三段的克里特铅制砝码包含来自阿提卡劳利昂矿区的铅，其他金属物品则包含来自劳利昂和拉科尼亚（Laconia）的铜以及来自拉科尼亚的黄金。[112] 因此，我们似乎有足够的考古学证据来支持很多有关弥诺斯"制海权"的希腊传说，特别是关于弥诺斯人来到基克拉泽斯群岛的凯奥斯岛上散居的传说。[113]

在阿克罗蒂里的火山爆发层之下也发现了埃及和近东的物品，包括九个或许来自叙利亚-巴勒斯坦的石膏花瓶以及一些三足石臼，它们或许同样出自叙利亚-巴勒斯坦。[114] 还有一个黎凡特的"迦南罐子"，它具有标准的外形，容量是公元前两千纪大部分时间里地中海东部地区罐子的标准容量。另外还有一个或许出自埃及的石膏罐子和两个至少具有非洲渊源的鸵鸟蛋来通。[115]

利维亚·摩根（Lyvia Morgan）对锡拉壁画进行了深入研究，她指出了有关大量黎凡特物品的极其重要然而矛盾的一点：

> ……图像证据显示出略微不同的侧重点，锡拉与埃及的联系超过了与近东的联系。来自一个地方的观念可以经过第三方渗透进来，在此实际上是经由克里特发生的，但是也不应排除锡拉人和埃及人直接接触的可能性。"隐形的"进出口是必然的幽灵般的存在，其中就包括观念和形象的输入与输出。[116]

来自黎凡特的物品更多，然而来自埃及的隐形影响更大，整个青铜时代的爱琴海地区都呈现出这种矛盾。利维亚·摩根指出，对此的最好解释是，这是在逆时针方向的贸易中通过毕布勒和其他闪米特的黎凡特港口——尽管这些港

111　Barber（1987, pp. 156, 196）.巴伯也提出，它们在这一时期末的消失代表克里特人在政治上控制了这座岛。我认为从这一默证中无法得出太多的结果。

112　Stos-Gale and Gale（1984b）；Hiller（1984）；Barber（1987, p. 197）.

113　Vermeule（1964, p. 116）.

114　Immerwahr（1977, p. 189）；Buchholz（1980, p. 228）；Morgan（1988, p. 171）.系统的孤立主义者彼得·沃伦提出这些石臼是锡拉本土的（1979a, p. 108）。

115　S.Marinatos（1976, p. 30, plate 49b）.关于迦南罐子的概述参考本书第十一章注释225—228。

116　Morgan（1988, p. 171）.

口也在很大程度上埃及化了——进行接触的结果，对此我们会在第十一章中讨论。同时，我们应该考虑来自锡拉的重要而有趣的图像学证据。

锡拉的壁画

阿克罗蒂里的最惊人的发现是一些壁画，它们比阿瑟·埃文斯在克诺索斯发现的壁画保存得更完好。从锡拉壁画上，我们第一次有可能了解到它们的整体结构，根据与埃及壁画的比较，也有可能推测出它们的作用。几乎可以肯定，它们不仅具有装饰作用，也具有普遍的宗教意义，尤其是宗教膜拜方面的意义。[117] 学者们也指出，锡拉的壁画既具本土特色也有普遍特征。它们与克里特的壁画相似，却并不完全一致，同时也与近东有密切联系。南诺·马瑞纳托斯（Nanno Marinatos）在她的壁画研究成果中指出：

> 克里特和东方之间自然有重要的差异，但是相似性是更基本的。一个埃及人在克里特不会感到完全置身于异域。……如果我们要了解弥诺斯人的心态，我们就必须把克里特和锡拉视为更广阔的古代东方世界的一部分，这也是我们在没有书面记录的情况下唯一能做的。[118]

在本书第四卷中，我会讨论壁画所能体现出来的埃及对希腊神话的影响。这里我们要关注的是这些壁画揭示出了它们绘制时的锡拉社会的什么特点。

在这方面，最有启发性的是两组可以用多种方式解读的大型窄幅壁画。两组画面的手绘线条可以做这样的区分：其中一组画面描绘的是城市和乡村的景色，似乎还有海战的场景；在另一组画面上，仪仗舰队从一座城市出发驶向欢迎舰队到来的另一座城市，前一座城市位于从山上流下来的河流河口，后一座通常被认为是阿克罗蒂里本身。[119]

艺术史学家和爱琴海考古学家卡伦·波林格·福斯特（Karen Pollinger Foster）认为两组画面应被视为一个整体。她举出了很多精确的对应关系来支

117　N. Marinatos（1984, pp. 31-3）.

118　N. Marinatos（1984, p. 32）.

119　Pollinger-Foster（1987, p. 13）.

撑自己的观点，认为整个场景就是爱琴海版本的埃及塞德节，节日庆典包括多项竞赛和仪式，来庆祝法老统治的周年纪念，以及法老重获新生。[120] 这或许是错位的精确，不过，这些壁画的确包含了很多毋庸置疑的埃及仪式的特征。

壁画最突出的特点就是，它们描绘了复杂奢华的生活和高度发展的社会等级制。人们不同的服饰和姿态表现出明显的社会"阶级"差异，而对比最鲜明的就是划桨的人与悠然坐在肩舆下或独立舱室中的乘客。[121]

这些惟妙惟肖的画面也首次展示出不同舰船的结构和装备，它们在很多方面表现出了埃及化的特点，也有一些特点是属于黎凡特和基克拉泽斯本土的。我们很难把这些特点截然区分开来，因为至少从公元前三千纪开始这些地区就存在形式和装备的相互借用。总体上我们只能同意以色列海事考古学家艾弗纳·拉班（Avner Raban）在深入研究锡拉的船只时所做的总结：

> 锡拉的船只代表了基克拉泽斯、克里特和埃及航海传统的融合。很多埃及元素出现在这些船上，一些是同时代埃及舰船的特征，其他一些则可以追溯到前王朝时代。[122]

这些"列队航行"的船只的另一个有趣特征是，其中的船只并没有扬起帆或凭借正常的划桨方式航行，划桨的人是以一种站立向前弯腰的姿势来划动短桨。很多学者指出，以这种方式推动一艘大型船只前行是没有效率的，而且在公元前两千纪时就已经过时了。最接近用这种划桨方式推动大型船只的情况出现在第五王朝（公元前2500年左右）的塞加拉壁画上。他们凭借这些特征令人信服地总结说，这些船应该是在参加宗教仪式，船的航行距离较短，这种航行方式旨在迎合塞德节或其他仪式的复古之风。[123]

尽管这显示出深刻的埃及影响，但是对这些绘画产生主要影响的无疑是南方70英里之外的克里特。不过，在锡拉和克里特的绘画之间存在有趣的差异，

120　Pollinger-Foster（1987, p. 16）。

121　Morgan（Brown）（1978, pp. 631-41）；Morgan（1988, pp. 116-17）；N. Marinatos（1984, pp. 52-60）。关于壁画的参考文献见 N.Marinatos（1983, p. 2, n. 2）。

122　Raban（1984, p. 19）。Morgan（1988, pp. 116-42）得出了基本一致的结论。

123　有关的参考文献，见 Raban（1984, p. 19, n. 36）。同时参考 Casson（1975, p. 7），Morgan（1988, p. 127）。

这或许具有重要意义。最明显的差异就是，锡拉对战争的表现方式并没有出现在目前为止发现的克里特绘画中。而且，武士们戴的头盔是用公野猪的长牙制成的，这原本被视为迈锡尼独有的特征。[124] 但是，如同利维亚·摩根所指出的，这种野猪牙头盔是在克里特和希腊大陆都有发现的"区域"类型，而在克里特要"略多"一些，并且可以追溯到弥诺斯中期三段。[125] 剑没有出现在锡拉壁画上，但是在中东和爱琴海同一时期的考古发现和有关英雄时代的希腊传说中，剑都与王权联系在一起，因此这也不足为奇。[126] 在克里特的这些壁画中也发现了士兵常使用的"塔状"盾，尤其是在弥诺斯中期三段和弥诺斯文化后期一段A 时期。[127] 总的来说，利维亚·摩根指出，我们很难区分锡拉壁画中所描绘的人物的特征属于弥诺斯还是迈锡尼，这样的区分也具有任意性。[128] 认为此时的锡拉具有迈锡尼文明的特征，这种想法尤其引人注意，因为这些壁画绘于公元前 1628 年之前，而不是马瑞纳托斯和其他考古学家所提出的公元前 1450 年或公元前 1500 年左右。

386

　　人物的一些服饰与近东和爱琴海地区牧羊人的粗毛大衣相近。卡伦·波林格·福斯特认为这与一项节庆传统有关，即一些王室随从会被指派在塞德节中充当庄稼人。[129] 锡拉壁画中的很多人物不同于弥诺斯人、迈锡尼人和埃及人，他们身穿长袍，其中最精致的衣服在卷边周围有一条或两条带子，领口处也有一条带子。[130] 出现在公元前 15 世纪图特摩斯三世统治时期埃及墓葬绘画上的叙利亚图尼普和卡迭什（Kadesh）王子，也穿着与此有些类似的饰有彩色花边的长袍。[131] 公元前 17 世纪的锡拉和公元前 15 世纪的叙利亚-巴勒斯坦在时间和空间上都相距甚远，却在服饰上存在相似性，而且画面中公元前 15 世纪的"Keftiw 王子"（克里特王子）身穿完全黎凡特化的服饰，这都显示出希克索斯

124　关于这一场景的不同诠释，参考 Doumas（1983, pp. 84-104）和 N. Marinatos（1984, p. 38）。

125　Morgan（1988, p. 119）。

126　最突出的例子就是关于国王忒修斯的传说，他拥有一把剑，这极其重要，因为他的敌人赤手空拳，只能拿石头、松树甚至床作为武器，总之他的敌人都没有剑。参考 Graves（1955, I, pp. 327-32）。

127　Morgan（1988, pp. 107-9）。

128　Morgan（1988, pp. 118-20）。

129　Pollinger-Foster（1987, p. 16）。

130　Morgan（1988, p. 93）。

131　出自 Mn ḫpr Rˤ snb 的墓葬，见 Davies and Gardiner（1936, I, plates. 21, 24）。关于这些服饰的更多细节参考 Ver-coutter（1956, pp. 287-8）。同时参考 Helck（1971, pp. 154-5）。

人在火山爆发前的锡拉即或并非统治者，也具有重要地位。[132] 摩根并没有提到这种对应性，但她记录说，很多学者指出，锡拉的一些很可能是祭司的重要人物肩膀后面垂下的织物"在近东有漫长历史"，可以追溯到苏美尔的神灵。[133]

关于船队从哪个城市出发，一直存在很多争论。彼得·沃伦和其他学者认为，该城市所有的特征都可以在爱琴海地区找到。[134] 但是，其他学者并没有发现爱琴海地区有哪座城市位于河口，而且河流是从山上流下来的。此外，山上的动植物，尤其是在山上猎杀鹿的狮子，也不属于爱琴海地区的特征。尽管这一时期在希腊大陆有狮子，但是如同南诺·马瑞纳托斯所指出的，"狮子不可能在干旱的爱琴海岛屿上游荡"。[135] 同样有趣的是，希腊语中表示狮子的 leōn- 与迈锡尼语中的 rewo- 和 lis，分别来自埃及语的 rw 和迦南语的 layîs。[136]

斯派雷登·马瑞纳托斯根据地理和生物分布方面的理由提出，船队驶离的城市位于利比亚，这种说法得到了英国古典学者丹尼斯·佩奇（Dennis Page）和意大利考古学家斯图奇（S. Stucchi）的支持。[137] 他们认为，在爱琴海地区不可能存在独特的山地海岸，那里充满了异国风情的动植物，以及从山上冲入环绕城市的海洋的河流。马瑞纳托斯强调，他认为壁画与希罗多德对利比亚部落的描述相对应，包括把头发梳成绺周围剃光、大号耳环、割礼、盔甲、衣服和赤裸的溺水者。[138] 马瑞纳托斯还注意到了另一幅壁画上两个拳击男孩所具有的非洲人特点。[139]

387

132　更多资料参考本书第十章注释 15—19。

133　Morgan（1988, p. 94）。

134　Warren（1979b, pp. 116-29）. 沃伦认为这是本土发展的结果，这是最不可能的情况。沃伦的观点参考第一卷，第 16 页。其他资料参考 Doumas（1983, pp. 83-4）和 Immerwahr（1983, p. 147）。

135　N. Marinatos（1984, p. 41）。Morgan（1988, pp. 44-5）赞同这种观点。

136　Masson（1967, pp. 85-7）试图解释这些对应性，她推测这两个词具有普通的地中海起源，从而避开了希腊语从闪米特语或埃及语中借词的可能性。我同意她和 Astour（1967a, p. 338）的说法，即 rewo 即使并非不可能，也很难来自乌加里特语的 lbu 或希伯来语的 lâbi。不过埃及词源似乎更加可信，特别是由于我们知道埃及语的 û 经常"分裂"形成 ew。参考 Albright（1923, p. 66）。埃及语的 rw 在古王国时期就得到证实，而按照闪米特语来看或许源自原始亚非语的 *lbu，因此希腊语和其他印欧语就更有可能从埃及语中借词。Muss-Arnolt（1892, p. 96），Lewy（1895, p. 9）和 Boisaco（1950）提出 lis 的词源是 layîs，马森（Masson）否定这点，赞同"词语旅行"的概念，或许这只是显示出雅利安主义在 20 世纪学术界的影响力。

137　Doumas（1983, p. 105）；N. Marinatos（1984, p. 41）；Page（1976）；Stucchi（1967）.

138　Morgan（1988, pp. 89-91）.

139　S. Marinatos（1969, pp. 374-5, 1974, pp. 199-200）. 青铜时代晚期塞浦路斯的绘画也表现了黑人的形象。参考 Karageorghis 1988，特别是 p. 10，注释 2。

利维亚·摩根从孤立主义者的角度出发反对这些观点。她提出，绘画的内容完全不同于平坦的利比亚东部海岸，即使是昔兰尼加（Cirenaica）的多山海岸也缺少海角和岛屿，更不用说大河了。在人物特点方面，她认为，尽管利比亚的孩子和年轻人会把一部分头发梳成绺另一部分头发剃光，但是埃及人也会如此；大号耳环也出现在爱琴海地区；锡拉人行割礼的图像证据富于幻想，不过利比亚人是不行割礼的；盔甲和服饰的相似性是错误的；把敌军的死者描绘成赤身裸体是种惯例。[140] 这些看法大多数是合理有效的。

不过，利维亚·摩根在否定与利比亚的特殊联系的同时，承认了这里的发型与广义上的非洲有关联，而且锡拉和爱琴海其他地区的很多人都具有黑人的外表。因此，似乎没有多少疑问的是，锡拉的艺术家非常了解黑人，不仅包括锡拉的黑人也包括非洲的黑人，下一章中将会讨论到的人名也显示出这一点。与此相似，尽管利维亚·摩根以地形方面的理据削弱了船队从利比亚出发的可能性，但是她无法否定壁画上的动植物属于非洲。然而，摩根或马瑞纳托斯及其支持者都没有考虑到，位于黎凡特的另一处海岸更有可能是壁画的原型。在那里，就在主要城市毕布勒和西顿（Sidon）的附近，神圣的河流从山上流入海中。

摩根尽管显然正确地指出了壁画地貌上的异国特征，却无法否定这一结论，即锡拉人不仅直接或间接地了解克里特、埃及和黎凡特，而且也了解非洲的其他地区。

前面提到，在两座城市间行进的船队所包含的各类船只与埃及舰船非常相似。利维亚·摩根颇有说服力地指出，锡拉壁画描绘了对春天和航海季节的开始的庆祝。埃及的四季循环与锡拉不同，当然不会有与此直接对应的庆祝活动。但是摩根接着表示，存在一些类似的庆典活动先例：巴比伦的扎格穆克（Zagmuk）节是在幼发拉底河上庆祝的；在埃及庆祝新年的欧派特（Opet）节上，船会沿着尼罗河行驶。包括塞德节的航行环节在内，人们都会用花环装饰船只，使之呈现完美的状态，并且所有的人都会欢庆节日，正如锡拉壁画所描绘的情形。[141]

同一墓室内的另一幅小型壁画被称为"河景"。考古学家杜马斯这样描述说：

140　Morgan（1988, pp. 89-91）.

141　Morgan（1988, pp. 144-5）, Pollinger-Foster（1986, 1987）.

河流蜿蜒，两岸生长着棕榈树以及奇异的植物和灌木丛。树丛间是游荡的野兽，其中一只格里芬腾空跃起，一只长着斑点、类似豹子的猫科动物在偷偷接近一群鸭子，在格里芬的下方是一只正在跳跃的鹿。……这些动植物让马瑞纳托斯认为这是北非的景色，这同时也支持了他的利比亚理论。[142]

壁画里出现了格里芬和腾空跃起的动作，这很有趣。上一章和前面的内容都谈到，神话动物格里芬和腾空跳跃的形象似乎是希克索斯王子在叙利亚和爱琴海地区留下的印记。[143]尽管公元前两千纪时利比亚有一些河流，但是壁画中的河流更有可能是理想化的尼罗河。前面也提到，埃及绘画中的一个常见主题就是悄悄接近或捕猎鸭子的猫科动物。[144]因此，斯派雷登·马瑞纳托斯似乎为他提出的非洲原型找到了令人信服的例证。

人们在阿克罗蒂里的其他建筑绘画中发现了同样的埃及主题。其中包括纸莎草等埃及植物，与克里特一样，画面中对纸莎草的描绘不是写实主义的，而是依循了埃及的粉本。[145]很多画面中也描绘了东非的羚羊和猴子。尽管在锡拉和克里特可能也有这些动物，但是它们通常无疑会让人联想到非洲。与狮子的情况一样，存在着指代猴子的常用词语：埃及语的 g(w)f、阿卡德语的 ukupu、迦南语的 qôp、梵语的 kapih 和希腊语的 kēpos 或 kēbos。词汇学家尚特莱纳依循 19 世纪的闪米特学家卢伊（Lewy）的观点，认为这些都来自埃及语。[146]

142　Doumas（1983, p. 105）.

143　Stevenson Smith（1965, p. 155）.

144　参考本章注释 9—10 以及 Higgins（1979, p. 25）。Morgan（1988, p. 44）似乎认为这是合理的，尽管她坚持说锡拉壁画具有明显不同于埃及的特征。

145　N. Marinatos（1984, pp. 94-6），Morgan（1988, pp. 23-4）.

146　Lewy（1895, p. 6）. Masson（1967, p, 87, n. 5）和 Mayrhofer（1953, I, p. 156）都不敢肯定词语的起源地点。无疑，埃及语的形式被证明为早于其他的形式，但是情况并不明确，它或许是个原始亚非语词根。kēposl 和 kēbos 的互换几乎明确表示了这些希腊语形式是借词。表示猴子的另一个希腊语词 pithēkos 也具有可信的埃及语词源。这个词的词根是 tḥ（喝啤酒或啤酒杯）☿，其派生词是 tḥw（喝醉的人）和 tḥt（醉酒）。带有定冠词的 p3 tḥ 似乎是希腊语词 pithos（大罐子，特别是装葡萄酒的酒罐）的可信的词源，它没有明确的印欧语词源。在世俗体中有一个词语，pr tḥ（喝醉酒的地方），它似乎与希腊语词 pithōn（地窖）同源。词语 pithos 有很多派生词，其中一些带有后缀 -ak，pithēkos 可能就是其中之一。现在发现的最好的印欧语词源就是将之与拉丁语的 foedus（丑陋）联系到一起，但是尚特莱纳视之为一个外来借词。在一些文化中，猴子和猿猴与醉酒的联系表现在谚语中，例如"醉得和猿猴一样"（as giddy as an ape）。地中海西部岛屿的常用名称 Pithekusa 不应被视为"猴子岛"，而是"葡萄酒岛"。

斯派雷登·马瑞纳托斯相信，这些壁画的绘制者与利比亚、埃及和黎凡特都有密切接触。他认为这可以作为证据支持他的假设，那就是，在希克索斯时期末期的公元前 16 世纪早期，希腊受到了来自这些地区的人们的侵略。由于他把锡拉火山爆发的时间界定为希克索斯人战败至少半个世纪之后，因此就遇到了一些困难。如同他在 1974 年所写的：

> 我们还不能提出确切的时间。在锡拉，所有出土的遗存都显示出，这座城在公元前 1520 年到公元前 1500 年间被大规模火山爆发形成的火山灰掩埋。"非洲"壁画应被视为动荡的希克索斯时期的产物，一些学者将这一时期与达那俄斯和埃古普托斯的传说联系到了一起。[147]

我们现在知道，锡拉火山爆发是在公元前 1628 年，这当然早于传统上所认为的英雄殖民者到来的时间。考虑到前面提到的更早时期的接触，实际上我们不需要把当时人们对近东的详细了解与所推测的外来者的定居联系在一起。不过，壁画的军事含义仍然让我们无法放弃马瑞纳托斯提出的壁画与希克索斯人有关的观点。如果我们接受了修正的古代模式对殖民年代的界定，认为这不是发生在公元前 1575 年左右的希克索斯时期末期，而是发生在公元前 18 世纪末的希克索斯时期初期，那么上述这种联系就是有可能的。

迈锡尼文明的起源

如前所述，在公元前 1730 年—公元前 1670 年之间的希腊青铜时代中期三段的陶器时期，锡拉和伯罗奔尼撒东北部的阿尔戈斯与米洛斯岛、基亚岛和基西拉岛之间存在特别的联系，这些又意味着克里特和希腊大陆之间存在关联。[148]这一时期是阿尔戈斯地区著名的迈锡尼竖井墓可以追溯到的最早的时间。

竖井墓是在 1876 年由海因里希·谢里曼首次发现的。谢里曼并没有顾及当时的学术潮流，而是依循帕萨尼亚斯的精确描述，在迈锡尼的城堡内进行了

---

147 Marinatos（1973b, p. 200）.

148 参考前文注释 109—114。

挖掘。他很快就发现了有大量随葬物品的古墓，那里后来被称为"墓葬圈 A"。谢里曼立刻就把这些随葬品和阿伽门农及其家族联系起来，但是这些物品具有"蛮族的""非古希腊的"艺术性质，因此他的观点是不受欢迎的。实际上，现在人们普遍承认，随葬品最丰富的墓葬属于迈锡尼时代之初，而阿伽门农统治的鼎盛期被认为是迈锡尼时代晚期。[149] 很多年里，人们都认为这个墓葬圈独一无二，但是在 20 世纪 50 年代，人们发现了又一处墓地并进行了挖掘，这处墓地被称为"墓葬圈 B"。[150]

尽管在发现了竖井墓的墓地中也有一些石棺墓或箱型石墓，里面的尸体为屈肢葬，时间是希腊青铜时代中期前段，但是竖井墓本身的时间似乎是希腊青铜时代中期三段。它们比之前的箱型石墓规模更大，长度从 4.5 米到 6.4 米不等，深度也有所增加，为 1 到 5 米。在竖井下是以某种方式搭建的木质屋顶，埋葬的死者为直肢葬。特别是在墓葬圈 A 中，死者身上覆盖着大量饰品，有的还戴着引人注目的黄金面具。很多死者的周围是大量的青铜长矛、长剑和匕首，金银和青铜容器，以及一些石膏容器、水晶石和陶器。[151]

不过，人们找不到与这些迈锡尼早期墓葬有关的建筑的痕迹。这或许是因为迈锡尼的大规模建筑工程出现在青铜时代晚期末年。另一方面，由于看到了迈锡尼艺术中的游牧风格，一些学者提出，那里埋葬的统治者生前居住在临时的木质结构建筑中，丰富的墓葬品也应与一千年后游牧的塞西亚人相比较。[152]

地名的闪米特语词源似乎可以支持这一观点。名字 Mykēnai 的传统来源是 mykēs（蘑菇），引申含义是"球状突起物"。这符合修建城堡的山丘的形状，不过，现今人们通常会忽视这一点。[153] 19 世纪 90 年代，美国的亚述研究专家玛斯-阿诺特（W. Muss-Arnolt）认为这个词源自闪米特语的 mᵉkonâh（固定的休息地，基地）。在乌加里特语中也发现了 mknt 这个形式，而阳性的 mkn 被证实存在于腓尼基语中。[154] 更有可能的词源是乌加里特地名 Mḥnt（希伯来语的 Maḥăneh），意思是"营地"；或者 Mḥnm（希伯来语的 Maḥănayîm），意思是

149　关于这一点的简短概述参考 Ceram（1952, pp. 44-55）。对此的怀疑观点见 Calder（1986）。

150　Vermeule（1964, p. 84）。

151　Vermeule（1964, pp. 86-90）；Stubbings（1973, pp. 630-3），Dickinson（1977, pp. 42-50）。

152　参考下面的注释 196—197。

153　Chantraine（1968-75, p. 720）。

154　Muss-Arnolt（1892, p. 48）。

"两个营地"。在西闪米特语中，定居地的名称经常以成对的形式出现，显然反映了上城和下城的存在。后缀 -ayîm 似乎是希腊指代城市（包括成对的卫城和下城）的习称的最有可能的来源，其复数形式是 -ai。例如，Athēnai、Thēbai，等等。这些闪米特语词源似乎比阿道夫·菲克（Adolf Fick）提出的模糊的词源更为合理，这位德国学者写过一本关于古希腊地名的书。他在 1905 年提出，Mycenae（迈锡尼）与 Mykale 和 Mykalessos 有关，属于卡里亚语。他无法猜测出这些词的含义，而这些词之间的关系似乎只是它们都具有闪米特语和埃及语的词语前缀 m-。[155]

即使迈锡尼这个名字原本意味着"基地"或"营地"，根据在希腊青铜时代中期前段密集分布的迈锡尼陶器也可以看出，假想中的侵略者不太可能在当地居民中心区以外的地方安营，而公元前 17 世纪的阿尔戈斯地区无疑存在城镇。尽管考古学家没有在迈锡尼时代早期的希腊大陆发现城市化的痕迹，但是在希腊中部和北部都有村庄的遗迹。对同时代的克里特和锡拉的描述，以及在阿克罗蒂里、基亚和米洛斯发现的遗迹，都向我们表明，在当时的爱琴海附近有为数不少的多层"地中海"城市。[156] 在迈锡尼也发现了间接的证据，一个年久破损的银质来通上绘制了有关围城的画面，被围的城市可能就是迈锡尼。[157]

391

在希腊青铜时代中期三段和晚期一段的陶器时期（也就是公元前1730年—公元前 1600 年），希腊大陆没有留下任何宫殿或主要城市的实物证据。除了没有保留的机会以外，最有可能的原因似乎是缘于迈锡尼文明的连续性。也就是说，在第一批迈锡尼城市建成后的五百年间，人们就在原址继续进行建设，因此掩盖了较早的建筑痕迹。

若想重构公元前 18 世纪晚期和公元前 17 世纪希腊大陆的社会状况，我们就必须依赖现存的墓葬及其内容。竖井墓并非这一时期唯一有特点的墓葬。在伯罗奔尼撒南部的麦西尼亚和拉科尼亚发现了大量穹隆顶的蜂巢式墓葬，墓中有时也有丰富的随葬品。近来，在阿提卡的马拉松（Marathon）和陶里科斯（Thorikos），人们挖掘了希腊青铜时代中期三段的"王室"坟冢并发现了陶器。

155　Fick（1905, pp. 128, 131）. Mykale 和 Mykalessos 的一种可能词源是西闪米特语的 miklâh（被圈起的土地，褶皱）。

156　Vermeule（1964, pp. 116-20）; Dickinson（1977, pp. 87-100）; Barber（1987, pp. 58-64, 203-16）.

157　Vermeule（1964, pp. 100-4）.

在马拉松的一处墓地，就和中亚墓葬的情况一样，墓葬顶部置有一匹被杀死的马；在时间稍晚的另一处墓地，墓葬前有一群用于献祭的马。[158]

竖井墓、穹隆顶墓葬和坟冢

竖井墓不局限于迈锡尼。在阿尔戈斯的勒纳、阿提卡的依洛西斯、埃维厄（Euboia）北边的斯科派洛斯（Skopelos）岛和西北边的爱奥尼亚群岛的莱夫卡斯，都发现了属于希腊青铜时代中期三段末期和晚期一段（公元前17世纪）的墓例。人们通常错误地认为，最早的克里特竖井墓开挖于弥诺斯文化后期二段，也就是在"迈锡尼人入侵"岛屿之后，然而实际上这可以追溯到弥诺斯中期三段。[159] 在爱琴海地区以外，在安纳托利亚中部的阿拉加霍裕克发现了公元前三千纪的王室竖井墓。[160] 在青铜时代中期二段B（约公元前1760年—公元前1600年），即希克索斯时期，沉入地下或倾斜插入岩石表面的竖井墓在叙利亚-巴勒斯坦很普遍，并且也是埃及新王国时期的常见形式。[161] 这些墓葬没有木质屋顶，但是就如考古学家奥利弗·迪金森（Oliver Dickinson）所说：

> 墓葬类型的基本特征并不是切入岩石或带有木质屋顶，而是建筑在竖井内较低的位置上。从这类墓葬出现开始，所有墓葬都有一定的深度。[162]

古典学者、考古学家哈蒙德（N. G. L. Hammond）一直主张北方对希腊有重要影响。他提出，竖井墓以及有围墙的竖井墓圈，源自在现今阿尔巴尼亚（Albania）和伊庇鲁斯（Epiros）发现的周围砌墙的独立坟冢。[163] 这一论述没有得到人们的接受，原因是这从地层上难以解释，而且坟冢和竖井墓之间、阿尔巴尼亚坟冢和希腊坟冢之间都存在重大差异。[164]

392

---

158 相关的参考文献见 Drews（1988, pp. 187-90）。
159 参考本章注释19—20。
160 Mellink（1956）；Hooker（1976, p. 45）。
161 Kenyon（1973, pp. 93-5）；Van Seters（1966, p. 47）。
162 Dickinson（1977, p. 51）。
163 Hammond（1973）。
164 Dickinson（1977, p. 51）。

一些学者提出，竖井墓是从希腊青铜时代中期前段的石棺墓发展出来的，在他们看来，一方面是青铜时代中期建造非常粗劣、死者屈肢葬、埋在浅表的石棺，一方面是埋藏较深、宽敞华丽的竖井墓，年代稍早的墓葬圈 B 中的某些相对粗劣的墓葬填补了二者之间的空白。近期，比利时考古学家奥利弗·佩伦（Oliver Pelon）认为，这些墓葬及其所在的墓葬圈，是两种传统交汇的结果：一种是克里特的雄伟的环形墓葬和家族墓葬，一种是希腊本土传统的石棺墓和偶尔出现的较高规格的坟冢。[165] 在我看来，这样的结论显示出人们拒绝把目光投向爱琴海之外。尽管这些墓葬排成一圈，或许周围还砌有围墙，但是竖井墓既非环形也不雄伟，而且没有一个石棺墓与通常葬有多具尸体的更大的墓室相似。其他学者也感到很难接受这样的连续性。例如，弗兰克·斯塔宾斯在他收录于《剑桥古代史》的文章中说：

> 是否可以把合葬墓本身与希腊青铜时代中期的单葬墓有效地区分开来，这仍然值得讨论。个人独葬和家族合葬在同一时期和同一文化中可以并存。尸体的姿势从屈肢改为直肢，可能只是使用了规模更大的墓葬的结果。不过，墓葬的华丽程度、随葬品的丰富程度都是前所未有的，这需要得到解释。墓葬中的随葬品从形式到装饰都有很多革新，我们几乎无法将这些墓葬形式视为来自青铜时代中期的自然发展和演进。[166]

埃米莉·弗穆尔非常简明地指出："坦诚地说，希腊青铜时代中期的世界无法让我们料想到会有如此华美的竖井墓。"[167] 如果这些竖井墓源于别处，或至少曾受其影响，那又会是什么地方呢？安纳托利亚考古学家马克泰尔德·梅林克（Machteld Mellink）和詹姆斯·米利注意到，在阿拉加霍裕克有与此相似的墓葬，因此推测这种影响是从安纳托利亚传播到爱琴海的，并反映在语言和物质文化的多种特征当中。[168] 要把阿拉加霍裕克与迈锡尼联系在一起，在时间和空间上都有困难，因为安纳托利亚的墓葬至少比希腊的早五百年，而且在

393

165　Mylonas（1973, I, 117）; Dickinson（1977, p. 51）; Pelon（1987, p. 115）.

166　Stubbings（1973, p. 631）. Mellink（1956, pp. 55-6）, Vermeule（1964, p. 108; 1975）; Muhly（1979a, p. 317）, Drews（1988, p. 185）等人持有同样的观点。

167　Vermeule（1964, p. 81）.

168　Mellink（1956, pp. 55-6）, Muhly（1979a, p. 317）; Drews（1988, p. 185）.

两地之间的其他地方找不到类似的墓葬。另一方面，两处墓葬如此相似，很可能是安纳托利亚东部的传统传播到了爱琴海地区。虽然这种传播可能是通过安纳托利亚或黑海北部的附近地区，不过最有可能的路线是希克索斯人通过叙利亚、埃及和克里特将之带到了欧洲大陆（下面会对此进一步讨论）。

斯塔宾斯和马瑞纳托斯基于其他理由，认为影响是来自埃及和近东的，他们对于有关墓葬本身的问题保持了耐人寻味的沉默。[169] 有趣的是，尽管缺少阿拉加霍裕克墓葬中的木质屋顶，在"希克索斯人"的叙利亚-巴勒斯坦、新王国时期的埃及和克里特都存在类似的墓葬。冯·赛特斯指出，希克索斯时期巴勒斯坦这些墓葬似乎仅限于富人使用，就如在迈锡尼的情况一样，墓葬几乎总是多层的，虽然也有一些单独下葬的例子。[170] 另一个值得注意的对应来自毕布勒的王室墓地，时间始于公元前 19 世纪的埃及第十二王朝时期，并持续了七百年，其中的竖井墓排成了一个半圆。[171] 这很符合人们的假设：至少迈锡尼墓葬圈 A 中时代较晚的墓葬属于某个王朝皇室或精英阶层。[172] 整体上看，这类墓葬可能反映出更早的安纳托利亚的影响，当然也显示出受到了同时代的叙利亚-巴勒斯坦的影响。

在早期迈锡尼时代的希腊，另一类常见的王子或王室墓葬是穹隆顶的蜂巢式墓葬和坟冢。[173] 克里特的穹隆顶墓葬的起源已经在第一章中讨论过。尽管在形制上存在一些差异，但是似乎没有理由怀疑它于希腊青铜时代中期三段末期出现在了希腊大陆上，并且其在此后几个世纪里的流行和持续大规模修建是源于克里特的影响，在迈锡尼物质文化的其他方面也都可以看出这种影响。第一章提到，穹隆顶墓葬始于新石器时代的克里特，直到弥诺斯中期二段仍在修建，并且一直使用到弥诺斯文化后期一段 A。因此，我们可以认为它们是在弥诺斯中期三段从克里特岛传播到希腊的。[174] 不过，穹隆顶墓葬和金字塔的相似性或许显示出埃及的间接影响。[175] 坟冢或许反映出残留的希腊本土

169　S. Marinatos（1973a），Stubbings（1973）。

170　Van Seters（1966, p. 47）。

171　Montet（1928-9）。

172　参考 Wace（1964, pp. 21-2）。有关这一问题的近期讨论，参考 Wilkie（1987, p. 127, n. 1）。

173　参考本书第一章注释 17 和 Branigan（1970b）。

174　参考 Dickinson（1977, p. 61）。

175　Vermeule（1964, pp. 120-6）。

特征。另一方面，它们与竖井墓圈有明显的联系，似乎反映出它们也受到了近东的影响，一些学者甚至认为这些墓葬所在的地方原本就堆有坟冢，但这并不令人信服。[176]

葬俗和随葬品

394

在讨论竖井墓的葬俗和随葬品的性质之前，我们似乎可以考虑一下它们的整体特征和社会含义。墓葬的修建费用和精致程度似乎暗示着两件事情：可支配的社会财富和分明的社会阶层差异。前面提到，墓葬圈显示出了社会阶层差别的存在。墓室中的大量武器清楚地表明，不论其中埋葬的是不是出色的武士，作战和军事才能都是重要的、令人羡慕的特征。因此，我们显然是在讨论一位军事精英的墓葬。

对骸骨进行的体质人类学研究所能提供的信息只是，它们具有很大的差异。这对迈锡尼的所有社会阶层来说都是一样，不过有尊贵地位的人似乎稍高一些，这可能是由于营养更好、精英阶层的通婚或对身高的特殊选择所致。[177]

死者的金叶子面具是竖井墓中最特殊的物品。这种面具的设计理念或许来自埃及的木乃伊。不过，它们最大的特点就是带有络腮胡和八字须，这显然并非埃及特色。与此最接近的同时代物品是来自巴勒斯坦的希克索斯罐子和来自弥诺斯中期二段和三段的克诺索斯的"象形文字库"印章。[178]

早期迈锡尼墓葬的一种普遍特点是，死者为直肢葬，这不同于希腊青铜时代中期前段的屈肢葬，也与印度-雅利安传统或迈锡尼时代末期荷马英雄的火葬不同。[179] 前面提到，人们会给死者戴上很多饰品和珠宝，并配备大量青铜武器。至少有一处的尸体经过了某种原始的木乃伊化处理，再加上黄金面具的使用，就让很多学者联想到了埃及墓葬的情况。[180] 不过，它们显然不是埃及的木乃伊和石棺。

迈锡尼竖井墓明显与泰尔埃尔-达巴的同时代的希克索斯人墓葬非常相似。

176　Pelon（1976）. 他认为，这些墓葬应该与公元前三千纪库尔干的传统联系在一起。同时参考 Drews（1988, p. 184）。

177　Angel（1957）；Dickinson（1977, p. 52）.

178　参考本书第三章注释 134 和本章注释 101。

179　关于印度-雅利安人的火化传统的古代遗存，参考 Mallory（1989, pp. 47-8）。

180　Dickinson（1977, pp. 49, 57-8）；Taylour（1964, p. 76），Stubbings（1973, p. 633）.

而希克索斯人的墓葬更显粗劣贫穷，其中未制成木乃伊的尸体是佩带着青铜武器下葬的，这些武器与迈锡尼的武器非常相似。[181]

墓葬圈 A 的迈锡尼墓前立有石碑，通常绘有战车。马拉松的早期坟冢中放有一匹小马的骨骸，而一座较晚的坟冢的墓室甬道里放有两匹殉葬的马。同样，在泰尔埃尔-达巴的墓葬前也埋有马科动物和马车。二者之间最主要的区别是：竖井墓较深，嵌入质地偏软的岩石或地面；泰尔埃尔-达巴的墓葬则较浅，边上砌砖。考虑到三角洲的土质良好，地下水水位较高，因此这种区别也是难免的。总之，没有什么理由怀疑，巴勒斯坦切入岩石的竖井墓代表着希克索斯人的主要墓葬形式。

迈锡尼墓葬的随葬品来自很多地方。其中有努比亚的鸵鸟蛋，通过美索不达米亚运来的阿富汗天青石，克里特的石膏和彩陶，叙利亚的象牙，来自安纳托利亚、匈牙利和西班牙的白银，阿尔卑斯山的水晶石和波罗的海的琥珀。[182]这里也有很多克里特的物品，除了鸵鸟蛋之外，斯塔宾斯和其他学者还辨识出了其他一些来自埃及的物品。这些物品包括鸭子形状的水晶碗；西克莫木的箱子，上面装饰着一些牙雕小狗；还有一个彩陶花瓶。[183]碗、花瓶和鸭子似乎都是埃及的东西，但是象牙镶饰看起来更像是叙利亚的风格，令人无法肯定其来源。还有一个希克索斯时期的天青石圣甲虫，样子非常漂亮，显然是出自埃及的。[184]更实用的随葬品包括燧石箭头，洛里默（H. L. Lorimer）认为这"几乎肯定是从埃及输入的"。[185]所有这些物品都显示出，迈锡尼、埃及和近东在公元前 17 世纪存在直接或间接的贸易以及其他往来。我们如果想追溯迈锡尼文化的源头，就必须对迈锡尼的物品本身进行探究。

早期迈锡尼物质文化的来源

用一位学者的话说，早期迈锡尼物质文化的来源是"未经选择的"。[186]被引入的艺术风格所涉及的范围广泛，我们了解到的只是其中的一部分。有三

181　参考本书第八章注释 123—136。关于武器类型，参考本章注释 21—34。

182　Vermeule（1964, pp. 89-90）；Dayton（1982a, pp. 164-6）.

183　Stubbings（1973, p. 633）；Pendlebury［1930a, p. 55（89）］.

184　Boufides（1970）.

185　Lorimer（1950, p. 278）.

186　Hooker（1976, p. 46）.

方面的影响起到了主要作用：弥诺斯或基克拉泽斯的影响、希腊本土的影响和"非埃及人的蛮族的"影响。

弥诺斯和基克拉泽斯从最初起就开始影响迈锡尼时代的希腊大陆，这种影响直到公元前15世纪迈锡尼人控制克里特之前一直与日俱增。[187] 尽管如此，并且一直存在关于弥诺斯国王控制希腊大陆部分地区的希腊传说，但是在阿瑟·埃文斯之后，没有哪位学者主张完全用弥诺斯人入侵来解释竖井墓文化。[188] 原因或许是，"非埃及人的蛮族"风格在克里特显然缺少先例。

陶器风格的连续性毋庸置疑。希腊青铜时代中期三段的特征一直延续到了竖井墓所属的时代，尽管在希腊青铜时代晚期显示出弥诺斯和其他"迈锡尼"的特征，但是无疑仍与早期保持了连续性。一些学者因此提出，迈锡尼等地的发展都是本土演进的结果，其基础是当地农业的发展以及与日益繁荣的欧洲进行的贸易。[189] 与此相反的是，不仅在物质文化的其他所有方面都发生了显著改变，而且几位考古学家也看到了出现在希腊青铜时代中期三段的大范围毁灭的迹象。阿尔戈斯和阿提卡这两个主要地区的情况也是这样，正如在福基斯（Phocis）的基拉（Kirrha）和科里撒（Krisa）进行挖掘的考古人员所写的，"在很多地方，希腊青铜时代中期三段B的建筑都位于一层灰烬之上，这符合关于侵略的假说"。[190] 斯派雷登·马瑞纳托斯试图在陶器的连续性与可能发生过的侵略之间进行调和，他提出了让人感到奇怪的观点，认为在当地人和入侵群体之间存在"相同的血缘"。[191] 这种说法其实没有必要。陶器制造是穷人掌握的技艺或艺术形式，因此陶器是希腊青铜时代中期物质文化的幸存者，这与在过去一个世纪里广泛传播的理论并不抵触，也就是说，即使发生了精英武士对这一地区的征服，陶器风格也会保留下来。

---

187 Hooker（1976, p. 48）.

188 Evans（1929）；Dickinson（1977, p, 53）.

189 Cadogan（1971），Hooker（1976, pp. 38-9）；Dickinson（1977, pp. 107-9）. 人们重新界定了锡拉火山爆发的时间，而且对不列颠南部威塞克斯文化的放射性碳年代测定结果是更晚近的时间，因此在这一领域，Butler（1963）和McKerrell（1972）的观点都不太可能，而Bouzek（1973）的接近常识的看法可以得到肯定，也就是迈锡尼文化传播到了北欧，而非北欧文化传播到了迈锡尼。同时参考 Trump（1981, pp. 195-7）。

190 Van Royen and Isaac（1979, pp, 26-8），Dor et al.（1960, pp. 32-3）.

191 S.Marinatos（1973a, p. 109）.

德国古代史学家格鲁马赫（E. Grumach）认为希腊人是后来到来的，他认为，表示制陶的黏土的词语 keramos 和表示容器的一系列词语都不是印欧语，这些词语包括 kantharos、aryballos、lekythos、depas 和 phiale，这也是当时发生了雅利安人入侵的证据。[192] 不过，原有的词干 keram- 并非与黏土有关，而是与制陶工人和金属工匠有关。它的词源可能是埃及语的 ḳ3m，也就是 ḳm 3（捶打出，创造）的一个得到证实的变体。希腊词语 kantharos 具有多重含义，包括"圣甲虫"和"阿匹斯公牛舌尖上的记号"。这个词似乎来自埃及语的 k3 ntr（圣灵）。词语 depas 肯定来自埃及语的 dpt（船或容器）。[193] 没有谁会认为希腊的原住民讲的是埃及语，因此格鲁马赫的这段论述肯定站不住脚，不过，他提出的陶器在本质上的保守特点是有道理的。

在更高层的艺术和工艺领域存在着与本土传统的完全断裂。前面提到，墓葬中出土的很多宝石和小件物品以及上面的装饰图案都是弥诺斯的风格，例如"倒转的柱子""神圣牛角"和鸟、牛头和双斧、穿着开口紧身衣的妇女、海豚和章鱼等。[194]

不过，其他装饰是"非埃及人的蛮族的"，或者如同上一章所说的，是"希克索斯国际化"的风格。早期迈锡尼的象牙上雕满了跳跃着掠食的狮子、格里芬和独特的叙利亚类型的"迈锡尼"斯芬克斯，最后一者在弥诺斯中期三段出现于克里特。[195] 埃米莉·弗穆尔指出，一些图案与公元前一千纪塞西亚和欧亚大草原上的其他艺术形式极其相似，包括背对背的牡鹿和其他动物，以及长着蜷曲鬃毛的神秘野兽。[196] 詹姆斯·米利并没有提出与塞西亚艺术的直接联系，但是他很有道理地相信这些主题与一些迈锡尼图案具有"同样的游牧背景"。[197] 在这方面，他讨论了马和双轮战车的出现，对此我们将在下面介绍。

上一章讨论了乌银镶嵌工艺的叙利亚起源，在迈锡尼也发现了一些漂亮的

192　Grumach（1968/9, pp. 85-6）.

193　在第三卷会进一步讨论这些词源。

194　关于这一影响的综述参考 Evans（1929）。同时参考 Vermeule（1964, pp. 96-7）和 Dickinson（1977, p. 52）。

195　参考本书第八章注释 139—141 和本章注释 67—75。

196　Vermeule（1975, pp. 23-6）。关于大草原的艺术，以及我们能重构出创造了这些艺术的社会的什么特征，参考 Phillips（1965）。

197　Muhly（1979a, pp. 317-19）.

乌银镶嵌工艺品。[198]迈锡尼的乌银镶嵌图案有捕猎中的狮子、腾空跳跃的动物，此外还有我们在讨论锡拉壁画时提到的猫抓鸟的"尼罗河场景"，这些图案在希克索斯的叙利亚-巴勒斯坦、埃及和弥诺斯中期三段的克里特都是常见的。[199]尽管有一些独特的长剑和匕首，但是在竖井墓中发现的很多武器的冶金工艺和基本模式都属于前面讨论过的叙利亚-克里特流派。[200]关于双轮马车在这一时期进入希腊大陆的问题，将在下面讨论。

　　总之，迈锡尼的墓葬中出土的物品和早期迈锡尼艺术都显示出多样化的来源——来自爱琴海、安纳托利亚东部、叙利亚-巴勒斯坦和埃及。这样复杂的模式就需要同样复杂的解释。

关于侵略的雅利安主义模式

希腊雇佣兵

　　尽管希腊本土传统具有连续性，并且孤立主义的学者格外强调这种连续性，但是也存在着太多不连续的现象，很难用单纯的内在因素对此进行解释。[201]迈锡尼社会显然具有军事化的倾向，因此最有可能的解释是，存在来自外部的暴力侵略。如同斯派雷登·马瑞纳托斯所说的：

　　　　所有这些根本性的变革都只能用外部原因进行解释：就在公元前1600年前［我认为这一时间要再早一个世纪］，一些职业武士在良好的组织下入侵了希腊。他们拥有一种新的武器，对生活简单的希腊农民造成了巨大影响。那就是马车和马［我还会加上长剑］。[202]

　　如果接受存在侵略的前提，就必须对侵略的起源地进行推测。由于竖井墓时期的迈锡尼与弥诺斯中期三段的克里特和火山爆发前的锡拉地理位置相近，

398

198　参考本书第八章注释139—140。

199　相关的图片参考 Vermeule（1964, plates. xii and xiii），Hood（1967, plates. 54-6）。更早的讨论参考本章注释133—139。

200　Vermeule（1964, p. 98），Dickinson（1977, p. 52）。同时参考本章注释25—33。

201　Pace Cadogan（1971），Dickinson（1977, pp. 108-9）.

202　Pace Cadogan（1971），Dickinson（1977, pp. 108-9）.

文化上也具有相似性，因此，最有可能发动侵略的基地似乎是克里特和基克拉泽斯。无过，正如前面提到的，没有哪位现代学者会认为存在纯粹由弥诺斯人进行的侵略，因为这里涉及的影响实在是来自太多个方面了。[203]

马瑞纳托斯提出的观点或许是最流行的假说，他认为，新的侵略者是从埃及返回的希腊人，他们帮助第十八王朝法老阿摩西斯（Amōsis）驱逐了希克索斯人。[204] 可以作为证据的是，这位法老说 Ḥ3(w)-nbw 追随于他，而他的王后阿霍特普（Aḥḥotpe）是"地中海岛屿的女主人"。[205] Ḥ3(w)-nbw 与爱琴海地区的对应会在下一章讨论，这里需要指出的是，法老阿摩西斯的说法似乎更像是统治权的声明，而不是在谈雇佣兵。

"雇佣兵"的假说似乎可以令人满意地解释希腊传统的连续性和竖井墓的"非埃及人的蛮族"特征，而且也在意识形态上提供了最不让人感到痛苦的近东侵略。不过，把锡拉火山爆发的时间重新界定为公元前 1628 年之后，这种假说就站不住脚了。希克索斯人被驱逐的时间是公元前 1575 年到公元前 1550 年间，而最早的竖井墓开挖于希腊青铜时代中期三段的陶器时期，这一时期结束于公元前 1675 年，比人们所认为的希腊雇佣兵到来的时间早了大约一个世纪。出于同样的年代学上的考虑，主张古代模式的人也认为，达那俄斯的到来和希克索斯人被逐之间不可能有联系。

印欧人

在讨论第二套假说之前有必要指出的是，这些说法与雇佣兵假说一样，都是在人们重新判定锡拉火山爆发时间之前提出的。因此，所有这些假说在重构历史时都把时间推迟了大约一个世纪。

399　　　前面已经讨论过阿拉加霍裕克的王室墓葬和竖井墓的联系。米利和德鲁斯提出的相关观点被视为雅利安模式的不规则变体的一部分。他们并不认为印欧人来到希腊的时间是希腊青铜时代早期二段末期的公元前 2200 年左右或公元前 1900 年（传统上这被视为希腊青铜时代中期的开始），而是认为他们在公元前 17 世纪来到了希腊。一些当代学者认为，这种"异端观点"不同于主张印

203　参考本章注释 188。

204　参考 Persson（1942, pp. 178-96），Marinatos（1960, pp. 81-2）。

205　参考本书第十章注释 67—68。

欧人伴随着"多利安人的侵略"或"赫拉克勒斯后裔的回归"一起到来的观点，可以与现今希腊和印欧历史语言学方面的理论相调和。[206] 这一方案在我看来是不可行的。传统观点主张俄罗斯大草原地区的语言在公元前 1700 年时不是原始印欧语，而是独特的伊朗语。[207] 我认为这种观点更加合理可靠。我们也知道，在胡里安人的米坦尼王国中，与战车相关的语言是印度–伊朗语，准确地说则是印度–雅利安语。[208] 因此，如果把这一地区视为竖井墓文化的发源地，或者把讲印度–雅利安语的人的到来与战车联系在一起，那么希腊语的起源就无法得到解释，因为希腊语既不是伊朗语也不是印度–雅利安语。[209]

尽管存在根本上的困难，人们仍然希望能把印欧人的到来与战车出现在希腊联系在一起，因为战车是"优等民族"的象征。印欧语学者威廉·怀亚特（William Wyatt）在关于"希腊语的印欧化"的文章中写道：

> 我的结论无法与双轮马车分隔开来：如果在希腊能找到公元前 1600 年以前的双轮马车或与双轮马车有关的证据，那么我的论述就会让我认为，希腊人是在那之前到来的。[210]

怀亚特并非唯一采取这种思路的学者。1926 年古典学者巴克（C. D. Buck）提出了该观点，1933 年宗教史学家马丁·尼尔松对此表示了强烈支持。[211] 此后，怀亚特、詹姆斯·米利、伦纳德·帕尔默、荷兰古代历史学家冯·鲁瓦扬（R. A. van Royan）和伊萨克（B. H. Issac）以及最近的古典学者罗伯特·德鲁斯都谈到了这种观点。[212] 尼尔松的论述基础是，据信为北方类型的、屋顶带有斜坡的大厅（megaron）或中央大厅首先出现在希腊青铜时代晚期开始之时（如今这已经被否定了），而且在竖井墓中发现了来自波罗的海的琥珀项链。不过，这些在新王国时期的埃及普遍存在，没有人会由此认为埃及受到了来自北

206　Mallory（1989, p. 51）。

207　Mallory（1989, pp. 35-41）。

208　参考本书第八章注释 102—104。

209　参考本章注释 219—220。

210　Wyatt（1970, p. 107）。

211　Buck（1926）；Nilsson（1933, pp. 71-82）。

212　Wyatt（1970）；Best and Yadin（1973）；Muhly（1979）；Van Royen and Isaac（1979）；Drews（1988）。

方的征服。[213]

400　　尼尔松和后来的学者过分依赖于竖井墓中埋葬的统治者所属的文化。他们认为，在更晚的迈锡尼时代，对竖井墓的尊重显示出早期的国王肯定是"希腊人"。[214]这样的看法肯定无法成立。我在第一卷第一章开头引用了希罗多德的话，这位历史学家指出，斯巴达国王统治的合法性具有极其重要的意义，他们的祖先据信是埃及人或叙利亚人。[215] 这不仅仅是一个重要的类比，因为斯巴达国王还认为自己是赫拉克勒斯的后裔，也就是迈锡尼的前珀罗普斯王朝的后裔。

不过，这些学者仍具影响力的主要观点是，竖井墓与安纳托利亚东部和高加索地区的王室陵墓相似，而且迈锡尼的蛮族风格的确与欧亚大草原的游牧民族风格具有令人难以理解更难以忽视的相似之处。另外，在上一章中讨论过的战车以及印欧人和印度–雅利安人的参与，这些在希腊大陆首次出现的时间无疑与竖井墓出现的时间相同。而且，雕刻着双轮马车的纪念碑是很多王室墓葬的标志，这清晰地显示出，希腊的情况与西南亚一样，双轮马车即使并非象征王权，也是尊贵的象征。[216] 这种联系有助于解决雅利安模式遇到的另一个大问题，那就是后来的希腊语言和文化中保留了大量前青铜时代的因素，因此征服仅限于小规模的上层精英更有解释力度，尽管认为侵略发生得更早的学者提出了大规模移民的观点。

詹姆斯·米利在关于这一主题的文章里提出了他的假设，认为希腊第一次受到来自东北的入侵是在公元前 1700 年左右。米利认识到了基本的一点，就是安纳托利亚语并不是狭义上的印欧语。因此，他不同意关于安纳托利亚的入侵的观点，而是认为侵略来自高加索、俄罗斯大草原和巴尔干东部。[217] 他也知道，到公元前 1700 年时，大草原的居民是讲伊朗语的，但是，他认为这可以通过希腊语和印度–伊朗语的特殊关系进行解释。[218]

米利的观点是基于很多印欧语系专家的这一假设：在印欧语族的印度–伊

213　Nilsson（1933, pp. 71-82）.

214　Drews（1988, p. 23）.

215　Herodotos, VI. 55. 参考第一卷，第 75 页。

216　本书第八章注释 102～129。

217　Muhly（1979a, pp. 319-20）. 希腊考古学家乔治·迈洛纳斯（George Mylonas, 1962）采取了更加温和的立场，认为尽管从公元前 2100 年开始希腊人就生活在希腊，但是公元前 1600 年左右发生的转变要归因于卢维人的侵略。

218　Muhly（1979a, p. 319）.

朗语和希腊语分支之间存在着特殊关系。尽管语言地图上表示不同语言区域的等语线的意义具有很大的不确定性，但是人们普遍认为，所讲的语言发展成了如今的希腊语、亚美尼亚语、弗里吉亚语和印度-伊朗语的那些人，当初是居住在相邻地区的。[219] 另一方面，人们也认为，印度-伊朗语在公元前三千纪晚期分出了印度-雅利安语和伊朗语两个分支。倘若如此，印度-伊朗语和原始希腊语的分离发生得就肯定更早。[220] 有人认为，讲原始希腊语的人从大草原来到希腊，他们此前与印度-伊朗人有过接触，但是在公元前1700年左右的希腊青铜时代中期三段发生了断裂。从语言学的角度来看，这种说法是站不住脚的。

　　在考古学领域，尽管米利可以说，迈锡尼与巴尔干、北欧和高加索南部的特里阿莱蒂文化乃至更北的地方发生了接触，但是他假想中的迁徙路线并没有留下物质痕迹。[221] 当然也没有什么传说能够支持这一解决方案。

　　德鲁斯试图解释为什么会缺少考古证据。他提出，驾着双轮战车的印欧人从亚美尼亚乘船来到了希腊。他很有说服力地指出：运送马匹和战车在青铜时代晚期结束之时并不困难，因此，在那之前五百年也不会有多困难，毕竟所需的技术是一样的；应该注意到的是轻型双轮战车是比较容易拆解的。[222] 弥诺斯文化后期二段一枚印章的图案是一艘船上的一匹马，这可以支持他的观点。我们在第二章中讨论过，波塞冬不仅是海神，也是马和战车之神，德鲁斯也可以用这一事实来进一步强化他的观点。而且，正如波塞冬的对应者塞特接受了来自希克索斯人的热情敬奉一样，波塞冬似乎也是迈锡尼时代在希腊最受崇拜的神灵。[223] 不过，整体上，就如同20世纪20年代和30年代巴克和尼尔松的理论一样，米利和德鲁斯的理论也没有取得成功，不仅是因为缺少传统的支撑，而且因为希腊语并非印度-雅利安语，甚至不是印度-伊朗语，而且没有证据能显示出存在从高加索到希腊的移民路线。不过，他们也提出了一些引人注意的事实，

401

219　关于希腊语和印度-雅利安语的联系，参考 Porzig（1954b, pp. 61-83）和 Sakellariou（1986, p. 128）。关于近期的语言学模式，参考 Mallory（1989, pp. 20-1）。

220　有人认为印度-伊朗语在公元前两千纪上半叶就已经分裂，参考 Szemerényi（1964, pp. 90-6）和 Mallory（1989, pp. 38-9）。

221　Muhly（1979a, pp. 320-3）. 由于找不到这一时期发生入侵的证据，Mylonas（1962, p. 301）认为此时并没有发生过任何侵略。

222　Drews（1988, pp. 181-3）.

223　参考本书第二章注释112—129。

例如这两个地区之间存在艺术上的对应性，以及在战争和社会结构中极其重要的双轮战车发展到了高加索南部某些地方，并且在竖井墓时期进入了希腊。

荷兰古代史学家詹·贝斯特（Jan Best）保留了米利和德鲁斯理论的优点，并且试图克服他们所遇到的无法解决的困难。贝斯特提出了一个无所顾忌的权宜方案，声称希克索斯人是原初的希腊人。他在1973年发表了一份小册子，其中认为公元前2100年到公元前1600年的希腊人是色雷斯人，也就是说讲的是印欧语，但是在希腊青铜时代中期三段出现了真正的文化断裂，他认为时间是公元前1600年，原因是希克索斯人的入侵。他忽略了胡里安人，采用了黑尔克非常谨慎的观点，认为希克索斯人是闪米特人和印欧人的"混合"。贝斯特还引用了玛利亚·金布塔斯（Marija Gimbutas）未发表的论文，其中声称希克索斯人可能是印欧人。他也引用了爱德华·迈尔的观点，认为希克索斯人可能征服了克里特，并由此推测说他们征服了希腊大陆。[224]

应该注意到，这一方案的很多方面都是我所赞同的，但是我不赞同的地方更多。首先，它和米利、德鲁斯的理论有同样的缺陷，那就是，即使在希克索斯人中间存在讲印度-雅利安语的人，希腊语也并非印度-雅利安语。第二，讲印度-雅利安语的希克索斯人肯定没有讲胡里安语的希克索斯人多。第三，我在上一章中已经详细论述过，下埃及的大部分希克索斯人无疑在物质文化和语言上都是闪米特化的。[225] 这几条反对意见不论哪一条都足以驳倒贝斯特的方案，它们加在一起就更会彻底地否定这一方案。

在雅利安模式和古代模式之间：弗兰克·斯塔宾斯

第一卷开篇谈到了斯塔宾斯在他收录于《剑桥古代史》中的关于"迈锡尼文明的兴起"（The rise of Mycenaean civilization）的文章中提出的假设。[226] 斯塔宾斯与前面介绍过的学者不同，他相信，早在公元前17世纪以前希腊人就是说希腊语的，因此，他并没有像其他人一样拐弯抹角地去思考希腊与希腊语的关系。他也非常重视古代模式，这与很多现代考古学家不同，他相信有必要同

---

224 Best and Yadin（1973, pp. 29-31）.

225 参考本书第八章注释108—141。

226 第一卷，第410—411页。

时考虑考古学和古代传统：

> 因此，传说中达那俄斯的征服与迈锡尼新王朝的出现或许是同一件事，通常认为后者对于解释在迈锡尼竖井墓中观察到的丰富的物质文化是必需的。也就是说，我们可以依循传统，假定在公元前 16 世纪早期一些来自埃及的希克索斯流亡者征服了阿尔戈斯地区。这样我们就可以解释墓葬中从埃及进口的物品或受到的来自埃及的影响，以及用于战争的双轮战车的输入。[227]

因此斯塔宾斯的观点应属于古代模式。实际上他的方案的主要缺陷就是，他太忠实于古代模式的原则，认为希克索斯人是在被第十八王朝逐出埃及后作为"哀求者"来到阿尔戈斯地区的。公元前 16 世纪正是帕罗斯碑的古代年表上所说的达那俄斯到来的时间，在现代年表上，这是希克索斯人被逐出埃及的时间。[228] 但是这种完美的共时性不符合事实，因为实际上，即使在锡拉火山爆发的时间被重新界定以前，人们就普遍认为，最早的竖井墓出现在公元前 17 世纪。现在我们知道，竖井墓的开挖时间比这还要更早一些，是在公元前 1700 年左右而非公元前 1600 年左右。也就是说，斯塔宾斯方案的这一部分和古代模式在这方面都是不可行的，下面我们还会对此进行讨论。斯塔宾斯选择了错误的年表，由此产生的另一个重要后果就是，由于克里特文化在公元前 16 世纪没有出现明显的断裂，斯塔宾斯和爱德华·迈尔一样认为希克索斯人不可能征服了克里特。于是，在他的方案中并没有提到克里特岛，他认为希克索斯人在去往希腊大陆时绕过了这座岛，这种情况当然是无法令人信服的。

这些缺陷的产生都是由于斯塔宾斯严格地遵循了古代模式，然而斯塔宾斯的方案中还有一些缺陷却要归因于他对雅利安模式的忠诚。他继续写道：

> 他们的到来并没有伴随着大规模的埃及化，这一点完全符合我们所知道的希克索斯人在埃及的情况。在埃及，除了新的军事技术和组织外，他

403

227　Stubbings（1973, pp. 636-7）.

228　第一卷，第 88—97 页，第 109—110 页。

们几乎没有传入别的东西。他们代表的不是大规模的人口迁徙，而只是武士阶层对高度发展的埃及文明的占领。他们并没有带来新的语言，因为他们留下的极少数的官方铭文都是用埃及语写的。[229]

我认为，就希克索斯人对埃及的影响而言，斯塔宾斯的分析的确是有问题的。尽管有新的发现，我们对埃及的希克索斯时期仍然所知甚少。不过从长远来看，尽管埃及的民族主义和文化在第十八王朝时重新兴起，但是在希克索斯时期的确发生了重大的文化转型。而且，泰尔埃尔-达巴的挖掘成果显示出，斯塔宾斯所认为的希克索斯人纯粹只是武士阶层的观点，必须被我们予以否定。尽管并没有涉及多少胡里安人和雅利安人的因素，但是随着希克索斯人的入侵，的确出现了叙利亚-巴勒斯坦人口的大规模迁徙，他们至少进入了埃及三角洲东北部地区。[230] 不过，如果发生了去往克里特和更远地区的海外航行，参与的人数似乎会少一些。

前面提到，我的确发现，把希克索斯人和蒙古人进行类比是有效的做法。希克索斯人和后来居住在欧亚大草原上的民族一样，似乎拥有自己生机勃勃然而"属于蛮族的"重要艺术形式。不过，他们在文化上产生的长期影响似乎表现为对其他文明的传播——把闪米特文化传入埃及，把"弥诺斯"、黎凡特和埃及文化传入希腊，等等。因此，竖井墓既反映出蛮族的风格，也反映出文化的融合。在埃及和克里特，由于本土文明的深厚传统，这些元素并没有留下痕迹；但是青铜时代的希腊更易于改变，因此希克索斯人在物质文化和非物质文化上都对希腊产生了更大的影响。不过，斯塔宾斯和其他在雅利安模式下成长起来的学者都无法想象，希腊会借鉴埃及或闪米特的文化或语言。

在历史地理学上，斯塔宾斯回归到了瑟尔沃尔（Thirlwall）和霍尔姆（Holm）的观点，认为埃及人和闪米特人尽管曾生活在希腊，但是并没有对其造成长期的影响，因此并不重要。这是一种与1885—1945年野蛮的种族主义的决裂。不过，古代模式认为讲埃及语和讲闪米特语的人曾经在希腊的形成过程中起到了核心性和根本性的作用，斯塔宾斯与瑟尔沃尔和霍尔姆则都坚决否

229　Stubbings（1973, p. 637）。这段引文在第一卷中也曾引用，见第一卷，第411页。

230　参考本书第八章注释31—40。

绝了古代模式的这一核心观念。

结论：对古代模式的修正

　　首先我想强调，在此我的出发点是古代模式，根据古代模式，达那俄斯和他的同行者无疑于公元前 16 世纪在希腊定居了下来，而这又与希克索斯人被逐出埃及有关。[231] 这是因为，从考古学和同时代的证据来看，这一时期都不可能发生征服。尽管我非常尊重古典时代和希腊化时代的希腊人的历史知识和判断，但是我不相信他们不会犯错误。有时他们显然过于轻信，并且夸大了征服和迁徙发生的年代以及地理范围。有时他们似乎把两者都最小化了，或许是出于和马可·波罗同样的原因，他对于其所看到的事物都只讲述了一半。基于同样的原因，今天的学者们也需要更加谨慎：避免不当的差距，从而表现得清醒并有理性，由此获得读者的信任。

　　另一方面，如果在这方面对古代模式进行修正，认为希克索斯人是在公元前 1730 年左右——他们在埃及的统治的开始而非结束的时间——到达的爱琴海地区，那么在克里特发生的事件的很多令人困惑的特征，以及竖井墓和迈锡尼时代早期的其他希腊墓葬中的杰出物质文化，就都能在一幅前后连贯的图景中得到解释。我并不认可古代模式的年表，但是我坚信古代模式对殖民状况的解释是合理的。考古学提供的证据的确能够强化古代模式的观点，就是由埃及人、叙利亚人或希克索斯人组成的来自埃及的舰队曾经在希腊登陆，具体说就是曾在阿尔戈斯登陆，这些外来者创建了延续了很久的英雄王朝。

　　我现在想强调贝斯特、米利和德鲁斯的方案的积极特征。显然，竖井墓文化所代表的断裂实在太大了，要对此进行解释，就必须假定发生了来自希腊外部的重大刺激；而考虑到所发现的毁灭的痕迹和社会的好战本质，最有可能的刺激形式就是武装侵略。侵略者显然配备了两种重要的新型武器——双轮战车和长剑，它们分别来自高加索南部地区和叙利亚。竖井墓的形式，以及在竖井墓和公元前 18 世纪晚期至公元前 17 世纪的同时代坟冢中发现的物品的风格和工艺，都显示出与这些地区的联系。

231　参考第一卷，第 95—98 页，第 109—110 页。。

米利、斯塔宾斯、贝斯特、德鲁斯等人认为，关键问题是这些传播是如何发生以及通过什么方式发生的。北方的传播路线具有三方面的缺陷。首先，这没有考古证据的支持；其次，这无法解释竖井墓文化中可观的叙利亚、埃及和"埃及以外的"因素；第三，古代记录中都没有提到这样的路线。它们的优点只存在于意识形态上，即使得"东方文化"可以不通过埃及人或闪米特人而被引入。

贝斯特认为，如果将次高加索文化传播到希腊与希克索斯人的迁徙等同起来，那么上述的缺陷全都可以得到克服，而希克索斯人的迁徙在历史学和考古学中都已得到证实。这样的一致性也可以解释竖井墓文化中的"南方特点"。不过，贝斯特的观点并没有效力，因为他把希克索斯人的迁徙与希腊人的到来联系在了一起。除了内在的不合理之外，他也过于夸大了雅利安人在希克索斯人中的作用。

当然，尽管存在很多差异，我还是认为能与希克索斯人征服埃及相比拟的最佳例子就是诺曼人征服英格兰。丹麦人和挪威人曾经占据了诺曼底，并建立了独立的公国。他们自身的好战精神和活力加上法国和意大利平民的技艺，就合成了强大的力量。他们由此征服了欧洲的很多地方，特别是英格兰，并在那里建立了统治时间相对长久的王朝。值得注意的重要一点是，由诺曼人带入被征服区域的并不是北欧的文化和语言，而是法语和拉丁语以及改良了的法国封建制度。现代英语和英国文化正是从这种长期的语言和文化接触中产生的。同样，我认为，希克索斯人在爱琴海地区进行征服的结果，就是把近东的宫殿体系引入了希腊大陆，这种宫殿的形式当时在克里特或许已经存在了。我认为从长远来看，他们的主要作用就是带来埃及和西闪米特的文化和语言，并在后来的世纪里与当地讲印欧语的人融合在一起，形成了我们所知道的希腊和希腊语。

我提出的观点是，至少竖井墓的一些拥有者，以及之后的持久的朝代，源于现今被称为库尔德斯坦的地方，它覆盖了安纳托利亚东部、叙利亚北部和美索不达米亚，或许还包括南高加索地区。在公元前18世纪上半叶，那里讲印度-雅利安语和胡里安语的人形成了一个核心群体，埃及人称之为希克索斯人。尽管考古学提供的证据模糊不清，但是到了公元前18世纪中期，他们在叙利亚-巴勒斯坦似乎控制了大范围的地区，并且这种迁徙很快就开始"闪米特化"。

因此，尽管一些领导者或许在继续讲胡里安语甚至印度–雅利安语，但是通用语（lingua franca）变成了西闪米特语（以埃及语作为高级文化的语言）。这是迁徙人群中大部分人的母语。公元前 18 世纪 40 年代或 30 年代，希克索斯人进入了下埃及，在那里建立起了法老的王朝，大多数（即使不是全部）希克索斯王子都效忠于该王朝。在那之后不久，远征军出发并征服了克里特、基克拉泽斯群岛和希腊南部的富饶平原。

　　希克索斯人的迁徙是如此迅速，当时的男男女女甚至在有限的一生中都会目睹完整的迁徙过程。这种快速迁徙也可以解释，为什么竖井墓中的一些黄金王冠并不是叙利亚、埃及或克里特的样式，而是与在美索不达米亚北部的阿舒尔发现的公元前 2000 年到公元前 1700 年间的同类物品相对应，以及其他类型的皇冠为什么与加喜特的工艺品相似。[232] 要知道，几乎就在希克索斯人进入埃及的同一时期，加喜特人控制了巴比伦尼亚（Babylonia）。[233]

　　当时希克索斯人迁徙的速度，比诺曼人迁徙到诺曼底并征服英格兰的速度还要快得多，这可以在整体上解释迈锡尼相对单一纯正的"蛮族的"风格。我们知道，希克索斯人在他们统治末期基本上已经埃及化了，因此在那时逃到希腊的希克索斯难民或许会具有迥异的物质文化。这也与关于公元前 16 世纪存在侵略的理论相反。另一方面，希克索斯领导者显然统治了大量技艺熟练的工匠，特别是冶金工匠，他们运用最先进的叙利亚工艺制造并装饰了对他们来说最为重要的物品，那就是武器。希克索斯人统治下的埃及、叙利亚和克里特的金匠既按照自己民族的传统制造容器和珠宝，也参照了新的统治者的品位，并借用了斯芬克斯和格里芬的形象。

　　这些"蛮族"征服者的营地和城市无疑使用了多种语言。书面记录的证据显示出，在希克索斯人统治的各个地区仍然使用当地本来的文字。在一处竖井墓中发现了刻在坩埚上的 A 类线形文字。[234] 这意味着，公元前 1700 年左右，闪米特语或弥诺斯宫殿时期的其他语言在迈锡尼至少是用作书面语的。文字上唯一可能出现的革新就是把西闪米特字母引入了爱琴海地区，根据铭文，我在其

232　Hooker（1976, p. 47）。

233　关于加喜特人，参考本书第六章注释 78—85。

234　Vermeule（1964, p. 89）。

他文章中提出这发生在公元前 1800 年到公元前 1400 年间。[235] 不过，主要的文字无疑仍然是 A 类线形文字和 B 类线形文字。如同上一章所述，埃及的证据显示出大多数希克索斯领导者都有闪米特语的名字，因此我们可以推测，西闪米特语和埃及语是两种主要的语言。当年马可·波罗所听到的实际上并不是蒙古语，所讲的则是一种土耳其通用语；同样，在埃及或爱琴海地区也不可能主要讲雅利安语或胡里安语，尽管第二章已经提到，在希腊的地名和神话命名中存在胡里安语的痕迹。[236]

不论 A 类线形文字是否为闪米特语，公元前 1700 年爱琴海南部城镇统治阶层的语言都很可能是西闪米特语和埃及语，或是这二者与当地印欧人的语言的结合，这后来发展成了希腊语。有趣的是，尽管这样的情况是最不可能出现的，但是这样的模式却非常符合大多数研究古希腊方言的历史语言学家的观点，他们认为希腊语是公元前 17 世纪前后在希腊当地发展起来的，而不是在希腊以北的某个地方。[237]

一段时间之后，竖井墓时期"蛮族的"希克索斯武士被更文明的统治者和贸易者接替。在公元前 1720 年左右到公元前 1570 年左右的一个多世纪里出现了四海一家、商贸为主的"希克索斯人的世界"，这个世界包括埃及、黎凡特的部分地区、克里特、基克拉泽斯群岛和希腊大陆的富裕地区。锡拉岛的壁画就反映出了当时的情况。因此，今天我们所说的"迈锡尼"物质文化在很多方面都可以被视为"希克索斯人的"或至少是"非克里特的爱琴海地区的希克索斯人的"。尽管也存在后来的发展和来自外国的影响，尤其是来自第十八王朝的埃及的影响，然而正是当时的这个社会发展成了后来的迈锡尼宫殿文明，而且希腊的语言和文化也由此初具雏形，并一直延续至今。

235　Bernal（1987, pp. 9-10, 1990）。

236　参考本书第二章注释 228—230。

237　Risch（1949, pp. 1928, 1955, pp. 61-75）；Porzig（1954a, pp. 147-61），Wyatt（1972）；Chadwick（1973b, pp. 817-19）.第三卷将进一步讨论这些问题。

第十章　埃及、美索不达米亚、黎凡特与爱琴海的接触：文献证据

与第五章中讨论过的米特·拉辛纳碑文不同，这一章要讨论的文献记录主要涉及埃及和黎凡特与爱琴海地区在青铜时代的直接接触。只有少数文字记录来自公元前 18 世纪和公元前 17 世纪，根据修正的古代模式，殖民就发生在这一时期。双方接触的大部分证据都来自公元前 15 世纪至公元前 13 世纪。造成这一时间差的明显的原因是，公元前 1750 年到公元前 1575 年间，中东地区出现了大规模的动荡，因此资料信息相对缺乏。与此不同的是，公元前 1500 年到公元前 1250 年是繁荣时期，黎凡特的大部分地区此时在政治和文化上都从属于埃及。在过去的 20 年里，大量文献和考古证据让大多数学者相信，爱琴海地区也属于这个"世界"。不过，大多数学者并没有想到这样的密切接触的文化和语言学意义。此外，还有许多学者是在极端的雅利安模式最兴盛的时期接受的学术训练，因此仍然坚持主张爱琴海地区在几乎所有的时期基本上都是独立自主的，并认为新的发现只代表了物质层面上的表面接触。

这一章和下一章主要关注两部分内容。首先是青铜时代近东和爱琴海地区之间存在重要的接触，关于这点的争议已经越来越少。第二点是，我们应该相信古典时代和希腊化时代的希腊人所说的，他们的国家曾经几次受到来自南方

和东方的殖民，尽管对此仍有争议。我们当然可以只接受其中一点，也就是说接受这里提出的大部分证据，它们证明了在青铜时代晚期和平接触的过程中希腊对埃及和迦南文化的借用所达到的深度和重要意义。实际上，在这方面我们还可以找到一个很好的例子，那就是日本在一千多年的时间里从中国文化中学到了很多东西，却从未被中国征服过。

我相信这两部分内容的真实性；然而，尽管我认为在公元前 1500 年到公元前 1250 年间肯定发生过大规模的文化借用，但是我也认为，关于早期移民的传说包含一些事实内核。原因在于，首先，我越来越信赖古代资料，而不相信 19 世纪和 20 世纪与此相关的历史学研究。第二，我相信锡拉的壁画显示出，公元前两千纪上半叶被"黎凡特化"的不仅是克里特。事实上，B 类线形文字文本清晰地显示出，公元前 13 世纪的迈锡尼社会是讲希腊语的，那时很多闪米特语和埃及语的词汇已经出现了。最后，在埃及和黎凡特，语言和神话上的相当一部分借用似乎太古老了，不可能是在公元前 16 世纪之后才被引入爱琴海地区的。

可以证明这些内容的真实性的证据，主要涉及公元前 15、14 和 13 世纪。部分原因就是，尽管人们对青铜时代晚期的接触和借用已经达成了共识，但是仍然需要例证的支持。对这一较晚时期的研究也能为有关较早时期的研究提供直接的证据，并为古风时代的、古典时代的和希腊化时代的资料的可信度提供信息。

指代爱琴海地区的埃及地名

对埃及文本和绘画的使用都依靠对地名的辨识。与其他很多文化一样，在埃及语中遥远地方的名称会发生地理位置上的转换，特别是在普遍意义和特殊含义间的变换。这里令人感兴趣的不是名称的原本含义或后来所指的对象，而是某些地名在我们所关注的时期内的含义，也就是在大约公元前 1730 年—公元前 1570 年的第二中间期和大约公元前 1570 年—公元前 1090 年间的新王国时期。

外国地名的埃及名称是按照两种不同的方式书写的，也可以有两种不同的读法。它们经常只是具有辅音结构，就和其他埃及词语或专有名词一样。不过，从中王国时期开始，某些象形文字就被用于外国名字的书写当中，不仅用来表现辅音而且也表现辅音后的元音。这带来了一些困难，因为古埃及作家在使用符号时做法不一，而且现代专家们也无法达成一致的诠释。美国闪米特学家威廉·奥尔布赖特在 20 世纪 30 年代进行了开拓性的工作，但是今天，使用的最普遍的是德国埃及学家沃尔夫冈·黑尔克的转录方式。这里会采用后一种转录方式，但是会加上括号，因为这种转录方法在很多方面显然不能令人满意，对于象形文字的正常解读仍然要看它的最早形式。[1]

Mnws 和弥诺斯

第一个要考察的名字是 ▭○〜 Mnws，它可以得到证实的最早出处是第十二王朝的《辛奴亥的故事》。在第五章提到过的这个故事里，这个名字被用来称呼 Fnḫw（一个叙利亚民族，或许是腓尼基人）的一名王子。波斯纳认为，这代表了文学上的情况，上下文中的其他人名实际上是国家的名称，因此 Mnws 也应该被理解为一个地名。[2] 这样的解释显然符合后来这个名称带有义符 ꟺ（外国的土地）时的用法。

波斯纳的解释似乎是很有可能的，不过要确定 Mnws 的区域则更为困难。它在国家列表中的位置通常是在现在被认为是克里特的 Kftiw 和叙利亚之间。有时它出现在叙利亚和美索不达米亚之间，表示那里有一个地区。不过，这个名字在同时代的阿卡德和赫梯资料中并没有得到证实。表现来自 Mnws 的带着贡品的人的图画上似乎画的是叙利亚-巴勒斯坦人，不过也显示出爱琴海的影响。[3] 我们下面也会看到，来自 Kftiw 的人包括叙利亚-巴勒斯坦人。

名字 Mnws 及其与克里特的联系在希腊传说中有对应者，那就是克里特的弥诺斯国王和地名弥诺阿，这个地名在古典时代的爱琴海南部和克里特都是普遍使用的。1934 年奥尔布赖特尝试着提出了它们之间的关联。[4]

名字 Minos（弥诺斯）和 Minoa（弥诺阿）的来源极其复杂多样，远远不同于阿瑟·埃文斯为了表示前希腊的克里特人而创造的新词语 "Minoan"（弥

1　Albright（1934）；Helck（1962, pp. 567-8）.

2　Posener（1940, pp. 83, 93）. Vercoutter（1956, p. 161）.

3　Vercoutter（1956, pp. 159-82）.

4　Albright（1934, p. 9）.

412 诺斯人）。[5] 在第四章中我讨论了作为立法者的"克里特"国王弥诺斯与埃及的 Mn(y) 之间的关系，后者是第一王朝的立法者和创建者，曼涅托称之为美尼斯（Mēnēs），希罗多德称之为敏（Min）。我也探讨了作为好色之徒的国王弥诺斯和埃及的丰饶之神敏神之间的关系，因为 Mn(y) 或许与敏神（Min）有关。[6] 至于地名 Minoa，维克托·贝拉尔令人信服地将之与西闪米特语的 Mânahat 或 Mᵉnuḥâ（休息的地方）联系在了一起，这个词似乎也是作为地名使用的。[7]

令情况更为复杂的是，Mnws 或许与 M₃nw 有关，M₃nw 是传说中位于埃及西部的山脉，是太阳落下的地方。M₃nw 出现得更晚，因此 ₃ 或许纯粹是发元音的，这样这里的对应就是有可能的。不过，M₃nw 或许要更古老些，并且本来的发音是 *Mrnw。公元 5 世纪，拜占庭的斯特凡诺斯描述了非利士的加沙对神灵马纳（Marna）的膜拜，神灵马纳与克里特有牢固的联系，斯特凡诺斯认为他是"出生在克里特"的宙斯·克里托根尼（Zeus Krētogenes）。[8] 虽然 M₃nw 在语音方面所具的更古老的价值削弱了其与 Mnws 的联系，但是这也显示出 M₃nw 尽管通常被认为是位于利比亚，也有可能指位于克里特的西方的其他高山。[9]

简而言之，Mnws 或许是在埃及以北和以西，它的王子或许接受了色梭斯特里斯的统治，当然就会向新王国的法老敬献贡品。因此，尽管 Mnws 与 Kftiw 同时出现在国家列表中，但是 Mnws 这个名字有可能在不同时期用来指克里特岛屿的某个部分或整个岛屿。倘若如此，有关 Mnws 的埃及铭文证据就可以证明修正的古代模式。首先，图画中来自 Mnws 的交纳贡品的人显示出第十八王朝的埃及人控制了爱琴海部分地区，第十二王朝的情况或许也是这样；其次，在《辛奴亥的故事》中，Mnws 和 Fnḫw 的联系似乎显示出，早在公元前 20 世纪或公元前 19 世纪这部故事完成之时，克里特和讲闪米特语的黎凡特

5　第一卷，第 385 页，注释 47。

6　参考本书第四章注释 60—61 和 80—114。

7　Bérard（1902-3, I, pp. 215-24）。

8　第一卷，第 449 页。

9　关于与利比亚的对应，参考 Gauthier（1925-31, III, p. 7）关于 M₃nw 的宗教意义，参考 Kurth（1980, cols 1185-6）。克里特的高度反映在它的名字的可能的词源中，那是常见的埃及地名 K₃(y)t（高度）。不过，没有什么能证明 K₃(y)t 是这座岛的名字。因此这个词仍有待探究，尽管也没有其他可选的词源。同时参考第四章注释 52。名字 M₃nw 表示西方的山脉和通往地下世界的入口，也可能是希腊词根 melan-（黑色）的来源，参考本书第二章注释 85—87。

就有密切的联系。最后，Mnws 的一些人具有"闪米特人"和亚洲人的外表，这意味着青铜时代晚期的爱琴海具有国际化特色。不过，尽管人们希望确定 Mnws 和克里特的对应关系，但是并没有足够的证据来证明奥尔布赖特关于这两个名字对等的假说是正确的。

Kftiw、卡夫图和克里特

Kftiw（卡夫图）和克里特的对应更为直接。最早提到这个词的文本似乎出现在公元前 2450 年到公元前 2100 年间的第一中间期，尽管无法确定，但是时间肯定是很早。那个文本是：

413

　　今天没有人会下行到毕布勒。我们从远至卡夫图的地方为死去的祭司进口放置木乃伊的棺材和保存［国王］尸体的油。[10]

这显示出在公元前三千纪黎凡特和克里特之间存在常规贸易，这符合第一章中讨论过的考古证据。让·韦库特就埃及与"前希腊人"的关系写过一本优秀的论著，依据上面这个文本，也由于没有其他文本，韦库特指出，在希克索斯时期结束之前埃及和爱琴海地区没有直接接触，也就是说，埃及和爱琴海地区之间的所有的交往和贸易都是通过黎凡特进行的。艺术史学家威廉·史蒂文森·史密斯在其巨著《古代近东的相互关联》（*Interconnections in the Ancient Near East*）中"倾向于怀疑"韦库特所使用的默证，1965 年之后，也就是史蒂文森·史密斯写作的时代，考古证据恰好可以支持他的怀疑。[11]

下一个提到卡夫图的文本来自希克索斯时期或希克索斯时期刚刚结束的时候。文本的名称是"写出 Kftiw 的名字"（"To Make Names of Kftiw"），并且包括了一个年轻抄写者所能遇到的来自卡夫图的典型名字。[12] 卡夫图也经常出现在第十八王朝的文本中，尤其是在图特摩斯三世统治时期（约公元前 1504 年—公元前 1450 年），但是在阿蒙诺菲斯四世／阿克那顿统治时期（约公元前

10　Vercoutter（1956, doc. 3, pp. 43-5）; Strange（1980, text. 21, pp. 71-3）.

11　Stevenson Smith（1965, p. 92）. 关于考古证据，参考本书第三章注释 115—127。

12　大英博物馆 5647; Vercoutter（1956, doc. 4, pp. 45-51）; Helck（1979, p. 100）; Strange（1980, text 39, pp. 94-6）。

1379 年—公元前 1362 年）之后就不再使用了。[13]

埃及学者注意到，或许可以追溯到公元前三千纪的阿卡德语名字 Kaptara（卡普塔拉）与传统上被认为是克里特的一个名字的希伯来语的 Kaptôr 具有相似性。很长时间里，埃及学者一直认为这就是卡夫图的位置。[14] 在克诺索斯发现的壁画与埃及墓葬中所绘的来自卡夫图的进贡者和贡品之间有很大的相似性，这就让人更相信这种对应性的存在。20 世纪 60 年代，这种对等最终得到了证明，在来自 Kom el-Hetan 的阿蒙诺菲斯三世雕像基座上刻着一系列克里特和希腊的地名，其中列在首位的就是这个名字。下面会对此进行讨论。

不过，遵循雅利安模式的学者们相信欧洲式的"前希腊的"爱琴海人的形象，他们在接受卡夫图就是克里特这一点时，遇到了不小的困难。若干证据显示出卡夫图可能是黎凡特。在 Kftiw 的名单上，一些名字完全可被视为闪米特语或胡里安语的名字，另一些则显然是埃及语的。当代学者斯特兰奇（Strange）和梅里利斯接受了爱琴海地区在"种族上"是欧洲人这一前提，他们利用这个名单的多样性否定了卡夫图与克里特的对应关系。这实际上是斯特兰奇论述时的主要准则，他认为，埃及名字指的是塞浦路斯，不是爱琴海南部的岛屿。他并没有提到 A 类线形文字和 B 类线形文字中的人名或公元前 15、14、13 世纪的专有名称，这些名称给人留下的印象是，克诺索斯在人口上是完全国际化的。斯特兰奇也没有把锡拉壁画的情况考虑在内，那些壁画也显示出，在公元前 17 世纪，也就是 Kftiw 的名单完成的时候，爱琴海南部地区存在着不同种族。[15]

来自公元前 15 世纪埃及墓葬绘画的证据同样并不确定。虽然著名的 Rḫmi Rˁ［莱克米尔（Rekhmire）］墓葬壁画把爱琴海人物明确地表示为来自卡夫图的人，但是其他墓葬中带有同样称号的人似乎是叙利亚人，尽管有些人具有爱琴海地区的混合特征。这些可以解释为，缺乏有关知识的绘画者可能并没有准确地描绘出人物特征，而且当时可能存在"杂合"的情况，下面会对

13　Vercoutter（1956, p. 136）. 这里我遵循了 Wente 和 Van Siclen（1976, p. 218）以及《剑桥古代史》中的年代，见 *Cambridge Ancient History*, 3rd ed., II. 2, p. 1038。

14　Vercoutter（1956, pp. 33-124）；Helck（1979, pp. 27-8）. Gardiner（1947, I, p. 203）清楚地表述说，埃及语形式中缺少最后的 -r，这"不一定是严重的障碍……因为插入这个字母的例子有很多"。

15　Strange（1980）；Merrillees（1982; 1987, p. 51）；Vercoutter（1956, pp. 45-6）；Helck（1979, pp. 100-2）；Astour（1964a, pp. 240-54）. 阿里沙（Alashia）这个古代地名被普遍认为是指代塞浦路斯，关于这个地名的讨论参考本书第五章注释 164。

此进行讨论。不过，Mn ḫpr Rˁ snb［席涅布（Menkhepre seneb）］的墓葬壁画
情况更为复杂。画中献礼的人和物品都来自克里特，但是被明确地标示为 Wr
n Kftiw（卡夫图的国王或酋长）的人物是典型的"叙利亚-巴勒斯坦人"。20
世纪初期的考古学家弗鲁马克（Furumark）相信卡夫图在奇里乞亚，他认为
绘制得如此精细的图画不应被人忽视。[16] 不过，对于那些认为卡夫图就是克里
特的人来说，这种标记从雅利安模式和欧洲优越论的角度来看不可能是准确
的。韦库特说：

> 除非承认叙利亚-巴勒斯坦人可能是爱琴海人的国王，否则在 Rḫ mi
> Rˁ 或 Mn ḫpr Rˁ snb 的墓葬绘画中与爱琴海地区的贡品一起出现的文本就
> 绝对是错误的。这是无法回避的选择。[17]

如果认为爱琴海南部地区的人口是多民族的融合，并接受古代的普遍观
点，认为克里特人是说闪米特语的，那么这一困难就会与有关埃及名单上的名
字的困难一样得到解决。[18] 这尤其会支持关于希克索斯人的征服的假说。[19]

在对克里特与卡夫图是否等同的讨论中，另一点特异之处有助于我们
认识这个问题。在托勒密时代，卡夫图所指的并不是克里特，而是腓尼基。[20]
而且，古典时代的希腊人在提到我们今天所说的"弥诺斯人"时会称之为
Phoinike（腓尼基人）。因此，这种混淆就不局限于希腊化时代的埃及人。
前面提到，卡夫图并没有出现在公元前 1350 年之后的新王国文献中。下面
会谈到讲希腊语的人是何时控制克里特的。有充分的理由认为这大概发生
在公元前 1450 年左右。因此，埃及语中不再使用卡夫图这个名字，这说明
埃及或者是经过了一段时间的延搁，或者是迅速承认了这一改变。[21] 不管怎
样，把卡夫图这个名字与前希腊时期克里特岛的居民联系在一起似乎是合
理的。

415

16　Furumark（1950, p. 240）。

17　Vercoutter（1956, p. 220）。

18　关于古代观点，参考第一卷，第 385 页。

19　Evans（1921-35, I, p. 316），Warren（1973, p. 44）。

20　Vercoutter（1956, pp. 100-1）。

21　参考本书下面的注释 91—105。

因此，塞勒斯·戈登把 A 类线形文字和原克里特语［（Eteo-Cretan）古典时代克里特东部所讲的非希腊语的语言］解释为西闪米特语，可以佐证这种观点的似乎不仅是 A 类线形文字中的闪米特词语，以及埃及语和 A 类线形文字文献记录中的克里特的名字。在克里特岛的主要语言成为希腊语之后，卡夫图从克里特转变成了腓尼基，这也可以支持这种观点。[22] 在这之前，这座岛显然在文化和语言上都处于杂合状态。不过，我们似乎可以肯定戈登和考古学家索尔·温伯格的观点，认为早期弥诺斯文化从公元前四千纪晚期出现后就以闪米特语为主要语言。[23]

W₃ḏ wr 和 Ḥ₃w nbw：爱琴海和迈锡尼人

与爱琴海有关的其他埃及地名并没有得到可信的鉴别，例如 "Wḏwr 中部的岛屿"（大片绿色）。当代学者亚历桑德拉·尼比（Alessandra Nibbi）指出，早在公元前 12 世纪之初海洋民族入侵期间，W₃ḏ wr 就被用来指代尼罗河三角洲的沼泽了。[24] 这一说法以及由此得出的侵略来自三角洲的结论，显然都是荒谬的，因为这需要我们忽视与侵略更遥远的来源有关的大量可靠信息。描述侵略的埃及铭文价值极高，但是即使没有这些铭文，在考古证据、迦南文本、《圣经》和希腊传说中，都有可能发现与这一时期的部落迁徙和征服有关的很多迹象，这些活动影响了整个地中海东部地区。[25]

不过，尼比的论述依据是 W₃ḏ wr 在前王朝时期的确表示三角洲中的沼泽，这是比较可信的。下面也会讨论到，W₃ḏ 的意思或许是 "绿色" 而非 "蓝色"，它与 🐍 写在一起，意思是带有一个 ḏ 或一条蛇的 "纸莎草植物"，这种双关含义会在第四卷中讨论。其最初的含义可能沿用到了早王朝时代。[26]

正如韦库特所指出的，从古王国时期开始，W₃ḏ wr 的意思就是 "海洋"。在中王国期间，W₃ḏ wr 被用来表示红海；不过到了新王国时期，它被用来指

22　关于戈登就此进行的研究，参考第一卷，第 416—419 页。

23　参考 Warren（1973, p. 42）。Weinberg（1954, pp. 94-6; 1965a, pp. 302-7）. Branigan（1970a, pp. 198-200）避免了直接回答这个问题，但是他也看出了在弥诺斯早期一段开始时来自巴勒斯坦的重要影响，参考下一章。

24　Nibbi（1975）.

25　Sandars（1978）.

26　Nibbi（1975, pp. 35-44）.

地中海，有时也指爱琴海，虽然并非总是如此。[27] 韦库特还表示，这时 Wȝḏ wr 会与 Kftiw 一起使用，表示一个邻近的相似国家，在后来的新王国时期 Kaftu 一词不再使用之后，Wȝḏ wr 仍然得到了沿用。而且，海洋民族似乎正是在这些岛屿上开始谋划他们的侵略活动的。[28] 总之，把 Wȝḏ wr 中间的岛屿与非克里特的爱琴海民族乃至迈锡尼人联系在一起，似乎是有道理的。

另一个可能与这些有关的名字是 Ḥȝw nbw，即来自 Ḥȝw nbwt 的民族——来自 nbwt（岛屿）的 ḥȝ（背后）。Ḥȝw nbw 自从被解读为罗塞塔石碑（Rosetta Stone）上表示"古希腊人"的译名后，一直被认为是指"希腊人"。著名的罗塞塔石碑来自托勒密时期，上面用象形文字、世俗体和希腊语刻写了同样的文本，为破解象形文字和世俗体提供了重要基础。[29]

泽特和加德纳一样，认为在金字塔铭文中出现了三次的表达式 dbn pḫr ḥȝ nbwt（围绕着岛屿的圆周）是指爱琴海。加德纳说这是"对爱琴海的足够精确的描述"。[30] 在奇阿普斯（Cheops）祭庙的牲畜浅浮雕和第四王朝的一块砖上都出现了这一表达，在第五王朝法老萨胡拉的祭庙铭文中写着"我带给你 iwntyw 和 Mntyw，所有的外国国家和 Ḥȝ nbwt"，这一表达式在后来多次重复出现。需要记住的是，据说在朵拉克宝藏中发现了带有萨胡拉的名号的物品。[31]

埃及学家韦库特反对把 Ḥȝ nbw 与爱琴海对应起来，理由是 Ḥȝ nbw 在公元前 7 世纪被用来描述雇佣兵，其中包括卡里亚人和希腊人，因此在那之前它可能只表示来自远方的人。[32] 韦库特非常急于否定所有认为古王国的埃及人知道爱琴海的观点。他指出，名字带有 ḥȝ（背后）的地方的结构是独特的，而有关"岛屿背后的"人的观念是非常高雅的。如果接受韦库特的这种观点，那么就如他所说：

27　Vercoutter（1956, pp. 152-3）.

28　Vercoutter（1956, pp. 57-8, 144-7）.关于入侵，参考第一卷，第 445—450 页。

29　Gardiner（1947, I, 208）.

30　Utterances 366, 454, 593; doc. 629, 847, 1631. Sethe（1937, III, pp. 168-9）; Gardiner（1947, I, p. 206）.

31　Gardiner（1947, I, p. 206）; Nibbi（1975, pp. 53-4）.关于朵拉克宝藏参考本章注释 122。

32　Vercoutter（1956, pp. 16-17）.

　　有必要承认，自从**第四个千年**以来，尼罗河的居民不仅对地中海东部的岛屿，而且对环绕着它们的大陆的海岸，都已经形成了精确的概念。[33]

417　　我认为这样的可能性是存在的。另一方面，虽然金字塔铭文十分古老，它们实际上也只能追溯到公元前三千纪。似乎没有理由认为 Ḥ3 nbwt 在公元前四千纪时特指爱琴海背后的大陆，它更有可能是在古王国时期被这样使用的。史蒂文森·史密斯在讨论了爱琴海周围发现的古王国物品之后写道：

　　　韦库特展示出，出现在奇阿普斯和萨胡拉时期的铭文或金字塔铭文中的词语"Haunebut"（Ḥ3 nbwt）不可能用来指爱琴海或爱琴海地区的居民。他也质疑了古王国与克里特的接触。另一方面，在埃及第五王朝时期，我们更清楚地看到了王室贸易通过陆路和海路的扩张，这意味着埃及对爱琴海世界开始有所了解更有可能是在斯尼弗鲁［第四王朝的第一位法老］到佩皮二世［第六王朝的最后一位法老］期间，而不是韦库特所提出的第一中间期，因为第一中间期是民怨沸腾的贫困时期。[34]

　　这些怀疑都是有道理的。不过，韦库特对 Ḥ3 nbwt 的解释今天仍然盛行。他的论述颇具说服力，使加德纳改变了他在 1947 年还仍然坚持的金字塔铭文中的 Ḥ3 nbwt 位于爱琴海附近的观点。1950 年，加德纳在他的《埃及语语法》（*Egyptian Grammar*）第二版中表示，Ḥ3 nbwt 表示"遥远的不确定的地区"和那里的居民，尽管它在希腊-罗马时代被解读为指代希腊人。[35]这实际上比韦库特更进一步，韦库特认为 Ḥ3 nbwt 是"一个模糊的词语，用来表示遥远的亚洲海岸的民族"。[36]不过，如果"在岛屿背后"这个说法有具体所指，那么似乎更有可能指安纳托利亚西部和希腊大陆的海岸，而不是塞浦路斯岛背后的海岸。

　　韦库特无疑否定了法国埃及学家蒙泰（Montet）牵强的说法，蒙泰认为，

33　Vercoutter（1954, p. 40）.

34　Smith（1971, pp. 180-1）. 这段引述的部分内容已在第三章中出现。参考本章注释 129。

35　Gardiner（1950, p. 573）；Vercoutter（1956, pp. 20-32）.

36　Vercoutter（1956, p. 32）.

H3w nbwt 是前王朝时期居住在尼罗河河谷的希腊人的名字。[37] 不过我们似乎有理由认为，H3w nbwt 早在托勒密时代以前就被用来指代爱琴海人了，时间或许早至古王国时期，几乎可以肯定的是第十八王朝。

亚历桑德拉·尼比批驳了将 H3w nbwt 与爱琴海相对应的做法，但是这就与她对 W3ḏ wr 的看法一样缺乏历史感。另一方面，她的解释主要是基于韦库特的看法，韦库特认为 nb ▱（篮子）之所以与"岛屿"的概念联系在一起，是因为编织在一起的莎草可以漂浮。尼比的解释似乎合理地解决了让泽特和加德纳困惑的问题。[38] 但是，这个前王朝时期的词源并不意味着 nbwt 在古王国时期具有同样的含义，更不必说比古王国晚了两千年的新王国时期了。

418

Danaan（达那厄人）的词源

青铜时代晚期，在埃及语、阿卡德语、迦南语和希腊语中广泛使用着一组极难区分的种族名称，它们是 Tin3y、Tanaya、D3-in、Dene、Denyen、Danuna（达努纳）、Danaan（达那厄人）、Danaos（达那俄斯）和 Dan（但族）。不过，在试图区分这些词语之前，最重要的是确定它们的一致性。此前，我们提到了一处证明了 Kftiw 等同于克里特的雕像基座，这个基座也帮助我们在埃及语名称 Tin3y 和 Danaoi 之间建立了对等关系，后者是荷马笔下最常用的表示希腊人的名字。外国国名 D3-in（Dene）的所指相比之下稍有些不确定。加德纳认为，Dene 是一个来自海上的民族，曾在 W3ḏ wr 的岛屿上谋划攻打文明世界，是希腊人里的 Danaoi。他也把 Dene 与埃及人称之为 Tanaya 的土地通过义符 𓂝 联系在了一起，这种写法已得到了证实，也就是 tni⸢tni，意思是"老的，破旧的"（下面会谈到 tni⸢tni 与 Danaos 的"老朽"之间的联系，Danaos 是希腊词语 Danaans 的词源。）[39] 不过，对于推罗国王阿比米尔奇（Abimilki）于公元前 14 世纪在首都阿马尔奈写给法老的文书中提到的 Danuna 与 Dene 的联系，加

37　Vercoutter（1956, pp. 20-31）.

38　Vercoutter（1956, p. 26）; Nibbi（1975, p. 52）.

39　Gardiner（1947, I, p. 126）. 同时参考第一卷，第 96 页。关于 tni 作为希腊语中 thnē-（死去）和 thanatos（死亡）的词源，参考第一卷，第 457—458 页。这里要指出，在史诗中表示否定的 athanatos 经常与 agēros（不老）对应。参考 Faraone（1987, p. 258, n. 4）。如果 athanatos 原本具有同样的意义，对应的可能就会更大。

德纳予以了否定，这既是因为 Danuna 中的 u 并不符合 Dene 的有关写法，也是因为它被特别视为迦南的 Ki-na-aḫ-na 的一部分。[40] 在加德纳于 1947 年发表其观点后，人们在奇里乞亚的卡拉泰佩（Karatepe）的双语铭文中又发现了 Danuna 的新的来源，这里提到了一个民族，在安纳托利亚语系的卢维语中称之为 Adanawa，在腓尼基语中称之为 Dnnym。在附近的叙利亚北部的 Samʾal 王国，一份公元前 9 世纪的铭文中也提到了 Dnnym。[41] 亚述人提到塞浦路斯时用的是 Yadna 或 Ya-ad-na-na，这被合理地翻译成了 Danana 岛。[42] 不过，除了在推罗有所提及以外，在海洋民族入侵之前，在奇里乞亚并没有发现提到名为 Danuna 的国家的情况。由于经常在此地安营的赫梯人留下了大量地理记录，在距离奇里乞亚东部一百英里范围内的阿拉拉赫和乌加里特也发现了青铜时代晚期的大量档案，因此奇里乞亚人没有提到达努纳会令人感到奇怪。而且，这一时期该地区显然是受一个被赫梯人称为 Kizzuwatna（基祖瓦特那）、被埃及人称为 Qode（靠德）的国家统治的。另一方面，位于这一地区中心的城市是 Adana（阿达纳），这个名字在公元前 17 世纪得到了证实。[43]

安纳托利亚语研究专家拉罗什（Laroche）承认在卢维语的 Adanawa 和腓尼基语的 Dnnym 之间可能存在关联，认为 Denyen/Danun 是安纳托利亚人。拉罗什的观点得到了更年轻的学者约尔·阿尔贝特曼（Yoël Arbeitman）的认同。[44] 奥尔布赖特和阿斯特却否定了这种对应性。他们指出，Dnnym 很容易就会被写成以 ʾaleph 开头，因为地名 ʾdn 在卡拉泰佩的铭文中就被用来表示 Adana。[45] 如果城市 Adana 和 Adanawa 之间的关联不能得到接受，那么阿马尔奈文书就是唯一可能证明在公元前 1200 年之前的奇里乞亚存在名为 Danuna（达努纳）的王国的证据。不过，这一证据在阿斯特和黑尔克看来已经足够。[46] 另一方面，奥尔布赖特相信，阿马尔奈文书中提到的名字 Danuna 与 Dene/Denyen 海洋民

419

40　Gardiner（1947, I, 124-5）; letter, Knudzon 151. 参考 Moran（1987, p. 386）。Astour（1967a, pp. 4-5）用阿卡德语和英语引用了信件内容。

41　Astour（1967a, pp. 1-2）.

42　对此，Albright（1950, pp. 171-2）提出的假说似乎比 Astour（1967a, pp. 48-9）更加令人信服。

43　Astour（1967a, pp. 22-3, 36, 387）.

44　Laroche（1958, pp. 252-83）; Arbeitman and Rendsburg（1981, pp. 152-3）. Rendsburg 没有接受这一结论。

45　Albright（1950, p. 172）; Astour（1967a, p. 12）.

46　Astour（1967a, p. 12）; Helck（1979, p. 138）.

族以及 Danaoi 是一样的。他反对加德纳有关 Danuna 中间的 u 的看法，认为 Danuna 只是代表了对迦南语形式 *Danôna 的阿卡德语翻译，之所以会产生这一形式，是因为发生在此前一个世纪的迦南语中 â>ô 的语音转变改变了原来的 Danana。[47] 不过，奥尔布赖特并没有讨论加德纳所指出的阿比米尔奇写给法老的文书的开头部分：

> 国王啊，吾王留书于我，"写给我你所收到的 Kinaḫna 的信函"。达努纳之王已死，其子继位，所辖地区平静。大火烧毁了乌加里特……[48]

加德纳表示这意味着达努纳位于 Kinaḫna/ 迦南，他写道：

> 语境中没有什么暗示着阿比米尔奇能够提供巴勒斯坦和叙利亚之外的信息，在那么早的年代里，达那厄人也不可能出现在那些国家的邻近地区。[49]

这些针对奥尔布赖特的假说的反对意见被出现的大量证据削弱了，这些证据显示出埃及主要是通过黎凡特和黎凡特人与爱琴海地区接触和交往，特别是在新王国时期。我不相信埃及与爱琴海的全部贸易和其他接触都是"逆时针方向的"，亦即从埃及到黎凡特，然后沿着安纳托利亚南部海岸抵达爱琴海地区。不过，这无疑是最主要的交流方向（考古学揭示出的特点会在下一章进行讨论）。在关于 Mnws 和 Kftiw 的讨论中可以明显看出黎凡特和爱琴海地区的国家名称是并列的，更不用说这些国家名称的混用了，这显示出在埃及人的地理观中这两个地区总是联系在一起的。同样有趣的是，在图特摩斯三世统治期间，也就是在阿马尔奈文书写成的一个世纪之前，埃及人在叙利亚任命的首领也负责管理 W3ḏ wr 中部的岛屿。[50] 因此，爱琴海的事务也可能会被汇报给推罗的法老，而迈锡尼的希腊也可能被松散地纳入 Kinaḫna 之中。

420

47　Albright（1950, pp. 171-2, 1975, p. 508）。
48　Knudzen 151. See Moran（1987, p. 386）. trans. Astour（1967a, p. 5）。
49　Gardiner（1947, I, 124）。
50　Vercoutter（1956, pp. 129-30）。

奥尔布赖特提出，生活在公元前 9 世纪奇里乞亚的 Dnnym 的，是那些在海洋民族迁徙过程中定居下来的希腊人的后裔。由于加德纳的反对意见并不强硬，要把 Adanawa 与 Dnnym 等同起来也会遇到问题，因此奥尔布赖特的假说仍然很有吸引力。[51] 这可以解释，公元前 1200 年以前这一地区为什么没有提到 Dana/una。这也符合卡拉泰佩铭文所表现出的 Dnnym 和 Mps 的房子之间的联系。Mps 似乎与希腊英雄墨索司（Mopsos）非常接近，据说墨索司在特洛伊战争时（大约公元前 1210 年）于潘菲利亚（Pamphylia）和奇里乞亚建立了殖民地。我们不知道吕底亚的墨索司与这位英雄是不是同一个人，据说前者到达了巴勒斯坦的阿什凯隆（Ashkelon）。[52] 如果这两个传说确实提到了同一个历史人物，那就意味着爱琴海人不仅与奇里乞亚人和叙利亚北部的 Dnnym 有关联，同时也与《圣经》中的但族有关联。

闪米特学家和古代史学家塞勒斯·戈登、伊加尔·亚丁和艾伦·琼斯（Allen Jones）都认为 Dan 与 Danuna、Dnnym 和 Danaoi 对应。[53] 语言学家和圣经学者加里·兰斯伯格出色地总结了《圣经》对他们观点的形成所起到的决定性作用。但族后裔但人（Danite）被描述为生活在船上，后来被纳入以色列的邻邦联盟或部族联盟中，是建立起自己领地的最后一个部族，他们原本生活在非利士人（Philistine）和特克人（Tjeker）这两个已知的海洋民族之间的海岸上。[54] 由于缺少详细的但族宗谱，人们更有理由假设这个部族原本并非以色列部族联盟的一员。而且，在但族英雄参孙和非利士人之间有牢固的联系。

这一证据在我看来已经足够，但是我们可以进一步讨论有关参孙的一系列故事和围绕着赫拉克勒斯的希腊神话故事之间的对应关系。在希罗多德的故事中，赫拉克勒斯被作为祭品带到了埃及神庙，他一路默不作声，而后突

421

51　参考 Astour（1967a, pp. 53-67）。Astour（1967a, pp. 67-9）有意识地提出了进一步的反对，指出 Herodotos（VII.91）提到了生活在奇里乞亚被称为 Hypachaioi 的民族。他否定了这一假设，认为这对于来自 Hilakku（奇里乞亚）的 Hylachaioi 来说是错误的，并且承认，Hypachaioi 是 Achaioi，或者是来自塞浦路斯的公元前 8 世纪在奇里乞亚定居下来的希腊人。显然更容易的做法是认为，希腊人于公元前 13 世纪在西部的潘菲利亚（Pamphylia）和塞浦路斯定居时来到了这里。

52　更多情况参考第一卷，第 445—448 页。

53　Gordon（1963b, p. 21）；Yadin（1968, 1973）；Jones（1975）。

54　*Judges* 5. 17；*Genesis* 49. 16，*Judges* 18. 1，引用于 Arbeitman and Rendsburg（1981, pp. 151-2）。关于非利士和特克，参考第一卷，第 445—448 页。

然发力杀死了身边所有的埃及人。[55] 这与参孙之死具有惊人的相似性。我在第二章中已经指出，关于赫拉克勒斯的"希腊"神话在本质上具有埃及成分，这在第三卷中还将进一步讨论。[56] 不过，参孙的故事似乎来自传说的希腊分支。参孙和赫拉克勒斯这两位英雄都无比强健；就像与他们存在联系的太阳一样——参孙的名字 Samson 来自闪米特语的 Sms（太阳）——两位英雄都会莫名其妙地暴怒，也会暂时失去力量；他们都曾杀死狮子并把狮子皮披到身上。明显的对应性显示出这些故事是由海洋民族从爱琴海带到巴勒斯坦的。《圣经》中涉及种族关系转换的相似例子是，本土的基督教作家挪用并改变了一个穆斯林的故事，故事中的英雄名叫奥加西恩（Aucassin），这显然是个伊斯兰名字，但他变成了基督徒，而他的爱人尼古里特（Nicolette）变成了穆斯林。

　　所有的证据都显示出，Tanaya 以及其他的名字都首先与爱琴海而非黎凡特联系在了一起，除了城市名字 Adanawa 与基本词干的相似性是个例外。根据戈登的说法，Danane 这个名字出现在了 A 类线形文字文本中。他解释说，词尾的 -ne 是克里特和乌加里特名字中的常用后缀，或许也与印欧语中普遍存在的形容词后缀 -n 有关，-n 有时也特别作为表示种族（与民族有关）的后缀。[57] 兰斯伯格指出，这个后缀的存在和缺失解释了 Dn 和 Dnn 这两种形式。[58]

　　不过，对于这个名字是如何开始在西方使用的，我们没有确切答案。阿斯特相信闪米特的奇里乞亚渊源，认为种族名称 Dana(na) 与希克索斯侵略者一起进入了希腊。他也把 Danaan（达那厄人）的命名来源 Danaos（达那俄斯）与西闪米特英雄、《圣经》中智慧的化身 Danel 或 Daniel（丹尼尔）对应了起来。[59] Danel 或 Daniel 这个名字来自闪米特语词根 √dyn（裁决，统治，分配）。不过正如第一卷里谈到的，在埃及语中存在相关的词根 dni（拿出来分享，分配，更具体是指水坝和灌溉）。这个埃及语词根同希腊语的 Danaos 密切相关，也与动词 tni（变老，老朽）有关，dni 或变体 *dniw（殖民的、灌溉的人）能

55　Herodotos, II. 45.

56　本书第二章注释 172—215。

57　Gordon（1966, p. 38）.

58　Arbeitman and Rendsburg（1981, pp. 150-2）.

59　Ezekiel 28. 3, Astour（1967a, pp. 69-80）.

够解释所有"希腊"英雄作为分配土地、进行殖民和灌溉的衰弱长者的特点。[60]

正如在第一卷中讨论过的那样，围绕着殖民者的到来的一些传说显示出这位英雄可能具有希克索斯和闪米特而非埃及的渊源；但是根据传说，达那俄斯是来自埃及的，与达那俄斯和他的女儿相关的膜拜都是埃及式的。[61] 因此，达那俄斯的名字 Danaos 更有可能属于埃及语而非闪米特语。

表示达那厄人的单词 Danaan 可能有两种相关的印欧语来源。首先是爱尔兰传说中的达南神族的名称 Danann，达南神族是从南方进入爱尔兰的。这一传说或许反映出了西北欧对迈锡尼人的记忆，不过可能性不大。我们看不出达南神族怎么可能成为爱琴海文化中的这个词语的来源。[62]

Danaan 的第二个可能相关的印欧语来源是印欧语中经常用来表示河流名称的"Dan-"，它出现在 Danube（多瑙河）、Dnieper（第聂伯河）以及乌克兰和约克郡的 Don（顿河）中。与此相关的是关于灌溉者达那俄斯和他的女儿的传说。[63] 不过，埃及方面的联系不仅与水有关，而且与灌溉有关，但是并没有把达那俄斯与北方联系在一起的传说，相反却有很多传说把他与埃及和东南方联系在了一起。因此，达那俄斯的名字 Danaos 不太可能是印欧语，而更有可能是亚非语。

尽管来自埃及语的双关或谐音双关对达那俄斯的属性产生了很大影响，但是没有理由认为埃及语是这个词的唯一来源。达那俄斯和达那厄人之间没有直接的关系。达那厄人似乎不可能只是意味着达那俄斯（殖民者）的民族。实际上，有一条证据显示出，地理名称和种族名称 Dane 可能是最基本的，并且早于希克索斯人在爱琴海的定居活动。这一证据来自在美索不达米亚的阿布·萨拉比克（Abu Salabikh）发现的一份地名录，时间大约可追溯到公元前三千纪中期。在地名录中，在可能位于西方的遥远地方，有一个名字 DA-ne^{ki}，它在埃卜拉的名单中的对应名称是 am-ni^{ki}。[64] 佩蒂纳托公布了后一份名单，并试着

---

60 参考前面的注释 38。显然，dni 来自 dn（切掉），即从被杀死或被献祭的动物身上切下肉来分享。如果 dni（拿出来分享）的义符是 ◣（肢体、肉），这层意义就可以得到强化。

61 第一卷，第 96—98 页。

62 参考 Cook（1914-40, Ⅲ, pp. 362-70）。关于这方面的近期文献综述，参考 Sakellariou（1986, pp. 13-2）。

63 Sakellariou（1986, pp. 130-2），Arbeitman and Rendsburg（1981, pp, 149-50）。

64 Pettinato（1978, p. 69, n. 188）；私人通信，Cornell，1986 年 12 月。后缀 -ki 是表示"土地"的符号。

把 am-ni^ki 与克里特的克诺索斯港口 Amnissos（阿姆尼索斯）联系起来。阿姆尼索斯这个名称显然很古老，因为它出现在了公元前两千纪中期的象形文字和 A 类线形文字文本中。[65] 因此，DA-ne^ki 可能是个古老的名字，用来表示"远东"，特别是克里特和爱琴海地区。

下面总结一下这部分的内容。我们很难理清围绕着名字 Danaan 存在的复杂的谐音双关。在这方面，最有效的假说似乎就是，Dane 是从公元前三千纪起在克里特使用的种族名称或地名。公元前两千纪希克索斯人在西伯罗奔尼撒定居之后，Dane 与埃及语中的词语 dni 或 tni，或许还有闪米特词语 dyn 存在双关，最终导致了词源 Danaos 的形成。到了公元前 15 世纪，Danaioi 成了我们称之为迈锡尼人的民族的常用名称，与 Dnnym 和 Dan 一样，这个名称随着海洋民族的入侵传播到了奇里乞亚和巴勒斯坦。尽管这一假说具有不确定性，但是实际上，当埃及人使用种族名称 Tin3y、Tanaya、D3-in、Dene 和 Denyen 时，他们所指的肯定是希腊人。

青铜时代晚期有关埃及人与爱琴海之间关系的文献证据

如果我们接受了这些对应性，那么埃及文献对于埃及与爱琴海地区之间关系的描写又呈现出了一幅怎样的图景呢？有一种可能是，提到 H3 nbw 的文献可以与来自埃及的物品和爱琴海地区的结构联系在一起，体现出埃及与爱琴海地区在公元前三千纪的接触。更为翔实的证据表明埃及和克里特在中王国时期进行过贸易往来。在希克索斯时期末期和第十八王朝开始时，二者的关系似乎格外密切。

埃及从第十八王朝之初开始使用名称 P3 Kftiwy（克里特人）和一系列"来自 Kftiw 的名称"，这让我们知道，在克里特有埃及人，在埃及也有克里特人。[66] 第十八王朝的第一位法老阿摩西斯宣称，H3w nbw 是他的追随者，他的母后阿霍特普被描述为"H3w nbwt 的女主人"。[67] 这里的指称似乎更有可能是对统

---

65 关于名称 Amnissos 及其与埃及词语 imn（西方）和阿蒙的联系，参考第三卷。

66 Vercoutter（1956, pp. 96-7, docs 21-2）；Helck（1979, p. 103）.

67 James（1973, p. 303）.

治权的声明，而非一些学者所提出的对希腊雇佣兵的指代。[68] 总体上，就如黑尔克所写的，"第十八王朝的开始当然应该被视作对爱琴海地区影响最为强烈的时期"。[69]

埃及铭文和墓葬壁画的准确性与杂合性

在研究第十八王朝墓葬壁画的内容之前，我们必须先考察一下这些画作是否能真实可信地反映出它们绘制时的现实状况。毫无疑问，很多动植物的图案从现代植物学和动物学的角度来看都是非常准确的。考古发现已经清晰地证明了画面中描绘的很多物品的准确性，其中格外令人瞩目的发现是近期从卡什沉船中打捞出的物品。

不过，很多学者都曾对这些绘画的准确性提出过质疑。首先，他们怀疑这些绘画所绘制的年代，认为那些艺术家可能不是在描摹当时的现实生活，而是在模仿更早的墓葬壁画，甚至只是根据"粉本"进行绘画。尽管很多墓葬并未被挖掘，人们也未发现过当时的粉本或提到粉本的记录，但是这些学者似乎很有可能是正确的，因为我们知道，在埃及存在艺术创造的规范和艺术准则，在保留至今的画作中也有不少经常重复出现的主题和形象。[70]

另一方面，人们对于这些人工制品和具有异域特征的绘画的同时代性和原创性的怀疑，主要是基于把埃及视为孤立的、保守的、内向型文明的现代模式；并且由此认为埃及人很少出门旅行，在埃及很难见到来自异域的物品、植物、动物和人员。这些观点在我看来是很有争议的。第五章已经提到中王国时期的外国城市里有埃及人，我们也完全有理由认为，到了新王国的巅峰时期，在外国的埃及人要比此前更多。[71] 比这还要明确的是，在同一时期，在埃及生活着大量的外国人。[72] 而且，即使在埃及存在着复制更早作品或图案的艺术传统，也并不能排除这一可能，就是当时埃及的艺术家有意愿或能力去

68　参考本书第九章注释 204。

69　Helck（1979, p. 81）。

70　Wachsmann（1987, pp. 11-26）。

71　在阿马尔奈的信件中多处提到黎凡特有法老麾下的埃及和努比亚士兵，并且人们也证实了在黎凡特有埃及的平民。例如，E. A. 67。

72　Vercoutter（1956, p. 97, doc. 22h）；Helck（1971, pp. 342-69；1979, p. 103）。

描摹现实生活并为了顺应现实而改变标准化的图案。一个令人印象深刻的例子就是在王室官员 Rḫ mri Rˁ（莱克米尔）的墓葬壁画上出现的更正，这一著名的壁画绘制于公元前 1470 年—公元前 1450 年间，其中爱琴海使节的"弥诺斯式"短褶裙似乎被重新绘制成了"迈锡尼式"缠腰布。[73] 如果姑且认为迈锡尼人在这一时期征服了克里特，那么我们看到的情形似乎就是，原本模式化的形象在此被修改以准确地表现现实。至少在后来的时期里，这一原则似乎成了埃及艺术的首要基础。[74]

这就引出了现代历史学家在面对埃及墓葬壁画时所遇到的又一大难题，人们称之为"杂合性"。以色列考古学家谢利·瓦赫斯曼（Shelley Wachsmann）是这样开始他的相关讨论的：

> 人们用"杂合"这个术语来指代埃及艺术中的一种现象，那就是，埃及艺术的主题，不论是人物、物品还是整个场景，都是把原本属于两个或更多独立实体的要素结合起来。……温赖特等人在分析外国人物形象时由于未能考虑到这种杂合而得出了错误的结论。[75]

杂合无疑是埃及艺术的一种特征。神灵被表现为动物的头加上人的躯体或者相反，而斯芬克斯和格里芬都是常见的艺术形象。更令人瞩目的是艺术传统中呈现出的典型的"杂合型"埃及人：我们所发现的遗骸让我们知道埃及人具有显著的生理多样性，但是埃及艺术的杂合特征会使人忽视埃及人的生理多样性。这种"杂合"产生的原因似乎是，人们迫切需要维持上埃及和下埃及的统一，尽管上埃及人和下埃及人的主要身体特征并不相同。这样的需求也很符合作为整体的埃及艺术形象，建筑史学家鲍德温·史密斯（Earl Baldwin Smith）就此写道："埃及艺术一直是表意的，总是在表现本质的、普遍的观念，而非转瞬即逝的个人体验。"[76] 也有可能如同瓦赫斯曼和他之前的学者所说的，杂合的物品和植物是混合在一起的，尽管并没有和动物混合在一起。不过我们也应

425

73 Vercoutter（1956, pp. 256-7）；Wachsmann（1987, pp. 44-6）.

74 Davis（1979, pp. 126-7）. 关于迈锡尼何时主导了克里特这一点的讨论参考本章注释 90—105。

75 Wachsmann（1987, pp. 4-5）.

76 Smith（1968, p. 241）.

该注意到，瓦赫斯曼和更早的古代艺术史学家在使用杂合的概念时，很可能是为了排除掉埃及艺术中让他们无法理解或不喜欢的事物。尤其是，当人们看到绘画中体现的外国文化或不同种族的杂合时，总是认为这并非在表现当时的现实状况。有趣的是，很有可能正是由于埃及艺术家知道外部世界是纷繁多样的，他们在描绘外国民族时所展现出的人类多样性要比描绘本民族人时更加写实。因此，研究者经常忽视绘画中那些外表和服饰具有叙利亚和爱琴海地区混合特征的人或是黑皮肤的克里特人，认为这只不过是出于艺术家的零星想象。现代学者也会着意否定外国的人工制品所具有的埃及图案和艺术元素。

这种否定在我看来似乎是基于两大谬误。第一，我们对于公元前 15 世纪和公元前 14 世纪地中海东部地区居民的种族性质和文化习惯足够了解，可以判断出很多肖像都"不可能"是对现实人物的描绘。第二，人们相信，地中海盆地的各个固定区域存在具有统一物质特征的独特文化。这在我看来似乎是把 20 世纪早期的种族主义思想投射到了绝对不合适的时空之中。事实上，我们越是了解新王国时期这一区域的情况，就越会发现当时这一区域的多元性和国际化特征。而且，前面讨论过的考古证据显示出埃及的文化特性渗透到了黎凡特之外的安纳托利亚和爱琴海地区，反之亦然。于是，尽管在艺术创作中会存在人为"杂合"的外国人，但是在我看来，似乎更应该接受墓葬壁画中表现出的多样且复杂的文化图景，而非对此加以排斥。

克里特王子为何会向埃及进贡

现在我想考察一下墓葬壁画绘制时的政治状况。强大的女法老哈特谢普苏特（公元前 1503 年—公元前 1483 年）的统治以独具特色而著称，并且在她的命令下埃及人发起了前往东非 Pwnt 的著名远征。同样清楚的是，尽管后来遭到了诋毁，但是她统治下的国家一派繁荣，为她的继子、共同摄政者和竞争对手图特摩斯三世后来的辉煌成就奠定了基础。在她去世后，图特摩斯三世继续统治了 22 年。[77] 图特摩斯三世是埃及史上最伟大的法老之一，在我看来只有五百年前的色梭斯特里斯才能与之争雄。图特摩斯似乎是位仁明睿智的国王，

77　Gardiner（1961a, pp. 181-9）.

除了憎恨哈特谢普苏特之外，对别人都很友善。在他统治下埃及得到了更好的治理，也变得更加繁荣。不过最能让人铭记在心的还是他向各地发起的远征和征服，尤其是向北方的征服。[78]

图特摩斯 22 岁时亲自率军远征，穿过了叙利亚，那大概是公元前 1482 年，在此之后的 16 年里他继续频频征战。[79] 远征在他 32 岁（约公元前 1472 年）时达到了巅峰，远征军进入了胡里安或米坦尼王国统治的纳哈林（Naharin），这一地点位于上幼发拉底河。他撤回埃及时带走了一些囚徒，但是战役震慑到了邻近国家的国王，这些国家包括巴比伦、亚述以及处于赫梯治下的哈梯。[80] 前面描述过的墓葬壁画所处的历史语境就是这样。埃及的军事胜利和法老对埃及与黎凡特港口的控制都足以解释当时的情形，就如对外国使节的这段描述一样：

> 他们［卡夫图的王子们］得知他在整个国家取得的胜利，为了获得生命气息，他们背起礼物来献给这位王者［图特摩斯三世］，以期得到他的力量的庇护。[81]

接受 tзn ꜥnḫ（生命气息）是与卡夫图和其他外国国家放在一起使用的词语，在其语境下只能是意味着统治权。不过，卡夫图的王子们也有可能受到了直接的压力。在来自苏丹上尼罗河的巴克尔（Jebel Barkal）或纳帕塔的一处铭文上，图特摩斯宣称他"制服了埃及的敌人（Nine Bows）、Wзḏ wr 中部的岛屿、Ḥзw nbwt 和外国的反叛"，[82] 这里还使用了含混不明的人称代词：

427

78　Hayes（1973, pp. 319-22）。

79　关于时间的确定，参考 Casperson（1986, pp. 147-8）。关于战役的情况参考 Gardiner（1961a, pp. 188-93）和 Drower（1973, pp. 444-59）。

80　Gardiner（1947, I, pp. 127，191；II, p. 209）; Gardiner（1961a, p. 193）; Drower（1973, pp. 456-7）.

81　Vercoutter（1956, p. 57, doc. 9b）. Merrillees（1972, p. 288）试图把这一铭文与共存的绘画分开。当然，修正或改变都是可能的，但是它为什么会成为这个样子呢？梅里利斯之所以反对认为这一铭文提到的是画面的观点，原因不难揣测。他尽管并未否定爱琴海民族曾与埃及进行过贸易，但是显然不愿意认为爱琴海民族曾以某种方式臣服于埃及。他写道："应该注意到，在底比斯的墓葬壁画中没有一个爱琴海地区的外国人不是身体直立的。"（1972, p. 287）不过这并不足为奇，因为那些人几乎都被描绘为带着被埃及人视为贡品的东西。

82　Stela of Gebal Barkal（巴克尔纪念碑），Vercoutter（1956, p. 132, doc. 33）."Nine Bows"是通常被写成 pdt 9 的词语的译文。不过， ⌂⌂⌂ 也可能读成 iwnt。关于 iwn (tyw) 和爱奥尼亚人的关系，参考第一卷，第 83—84 页。

　　我来命令你们打击那些在岛屿上的人和居住在 W3ḏ wr 中部的人，听到了你们对战争的呼唤，我让他们看到你们的威力，就像压在它的牺牲者背上的磨石。[83]

　　韦库特指出，这些文本看起来具有高度的象征意义，它强调的是图特摩斯的征服和统治的广泛性，因此不应按照字面意义理解。[84] 另一方面，前面提到，名字 Kftiw 在埃及文档中出现得最为频繁的时候，就是图特摩斯统治时期。在埃及也出土了大量属于这一时期，即希腊青铜时代晚期三段 A1 的爱琴海地区的罐子。这些罐子和其他发现于爱琴海地区的公元前 15 世纪上半叶的埃及物品，会在下一章予以讨论。[85]

　　而且，现代埃及学不了解这些远征，不等于这些远征不曾发生。米特·拉辛纳碑文不仅让我们知道，第十二王朝的法老在四百多年之前就曾向地中海发起了海上的远征，而且也让我们明白，埃及学家对此其实一无所知。我们也从代尔拜赫里的浮雕上得知，哈特谢普苏特派出的舰队曾经沿红海航行到遥远的地方。

　　更贴近主题的是，我们知道，在图特摩斯三世和他的继任者统治期间，他们的征战得到了实力强大的海军的支持。人们认为当时的海军机构相当重要，以至在孟菲斯建有由法老的长子管理的船厂，也拥有特殊设计的战舰和提供补给并进行运输的商船。其他船只类型还包括被称为 kbnwt 或 kpnwt（毕布勒）和 kftiw（克里特）的船只，就如威廉·海耶斯在《剑桥古代史》中所写的那样：

　　它们现在通常被视作由埃及人设计和建造的船只，目的是要航行到毕布勒和克里特或完成与此类似的航程。而且，在船只的设计和修造以及航海知识方面，新王国时期的埃及人显然并没有从他们的弥诺斯和腓尼基邻居那里借鉴多少东西，实际上，倒是埃及人的海上邻居采纳使用了至少一种由埃及人最先建造的船只。（强调之处为原文所加）。[86]

83　Vercoutter（1956, pp. 132-3, doc. 34）.

84　Vercoutter（1956, pp. 132-3）；Pendlebury（1930b, pp. 75-92）.

85　参考本书第十一章注释 18—28。

86　Hayes（1973, p. 368; pp. 367-9）；Säve-Soderbergh（1946, pp. 33-50）. 同时参考第三章注释 125—126。

　　总之，我们无法再像站在雅利安模式的角度进行研究的韦库特那样，确定地认为埃及人在图特摩斯统治的公元前 15 世纪上半叶时不曾远征到爱琴海地区。我们了解图特摩斯的习惯、意愿和海军力量，也可以肯定克里特的王子曾到埃及献上贡品，因此我看不出有什么理由来怀疑埃及海军在公元前 15 世纪 70 年代曾经远征爱琴海地区。

　　无论如何，"W3ḏ wr 中部岛屿和 kftiw 的王子"觐见了埃及法老，至少埃及人将之解读为顺从的表现。有可能的是，卡夫图的统治者感觉到受到了北方的"迈锡尼人"的威胁，另一方面，埃及人给克里特政权带来的动荡，同样有可能催化了不久之后发生的迈锡尼人的征服。

　　统治权是个模糊概念，我们并不确切了解"接受生命气息"的政治含义。不过，"接受生命气息"在经济上的含义会在下一章予以讨论。前面提到，第十八王朝的建立者阿摩西斯有可能声明了对爱琴海地区的统治权。[87] 所能说的只是，献上厚礼的仪式在图特摩斯征服之后的几乎一个世纪里一直被重复着，埃及人把这种仪式解读为表示臣服。在阿克那顿统治的第 12 年，也就是大约公元前 1369 年，来自"W3ḏ wr 中部"的人在法老的宝座前呈上了贡品。韦库特指出，这里使用的词语意味着岛民同来自叙利亚和努比亚的使节相比，与埃及没有那么深的从属关系。尽管如此，北方人也会为了"接受生命气息"而献上贡品。[88] 前面说过，卡夫图这个名字在公元前 14 世纪开始后就没那么经常被提到了。在命名上从卡夫图到"W3ḏ wr 中部"和 Tanaya 的转变，似乎就反映了新出现的迈锡尼人对克里特的控制。

迈锡尼控制克里特的年代学问题

　　现在我们有必要换个思路，考察一下迈锡尼人是何时控制克里特的。第七章已经提到了相关的内容，其中将之描述为锡拉火山爆发摧毁克里特所导致的结果。[89] 不过，这里我们必须考虑另一种流传更为广泛然而很可能是错误的看法，那就是"希腊人"在公元前 1450 年左右的弥诺斯文化后期二段开始之时征服

87　参考本章注释 68。

88　Vercoutter（1956, pp. 134-5, doc. 36）。

89　参考本书第七章注释 5。

了克里特。

前面经常提到阿瑟·埃文斯在弥诺斯研究领域的重要影响，特别是在有关

429 相对和绝对年表的问题上。根据埃文斯的说法，在他判定的弥诺斯文化后期一段B的陶器时期结束之时，克里特发生了巨变。至此，除了克诺索斯的宫殿暂时躲过一劫外，所有的克里特宫殿都遭到了摧毁。克诺索斯的宫殿又存留了数十年，直到弥诺斯文化后期二段末期时才崩溃瓦解，埃文斯认为那发生在公元前1400年左右。在那之后衰退的新时期开始了，贫穷的、不会读写的人占据了宫殿，在此居住下来。根据埃文斯的看法，克里特的宫殿文明一直是"弥诺斯的"，从这方面看，希腊大陆的文明也是一样。[90] 也就是说，这发生在非古希腊或前古希腊时代到青铜时代末期。埃文斯晚年时受到了迈锡尼研究者的挑战，其中最出名的是韦斯（A. J. B. Wace）。那是在20世纪30年代，正是极端的雅利安模式兴盛的时期。迈锡尼研究者承认来自弥诺斯的重要影响，但是宣扬迈锡尼文明的民族独特性，他们甚至在1939年宣称，迈锡尼影响了埃文斯所说的克诺索斯的最后一处宫殿，也就是弥诺斯文化后期二段的克诺索斯宫殿。[91]

他们的推断在13年后得到了戏剧性的证实，当时迈克尔·文特里斯（Michael Ventris）把埃文斯所说的在弥诺斯文化后期二段的宫殿里发现的B类线形文字泥板释读为希腊文。于是，现在人们通常认为，在公元前1450年左右的某个时候，迈锡尼侵略者征服了克里特，毁掉了克诺索斯宫殿之外的所有宫殿，并以克诺索斯为中心，在之后的70年里统治着整个岛屿，直到他们的宫殿在弥诺斯文化后期二段结束之时被我们尚不了解的外来侵略者摧毁。这一方案的描述非常符合 Rḥ mri Rʿ（莱克米尔）墓葬绘画中人物所穿短褶裙的变化，该画作是在公元前1470年到公元前1450年间完成的。这也与Kaftu这个词语的消失相契合，尽管在时间上存在一些差距。

不过，情况并非如此简单。20世纪50年代，人们在希腊大陆，特别是在麦西尼亚的皮洛斯宫殿中，挖掘出了大量B类线形文字泥板。这些泥板并非来自弥诺斯文化后期二段或与此基本对应的希腊青铜时代晚期二段B，而是来自希腊青铜时代晚期三段B，这一时期在当时被认为是始于约公元前1275年的，

---

90 Evans（1929, p. 49）. 关于这点的概述参考 Niemeier（1982a, pp. 220-1）。

91 Wace and Blegen（1939, pp. 138-9）.

而埃文斯认为克诺索斯宫殿最后被毁是在公元前 1380 年，这要比公元前 1275 年早了几乎一个世纪。皮洛斯的文字和克诺索斯的文字略有差异，但是更令人无法忽视的是它们之间的相似性，一些研究这两种文字的语言学家甚至认为它们肯定是同时代的文字。由于人们无法对希腊大陆的泥板制成的时间提出反对意见，所以克里特的文本就肯定是来自弥诺斯文化后期三段 B 时期。

　　最早提出这样的观点的是英国语言学家伦纳德·帕尔默，当时是 1955 年，在那之后帕尔默就开始四处游说，主张克诺索斯的宫殿延续的时间与希腊大陆上的那些宫殿同样长，而且也与希腊大陆的宫殿一样在公元前 12 世纪早期被多利安人摧毁。[92] 在这方面帕尔默拥有古代权威的证据，因为荷马把特洛伊之战（约公元前 1220 年）前夕的克里特描述为富有强大的国家，当时统治克里特的只有一位国王，是伊多墨纽斯（Idomeneus），他派出了 80 艘舰船参加远征特洛伊的行动，这个数目在远征军中排名第三。[93] 帕尔默发现了埃文斯观点的重大漏洞，于是开始攻击埃文斯的结论，他所利用的主要就是埃文斯的助手麦肯兹（D. Mackenzie）的考古学"日志"，其中表现出了埃文斯提出的独断方案的基础是多么不确定。

430

　　帕尔默从皮洛斯的挖掘者布利根（Blegen）那里得到了一些支持。[94] 不过，他的观点被大多数爱琴海考古学家视为异想天开。一种原因是专业上的，是因为考古学界对语言学家"擅入"考古学领地充满反感。帕尔默对埃文斯的陶器时期方案的挑战也的确引起了恐慌。这并非因为对这位弥诺斯考古学的开创者有多少喜爱之情，而是因为在他的观点被从根本上颠覆后，年表就会变得混乱。另一个难题是，帕尔默相信发生过卢维人的入侵，他对 B 类线形文字泥板年代的重新判定都是与此联系在一起的，然而这种观点并没有什么可取之处。[95]

　　不过，有越来越多的证据支持帕尔默的观点，也就是克诺索斯的 B 类线形文字泥板刻写于希腊青铜时代晚期三段 B 时期。比如说，在希腊大陆发现了很多这一时期的马镫罐（stirrup jar），上面刻着 B 类线形文字，对黏土的分析显示

92　Palmer（1956, 1965; 1984b）.

93　*Iliad*, II.645-54 etc.

94　Blegen（1958）.

95　Palmer（1958, p. 75）；Huxley（1961）. 相关的批评意见参考 Schachermeyr（1962b, p. 27）和 Vermeule（1964, pp. 62-3）。

出它们是在克里特制造的。[96] 更令人瞩目的是，研究工作显示出克里特岛在希腊青铜时代晚期三段 A 和 B 时期都是繁荣的，因此不可能在弥诺斯文化后期二段时被摧毁。[97] 此后，关于宫殿本身的研究显示出，希腊青铜时代晚期三段 B 的陶器并不符合埃文斯观念中的"占据"模式，尽管早期建筑的一些部分在希腊青铜时代晚期三段 B 或许不再使用，但是考古证据显示，那里仍是发挥作用的行政中心。另一项指向这一方面的证据是显然具有重要性的克里特贸易。[98] 现存的克诺索斯 B 类线形文字泥板大部分都来自这一时期末期的破坏层中，也就是公元前 1200 年左右。这样的模式符合前面提到的来自荷马的证据。

不过，这并不能回答我们所面对的这个问题：B 类线形文字，或许还有希腊语，最早是在什么时候出现在克里特岛的？弥诺斯文化后期二段的分布区域有限，且持续时间显然是短暂的。它显示出与之前的弥诺斯文化后期一段 B 和之后的弥诺斯文化后期三段 A 之间的连续性，不过并不具有布利根所说的明确的"迈锡尼"特征。[99]

431

上一章展示出，军事化社会和竖井墓出现在克里特的时间原本被归结为弥诺斯文化后期二段，现在则应该向前推到弥诺斯中期三段。[100] 铭文的证据同样清晰地显示出，A 类线形文字在弥诺斯文化后期二段的克诺索斯是继续在使用的。[101] 尽管并不确凿，但是在这些事实之下，发生在弥诺斯文化后期二段开始之时的对"省级"宫殿的破坏不可能与迈锡尼人的到来有关。我们最好是认为，权力集中是内部变化的过程，尽管也有可能受到了来自北方和南方的外部压力。

没有证据表明在弥诺斯文化后期三段 A 开始时出现了宫殿被毁。这似乎也说明那时克里特没有发生军事入侵，尽管可能出现过平静的移民。另一方面，在数十年后，在被冗长地称为弥诺斯文化后期三段 A2 的陶器时期开始之时，发生的破坏虽然不至于彻底摧毁克里特，但是规模绝对不小。这似乎是克诺索斯和克里特的迈锡尼化最有可能发生的时间点，尽管这一过程可能是从弥诺斯

96　Catling, Cherry, Jones and Killen（1980）; Niemeier（1982a, p. 260）.

97　Kanta（1980）.

98　Niemeier（1982a, pp. 224-57）; Palmer（1984b）. 关于这方面的来自乌加里特的证据，参考 Heltzer（1988）。

99　Betancourt（1985, pp. 149-55）.

100　参考本书第九章注释 22—63。

101　Niemeier（1982a, p. 271）.

文化后期三段 A1 开始的，而且破坏可能与亚加亚人（Achaean）的介入有关。[102]

不过，帕尔默和他的支持者都忽视了来自埃及的证据——原本用来表示克里特岛的名称 Kaftu 消失了，Rḥ mri Rˁ 墓葬壁画上的克里特式短褶裙被重新画成了迈锡尼式缠腰布，这大概发生在公元前 1470 年到公元前 1450 年间。[103] 人们先入为主，不愿承认这一证据。首先，基于在第一卷中讨论过的原因，那些假定发生了卢维人入侵的学者不太可能转向黎凡特和埃及寻找支持。[104] 第二，那些学者的普遍倾向是把时间界定得更晚近，他们会接受标准的弥诺斯陶器时期的绝对年表，而不愿意将年表中的时间提早。因此在他们看来，弥诺斯文化后期二段始于公元前 1450 年。在这样时间下，来自 Rḥ mri Rˁ 墓葬的证据就符合传统所认为的发生在这一时期的迈锡尼的征服。不过，如果接受了《剑桥古代史》的年表，这就很难与发生在公元前 1380 年—公元前 1275 年间的希腊青铜时代晚期三段 A 的征服相协调。

但是，如果把锡拉火山爆发重新判定为发生在公元前 1628 年，并由此采用新的更高位的年表，那么就不存在上述的不一致了。肯普和梅里利斯认为弥诺斯文化后期二段的开始是在公元前 1500 年到公元前 1475 年间，虽然他们并未探究弥诺斯文化后期三段 A 的开始时间。他们的模式无法容许在弥诺斯文化后期二段开始之时出现迈锡尼的接管统治。贝当古把时间提前了更多，其中弥诺斯文化后期二段始于公元前 1550 年，弥诺斯文化后期三段 A 始于公元前 1490 年。尽管他认为断裂发生在弥诺斯文化后期三段 A1 和 A2 时期，也就是公元前 1430 年—公元前 1410 年间，但是也很有可能压缩更早的时期，从而使得克诺索斯在弥诺斯文化后期三段 A1 的毁灭发生于 Rḥ mri Rˁ 所在的公元前 1470 年—公元前 1450 年间。实际上，就弥诺斯文化后期三段 A 的开始时间来说，这样的高位年表是不必要的，即使像我一样将这一时间判定为公元前 1470 年左右也是可以的。因此似乎有可能的是，迈锡尼人接替统治的时间至少与弥诺斯文化后期三段 A1 开始的时间一致，尽管弥诺斯文化后期三段 A1 结束时发生的破坏可能是亚洲的侵袭或征服所造成的结果。对此我们将在下一章进行讨论。[105]

432

102　参考本书第十一章注释 63—65。

103　参考本章注释 73—74。

104　第一卷，第 365 页。

105　参考本书第十一章注释 56—68。

前往埃及的克里特和迈锡尼使团

把迈锡尼占领克里特的时间界定为公元前 1470 年—公元前 1450 年间，这也得到了来自埃及王室编年史的证据的支持。在图特摩斯三世统治的第 42 年，也就是大约公元前 1462 年，王室记录下了 "Tì nȝy, Ta-na-yu 的 [首领的贡品]；来自 Kftiw 国的银制的 'Shuabt'"。[106]Mn ḫpr Rꜥ snb 的墓葬绘画似乎绘制于图特摩斯统治末期（这位法老死于公元前 1450 年左右），其中把卡夫图的国王或首领描绘成了叙利亚-巴勒斯坦人。德国埃及学家韦格内（Wegner）根据绘画风格提出，这座墓葬早于 Rḫ mri Rꜥ 的墓葬，但是就这一主题写出过优秀作品的韦库特主张，Mn ḫpr Rꜥ snb 的墓葬要更早一些。[107] 因此，就如丹麦考古学家英格力·斯特伦（Ingrid Strøm）所提出的一样，卡夫图的一位 "叙利亚-巴勒斯坦" 国王在克里特的旧时政权即将结束时来到埃及乞求 "生命气息"，这不仅可以被解读为国王需要与黎凡特的埃及征服者以及爱琴海地区现实中或潜在的入侵者交好，而且也表明国王想获得可以抵御北方敌人的外交政策上的或军事上的保护。[108] 至于表现 Tanaya 的首领呈上卡夫图工匠制造的珍贵物品的画面，这也可以展示出在克里特存在着新的统领者，他们想通过与埃及的邦交关系保障统治的合法性。这些解释当然没有得到证实，不过没有理由怀疑，克里特和希腊的使节是在公元前 15 世纪中期被派往埃及的，至少埃及人将之理解为一种臣服的表现。

阿蒙诺菲斯三世雕像的基座

大约 80 年后，在阿蒙诺菲斯三世统治期间（约公元前 1419 年—公元前 1381 年），出现了有关爱琴海地区与埃及接触的进一步的证据。[109]在底比斯附近

433

106　Vercoutter（1956, p. 55, doc. 8）. 括号中的词语标示着塞特的重构。

107　Wegner（1933, pp. 46, 82, 100, 142）; Vercoutter（1956, p. 21）.

108　Strøm（1984, p. 193）.

109　对这一统治期时长的讨论，从公元前 1420 年—公元前 1385 年到公元前 1386 年—公元前 1349 年不等，相关的讨论参考 Cline（1987, p. 13, n. 60）。如同 Cline 指出的，更晚近的时间很难与爱琴海年表相协调。这里我依循的仍然是 Wente and Van Siclen（1976, p. 218）以及 *Cambridge Ancient History*, 3rd ed.（《剑桥古代史》第三版），II.2, p. 1038 的年代界定，这看起来似乎不会太过提前。

Kom el-Hetan 的阿蒙诺菲斯祭庙有 5 个雕像基座，雕像似乎是属于这位法老的。每个雕像基座上都刻着用椭圆形外框圈住的地名，框的上端是一个被缚囚徒的图案。四个底座上的铭文提到了属于叙利亚和美索不达米亚的地点，但是第五个底座提到了爱琴海地区的地点，前面的类别名则是 Kftiw 和 Tin3yw。

底座上的名字有的已经看不到了，但是还留下了 12 个名字，它们是：imnš3（ˀamniša）、B3yš(3)y（Biyaš-）、K3 tw n3y（Kútunaya）、Mwk inw（Muk ˀánu）、Dy3ḳ3i3s（Diqaês）、Myḍ3ni3（Miṣanê）、K3tiyr（Kútíra）、Nupyryy（Nupirayy）、K3nywš3（Kúnúša）、Ryk3ti（Rikatá）和 W3iwry（Wiliya）。九名学者曾发表过关于这些名字的研究成果，他们认同下面的对应：imnš3 与阿姆尼索斯的对应、K3 tw n3y 与基多尼亚（Kydonia）的对应、Mwk inw 与迈锡尼的对应、Nupyryy 与纳夫普利亚（Nauplia）的对应、K3tiyr 与基西拉（Kythera）的对应、K3nywš3 与克诺索斯的对应、Myḍ3ni3 与麦西尼亚的对应以及 Ryk3ti 与里克托斯（Lyktos）的对应。关于 B3yš(3)y 的所指存在一些争议，一些学者认为它是赫菲斯托斯，一些学者认为它是皮撒亚（Pisaia）。福尔（Faure）认为 Dy3ḳ3i3s 是西克里特据称为 Tegeai（泰耶埃）的地方，瑟金特（Sergent）认为它是阿卡狄亚的泰耶阿（Tegea），但是阿斯特主张它是克里特的迪克特山（Mount Dikte）。Dy3ḳ3i3s 也可能是克里特东部在考古学上被称为卡托扎卡罗（Kato Zakro）的宫殿和城市的名字。[110] 第五章在讨论城市名字 iw3i 时提到了 W3iwry，这座城市是被森乌塞特一世和阿蒙涅姆赫特二世摧毁的。[111] 对此，四名学者都有自己的候选项，三人提出这是指 (W)ilios 或特洛伊，尽管它在其他城市以北很远的地方。[112]

这份名单为我们提供了大量非常重要的信息。它为很多地名提供的证据要比此前它们得到证实的最早时间提前了四五百年。这也为希腊青铜时代到铁器时代的文化连续性提供了有力证明。这份名单还显示出，至少在公元前 14 世

110　Kitchen（1965, p. 5; 1966a, pp. 23-4），Astour（1966, pp. 313-16），Edel（1966, pp. 37-40），Faure（1968, pp. 139-48），Goedicke（1969, p. 7），James（1971, pp. 144-5），Sergent（1977, pp. 128-67），Helck（1979, pp. a6, 30-2），Strange（1980, p. 21）。

111　本书第五章注释 163—164。

112　对于这个地名的对应者，Faure（1968, p. 143）提出的是克里特西北的假想中的 Elaia。Goedicke（1969, p. 10）主张的是波伊奥提亚的 Aulis。Astour（1966, p. 315）假定的是在毕布勒王国的 Waero，而 Sergent（1977, pp. 152-61）认为这是拉科尼亚的 Helos。Edel（1966, p. 52），Kitchen（1966a, p. 24）和 Strange（1980, p. 21）都认为是 Ilios。

纪早期，埃及人就是格外了解爱琴海南部地区的。由于城市名称刻在了椭圆形外框中，上端是被缚囚徒的形象，因此这些雕像基座可以被视为埃及对于其在该地区的主导权的声明。[113] 另一方面，就如很多学者指出的，被捆缚的人物形象只是新王国时期用来表示外国人的习惯做法，其他国家尽管此时是独立的，也会被用这种方式表示，例如赫梯、亚述和米坦尼。[114]

雕塑基座刻着的名字体现出的不仅是埃及在这些地方具有象征性的权力，这种观点得到了考古学家弗朗威·汉基（Vronwy Hankey）和埃里克·克莱因研究成果的大力支持，他们把这一铭文与考古学家在爱琴海地区发现的阿蒙诺菲斯三世统治时期的埃及物品，以及在埃及发现的爱琴海地区的物品联系在了一起。有关内容会在下一章进一步讨论。这里要说的是，汉基和克莱因提出了可信的说法，可以表明这一名单代表着一条或多条去往爱琴海地区的官方航行路线。[115] 另一方面，澳大利亚考古学家梅里利斯很有说服力地提出，到了公元前 14 世纪，名称 Kftiw 被弄错了年代，装饰框上方的人物属于"闪米特类型"，显示出它们描绘的不可能是在阿蒙诺菲斯三世统治期间控制了爱琴海地区的迈锡尼人。梅里利斯非常不愿意接受的观念就是克里特人或希腊人可能在政治上从属于埃及，他在讨论图特摩斯三世统治时期的情况时也持有同样的立场。[116]

在我看来，汉基和梅里利斯的假说并非互不相容。对转录的爱琴海地区地名的语音学研究表明，它们不可能早于新王国时期。不过，也没有理由认为它们不会出现在公元前 15 世纪早期的哈特谢普苏特和图特摩斯三世统治期间，那时 Kftiw 还是克里特的恰当名称。另一方面，汉基和克莱因给出了详细有力的旁证，他们认为阿蒙诺菲斯三世统治期间在爱琴海地区存在埃及的政治活动。考虑到埃及和爱琴海地区在经济、军事和文化上的不平等，我们似乎有很充分的理由接受埃及人所声称的在这一时期对爱琴海地区的控制权。

113　Cline（1987, p. 5）认为这是梅里利斯的观点，但是 Merrillees（1972, p. 290）主张，这份名单只是象征性地表明在全世界的权力。

114　Merrillees（1972, p. 290）. 有关的批评参考 Cline（1987, p. 5）。同样的反对意见也适用于属于这一统治时期的另两处铭文，包括作为主权国家的 Kftiw。参考 Vercoutter（1956, pp. 78-9）。

115　Hankey（1981, pp. 45-6），Cline（1987, p. 23）.

116　Merrillees（1972, pp. 291-2）.

第十八王朝后期和第十九王朝时期埃及与爱琴海地区的接触

如上所述，在阿蒙诺菲斯三世的继任者阿蒙诺菲斯四世/阿克那顿统治期间，有关于"W3d wr 中部的岛屿"向埃及送上贡品的记录。[117] 同时记录下来的还有埃及从 Kftiw 进口宝石的情况。这些也可以证实卡什沉船让我们了解到的有关公元前 14 世纪上半叶这两个地区之间的奢侈品贸易的情况。不过，装有大量黎凡特货物的沉船和推罗国王向埃及法老通报达努纳情况的阿马尔奈文书似乎都显示出，在公元前 14 世纪中期，埃及与爱琴海地区的来往并不直接，而是以黎凡特，或许还有塞浦路斯为中介的。第十八王朝后期和第十九王朝的文献提到了来自 Kftiw 的货物，或许还有奴隶，这一时期也出现了 p3 Kftiwy（克里特人）这个名称。[118] 来自第十九王朝后期或第二十王朝早期（约公元前 1200 年）的一份残篇写道："我[归来]，我带回了一个 Kftiwy。"[119] 因此，在埃及和克里特之间似乎存在直接和间接的来往。公元前 13 世纪的头 25 年，也就是第十九王朝开始之时，埃及在叙利亚-巴勒斯坦的力量开始复兴，这可能也对希腊产生了一些影响。在公元前 1304 年到公元前 1237 年的 66 年里统治埃及的拉美西斯二世声称，"W3d wr 中部的岛屿"已经回归埃及，更具体的说法就是，"拉美西斯二世，您的威望遍及 W3d wr，W3d wr 中部的岛屿被笼罩在恐惧中，恐惧占据了首领们的心，他们派出使团前往觐见"。[120] 很难说清那时两地的关系密切到了什么程度，我们会在下一章看到，公元前 13 世纪埃及与爱琴海地区接触留下的考古证据比公元前 14 世纪的证据要少很多。到了公元前 13 世纪末期，情况发生了倒转，前面提到过有关海洋民族进行谋划并入侵的记录，那些海洋民族很多都来自爱琴海地区，其中包括 Prst、Tkr、Trš 和 Dnn。[121] 因此，到了公元前 12 世纪，两地之间文化的影响很可能是双向的。

小结：埃及文献和绘画的证据

这些证据给我们描绘的图景就是，埃及人在公元前三千纪开始之时就已

---

117 Vercoutter（1956, pp. 134-5）.

118 Vercoutter（1956, pp. 86-97）.

119 Vercoutter（1956, p. 97, doc. 22ʰ）. 同时参考韦库特对这一残篇含义的讨论。

120 Vercoutter（1956, p. 139, doc. 40; p. 137, doc. 38）.

121 第一卷，第445—450页。

经知道克里特了。中王国时期的文献中没有迹象显示埃及与爱琴海地区存在接触，但是最近发现的米特·拉辛纳碑文提醒我们在这方面不要过于信赖默证。有迹象显示，希克索斯时期的埃及人知道克里特，在正兴起的第十八王朝与 H3w nbw 之间则存在某种联盟。约公元前 1570 年后，双方的关系出现了断裂，直到图特摩斯三世统治时期（公元前 1504 年—公元前 1450 年）；那时埃及人声称远征了爱琴海地区，并记录了 Kftiw（克里特）和 Tin3（迈锡尼时代的希腊）派出使团向埃及进贡的情形。阿蒙诺菲斯三世（公元前 1419 年—公元前 1381 年）祭庙的雕像基座显示出，这时的埃及人至少对爱琴海南部地区有着详细了解。在阿蒙诺菲斯三世的继任者阿蒙诺菲斯四世／阿克那顿（公元前 1381 年—公元前 1364 年）统治期间，有另一个向埃及进贡的使团的记录，而推罗国王也向埃及法老报告了达努纳（希腊）的情况。此后，偶尔也有关于希腊的记录，但是这两个地区之间的接触和交往在公元前 13 世纪中期似乎被削弱了。不过在这之后不久，又有一些埃及记录提到，在公元前 13 世纪后期和公元前 12 世纪，爱琴海的海洋民族袭击了埃及和黎凡特。

436 　　这些提到希腊的记录并不支持雅利安模式，但是，记录中反映出的埃及与爱琴海地区的频繁而长期的接触，对于古代模式既起到了巩固作用也起到了削弱作用。从狭义上看，古代模式是被削弱了，因为这些记录足以解释我们所提出的希腊文化对埃及文化的大量借用，而不需要古代模式所假定的在当地的定居的发生。但是，如同上一章所说的，认为发生过更早的文化借用也是有道理的。埃及和爱琴海地区在青铜时代的接触显然是相对轻松的，这在历史方面增强了古代模式的可信度。星星点点的记录显示出，其他的接触是多有可能不留痕迹地发生。最后，这些得到承认的接触在古希腊历史学中没有得到强调，这耐人寻味地揭示了 19 世纪和 20 世纪历史学家们的意识形态。

美索不达米亚和乌加里特的文献

　　到了 1930 年时，人们已经了解了前面提到的大多数埃及文献，此时雅利安模式开始被奉为客观阐释的典范。从那时起，又发现了很多来自讲闪米特语的近东地区的新的文献证据，它们基本改变了整个图景。首先是在黎凡特最北端附近的叙利亚海岸发现的来自乌加里特的泥板。一些泥板上写的是阿卡德语，一些写的是胡里安语，但是大多数泥板上写的都是如今被称为乌加里特语的当地的西闪米特语。在探讨这些乌加里特文本之前，我们应该先看一下来自叙利亚和美索不达米亚的其他原始资料，其中很多都是新发现的。

前面提到，在美索不达米亚的阿布·萨拉比克发现了一份地名名单，时间大约可追溯到公元前三千纪中期。在名单中有一个名字 DA-ne[ki]，在埃卜拉发现的几乎属于同一时期的名单中，这个名字的对应名称是 am-ni[ki]。[122] 这个地名或许与克诺索斯港口 Amnissos（阿姆尼索斯）有关，在阿蒙诺菲斯三世的雕像基座上，该港口被写作 imnš3（ˀamniša），因此它显然存在于青铜时代。如果阿姆尼索斯真的能够追溯到公元前三千纪，那么这个名字就与很多埃及地名一样很难与神灵阿蒙联系在一起，因为对阿蒙的膜拜直到公元前 20 世纪的第十二王朝才出现。另一方面，这个地名很有可能来自埃及语的 imn（西方），尽管 imn 出现在地名中时末尾总是带有 -t。[123]

437

一份美索不达米亚文本声称可以追溯到公元前 24 世纪的萨尔贡大帝统治时期，不过实际上可能要晚得多。文本中提到了"北边的海（Upper Sea）之外的卡普塔拉"，"北边的海"是经常用于指代地中海的。来自上幼发拉底河畔的城市国家马利的名单属于公元前 18 世纪，上面提到了作为贸易伙伴和手工艺中心的卡普塔拉。另外特别提到的还有迦斐托人（Kaphtorite），他们是乌加里特的商品代销者。[124] 从这些文献中可以清楚地看出，美索不达米亚与叙利亚和克里特都有频繁的贸易往来；并且公元前两千纪，克里特的商品在近东和在埃及一样大受欢迎，再加上克里特是幽远之地，是再合适不过的神灵居住地，因此也就可以解释为什么乌加里特掌管金属工艺和手工艺的神灵 Ktr w ḫss 被认为是住在克里特的了。[125]

与阿拉拉赫等黎凡特港口一样，乌加里特是高度商业化的社会。[126] 如同迈克尔·阿斯特所说的：

122　参考本章注释 65。

123　Gauthier（1925-31, I, pp. 73-6）. 参考本章注释 64—65。

124　Strange（1980, text. 8, pp. 32-5; text. 33-6, pp. 90-2）. Sasson（1971, p. 172），Helm（1980, p. 45, n. 23）.

125　Astour（1967a, p. 110, n. 3）; Smith（1965, p. 91）; Gordon（1966, pp. 424-5）.

126　Wiseman（1953, p. 12）; Yannai（1983, p. 80）.

在乌加里特，大商人属于上等阶层：他们拥有最多的土地，作为谋臣和管理者围绕在王室周围，并在军队的精英团体中充当马车夫（mariannu）。……如果要为乌加里特的马车夫找一个对应者，那就是中世纪的威尼斯而非早期的罗马的贵族阶级，只不过乌加里特的社会关系比威尼斯的商人寡头政治更加严格和排外。[127]

乌加里特的贸易活动极为频繁且范围广阔，但是与爱琴海地区几乎没有多少交往，这让人感到奇怪。显然，乌加里特官方非常关注与他们进行贸易的商人的族属，然而，就如考古学家和社会史学家阿尼塔·亚奈（Anita Yannai）所说的：

> 事实上，尽管丰富的档案记录提到了迦南人、亚述人、胡里安人、埃及人、阿拉斯奥特人［（Alasiote）塞浦路斯人］和叙利亚-巴勒斯坦沿岸几乎每个城市的居民，但是记录中并没有提及无疑属于希腊语的种族名、地名或人名，也没有 B 类线形文字的文本。[128]

当然，亚奈指的是公元前两千纪下半叶而非上半叶的文本，我们知道此时这座城市中有一个被称为迦斐托人的群体。不过即使是在两千纪上半叶，也存在地名迦斐托这一例外情况。另一个明显的例外就是在记录中发现的名字 Bn Dnn。阿斯特认为，叫这个名字的人的亲属有叫西闪米特名字的，显示出这个名字有本地的渊源。[129] 这的确是个难解的谜，不过可以明确的是乌加里特语使用了赫梯语和印欧语中表示种族的 -n，例如名字 ˀarwdn，即艾尔瓦德人（Arwadite）。因此，尽管存在与闪米特语的联系，Dnn 还是有可能表示"希腊人"。

乌加里特和克里特之间最明确的联系来自公元前 13 世纪的一份税收文件，内容涉及的是一位名叫辛纳热努（Sinarenu）的官方授权的商人（tamkarum），

---

127 Astour（1972b, p. 26）.

128 Yannai（1983, p. 78）. 括号内的引用来自 Riis（1969, p. 435）。

129 Astour（1967a, p. 48）.

他经常与克里特岛进行贸易。[130] 不过到了这时，乌加里特是处在赫梯的势力范围内的。大约在公元前 1366 年之后，这个地区和希腊大陆之间的政治、经济联系可能遭到了封锁，第十一章会对此做进一步讨论。[131] 乌加里特的文本大多数来自公元前 1366 年之后，这种封锁可以解释为什么乌加里特的文本中没有提到希腊人，而且乌加里特商人与爱琴海的直接接触显然十分有限。此外，我们在下一章会看到，赫梯帝国边缘的或之外的塞浦路斯成了两个地区之间的贸易中转港。[132] 尽管没有出自那里的贸易记录，但是考古证据显示出，在爱琴海地区和黎凡特的埃及部分或南部之间存在相当规模的贸易往来。[133]

与古代模式和黎凡特对希腊的影响程度更加相关的，是在乌加里特发现的诗歌和神话文本。这些文本让我们了解了公元前两千纪的西闪米特神话，而西闪米特神话从诸多方面来看，都在希腊神话与我们从《圣经》中所收集到的迦南及以色列的神话之间架起了一座桥梁。[134] 塞勒斯·戈登和迈克尔·阿斯特以这些文本为主要根据，提出了大多数希腊神话都来自西闪米特的观点。

古典学者和闪米特研究者鲁思·爱德华兹表示，在某些情况下，阿斯特的说法所基于的证据非常不足凭信。虽然她对阿斯特观点的确定性提出的质疑是有道理的，但是远远不能否定这些观点可能具有的合理性。就如我在第一卷中所提出的，在这些领域中人们能够达到或应该要求的并不是确定性，而是具有竞争力的合理性。譬如说，爱德华兹指出，阿斯特认为在乌加里特存在名为 Qdm 的启明星之神或黎明之神以及名为 ʿrb 的晚星之神或黄昏之神，这种观点是以对乌加里特文本的解读为基础的，但是这种解读并不可靠。不过，爱德华兹并不能否定阿斯特所罗列出的越来越多的旁证，更不能削弱希腊传奇人物卡德摩斯和欧罗巴与闪米特词语 qdm（东方）和 ʿrb（西方和日落）之间的联系，传说中卡德摩斯和欧罗巴也曾从东方的腓尼基出发去到了西方的希腊。[135]

此外，阿斯特和戈登指出了西闪米特神话和希腊神话之间所具有的令人

439

130　Astour（1967a, p. 107），Heltzer（1978, p. 134; 1988）；Yannai（1983, p. 79）. 关于 tamkarum 词义的讨论，参考 Yannai（1983, pp. 15-8）。

131　关于公元前 1360 年代叙利亚北部政治和军事力量的急剧转变，参考 Astour（1981, pp. 19-23）。

132　Yannai（1983, p. 112）；Cline（forthcoming a）。

133　参考本书第十一章注释 28，93~97。

134　参考 Gray（1957），Gordon（1962b, 1963b），Astour（1967a），Caquot, Sznycer and Herdner（1974）。

135　Edwards（1979, pp. 139-46）. 第四卷中还会更详细地讨论这些神话。

瞩目的对应性，对于这种对应性我们应该进行整体考虑，并从"为什么不会这样？"这一根本问题出发。认为希腊文化曾从其最发达的邻居们那里学习和借用了很多，这样的想法又有什么不合理的呢？不过，我这样说可能有些操之过急。现在可以声明的只是，很多学者都看到了乌加里特泥板中记录的西闪米特神话传说与出现在后来的资料中的希腊神话之间的对应关系。

因此，来自乌加里特的经济和文化方面的文本都显示出了黎凡特和爱琴海地区在青铜时代的持续接触。文化借用或许就是频繁贸易的结果，而不能成为支持黎凡特征服爱琴海地区或在此定居的证据。不过，文化借用当然也与古代模式极其吻合。

爱琴海地区的文献资料

尽管阿瑟·埃文斯在 20 世纪初就发现了爱琴海地区 A 类线形文字和 B 类线形文字的音节表，但是音节表直到 20 世纪 50 年代才被破译出来。因此，就像乌加里特泥板的情况一样，直到极端的雅利安模式稳定确立之后学者们才接触到了爱琴海地区的泥板。不过，爱琴海地区的文本就和乌加里特的文本一样，最终均被证实为对雅利安模式有颠覆性的影响。

在克里特、基克拉泽斯和迈锡尼的公元前两千纪中期开端的地层中都发现了用 A 类线形文字音节表写成的泥板。现在人们普遍认为，可以通过相关的 B 类线形文字的已知音节对这些文本进行解读。就如迈锡尼研究的资深专家约翰·查德威克所说的，"单个符号的辨识具有不确定性，但是在整体上 B 类线形文字的音节似乎也适合 A 类线形文字"。[136] 塞勒斯·戈登在 20 世纪 50 年代就是这样解读这些文字的，那时人们对这种做法表示怀疑，并以此攻击他有关青铜时代地中海东部地区存在密切文化接触的观点。现在，戈登的假说在这个方面已经不会再引起争议。另一方面，对于使用了 A 类线形文字的语言的释读，仍然存在着激烈争议。不论这种语言是否基本上为闪米特语，它都肯定包含着闪米特词语。戈登引用了与表示小麦的表意符号写在一起的

136　Ventris and Chadwick（1973, p. 388）；Astour（1967b, p. 291）；Duhoux（1978, pp. 65-129）；Gordon（1966, p. 26）；Peruzzi（1959-60, p. 34）.关于 leōn 来自 rw，参考 Billigmeier（1975, pp. 1-6）和 Burkert（1984, p. 41）。关于 lis 来自 layiš，参考 Masson（1967, p. 86）。

kunisu，他将之与在阿卡德语的 ku(n)išu（二粒小麦）中发现的闪米特语形式联系了起来；戈登也把表示不同类型的罐子的 qapa 和 supu 与希伯来语的 kp 及希伯来语和乌加里特语的 sp（容器）联系了起来，并把 yane（葡萄酒）和希伯来语的 yayîn 联系了起来。[137] 此外，黑尔克还指出了下面这些对应的词语：kumina（莳萝；土茴香）和阿卡德语中的 kammūnu、苏美尔语中的 gamun、希伯来语中的 kammōn；sasame（芝麻）和阿卡德语中的 šamašama、乌加里特语中的 ssmn；samuku（葡萄干）和希伯来语中的 ṣimmuq；sarinu（橘黄色）和阿卡德语中的 šurnu，黑尔克将之与希腊语的 selinon（芹菜）联系到了一起；karopa（"一种花瓶"）和阿卡德语中的 karpatu 及乌加里特语中的 krpnm；akanu 和阿卡德语中的 agganu（蔬菜水果的皮）。[138] 这就是说，或者是"弥诺斯人"原本就讲闪米特语，或者是弥诺斯文化在很大程度上受到了黎凡特的影响，也有可能两者兼而有之。

440

不过，这里我们要考虑的只是没有争议的情况，并局限在能够基本确定的一些地名和诸多人名上。人名倾向于和基本同时代的埃及的"来自 Kftiw 的名录"对应，显示出当时的人们使用了埃及语、闪米特语、胡里安语和安纳托利亚语中的各种名称，此外还有上面讨论过的名字 Danane。因此，埃及文本和绘画，以及用 A 类线形文字写成的"弥诺斯"文本，显示出至少在约公元前1700 年—公元前 1470 年间，克里特的人口是完全混杂的，其中有相当多的人的名字是埃及或闪米特人名。

B 类线形文字

在克诺索斯和希腊大陆发现了写有这种音节文字的泥板，年代为公元前13 世纪，也有可能是公元前 14 世纪。尽管很多文本仍未得到令人满意的破译，但是现在可以肯定，文特里斯和查德威克把 B 类线形文字解读成希腊文是正

137　关于认为 A 类线形文字的语言是闪米特语的观点，参考 Gordon（1966, pp. 26-32; 1981, pp. 761-72）和 Astour（1967b, p. 291）。相反意见的论述参考 Ruijgh（1968, pp. 198-9），显然实用的论述参考 Duhoux（1978, pp. 223-3）。不过应该注意到，戈登提出的有关闪米特语的非常重要的讨论，是在提出 Eteocretan（"原克里特文"）的六种更不确切的起源之后进行的。关于戈登的提议及其接收到的反馈，以及关于岛上最早的语言是闪米特语的古老观点，参考第一卷，第 417—418 页。关于 yane/yayîn 和词根 *woino/*weino（葡萄酒），参考本书第一章注释 45—49。

138　Helck（1979, p. 124）。

确的。[139]

证据显示，至少后期迈锡尼社会所使用的语言是希腊语，这可以证实希腊宗教史学家马丁·尼尔松等学者的研究工作，他们认为，青铜时代晚期和铁器时代早期之间有很强的连续性。B 类线形文字文本中有很多人名、地名和神灵名字可以为此提供翔实的证据，这些名字在古风时代和古典时代的希腊有对应者。另一方面，让一些学者感到困惑的是，他们发现了一些具有公认的闪米特语来源的词语，特别是来自 ḥ<ẖârûṣ（黄金）的 kuruso、chrysos；来自闪米特语 ktn 和希伯来语 kətonet（紧身短上衣）的 kito、chitōn 或 kitōn；还有来自闪米特语 lṭ（覆盖物）、亚述语 liṭu、希伯来语 lōṭ 的 rita 和后期希腊语的 lita（亚麻衣服）。

这些词原本一直被认为是由腓尼基贸易者在公元前 8 世纪或公元前 7 世纪引入爱琴海地区的。[140] 即使是现在，人们也倾向于降低其重要性，将之与香料名称联系在一起。这些名字大多数已经在 A 类线形文字中得到了证实（见上文）：kumino 即希腊语的 kyminon；sasama 即希腊语的 sēsamon；kuparo 和 kypairos 即乌加里特语的 kpr 和希伯来语的 kōper。这些词语仅仅被归类为"接触借用"，被认为是经由不经意的贸易而获得的。[141]

不过实际上，这些词语不该被轻易忽视。在欧洲的气候条件下，衣服并非不必要的奢侈品。考古证据也显示出，贵金属黄金早在新石器时代的希腊就具有文化意义。因此，希腊语中没有属于范围广泛的印欧语系的表示"黄金"的词语——人们认为词根 *ghel 是表示黄金的，然而有一个表示这种含义的闪米特语词语，这似乎可以显示出两者之间存在相当可观的接触。[142]

B 类线形文字泥板也显示出，爱琴海地区的宫殿经济依循了东方的模式。[143] 文特里斯和查德威克比较了爱琴海和黎凡特的文献版本，他们指出：

139　参考本书第十一章注释 94—98。

140　Astour（1967a, pp. 337-8）. 尚特莱纳和马森一样接受了 chrysos 和 chitōn 的闪米特语词源。不过，他依循印欧主义者对 lita 的释读，认为它来自含义不确定的印欧语词根 li。来自闪米特语 lṭ 的很多希腊词语的情况会在第三卷中讨论。阿斯特之所以认为西闪米特影响了青铜时代晚期的爱琴海地区，在 B 类线形文字中发现的这些词语也起了关键作用（Astour 1987）。

141　Ventris and Chadwick（1973, p. 134）。

142　关于语言谱系，参考 Pokorny（1959-69, I, pp. 429-30）。

143　这方面的马克思主义观参考 Suret-Canale（1974, pp. 178-82）。同时参考 Bernal（1989a, pp. 20-1）。

　　这些［来自美索不达米亚和叙利亚］的同时代记录在与迈锡尼的泥板相较时呈现出了最有用也最有意义的类比结果，这在我们的评论中将会被经常引用。尽管存在着一些气候和文化上的差异，但是两者在王室宫殿的结构和规模以及泥板的书写目的方面都具有相似性，这不仅表现为所列出的商品的内容和数量具有相近的对应性，有时在措辞和布局上也显现出对应性。我们不能排除这种可能，就是双方通过迈锡尼贸易者直接了解到了对方的书写方法。[144]

　　最后一句话所具有的意识形态上的含义颇有意味。认为迈锡尼人可能对建立已久的近东宫殿管理结构造成了显著的影响，这种观念显示出"雅利安主义"的强大力量。而且，尽管在乌加里特可能存在希腊人，在更偏南的地方也很可能存在希腊人，但是在爱琴海地区存在黎凡特人的证据更加有力度。因此，作者在这里之所以坚持认为迈锡尼贸易者起到了中介作用，显然是源自他们所秉承的希腊中心主义。不过，他们提到的惊人的对应性的确是存在的，比如在度量体系上就有明确的对应性，尽管查德威克和文特里斯试图对此轻描淡写：

　　　　需要注意，《圣经》中有关液体的比率和体积的称量系统与迈锡尼的有相似之处，有理由认为，前者是由一般的迦南体系延续下来的，在乌加里特的用法中可以看出其迹象，**但是其对迈锡尼的直接影响或许令人怀疑**。主要的干容重单位也**或许偶然地**与巴比伦的 imêru 或"毛驴负荷"相契合，在这两个地区这一单位都会被分成 10 份。（黑体由笔者标注。）[145]

442

　　另一方面，闪米特学家和数学家罗伯特·施蒂格利茨指出，A 类线形文字文本的内容显示出了主要来自埃及十进位制的影响，而 B 类线形文字文本的内容与美索不达米亚的六十进位制有很大的相似性。[146]对此我们可以这样解释：

144　Ventris and Chadwick（1973, p. 106）.关于纺织品生产制造的相似性，参考 Killen（1964, pp. 1-15）.
145　Ventris and Chadwick（1973, p. 60）.
146　Stieglitz（1978; 1982, p. 260）.

旧宫殿所使用的方法受到了埃及的很大影响，并在克里特的新宫殿中保留了下来，但是在更远的北方就形成了迦南的"希克索斯"做法。不过，这样的假说完全是推测。

总的来说，对于迈锡尼时代的爱琴海地区和叙利亚-美索不达米亚之间不容忽视的相似性，最好的解释就是，除了宫殿和文字以外，迈锡尼统治者还承继了他们在克里特的前任所采用的官僚体系，而这一体系又属于近东常见的机构制度模式。不过这并不能排除后来发生借用的可能性。

B类线形文字泥板中描绘的社会有一方面与乌加里特文本所揭示的社会截然不同，而乌加里特文本的描述很可能与其他黎凡特城市的情况非常相似。那就是，没有迹象显示迈锡尼宫殿中存在商人。这格外令人困惑，因为大多数考古学家都认为分布广泛的迈锡尼陶器即或并非全部，也有大部分是由迈锡尼人运输的。[147] 因此埃米莉·弗穆尔在写到迈锡尼商人时说："他们是帝国社会中不留姓名、有进取精神的重要群体，直到一些迈锡尼港口设施得到发现和挖掘，人们才开始对他们的生活有所了解。"[148] 尽管这一说法绝对真实，但是在与黎凡特城市进行比较时就具有误导性。考古学中并不缺少对迈锡尼商人的完整阐释，但是B类线形文字并不能揭示出他们的情况。乌加里特的宫殿提供了有关城中商人的信息，但是迈锡尼的宫殿并没有，这似乎体现出了二者的本质差异。

我们从书面证据中知道，海外贸易在乌加里特是极其重要的，没有理由认为乌加里特在这方面与黎凡特的其他城市有所不同。爱琴海地区的记录并不能告诉我们迈锡尼贸易的情况。我们从前面讨论过的墓葬壁画中得知，克里特人和迈锡尼人带着贵重物品来到埃及。我们也从一份赫梯文献中得知，公元前13世纪中期阿希亚瓦的船只在黎凡特非常常见，在下一章中我们将会看到这方面的考古证据。[149] 同时，我们还会从考古证据中看到，一些重要的商船可能是由希腊人驾驶的。不过与黎凡特的城市相比，贸易在迈锡尼社会并非处于那么核心的位置。爱琴海人也可能没有那么依赖埃及的谷物。但是，两个地区至少可能都在庄稼收成不好时需要援助，来维持大量的人口和经济

443

147　关于这一研究的历史参考 Yannai（1983, pp. 51-7）。

148　Vermeule（1964, p. 257）.

149　Güterbock（1983, p. 136），本书第八章注释73。

的专业化发展。[150]

虽然荷马笔下的达那厄人和亚加亚人完全是生活在大船上的海洋民族，但是在荷马看来，大多数贸易和大多数奢侈品的制造似乎都是由腓尼基人完成的。[151] 我们很难说清，这里诗人是在指他自己所处的公元前 10 世纪或公元前 9 世纪，还是在指公元前 13 世纪的特洛伊战争时期，抑或两者的结合。实际上，几乎可以肯定腓尼基人在荷马的时代的确起到了这样的作用，我看不出这为什么不会是青铜时代晚期的情况。[152]

因此，文献证据似乎清楚地显示出，青铜时代晚期在近东和爱琴海之间航行的既有黎凡特的也有迈锡尼的船只，很可能还有埃及的船只。关于主要而持续的接触的考古证据，会在下一章进行讨论。不过，在文献记录中，在记录下来的闪米特词语以及象牙和其他异国物品的名单中，也展示出了爱琴海地区与近东密切接触的迹象。因此，埃及墓葬绘画和 Kftiw 名单中反映出的爱琴海地区早期的国际化，肯定持续到了迈锡尼时代。

B 类线形文字中的名称（Onomastica）包括数十个具有可信的闪米特语、胡里安语或埃及语词源的名字，例如 Aikupitijo 和 Aigyptos。这原本来自 Ḥt k3 ptḥ（卜塔神庙），是孟菲斯的一个埃及语名字。因此，这个人名意味着“孟菲斯人”或“埃及人”。（前面提到了这一词源以及对其双胞胎和敌人达那俄斯的名字 Aigyptios 的证明。）[153] 还有这样的名称，例如来自闪米特语中的 Mṣry（埃及人）的 Misarajo；Aradajo，或许是来自腓尼基城市 Arwad 的种族，在希腊语中写成 Arados，在推罗语中是 Turijajo 和 Turijo。[154] 还有名字 Kupirajo，似乎是来自塞浦路斯的一个民族名。[155]

名称也显示出爱琴海地区存在非洲黑人。名字 A₃tijoqo 出现了好几次，查德威克将之与荷马笔下的埃塞俄比人（Aithiope）联系了起来。查德威克和尚特莱纳还把迈锡尼人的名字 Sima 和 Simo 与后来的 Simos、Simōn、Simmos 和 Simmias，以及单词 simos［翘鼻子的（snubnosed）］联系了起来。公元前 6

444

150　参考本书第十一章注释 198—207；第十二章注释 135—137；Bernal（1989a, pp. 23-4）。

151　*Iliad*, VI. 290-1, XXIII.742-5; Odyssey, IV. 618, XIII. 272-85, XIV. 288-301, XV. 117-19，415-80.

152　Pace Muhly（1970a）.

153　参考本章注释 53—65 和第一卷，第 95 页。

154　Astour（1967a, pp. 340-4）；Ventris and Chadwick（1973, p. 588）。

155　这是有可能的，参考 Yannai（1983, p. 80），但是 Godart（1968）认为这表示的是种职业。

世纪的诗人色诺芬尼（Xenophanes）用 simoi 指代埃塞俄比人。[156] 查德威克和尚特莱纳也接受了相关假说，认为这些名字与一种作为 simia（猴子）被借用到拉丁语中的佚失的形式存在联系。[157] 所有这些名字似乎都来自埃及语的 šm'(w)，意即"上埃及人"或"音乐家"，另外希伯来语人名 Simˁôn 很可能也是如此。[158] 接受这一词源的后果是很有意思的，但是并非完全让人感到愉快。首先，这显示出上埃及人在古代和中世纪一样被视为黑人。第二，这也体现出欧洲常见的白人或棕色人种把非洲黑人与猴子联系在一起的古老看法。毫无疑问，希腊人和罗马人尽管并非像公元 17 世纪种族奴隶制出现以后的北欧人那样沉迷于种族主义，但是也远远没有摈弃种族偏见。[159]

总体上，B 类线形文字泥板提供的证据显示，公元前 14 世纪和公元前 13 世纪爱琴海地区的社会不如黎凡特的城市那样商业化。不过，其宫殿社会的结构与近东地区非常相似，而且在当时的克里特和伯罗奔尼撒显然有很多埃及人、黑人、黎凡特人和 / 或他们的后裔。

结　论

来自埃及、美索不达米亚、黎凡特和爱琴海的文献记录都指向了同一个方向。首先，在公元前三千纪，这些地区之间存在某种形式的接触。第二，A 类线形文字和 B 类线形文字泥板揭示出，克里特岛宫殿社会完全受到了近东官僚体制的影响，而且从公元前 21 世纪宫殿出现伊始，情况似乎就是这样了。克里特和锡拉的证据表明，在之后的很多个世纪里，至少爱琴海南部地区与埃及和黎凡特一直保持着密切接触；不过，文献记录并没有提供有关更偏北的地

156　Xenophanes 16.

157　Ventris and Chadwick（1973, pp. 537, 582）；Chantraine（1968-75, p. 1005）.

158　希腊语中开头的 s 来自埃及语的 š，这没有什么问题，š 已经在多处铭文中得到证实，例如用 Sōs 表示神灵 šw。尚特莱纳对于这个希腊词语没有给出任何解释。他似乎并不相信 Pokorny 所认为的 simos 源自词根 *suě（弯曲，缠绕，摇摆），这有趣地显示出印欧语专家在语音和语义的理解上有时会达到何种程度。这里要注意的是在埃及语单词和希伯来语名字中都出现了的 ˁayin。Simˁôn 并没有已知的词源。如果知道，人们通常认为，亚伦有个孙子的名字是 Pînḥàs，这个名字来自埃及语的 P₃ Nḥsyp（努比亚人或黑人），那么认为雅各可能有个儿子的名字是 "snub nose"（矮鼻子）或 black（黑人），也就不会令人感到震惊了。参考本书第八章注释 48—49。

159　Pace Snowden（1970, 1983），参考 Thompson（1989）耐人寻味的作品。

区的信息。在公元前 16 世纪早期的第十八王朝开始之时，这一地区与爱琴海地区的某些军事力量似乎建立了某种同盟。而且，在克里特似乎存在埃及人和讲闪米特语的人，在埃及也有克里特人。

445

公元前 15 世纪，随着埃及力量的壮大，两个地区的接触更加密切。埃及人无疑相信他们接受了克里特人的贡品，而且埃及人似乎也向爱琴海地区派出了粗暴的远征军。明确的是，至少到公元前 1400 年时，埃及官员清楚地了解这一地区的地理情况，而克里特人和北方人还一直在向埃及进贡。不过我们并不清楚，这一时期埃及和爱琴海地区的直接接触究竟发展到了什么程度，又有多少接触是通过黎凡特和黎凡特人完成的。在公元前 13 世纪出现了令人费解的断裂；也就是说，文献显示，不仅在公元前 12 世纪的海洋民族入侵时期，而且在拉美西斯二世统治下繁荣昌盛的公元前 13 世纪，两地间的接触已经减少了。

埃及和爱琴海地区接触的时间之长、程度之深，都超出了遵循雅利安模式的学者们的预期范围。因此，本书提出埃及和闪米特对希腊造成了广泛而深远的影响，也就并非是不足凭信的。不过，这一事实也使在古代模式下提出的殖民活动失去了必要性。这里我要再次重申，我并不是说希腊文化中所有的或大部分的埃及和闪米特元素都是假设中的殖民活动的结果。不过，有关两个地区之间存在密切接触的文献证据——尤其是上层人士之间的接触——增加了存在更早的殖民活动的可能性。

第十一章　公元前 1550 年—公元前 1250 年间埃及和黎凡特与爱琴海地区的接触：考古证据

　　我们现在要进入更切实的领域。在上一章里我们看到，有大量文献证据证明近东与爱琴海地区在公元前的这些世纪里存在着接触。公元前 1500 年后，主导近东和地中海东部地区的是由埃及、巴比伦、米坦尼、亚述和赫梯构成的"超级大国"体系。这些国家在公元前 14 世纪和公元前 13 世纪的大量外交信函被保留至今。这为我们界定并理解大量的考古材料提供了很好的框架。

　　不过直到最近，人们所发现的文献证据和考古证据在希腊陶器时期年代的范畴中仍然难以对应起来。举例来说，克里特的弥诺斯文化后期二段就很难与阿蒙诺菲斯三世的统治相协调。在弥诺斯文化后期二段，克里特岛与爱琴海地区的接触相当少，然而埃及的记录显示出阿蒙诺菲斯三世是极为强大的法老，奉行积极的外交政策，建立了包括爱琴海地区在内的广泛外交关系。而且，在迈锡尼和希腊其他地方发现的很多物品上都带有用椭圆形外框圈起的阿蒙诺菲斯三世的名字。不过，在肯普、梅里利斯以及贝当古重新界定了陶器时期的年代之后，整个图景就豁然开朗了：肯普和梅里利斯的定年是以埃及的对照性历史年表为基础的，贝当古的定年则是基于放射性碳测年的结果和对锡拉火山爆发时间的重新界定。[1]

1　Hankey and Warren（1974），Betancour（1987, p. 47）。

在传说中，来自安纳托利亚的英雄珀罗普斯在希腊定居了下来，他的后裔推翻了自称为赫拉克勒斯后裔的"希克索斯"王朝，在以珀罗普斯名字命名的伯罗奔尼撒半岛上建起了一个王国。有关这样的殖民可能发生的时间以及在考古学上追溯其历史所遇到的巨大困难会在下面进行讨论。这里要强调的只是，通常认为，珀罗普斯到达的时间要比达那俄斯晚得多。与围绕着达那俄斯和卡德摩斯的传说不同的是，除了马车竞赛之外，传说中再没有提到珀罗普斯引入了其他新的技术或制度。[2]

如果接受了前面章节中提出的编年上的转变，那么在这些世纪里就没有与来自埃及或黎凡特的殖民或侵略有关的记录。不过，也有可能就像上一章讨论过的一些文献所显示的那样，在公元前15世纪发生过埃及或埃及-迦南人对爱琴海地区的粗暴远征，这一地区的统治者向埃及送上了被埃及人视为贡品的礼物，并在其后150年内的某些时间承认了法老的统治权。[3]不过，似乎没有多少疑问的是，爱琴海地区和埃及在这一时期的大多数接触的形式是国家或私人的贸易，肯定包括奢侈品贸易，也很有可能有常备必需品的贸易。这发生在一个正向四面八方扩展的文明世界之中，其影响范围超过了富饶的新月地带和地中海东部地区，但是最核心的区域处于埃及权力的直接或间接控制之下。所有这些都随着移民和部落迁徙而结束了，促成这一结果的或许是公元前13世纪晚期的气候恶化，而公元前12世纪海克拉火山的第三次喷发更是让形势急转直下。[4]

处于核心地位的区域，包括埃及、美索不达米亚和黎凡特，在危机发生后相对较快地得到了恢复。尽管"黑暗时代"这一名称不应被视为意味着文化的彻底毁灭，但是在伊朗、安纳托利亚和爱琴海这些周边地区，文化的复苏耗时长久，而复苏后的文化形式也已与先前截然不同了。赫梯帝国被弗里吉亚和其他王国取代，而在爱琴海地区，青铜时代的宫殿被城邦（polei）或城市国家代替，所依循的则是青铜时代末期和铁器时代早期由腓尼基人发展起来的新模式。[5]不过，这一章要关注的不是文明的崩溃和所谓的海洋民族入侵的时期，

2　Thucydides，I.5，同时参考 Stubbings（1973, pp. 638-40）和 Taylour（1964, pp. 170-2）。

3　参考本书第十章注释 59—60。

4　参考本书第七章注释 148—153。

5　这一过程参考 Bernal（1989a, pp. 21-8）。

而是青铜时代晚期处于文明发展巅峰时期的上述这三个地区之间的关系。

迈锡尼文化后期的希腊

公元前 1470 年之后的考古证据要比早期迈锡尼时代的多得多，尽管不如文献证据的突然增加那样戏剧化。同样，后代墓葬中的物品尽管不如竖井墓、坟冢和早期穹隆顶墓葬中的随葬品那样引人注目，也还是提供了有关上层阶级的物质文化的大量信息。其他证据还包括几处宫殿和大量聚落、堡垒遗迹，它们遍布希腊大陆和岛屿。此外，克诺索斯的宫殿也提供了考古学和文献证据，因为实际上在公元前 1450 年左右讲希腊语的大陆人占据了克里特。

第九章已经提到，迈锡尼的宫殿或许具有一些"北方的"特征，例如带壁炉的大厅，它们通常都是中东和弥诺斯时期的克里特那些更大、更奢华的宫殿的缩减版本。[6] 希腊大陆的大多数宫殿都是堡垒化的，这与中东的宫殿一样，却与克里特的宫殿不同。公元前 14 世纪，或许就是在珀罗普斯入侵之后，这些堡垒的建筑风格追随了安纳托利亚的"巨石建筑"（Cyclopean），为用不规则的大石砌起的巨型结构。[7] 同时，延续了很久的克里特和希腊大陆传统的穹隆顶墓葬发展成为大型的装饰精美的"蜂巢式"墓葬，其中最著名的就是迈锡尼的被称为"阿特柔斯（Atreus）宝藏"的墓葬。[8]

人们从泥板上的记录中得知，宫殿里有大量的金属制品，不过保留下来的几乎没有多少。木质和象牙制品以及珠宝的情况也是一样。幸存至今的物品显示出，早期迈锡尼的"希克索斯"主题得到了延续，包括猎捕狮子、斯芬克斯和格里芬。此外，还有比以往更多的弥诺斯的影响，以及更早时期和同时代的近东艺术的痕迹。[9] 这些主题也出现在了紧紧追随弥诺斯和早期迈锡尼传统的印章上。[10] 还有一些残存的壁画，它们与克里特的绘画相似，甚至有更明确的

6　Graham（1977, pp. 114-15）.

7　Higgins（1981, pp. 82-6）；Stubbings（1975, pp. 172-3）. 关于巨石堡垒的安纳托利亚起源，参考 Scoufopoulos（1971, pp. 101-6）和 Sandars（1978, pp. 62-8）。

8　Higgins（1981, pp. 87-90）.

9　Higgins（1981, pp. 129-36）；Taylour（1964, pp. 126-34）.

10　Higgins（1981, pp. 179-88）.

锡拉原型。[11]

　　不过，更大也更有原创性的迈锡尼绘画资料来自陶罐。人们在迈锡尼的宫殿中发现了大量陶器，从墓葬中出土的陶器甚至更多；在塞浦路斯、埃及和黎凡特也都发现了这类陶器，虽然埃及和黎凡特的陶器数量要少一些。[12] 在这些罐子中很多都绘制有独具迈锡尼风格的图案。虽然它们显然脱胎于更早的克里特风格，也具有一定的近东风格，但是它们自然质朴而又单调沉闷，绝对是"迈锡尼式的"。尽管罐子上绘制的很多图案都是动物和鸟，但是也有不少画的是双轮马车、车夫和全副武装的武士。[13] 在伯罗奔尼撒西南部的皮洛斯宫殿内发现的陶器上，也有类似的图案。

449

　　迈锡尼的艺术和建筑没有多少可让人惊讶的。一切都符合传说的描述和 B 类线形文字泥板所展示的图景，其中那些小型王国遵循了克里特宫殿官僚体制的惯例，并且延续了"希克索斯"和当地固有的频繁互战的习惯。我所能发现的最接近迈锡尼时代的希腊的例子就是公元 9 世纪到 14 世纪期间藤原（Fujiwara）和镰仓（Kamakura）时代的日本。在这些时期，根本上源于中国的官僚—平民—皇室体系与日益动荡的武士阶层不太融洽地共存着，后者最终向强盗主义发展，用更优雅的说法讲就是封建主义。

公元前 1550 年—公元前 1470 年间爱琴海地区的相对孤立

　　我在上一章里提到了阿霍特普女王，她是第十七王朝 Seḳenenrʿe Taʿo 二世的妻子、第十八王朝的创建者阿摩西斯的母亲，被称为"Ḥ3w nbwt 地区的女主人"。因此，这里特别值得注意的是，她的一些陪葬珠宝与同时代的弥诺斯工艺具有可信的联系。[14]

　　这些珠宝所用的材料来源广泛，也涉及了其他艺术风格，因此似乎可以认为它们属于第八章和第九章讨论过的希克索斯文化区域。在她的墓葬中发现了刻有她儿子阿摩西斯的名字的匕首，匕首具有同样的特征，其金属工艺和装饰

11　Higgins（1981, pp. 98-101）.

12　Vermeule and Karageorghis（1982, pp. 1-9）.

13　Vermeule and Karageorghis（1982）.

14　Smith（1958, p. 126）.

都属于非埃及的地中海东部传统。一把阿摩西斯的战斧上刻着"Mntw 的所爱"，我们在第四章和第五章中已经介绍过，这对于亚洲希克索斯人的驱逐者来说是再合适不过的名号了，战斧上还自相矛盾地刻着一只格里芬和一只斯芬克斯。[15] 与阿霍特普女王的珠宝的情况一样，在与希克索斯权力相对的埃及本土的政治复兴与艺术复兴之间似乎存在着延搁。不过，中王国的主题图案和传统形式很快就在传统框架下重新得以确立，尽管我们也会看到，希克索斯的主题图案在第十八王朝从未完全消失，人们也仍然欣赏弥诺斯的艺术。希克索斯艺术标准的流行在本地人的王朝建立之后似乎只持续了为数不多的几年。主要基于这一情况，加上铭文的证据，黑尔克把第十八王朝初期描述为"来自爱琴海的影响最强烈的时期"。[16]

450　　　根据本书所使用的年表，公元前 16 世纪对应的是克里特的弥诺斯文化后期一段 B 和希腊的青铜时代晚期二段 A。有趣的是，在这些时期的地层中发现的埃及和黎凡特的物品比此前或此后的都少。另一方面，在埃及发现了一定数量的属于弥诺斯文化后期一段 B 的克里特容器，其中一些处在与希克索斯时期晚期和第十八王朝早期同时代的埃及语境中。同时，在塞浦路斯和叙利亚-巴勒斯坦的一些主要城市中还发现了属于迈锡尼文化二期 A（公元前 1600 年—公元前 1520 年）的陶器，黑尔克认为这意味着存在来自爱琴海地区的油和油膏的进口，这种看法是有说服力的。[17] 这一时期埃及从希腊进口的可能还有金属，对此下面还会讨论。不论如何，这个世纪后半期的贸易似乎变少了。这似乎显示着，在包括希克索斯人的对手在内的希克索斯共有文化解体之后，在公元前 1570 年左右，爱琴海地区进入了持续数十年的相对孤立的时期。

约公元前 1520 年—公元前 1420 年间埃及的扩张

　　　法老图特摩斯一世的统治时间并不长，约为公元前 1528 年—公元前 1518 年。这期间他在埃及以南和以北的广阔地区展开了征战。作为胜利的直接结果，

15　参考本书第四章注释 134—135 和第五章注释 9—40。Schachermeyr（1967, p. 33, plate. 77）；Helck（1979, pp. 57-8）。

16　Helck（1979, p. 81）。

17　Helck（1979, p. 111）；Kemp and Merrillees（1980, pp. 226-45）。

埃及和黎凡特很可能与克里特和其他爱琴海地区开展了外交和贸易往来。尽管没有后来发现的陶器数量多，在塞浦路斯和黎凡特还是发现了一些迈锡尼文化二期 B 和弥诺斯文化二期（公元前 1520 年—公元前 1470 年）的陶器，但是在埃及并没有发现这种陶器。[18] 在爱琴海地区也发现了一些可能是在这一时期运来的埃及物品。一件可能出自这一时期的埃及物品，是在拉科尼亚的瓦菲奥（Vaphio）的希腊青铜时代晚期二段的王室穹隆顶墓葬中发现的双耳细颈椭圆形石膏罐。这座墓葬还出土了著名的"瓦菲奥金杯"，上面刻画着人、野牛和家牛。[19] 在距离迈锡尼 3 英里远的普罗希姆纳（Prosymna）的穹隆顶墓葬中发现了大量希腊青铜时代晚期一段到三段（公元前 1675 年—公元前 1220 年）的埃及物品。在这些物品中，大量埃及的珠子、一个彩陶碗的一些碎片和一个石膏花瓶的两个配件都与希腊青铜时代晚期二段的陶器有关联，因此它们应该是在公元前 1600 年到公元前 1520 年间运到这里的。[20]

　　在克诺索斯宫殿以北两英里的伊索帕塔的克里特王室墓葬中，人们发现了与普罗希姆纳的石膏瓶相似的 10 个花瓶，此外还有一些小件物品。彭德尔伯里认为花瓶的年代是在弥诺斯文化后期一段和二段之间，也就是公元前 1520 年左右。[21] 不过，正如研究埃及与爱琴海关系的专家、考古学家埃里克·克莱因所指出的那样，这个墓葬也可能属于弥诺斯文化后期二段和三段之间，也就是约公元前 1470 年。[22]

　　在后面的这个时间点上，双向的接触留下的痕迹激增。在这个较晚的时期，克诺索斯附近的墓地出有大量高品质的埃及石质容器。[23] 其中最著名的是一个精美的双耳细颈椭圆形石膏罐，上面刻着带有椭圆形外框的图特摩斯三世的名字。[24] 石膏罐是在弥诺斯文化后期三段 A1 的地层中发现的，这里对于这一时期的绝对年

451

18　Helck（1979, p. 111）; Kemp and Merrillees（1980, p. 245）.

19　Pendlebury（1930a, p. 44），objects. 74.

20　Pendlebury（1930a, p. 59），objects. 103 and 104. 彭德尔伯里指出，与彩陶碗最相近的埃及物品来自哈特谢普苏特统治时期。不过，他只是谨慎地说那是在第十八王朝。但是，希腊青铜时代的陶器时期年表也可能是错误的，这个碗可能来自约公元前 1490 年而非约公元前 1520 年。在普罗希姆纳发现的更多的埃及珠子可追溯到希腊青铜时代晚期三段，参考 Brown（1974, pp. 65-9）。

21　Pendlebury（1930a, pp. 23-5），objects. 31-45.

22　Cline（1989）. 同时参考 Warren（1969, p. 105）和 Kemp and Merrillees（1980, p. 283）。

23　其中一些如今在伊拉克利翁博物馆展出。参考 72 展柜 611 号展品，75 展柜 600、601 和 3050 号展品。Sakellerakis（1981, p. 52）。

24　82 展柜 2409 号展品。参考文献见 Cline（1987, p. 32, chart D.4）。

代界定是公元前 1470 年—公元前 1430 年，这就意味着石膏罐是在制成并进口后不久就被埋葬的，而不是像《剑桥古代史》的年表所要求的那样在大约一个世纪后才被埋葬。这是一种所谓的延迟的模式，我们会看到，在爱琴海地区发现的其他很多近东物品的情况都是如此。因此，来自这一得到命名的石质花瓶和其他石质花瓶的证据，就与图特摩斯三世完整的或有效的统治期内发生频繁接触的时期是相契合的，这在时间上是从公元前 1470 年至公元前 1450 年。

上一章勾勒了图特摩斯三世和他的继母哈特谢普苏特统治期间的埃及历史，[25] 需要记住的是，哈特谢普苏特和图特摩斯三世的统治似乎存在很大差异：在哈特谢普苏特统治期间，埃及在北方的活动似乎很少；而在图特摩斯三世统治期间，法老反复对叙利亚-巴勒斯坦统治者发起攻击，他的舰队或许也曾在爱琴海上航行。

正如我们在上一章中看到的，公元前 1475 年—公元前 1375 年的这一百年间，埃及似乎控制着爱琴海地区。在克诺索斯及其附近发现了属于弥诺斯文化后期／希腊青铜时代晚期三段 A 的陶器时期的埃及物品，这一时期就涵盖了这一百年。这些埃及物品证实了墓葬壁画的准确性，壁画中详细描绘了为埃及王室送上克里特的金属制品的场景。[26] 其他物品也能提供同样的证据，尽管证据的大部分内容难以评估。比如说，在希腊大陆发现了很多刻有加边框的图特摩斯三世名字的圣甲虫。不过，这些圣甲虫即或并非全部，也有大部分是公元前 664 年—公元前 525 年间的塞易斯王朝时期的复制品。[27] 在迈锡尼和其他地方还有很多处于希腊青铜时代晚期三段 A 地层的埃及物品。同样，在黎凡特的不少地方也发现了这一时期的迈锡尼陶器。

所发现的物品越来越多，对此我们必须在更广的语境下进行思考。首先，希腊青铜时代晚期三段 A 的陶器发现于很广阔的地理范围内，具体而言是从意大利和马耳他（Malta）一直延伸到塞浦路斯、叙利亚和埃及。[28] 不过可惜的是，这一陶器时期不仅涵盖了图特摩斯三世统治的后半期，也包括了他的继任者阿蒙诺菲斯二世（公元前 1450 年—公元前 1427 年）和图特摩斯四世（公元前

25　本书第十章注释 77—78。
26　本书第十章注释 16—17 和 81—85。
27　Cline（1987, p. 32）。
28　Stubbings（1975, pp. 181-5）。关于西方的接触，参考 Pålsson Halagger（1983）。

1427 年—公元前 1419 年）的统治期，更重要的则是阿蒙诺菲斯三世（公元前
1419 年—公元前 1381 年）和阿蒙诺菲斯四世（更多时候被称为阿克那顿）统
治的上半期（公元前 1381 年—公元前 1364 年）也被囊括在内。由于该陶器大
多数可能来自最后两人的统治时期，并且属于弥诺斯文化后期三段 A2 这一分
期，我们在对此进行讨论之前应该先考察一下约公元前 1420 年后的国际形势。

452

珀罗普斯和亚加亚人：来自安纳托利亚的证据

图特摩斯三世死后，埃及的力量呈现出某种衰退。与此同时，重新兴起
的并不是埃及在北方的宿敌米坦尼，而是处于国王都德哈里亚斯（Tudhaliyas）
二世领导下的赫梯帝国。这位国王的祖先或许是胡里安人，他把胡里安文明的
很多因素引入赫梯文化之中。公元前 15 世纪 40 年代和 30 年代，都德哈里亚
斯二世集结了赫梯的力量对抗埃及和米坦尼，不仅控制了奇里乞亚，而且控制
了叙利亚北部的大部分地区。从我们讨论的角度来看，更有趣的是赫梯向西方
的扩张。[29]

上一章的讨论略过了与埃及、黎凡特和爱琴海地区的交往并不直接相关的
一类青铜时代的文献，这些就是赫梯的文献。在赫梯人的记录中，都德哈里亚
斯二世在公元前 15 世纪下半叶的某个时候战胜了阿匝瓦的城邦联盟，阿匝瓦
是赫梯在安纳托利亚西部的宿敌。不过，这一联盟被归到了阿苏瓦名下。[30] 第
五章中已经讨论过这个名字的来源和由此而来的"亚洲"之名，也考察了有关
埃及名字 issy 和 isy 的复杂情况。[31] 在向图特摩斯三世进贡的人中也有来自 isy
的使者。沃尔夫冈·黑尔克坚持认为这个名字不可能是指阿苏瓦，但是赫梯研
究专家格尼（Gurney）对此不那么确定，因为当时的城邦联盟或许也有可能在
赫梯人的威胁下向法老进贡。[32]

既然 Assuwa（阿苏瓦）这个名字与表示亚洲的 Asia 一词有联系，那么有
关珀罗普斯来自亚洲的希腊传说就更是耐人寻味了。[33] 品达把珀罗普斯之父坦

29　Gurney（1973, p. 677）；Güterbock（1986, p. 40）.

30　Güterbock（1986, pp. 39-40）.

31　本书第五章注释 167—175。

32　Helck（1971, pp. 283-4），Gurney（1973, p. 677, n. 3）.

33　Thucydides, I.9.

塔罗斯（Tantalos）和吕底亚联系在了一起，其他人认为坦塔罗斯来自弗里吉亚，而珀罗普斯则被认为是来自帕弗拉格尼亚（Paphlagonia）。[34] 珀罗普斯确切的来源地难以推断，不过从大范围来看显然是安纳托利亚西北。

在传说中，珀罗普斯是阿特柔斯之父，而阿特柔斯又是阿伽门农和墨涅拉俄斯之父。这些英雄国王被认为是公元前 13 世纪下半叶特洛依战争时在位的统治者。因此，如果完全接受了这些传说，并且以 30 年为一代进行估算的话，那么珀罗普斯就出生在公元前 1330 年左右，这与珀罗普斯人出现在公元前 1400 年之前的情况就对不上了。另外，珀罗普斯及其后裔从他在伊利斯的大本营出发，相继统治了迈锡尼、斯巴达和伯罗奔尼撒的其他城市，这一过程大约持续了 60 多年。因此，对传说故事涉及的时间似乎需要进行一些压缩。斯塔宾斯进一步提出，珀罗普斯应被视为属于竖井墓时期，他认为那是公元前 16 世纪，按照本书的年表则是公元前 17 世纪早期。[35] 不论如何，这种观点都有些过分了，哪怕只是因为传说中与英雄珀尔修斯（Perseus）有关联的达那厄王朝在被珀罗普斯人取代之前统治了迈锡尼很长时间。

如果不考虑珀罗普斯的情况，只是把珀罗普斯所代表的联合阿希亚瓦或亚加亚人的一次或多次入侵的开端定在公元前 15 世纪末，在我看来就是合理的了。在 20 世纪早期，亚加亚人被认为是"身材高大、浅色头发、灰色眼睛"的希腊"优秀种族"。[36] 在荷马笔下他们则没有那么独特。不过，荷马描写的亚加亚人显然是与珀罗普斯国王阿伽门农和墨涅拉俄斯以及由他们统领的特洛伊远征联系在一起的。[37] 品达明确地表示珀罗普斯是他们的祖先，而荷马对此只是含蓄地提及。[38] 即使如此，我们也难以把他们与《伊利亚特》中的达那厄人截然区分开来。在后来的时代里，亚加亚这个名字开始与特定的地点联系在一起，特别是塞萨利的亚加亚·弗西奥蒂斯（Phthiotis），它是阿喀琉斯的家乡和伯罗奔尼撒北部的亚加亚。此外还有其他规模较小的迁徙，通常被描写为发生在后来多利安人征服伯罗奔尼撒时的难民迁徙。[39] 在更早的可信的传说中，也

34　Strabo, XII. 8. 21. Pausanias, II. 22. 3; V. 13. 7.

35　Stubbings（1973, p. 639）.

36　Ridgeway（1911）.

37　*Iliad*, II.104-40.

38　Pindar, *Olympian Odes*, III. 23.

39　有关的简明综述参考 Thomson（1949, pp. 385-7）。

谈到了在克里特曾经生活着亚加亚人。[40]

由于亚加亚人与珀罗普斯人的关联以及珀罗普斯来自亚洲的传说，加上赫西俄德相信，作为克苏托斯（Xouthos）的儿子，亚加亚人与古典时代居住在安纳托利亚西海岸中部的爱奥尼亚人有密切联系，因此19世纪的学者认为亚加亚人与珀罗普斯一样来自安纳托利亚。[41]这一假说在1924年得到了强化，因为德国语言学家埃米尔·弗利尔（Emil Forrer）发现，赫梯文本中提到了居住在安纳托利亚以西的民族Aḫḫiyawa（阿希亚瓦），他立刻将之与Achaioi（亚加亚人）等同起来。[42]人们发现有关珀罗普斯的传说与赫梯文本的记载极其相似，这又加大了这种等同的可信性，对此下面还会讨论。

不过，"稳妥的"、持怀疑态度的学者们要求提供能佐证弗利尔的观点的切实的"证据"。造成这种态度的部分原因可能只是，他们不喜欢在荷马的"欧洲"英雄与使用楔形文字的近东之间建立联系，尽管事实上他们并没有受到多少冒犯，因为赫梯人讲的是一种接近印欧语的语言。这个话题引起了强烈争议，时至今日仍然不时遭到激烈反对。不过，我们已经破译了B类线形文字，也已经确定了迈锡尼人毋庸置疑是讲希腊语的，而且B类线形文字泥板可以证实Achaian（亚加亚人）这个词能追溯到青铜时代，因此我们更倾向于把阿希亚瓦等同于亚加亚人。[43]

确定了这种联系之后，我们就可以开始重构珀罗普斯和亚加亚人的历史了。名称Aḫḫiyawa或Aḫḫiya（阿希亚）最早出现在描述都德哈里亚斯二世统治的赫梯文本中，前面提到过都德哈里亚斯二世在同一地区战胜了阿苏瓦组织的联盟。[44]尽管我们无法肯定，但是两者之间似乎很可能存在着某种联系，赫梯人之前的对手中的幸存者就构成了此时的阿希亚瓦民族。这一文本提到了安纳托利亚西部的两大劫掠者的活动，一是从赫梯帝国内部兴起的马杜瓦塔斯（Madduwatas），一是属于阿希亚瓦民族，确切地说是属于阿希亚民族的阿塔

40　Evelyn-White（1914, p. 274）引用了被归为赫西俄德或米利都的凯克洛普斯的残篇，Merkelbach and West（1983, pp. 210-12）没有收录该残篇。不过他们所说的残篇204意味着同样的内容。同时参考*Odyssey* XIX. 175。

41　Evelyn-White（1914, p. xxii），Ridgeway（1911）. 关于克苏托斯，见第一卷，第83—84页。

42　Forrer（1924a, 1924b）.

43　关于这种对应性，参考Helck（1979, p. 300, n. 19）。关于对迈锡尼的证实，参考Knossos C914。关于"阿希亚瓦问题"的最新参考文献，见Bryce（1989, pp. 3-4）和Cline（forthcoming b, n. 36）。

44　关于争论的概述，参考Güterbock（1983, p. 133）。

拉西亚斯（Attarassiyas）。

文本中记录了这样一个片段：阿塔拉西亚斯把马杜瓦塔斯从他的国家赶了出去，但是都德哈里亚斯阻止了他的进一步追赶，并把齐帕斯拉山（Mt. Zippasla）的土地分给了马杜瓦塔斯。但是在其他赫梯文献中从没有出现过这座山的名称。[45] 把这一文本记录同有关珀罗普斯的希腊传说进行比较是很有趣的。在希腊传说里，珀罗普斯作为帕弗拉格尼亚的统治者，被弗里吉亚的伊洛斯（Ilos）驱逐，退隐于吕底亚的西皮洛斯山（Mt.Sipylos）。[46] 这是个很好的例子，可以充分说明传说既能记录现实又会含混不清。希腊传说似乎并没有保留关于庞大而持久的赫梯帝国的记忆。自从公元前 12 世纪被海洋民族击败后，赫梯就再也未能复苏。不过，与阿希亚（瓦）/亚加亚民族有关的在齐帕斯拉山／西皮洛斯山避难的故事，肯定反映了现实中人们的幸免于难，尽管与经常出现的类似情况一样，故事里的角色与现实中的状况发生了逆转：根据更早的资料，避难的是阿希亚（瓦）的对手，而在传说中，避难的是亚加亚人的祖先珀罗普斯。

希腊神话与另一份赫梯文本的对应更加不容忽视，那就是公元前 1300 年左右一位赫梯国王所写的信件。这与名叫塔瓦加拉瓦斯（Tawagalawas）的阿希亚瓦国王的兄弟有关，他居住在米拉万达（Millawanda）城，通常认为这就是安纳托利亚西部的米利都。塔瓦加拉瓦斯似乎考虑过做赫梯国王的封臣，不过最终没有这样做。在赫梯国王写给阿希亚瓦国王的这封信中有一句有趣的话："这名战车驾驭者曾与我和你的兄弟塔瓦加拉瓦斯一起登上马车。"[47]

与敌人共乘马车的说法也出现在珀罗普斯的传说中。关于珀罗普斯的复杂故事讲到了他的联盟，以及他与他的马车驾驭者密尔提罗斯（Myrtilos）之间的争吵和谋杀。[48] 就如沃尔夫冈·黑尔克所指出的，驾车者都改变了所属的联盟，这更反映在 Myrtilos 和赫梯王室名字 Mursilis（穆尔西里）的相似性上。[49] 赫梯研究专家汉斯·古特伯克（Hans Güterbock）就阿希亚瓦文本发表了很多研究成果，他相信，提到了塔瓦加拉瓦斯的信件或许是由哈图西里三世写的，这位

45　Güterbock（1983, pp. 134; 1986, pp. 39-40）.

46　Pindar *Olympian Odes*, I. 24; Apollonios Rhodios II. 358, 790; Pausanias II.22. 4.

47　Güterbock（1983, p. 136）.

48　Strabo, X. 1.7; Sophokles, *Elektra*, 508-15; Apollodoros, *Epitome*, 11.7-9; Pausanias, VIII. 14.7.

49　Helck（1979, p. 300, n. 19）.

国王的在位时间是公元前 1286 年—公元前 1265 年。这种说法的证据并不明确。在考虑学者为何急于接受较晚的年代判定结果时，我们必须想到，人们对于把历史事件的发生时间定在更晚近的年代具有普遍性的热情。因此，当时的国王也很可能是穆尔西里二世（约公元前 1346 年—公元前 1320 年），他是哈图西里三世的父亲和间接前任者，征服了安纳托利亚西部，其影响导致了特洛伊 VI 的终结。[50] 不论是否如此，我们如今所知道的史实，或至少是属于那个时代的宣传材料，无疑都在希腊神话中留下了含混不清的版本。

　　在这种情况下，我们似乎就掌握了两种关于公元前 1450 年到公元前 1200 年的阿希亚瓦 / 亚加亚人的情况的书面证据，一类是赫梯文献，一类是希腊传说，而我们又可以将之与考古证据联系到一起。前面提到过，在公元前 1430 年左右的某个时间，赫梯国王都德哈里亚斯二世战胜了安纳托利亚西北部的城邦联盟，该联盟的统一名称是阿苏瓦。在这之后很快就出现了阿希亚瓦这个名字，并且珀罗普斯与亚洲之间存在联系，因此似乎有理由认为，阿苏瓦联盟的成员构成了阿希亚瓦或融入了阿希亚瓦人。[51] 作为有效的假说，似乎最好先把阿希亚瓦人视为处在赫梯王权控制之外的爱琴海地区和安纳托利亚西部的居民。不过，这个词似乎很快就开始指代这些人中讲希腊语的人。希腊传说明确体现出珀罗普斯人在希腊渐渐扩张的过程，但是他们从未占据整个地区。因此，尽管阿希亚瓦对于赫梯人来说意味着"希腊人"，但是在希腊语中"亚加亚人"仅仅指在赫梯军队控制了希腊南部后安纳托利亚西部的希腊化的居民。这种混乱意味着，在赫梯文本提到阿希亚瓦国王时，他们所指的可能只是迈锡尼的阿尔戈斯国王，但是我们不能确定他究竟是达那厄的还是亚加亚的珀罗普斯人。

456

"皇冠王子"珀罗普斯？

　　与赫梯文本对应的希腊传说显示出，珀罗普斯这个名字被用来指代相当长的一段时期内的一些历史人物。考虑到埃及对爱琴海地区和安纳托利亚西北的

50　Güterbock（1983, p. 136）.

51　Clinc（forthcoming b, p. 25）.

长期影响，我想试着提出，Pelops（珀罗普斯）这个名字的词源来自 P3 rpʿ(t)（世袭的贵族或继承者），它在公元前 13 世纪的埃及的含义是"皇冠王子"。[52] 这样的称号当然符合坦塔罗斯后代的"皇族"身份。称号也非常符合关于坦塔罗斯的传说，他将自己的儿子珀罗普斯杀死烹煮后拿来招待神灵，而后宙斯把珀罗普斯的尸体拼接到一起使之复活。[53]

身为王者的父亲用自己的长子和继承人献祭，为神灵奉上自己最珍贵的所属物，这一主题在第一卷中已经讨论过。[54] 我认为，与 Pelops 来自 P3 rpʿ(t) 的情况相对应的是另一场牺牲继承人的献祭或几乎完成的献祭，那就是 Isaac（以撒），Yiṣḥáq 或 Yíṣḥáq，来自阿卡德语的 iššaku——苏美尔语的 ensi——王子，而不是来自民间的含义为"他笑了"的词源。尽管对 q 和 k 在语音上做出区分存在困难，但是这一对应成立的语义学基础被一项事实所巩固，那就是以撒的母亲被称为撒拉（Sarah），其含义为"皇后"。马丁·尼尔松在讨论赫拉和赫拉克勒斯的名字时为这种看法提供了进一步的支持。"民间传说（与神话不同）通常不会为故事中的各个英雄单独起名字，而只会用英雄所属的阶层或社会地位来对其进行指称，例如'国王''公主'等等。"[55] 在第四卷中我会试图说明，这种区别通常并非出现在贵族的神话和农民的传说之间，而是出现在使用了自身语言中的阶级或社会地位名称的传说与继续沿用了古老语言中的名称的传说之间；但是故事的讲述者或神话的收集者对此并不了解。珀罗普斯和以撒的名字都符合后一种情况。

亚加亚人和达那厄人

不论这些词源是否正确，我们都不应该过于从字面含义上看待希腊的宗谱。而且，亚加亚人很可能不仅生活在安纳托利亚西部，也生活在整个爱琴海地区，时间上是从公元前 15 世纪末期，而不是如同希腊传说所表述的那样仅仅是在公元前 13 世纪。荷马刻画了以迈锡尼为基础的强大的亚加亚国王及其

52　参考 Gardiner（1947, I, pp. 14-19）。扩展形式 iry pʿt, Orpheus，的另一种来源，参考第一卷，第 71—72 页，在第四卷中也会进一步讨论。

53　Pindar, *Olympian Odes*, I.26; Hyginus, *Fabula*, 82-3; Servius on *Aeneid*, VI. 603.

54　第一卷，第 358—359 页。这一卷的第二版会更多地涉及这一骇人的关键主题。

55　Nilsson（1972, p. 189）。

家族控制，公元前 13 世纪中期都德哈里亚斯四世（约公元前 1265 年—公元前 1240 年）和叙利亚的阿穆鲁（Amurru）的国王签订的协约为此提供了历史证据。在协约中，赫梯国王列出了与他实力相当的埃及、巴比伦和亚述统治者，并且在写出阿希亚瓦国王的头衔后又将之划掉了。这种删除显然不是出于羞辱的目的，因为赫梯帝国长期的敌人亚述也包含在名单内。一些学者认为，之所以删除这个头衔，或许是由于在希腊发生的破坏削弱或击垮了亚加亚国王的力量。[56] 这可能是指似乎发生在同一时期的底比斯和阿尔戈斯之间的第一次战争。这似乎不可能与底比斯的最终毁灭联系在一起，前面提到过，那肯定发生在公元前 1235 年之后。这更不可能是指发生在更晚时候的特洛伊战争。我们会在下一章看到，在底比斯和亚述之间可能存有有趣的联系。删除阿希亚瓦名字的另一种可能的原因就是，尽管阿希亚瓦很重要，但实力还是不够强大，或者力量太过分散，不足以成为"世界大国"。这样的话，亚加亚王国当时似乎就处于头等国家的末位、二等国家的首位。

　　赫梯的记录中没有提到达那厄人，尽管上一章已经指出，埃及人至少在公元前 12 世纪还谈到了 Tanaya，那时他们被划归到海洋民族之中。[57] 在麦伦普塔赫统治的第 5 年，也就是约公元前 1231 年，埃及遭到了入侵，入侵者中包括通常被等同于阿希亚瓦和亚加亚人的 iḳwš。[58] 在涉及荷马故事的年表时出现了问题，因为 iḳwš 的这次袭击似乎早了 20 年。值得注意的是，荷马描述了亚加亚人在特洛伊战争后不久对埃及发起的一轮残忍而血腥的袭击，根据本书的纪年，战争是在约公元前 1210 年结束的。而且，正如麦伦普塔赫声称粉碎了入侵者的进攻一样，奥德修斯也表示说，他的同伴被埃及人击退，并且"被活着带到他们的城市做工"。[59] 埃及人役使外国囚徒参与建筑工程的做法已经得到了证实，而荷马的叙述就非常符合这种情况。奥德修斯自己则得到了非常不同的待遇：

56　参考 Yannai（1983, p. 113）和 Bryce（1989, p. 5）。布赖斯主张，这个名字被赫梯人划掉是因为发生过他所认为的来自阿希亚瓦的米拉万达的征服。我对此并不赞同，我支持辛格提出的说法，认为所谓的"米拉瓦塔（Millawata）信件"来自这一时期，显示出赫梯在公元前 13 世纪中期失去了对安纳托利亚西部的控制。参考本书第十二章注释 97—98。

57　参考第一卷 446 页和本书第十章注释 39, 64。

58　Helck（1979, p. 133）。

59　这个故事的这一部用几乎相同的文字重复讲了两次，*Odyssey*, XIV. 272 和 XVII. 441。

　　[我]冲向国王战车的马匹，紧紧抱住他的膝盖并亲吻它们；国王心生怜悯，免我一死，让我坐上他的马车，带着一路呜咽的我返回家园。许多人冲上前来，手握灰色木杆的枪矛，怒不可遏，急切地意欲置我于死地，但国王阻止了他们。……我在那里留居了 7 年，在埃及人中积聚了许多财富。[60]

　　洛里默在她百科全书式的《荷马和纪念碑》（*Homer and the Monuments*）中指出，奥德修斯的经历与多年前的一位 Ynn Trš 相似，Ynn Trš 属于 Turša/Tyrsanoi——或许是伊特鲁里亚的蛮族。他曾经多次攻打埃及，但是最后成为法老塞提一世（公元前 1309 年—公元前 1291 年）麾下的一名高官。[61] 奥德修斯在讲述这个故事时说了谎，这就更会引起我们的兴趣，因为这意味着至少荷马认为这是当时可信的普遍经历。

　　尽管存在麦伦普塔赫对 iḳwš（亚加亚人）的役使，但我们还是在上一章中看到，在发生于约公元前 1174 年的拉美西斯三世统治第 8 年的侵略中，重新出现了 Dnn（达那厄人）。[62] 因此，就如同荷马提到的达那厄人和亚加亚人似乎至少具有某种程度的互换性一样，到了公元前 13 世纪末期，埃及人似乎也很不确定这些名字的确切含义，尽管重要的事实是，Tanaya 经常被视为一个有组织的王国，而 iḳwš 只被视为侵略者。不过，到了公元前 13 世纪，亚加亚人似乎统治了阿尔戈斯地区并在整个希腊的范围内获得了重要地位。

亚加亚人的考古学踪迹

　　从公元前 15 世纪中期（希腊青铜时代晚期三段 A）开始，克里特人在安纳托利亚西南，特别是在米利都和罗得岛，也包括在科斯岛和附近的半岛以及其他岛屿的聚落，都开始被迈锡尼的聚落取代，这一过程有时还伴随着破坏和毁灭。[63] 这些新的聚落与克里特保持了接触，但是在这一时期也与希腊大陆进

60　*Odyssey*, XIV. 275-86.

61　Lorimer（1950, p. 93）. 关于 Trš 与 Tyrsenoi 的对应性以及伊特鲁里亚语，参考 Gardiner（1947, I. pp. 197-8）。

62　参考本书第十章注释 51—53。

63　Mee（1982, pp. 83-7）. 他怀疑在米利都是否有克里特人的聚落。Mellink（1983, p. 139）相信有这样的聚落。

行了大规模的贸易。考虑到关于塔瓦加拉瓦斯的赫梯文本中明确提到了米拉万达（也就是米利都），那么就几乎无须怀疑，在公元前 1470 年—公元前 1370 年间，这一地区的居民包含部分或全部阿希亚瓦人。

在希腊或克里特难以找到亚洲的亚加亚人留下的考古学踪迹。克诺索斯的宫殿部分被毁有可能是由于在公元前 1425 年左右的弥诺斯文化后期三段 A1 末期发生了亚加亚人的征服。根据赫西俄德和荷马的说法，克里特的部分人口据信是亚加亚人，尽管他们并没有直接提到岛上存在达那厄人。不过，Pelasgian（佩拉斯吉人）有可能就是指代他们的，根据赫西俄德的说法，佩拉斯吉人是"古希腊的"，根据荷马的说法则是"漂亮的"。[64] 这样一来，仍然存在多种可能性。首先，达那厄人可能是在弥诺斯文化后期三段 A 开始之时控制了这个岛屿，在亚加亚人到来之前只统治了数十年。这当然符合埃及墓葬壁画提供的证据。

459

随着弥诺斯文化后期三段 A1 的终结，达那厄人或许征服了克诺索斯，而亚加亚人则在此后悄然进入了此地。由于亚加亚人的扩张发生在公元前 15 世纪，这就要求我们把毁灭发生的时间提前到公元前 1450 年之前，而这是有难度的。不过另一种可能性是，埃及人无法在两者间做出区分，故而把亚加亚人称为 Tanaya。这似乎意味着没有发生过达那厄人对克里特的征服，而只发生过一次希腊人的侵略，也就是亚加亚人的侵略。我们所能确定的就是，讲希腊语的人在弥诺斯文化后期三段 A 时期统治了克诺索斯，时间是公元前 1475 年到公元前 1375 年间。考虑到他们后来所获得的重要地位，那么亚加亚人就有可能在该时期的大部分时间里统治着这座岛屿，直到公元前 12 世纪多利安人入侵为止。

传说清楚地表明，珀罗普斯在希腊大陆最早控制的地区是位于伯罗奔尼撒东北的伊利斯，后来才统治了迈锡尼和伯罗奔尼撒西部。很可能源自安纳托利亚的巨石建筑，似乎就是在希腊青铜时代晚期三段 A 期间开始出现在希腊的。不过，这种建筑技术显然传播到了珀罗普斯控制范围之外的遥远地区，因此不能标示他们的存在。[65]

---

64 参考前边的注释 40。关于佩拉斯吉人意义的讨论及其为什么可能指达那厄人，参考第一卷，第 75—83 页。

65 Stubbings（1975, p. 173）.

弗兰克·斯塔宾斯主张，底比斯的宫殿或宫殿群在希腊青铜时代晚期三段 B1 末期遭到的毁坏是由迈锡尼的新主人造成的。[66] 根据这里采用的年表，希腊青铜时代晚期三段 B1 结束于公元前 1300 年左右，不过斯塔宾斯认为是在公元前 1250 年左右。在进行这一评估时，他至少在部分上依循了传说的记述。根据荷马史诗提到的和在雅典悲剧中广为流传的传说，"七英雄征讨底比斯"（Seven against Thebes）之战就发生在底比斯城最终毁灭的前一个世代，它涉及了阿尔戈斯国王阿德剌斯托斯，此人与安纳托利亚有很多联系，并且可能是第一个统治阿尔戈斯的珀罗普斯人。不过，阿德剌斯托斯和 7 位英雄具有太多的神话特点，因此让人难以相信他们的史实性或以他们为基础进行的历史构建。[67] 不过，我看不出为什么要怀疑这几点：公元前 13 世纪底比斯曾两次遭到围城，传说涉及的一些英雄是历史人物，第二次围城的终结就是城市的毁灭。

回到这一部分总的主题上，似乎没有考古证据能显示出珀罗普斯人的到来以及他们建立了自己的新王朝。达那厄人和亚加亚人的物质文化似乎没有什么差异。同样，语言学家也没有发现亚加亚方言。不过，第三卷会尝试着指出，亚加亚人使用的就是后来被称为爱奥尼亚语的语言。有趣的是，在古代，人们相信亚加亚人和爱奥尼亚人之间存在密切而复杂的关系。[68]

迈锡尼人和赫梯人

在弥诺斯文化后期三段 A 和三段 B 的陶器时期（约公元前 1470 年—公元前 1230 年），没有爱琴海地区和赫梯控制的区域进行贸易的证据留存下来。这令人惊异，同时也反映出公元前 15 世纪中期亚加亚人在希腊是具有影响力的。我们下面会讨论到，在从撒丁岛到叙利亚和努比亚的广阔范围内，都发现了属于这两个时期的迈锡尼陶器。特别是在安纳托利亚西部海岸，在对赫梯帝国普遍怀有敌意的国家，人们发现了大量的迈锡尼陶器，前面对此有过讨论。不过，在安纳托利亚高原，唯一出有这种陶器的遗址是东北的马萨特（Masat），并且

66　关于毁坏，参考 Symeonoglou（1985, pp. 47-50）。同时参考 Stubbings（1975, p. 171）。

67　参考 Burkert（1984, pp. 97-104）和本书第十二章注释 87。

68　Pausanias, VII. I.

埃里克·克莱因认为这一地区当时也在赫梯的控制范围之外。[69] 实际上，迈锡尼与位于现今格鲁吉亚的特里阿莱蒂文化之间存在着关联，把上述情况与这种关联放到一起似乎是有道理的。[70] 不论如何，公认的一点是无法反驳的：在博阿兹柯伊（Boğazköy）的赫梯古都，就连迈锡尼陶器的一片碎片都没有发现。同样，在迈锡尼只发现了一件属于这一时期的安纳托利亚的物品，那是一个用滑石制成的半球体的半玺印或印章，雕刻着卢维语象形文字。它无疑是安纳托利亚的，而使用卢维文字的区域大部分都处于赫梯的控制下。即使如此，克莱因认为它并非来自赫梯腹地的观点，仍是十分正确的。[71]

运到远方的迈锡尼罐子以及文献资料清晰地显示，赫梯人是积极的贸易者。[72] 因此，与商品交换相关的考古证据的缺乏似乎就格外值得注意，尽管我们知道至少有一位阿希亚瓦国王在公元前1280年左右给哈图西里三世送去了一份礼物。[73] 对于这种缺失，人们给出了很多解释。一些学者认为，这是因为迈锡尼人和赫梯人不知道对方的存在，但这种说法是荒谬的。即或不愿认为标示着频繁密切接触的阿希亚瓦文本提到了希腊人，二者在广义上的安纳托利亚西部和具体而言的米利都也无疑进行着接触。比如说，在当地制造的一块迈锡尼陶器碎片上画着一顶赫梯人的帽子。[74] 同样难以置信的是，来自这两个社会的人没有在塞浦路斯进行过接触。塞浦路斯在当时经常处于赫梯的宗主统治之下，但是那里存在着大量伯罗奔尼撒制造的迈锡尼陶器。

461

更有道理的解释是，迈锡尼人和赫梯人之间存在贸易往来，然而涉及的商品都是易损的，例如纺织品和无须陶罐盛放的金属。[75] 更有可能的是，双方都没有与对方进行大规模贸易的需求。尽管安纳托利亚高原无法种植爱琴海地区的地中海农产品，例如橄榄和葡萄，但是赫梯可以更便捷地从塞浦路斯和叙利亚获得这些产品，这些地方距离赫梯更近，而且在政治上也更易于控制。同样，两个地区都没有大量的黄金或锡，但是都盛产铜、银和铅。赫梯人使用了铁器，

69　参考 Cline（forthcoming b）。这解释的是 6 块弥诺斯文化后期三段 B 的容器残片，而非弥诺斯文化后期三段 A2—B。

70　Lang（1966, pp. 46-8）.

71　Cline（forthcoming a, b）.

72　Cline（forthcoming b, n. 40）.

73　这方面的参考文献见 Zaccagnini（1987, pp. 58，64）。

74　Cline（forthcoming b, n. 50）.

75　Cline（forthcoming b, n. 53-4）.

但是迈锡尼人仍然处在青铜时代，尽管他们也用铁制造饰品和护身符。[76]

不过，这种经济独立可能得到了政治意愿的强化。前面提到过赫梯人和阿匹瓦、阿希亚瓦之间的激烈竞争，因此，在那里似乎有充足的理由出现政治封锁或抵制。赫梯国王写给乌加里特官员的信件让我们了解到，商业活动是政治势力关注的重点，而政治势力也会力图严格管控商业活动。[77]

更有趣的是都德哈里亚斯四世（约公元前 1265 年—公元前 1240 年）和叙利亚北部的阿穆鲁的国王签订的协约。协约意在对抗亚述，但其中一行是："不要让阿希亚瓦的船只去往他那里。"[78] 几乎可以肯定，这主要针对的是亚述的图库尔蒂-尼努尔塔一世（公元前 1244 年—公元前 1208 年），他是巴比伦的征服者，而且占领了美索不达米亚北边曾处于赫梯庇护下的科马基尼（Commagene）。不过，这也是要封锁阿希亚瓦的船只，并阻止他们的货物从陆路运输。[79] 封锁无疑不仅仅是象征性的，例如，在亚述的首都阿舒尔发现了大约 30 公斤的铅，上面刻着图库尔蒂-尼努尔塔的名字，这些铅就来自阿提卡的劳利昂[80]。因此，在遭到封锁之前，甚至在遭到封锁期间，金属的运输量肯定相当大。在亚述国王和希腊的底比斯之间可能存在外交关系，包括互送珍贵礼物，对此下面还会讨论。

安纳托利亚东南部的奇里乞亚经常处于赫梯的控制之下，那里相对缺少希腊青铜时代晚期三段 A 和 B 的迈锡尼陶器，马克泰尔德·梅林克和弗兰克·斯塔宾斯试图将之与赫梯对阿希亚瓦的封锁联系起来。[81] 最近，谢拉特（Sherratt）和克鲁维尔提出了更加严密的观点，他们指出，在卡赞利（Kazanli）和塔尔苏斯没有发现多少公元前 14 世纪和公元前 13 世纪的迈锡尼陶器，那时赫梯人控制了这一地区；但是，在后赫梯时代的地层中就发现了相当多的迈锡尼陶器。[82]

76　关于 1950 年在迈锡尼发现的铁制物品的详细综述，参考 Lorimer（1950, pp. 111-17）。更新的介绍见 Varoufakis（1982）。这并不意味着接受普遍的观点，认为赫梯人在青铜时代晚期垄断了铁器制造。大量证据显示，当时埃及也使用了非陨铁，比如说，在图坦卡门（Tutankhamen）墓中发现的精美的铁制匕首。我们把这一时期命名为"青铜时代"，并不意味着在此期间铁没有得到使用。我们相信梅拉特的证词，在朵拉克宝藏中有一把可以追溯到公元前 28 世纪的铁制匕首。几乎可以确定，在埃及，铁的使用要追溯到古王国时期。参考 Dows and Dunham（1942），Diop（1973）。

77　Cline（forthcoming b, n. 61）。

78　Güterbock（1983, p. 136）。

79　Yannai（1983, pp. 112-13）；Cline（forthcoming b, n. 63）。

80　Dayton（1982a, p. 164）。

81　Stubbings（1951, p. 110），Mellink（1983, pp. 140-1）。

82　Sherratt and Crouwel（1987, p. 341）。

不过，这未必意味着存在贸易，也有可能是在海洋民族的迁徙过程中在奇里乞亚出现了来自希腊的劫掠者和定居者。[83] 谢拉特和克鲁维尔的结论似乎是非常有说服力的，他们认为，"在安纳托利亚，希腊青铜时代晚期三段 A—B 的陶器的数量与受到赫梯控制的程度之间似乎是成反比的关系。"[84]

埃里克·克莱因由此继续指出了另外的一个重点，那是斯塔宾斯在 1951 年已经提出过的：

> 而且，在叙利亚北部，在沿海和内陆腹地的中间区域，可以发现希腊青铜时代晚期三段 A 的迈锡尼陶器，但是几乎没有希腊青铜时代晚期三段 B 的陶器。涉及的地点至少有六处：汗·歇坤（Khan Sheikhoun）、哈玛（Hama）、卡特纳、埃卜拉、卡尔凯美什（Carcemish）和卡迭什。所有这些地方都出有希腊青铜时代晚期三段 A 的陶器，但只在卡迭什和卡尔凯美什发现了一两件可被辨识为希腊青铜时代晚期三段 B 陶器的碎片。在整个叙利亚-巴勒斯坦，这种差异只有在这一地区才如此鲜明。这也是叙利亚-巴勒斯坦唯一受到赫梯直接控制的重要区域。这一事件发生在公元前 1370 年左右。[85]

克莱因似乎认为希腊青铜时代晚期三段 A 和 B 之间的断裂发生在公元前 1300 年左右。不过，我采用的是调整后的年表，因此认为这一断裂发生在大约公元前 1365 年。这一时间是一条双重的分界线，既反映了陶器风格的变化，也反映了这一地区政治力量的变化。

乌加里特和塞浦路斯

处于内陆的叙利亚北部受到赫梯的直接控制，而乌加里特则处于赫梯的宗主统治之下。从图特摩斯三世进行征服的公元前 1470 年左右开始，到阿克那

83　第一卷，第 446 页。

84　Sherratt and Crouwel（1987, p. 345）。

85　Cline（forthcoming b, n. 67）；Stubbings（1959, p. 104）。克莱因回应了 Liverani's（1987, p. 407）对他的观点提出的批评。关于公元前 1370 年之后赫梯在叙利亚北部的控制权，同时参考本书第十章注释 131。

顿之后埃及势力受到削弱的公元前 1360 年左右，这座城市一直处在埃及的影响范围内。在这一时期结束时，乌加里特的宫殿被毁，人们为富有而强大的国王们修建了华丽的新宫殿，不过他们承认了赫梯的宗主权。

在政治格局发生变化之后，埃及在文化上的影响似乎的确维持了一段时间，并在公元前 1284 年赫梯和埃及签订和平协约之后得到复苏；但是在这一时期的大部分时间里，两大势力无疑互相怀有敌意。[86]

上一章已经提到，在乌加里特文本的丰富语料中，缺少希腊语的名字。不过，在乌加里特发现了大量希腊青铜时代晚期三段的陶器，其数量之多，以至早期的挖掘者甚至因此推测这里曾经是希腊的殖民地。现在这种推测整体上被否定了，因为出有这些陶器的墓葬属于公元前三千纪的黎凡特传统。[87]

阿尼塔·亚奈提出，缺少希腊名字的原因或许是赫梯的封锁。[88] 对于公元前 1365 年之后的希腊青铜时代晚期三段 B 来说，这或许是真实的情况。都德哈里亚斯四世和阿穆鲁之间的协约在前面已经讨论过，这一协约意味着，公元前 1284 年后赫梯和埃及尽释前嫌，但是为了对抗亚述并未取消对阿希亚瓦船运的制裁。不过，这无法解释公元前 1470 年—公元前 1370 年间乌加里特处于埃及影响之下的情况。上一章提到的一种可能性是，那时城中有希腊人，但是这一时期并没有留下直接的记录。[89]

不管叙利亚当地的情况如何，在希腊青铜时代晚期三段 A 开始之时，地中海东部地区似乎建立起了一种普遍的经济模式，这种模式一直持续到约公元前 1220 年的希腊青铜时代晚期三段 B 结束之时。在塞浦路斯发现的迈锡尼陶器的数量令人瞠目，特别是希腊青铜时代晚期三段 A2 开始（约公元前 1420 年）之后的陶器。塞浦路斯考古学家卡特林（H. W. Catling）这样写道：

86　Drower（1975, pp. 133-9）.

87　关于这一理论的概述参考 Yannai（1983, pp. 52-6）。唯一显示出在乌加里特存在希腊人的考古证据，是迈锡尼的黏土动物雕像，它们似乎充当了还愿时的敬献品。我无从考证它们究竟属于希腊青铜时代晚期三段 A 还是 B。参考 Yannai（1983, pp. 81-3）。舍费尔并没有为这些陶器给出陶瓷年代，而是把它们的绝对年代定为"公元前 14 世纪晚期或公元前 13 世纪早期"。按照 20 世纪 30 年代普遍使用的低位年表，这似乎是在希腊青铜时代晚期三段 A。不过与此相对的是，舍费尔认为，"迈锡尼"墓葬是切入到图书馆中的，这显示出希腊人的长久进犯（1933, pp. 103-19）。

88　Yannai（1983, p. 111）.

89　本书第十章注释 131—132。

如果我们考虑整座岛屿的情况，那么出自希腊青铜时代晚期三段 A2 和 B 的迈锡尼陶器的数量就是巨大的。……尽管埃及各遗址也发现了大量陶器，叙利亚-巴勒斯坦沿岸地区也有同样的考古材料，但我怀疑来自这些地方的陶器的数量总和是否能超过在塞浦路斯发现的陶器数量。[90]

阿斯特罗姆甚至给出了在塞浦路斯发现的希腊陶罐的具体数字：3445件。[91] 这个数字太大了，以至学者们认为其中很多陶罐可能就是在塞浦路斯当地制造的，这也很有道理。不过，光谱分析和中子活化分析显示出一致的结果，那就是绝大部分陶罐是在伯罗奔尼撒制造的。（对来自以色列的一份样本的分析结果也是如此。）[92] 因此人们完全有理由认为，在埃及和黎凡特其他地方发现的迈锡尼陶罐是在希腊制造的。

迈锡尼的扩张和图特摩斯三世的征服

尽管在近东发现了大量迈锡尼的陶罐，但是正如考古学家及古代地中海关系研究专家弗朗威·汉基和阿尼塔·亚奈所指出的，这些陶罐通常都是与大量塞浦路斯的器皿共存的，而塞浦路斯的陶罐则总是单独出现的。因此，从公元前 1470 年左右开始，塞浦路斯和希腊两者与黎凡特和埃及之间的贸易肯定都出现了大量增长。[93] 汉基假定希腊青铜时代晚期三段始于约公元前 1400 年，由此认为塞浦路斯的陶器最早出现在图特摩斯三世统治时期。[94] 不过，既然迈锡尼的陶器时期似乎始于约公元前 1470 年，那么这两者似乎应该是同时到来的。

尽管在塞浦路斯和乌加里特发现的体形较大、质地粗糙的弥诺斯马镫罐可能只是用作容器，但是大多数迈锡尼罐子都是又小又精美，或许本身就有使用之外的存在价值。我们该怎么解释它们的出现和可能的功用呢？常规看法是，这可以通过迈锡尼的经营活动来加以解释。正如卡特林在《剑桥古代史》中所言：

464

90　Catling（1964, p. 38）.

91　Åström（1973, p. 122）.

92　Åström（1964, p. 38）；Catling, Richards and Blin-Stoyle（1963, p. 1111）；Catling and Millet（1965, p. 219）；Asaro and Perlman（1973）. 全部争论的情况参考 Yannai（1983, pp. 73-4）。

93　Yannai（1983, p. 75）.

94　Hankey（1970-1, p. 146）.

不论史实如何，都会在约公元前 1400 年克诺索斯遭到的劫掠中反映出来。那场灾难似乎为迈锡尼进入地中海东部的贸易扩张扫清了道路，其中塞浦路斯成为关注焦点。公元前 15 世纪的涓涓细流到了公元前 14 世纪就变成了汹涌狂潮。……迈锡尼的希腊仍然需要大量的埃及和黎凡特的商品，两个地区之间建立起了常规性的贸易联系。在这个过程中，爱琴海地区的商人了解了塞浦路斯东部和南部港口的价值，这些港口不仅提供了市场，而且为他们向更远的地方贩卖商品提供了业务活动的基地。这些商人的活动踪迹从叙利亚北部的阿米克（ʿAmūq）平原一直延伸到埃及的尼罗河第二瀑布。[95]

卡特林认为这些罐子标示着以塞浦路斯为重要中心的市场区，这无疑是正确的。不过，他建构的其他观点就不足凭信了。首先，罐子不一定要通过他们的制造者才能运输，特别是在我们所讨论的情况中，那些容器既不粗糙也非具有多种家庭用途，而是制作精美且仅限于少数几种容器类型。因此，迈锡尼陶器在地中海东部和中部的传播本身不一定标志着迈锡尼人的存在或殖民活动，正如中国的陶瓷在公元 17 世纪和 18 世纪遍及世界并不意味着中国在扩展军事或政治力量，而是展现出由中国商品扮演主要角色的贸易体系。

卡特林的方案的第二大问题就在于年代的界定，这也是其他所有学者在此遇到的问题。他们的想法所基于的观念就是，希腊青铜时代晚期三段 A 始于约公元前 1400 年，克诺索斯"最后的"宫殿约在公元前 1380 年被毁。前面讨论过，希腊青铜时代晚期三段 A 始于约公元前 1470 年，而克诺索斯的宫殿一直延续到了公元前 13 世纪下半叶。[96] 因此，尽管迈锡尼人在公元前 1470 年—公元前 1370 年占据了克里特，但这不太可能成为贸易网在公元前 15 世纪中期左右显著扩张的原因。更为合理的理由是图特摩斯三世的征服，他在黎凡特建立了埃及帝国，让外围的国家接受了埃及的宗主权，其中包括 Tanaya、Asy（塞浦路斯）和乌加里特。来自公元前 14 世纪阿马尔奈时期的文本提到了其与安

465

95　Catling（1975, pp. 199-201）.

96　参考本书第十章注释 92—98。

纳托利亚西部的阿匝瓦之间的类似关系。[97]

于是，尽管迈锡尼陶器的分布显然超出了埃及在地中海中部的影响范围，但是出现迈锡尼陶器的地中海东部仍然在其影响范围之内。在黎凡特和努比亚发现了弥诺斯文化后期三段 A 的陶器，但是在安纳托利亚的赫梯高原并没有发现同类的陶器。法国学者让-克劳德·库尔图瓦（Jean-Claude Courtois）提出，这发生在和平的迈锡尼。[98]由于完全缺乏支持这一观点的证据，这种说法只能证明雅利安主义者的想象力。不过，这样可观的贸易网若想要繁荣发展，肯定是需要一个相对和平的地区基础的。就这一点而言，一个显而易见的备选者就是图特摩斯三世打造的和平的埃及，在他的继任者的维护下，和平维持了一个多世纪。对此我们有充足的文献证据。

青铜时代晚期的地中海商人？

巴斯的挑战

我现在想考察的问题是，谁是这些陶器和其他货物的运输者呢？我在前面已经清楚地表明，常规的看法是，既然迈锡尼的罐子是运输来的，那么运输者肯定是迈锡尼人。不过，我们可以提出同样有力的证据，来证明运输者是当时的黎凡特贸易者和埃及人。在上一章里我们看到，埃及在公元前 15 世纪中期拥有强大的舰队。[99]这一时期的埃及墓葬壁画确定无疑地描绘了这一场景：叙利亚-巴勒斯坦人把看起来属于爱琴海和黎凡特地区的货物带到了埃及。[100]

基于迦南陶罐的分布，弗吉尼娅·格雷斯（Virginia Grace）在 1956 年的一篇文章中提出，西闪米特人此时主导了地中海东部的贸易。10 年之后的 1966 年，杰克·沙逊（Jack Sasson）更有力地重申了这种观点。沙逊指出，这

466

97　关于 Tanaya，参考本书第十章注释 39—65；关于乌加里特，参考 Drower（1975, pp. 133-4）；关于 isy，参考 Catling（1975, pp. 203-4）；关于这一名字复杂性的讨论，参考本书第五章注释 165—171。关于阿匝瓦，见赫梯的写给阿蒙诺菲斯三世的阿马尔奈文书，E.A. 31, 32。同时参考 Yannai（1983, p. 127，注释 137）。

98　Courtois（1973, p. 137）.

99　有关迈锡尼的解释，见 Taylour（1958, pp. 81-137, 1964, pp. 148-65）。有关黎凡特的更多观点，参考 Culican（1966, pp. 42-50）。关于埃及舰队，参考本书第十章注释 86。

100　例如，图特摩斯四世统治时期 Sbkhtp 的墓葬壁画描绘的叙利亚人。墓葬 162。关于这点的参考文献见 Bass（1967, p. 135, n. 1）。同时参考 Culican（1966, plate 42）。

些未经装饰的罐子显然是用来盛放其他物品的，它们在整个爱琴海地区发现量的增多，为乌加里特文本中提到的黎凡特贸易的存在提供了考古学支持，也解释了在乌加里特文本中为什么没有提到希腊人的存在。[101] 这一论述显然是十分合理的。不过，作为犹太闪米特学家和塞勒斯·戈登的学生，沙逊被认为是在盲目偏袒，因此并没有得到认真对待。

然而，在接下来的一年，支持这种说法的新证据出现了，这次的证据具有无可指摘的犹太来源。得克萨斯州农工大学的乔治·巴斯现在是顶尖的美国海事考古学家，按照他的说法，当年他还是"漫无目标的"天真的毕业生。[102] 巴斯与同事在土耳其南部的格里多亚角之外对一艘青铜时代晚期的沉船进行了发掘，之后他在 1967 年发表了经过深思熟虑后得出的观点，认为这艘船上的船员是黎凡特人。这一结论的基础是，在沉船上发现的大多数陶器、砝码、柱形印章和其他个人物品都源自黎凡特。[103] 格里多亚沉船很小，只有 8 到 10 米长，似乎属于沿海地区的青铜工匠，年代是约公元前 1220 年，就处在我们所考察的这一时期将要结束的时候。不过，巴斯又加上了在他看来日益增多的证据，这些证据证明的是青铜时代晚期腓尼基人的重要作用：

> 因此，叙利亚的柱形印章的分布或许是更有利的证据，与证明存在迈锡尼船运垄断的迈锡尼陶器的分布相比，更能证明近东贸易活动的存在。
>
> 腓尼基商船，包括格里多亚的那艘船，不会从塞浦路斯和近东空载而回；而且，有理由认为，它们的货物以迈锡尼的陶器为主，并经常装有易损物品。但是这些船只在启程向西航行时原本装载的是什么呢？我们肯定不能再"猜测"作为迈锡尼货物的"交换品而收到的叙利亚商品"的性质。[104] 我们也不能再说，"在迈锡尼的希腊实际上几乎没有发现什么真正的东方物品"。[105] 船只送到希腊的首先是金属，就如同在格里多亚沉没的那艘装载着货物驶往爱琴海地区的船只一样。
>
> 我已经表示过，贩卖牛皮铜锭的是闪米特商人，而非通常认为的爱琴

101　Grace（1956），Sasson（1966a）.

102　Bass（1967, pp. 163-7）.

103　Bass（forthcoming）.

104　Albright（1950, p. 327）.

105　Barnett（1956, p. 214）.

海商人。布赫霍尔茨（Buchholz）曾经提出，小块铸锭也与叙利亚人有关。但是那种原始形式的青铜分布得太广了，似乎无法归结为独属于某一民族。

希腊大陆的青铜窖藏通常包含牛皮铜锭的残片，现在或许可以认为它们是腓尼基的商品。我们可以肯定，铜锭和破损的工具通常是在塞浦路斯发现的，但是青铜制品通常并非源于近东的爱琴海的类型。我们有更进一步的很好的理由，可以认为，牛皮铜锭是按照腓尼基的规格要求制造的。[106]

象牙、黄金、布料和香料也来自东方，在 B 类线形文字泥板上发现的表示这些物品的闪米特词语就显示出这一点。在公元前 14 世纪和公元前 13 世纪运抵希腊的迦南罐子中至少有一些装的就是香料等物品。[107]

在希腊没有发现太多的近东陶器，这可以通过商品的性质来解释，即金属、布匹和象牙是不需要用陶罐盛放的。实际上我们可以料想到，在爱琴海地区找不到多少这些商品留下的痕迹，因为布料和香料肯定早已不存在了，而金属和象牙即便得以保存，在被发现时状态也会发生改变。这在考古发掘中已得到了证实。近东的铸锭和器具主要出现在浇铸工的窖藏中，它们在被捶打或重新铸成典型的爱琴海形式的物品之前就由于某种原因而丢失了。我们可以得出结论说，迈锡尼的船运规模受到了过高的估计，只是因为迈锡尼出口的主要商品，也就是陶器和装在陶器中运送的货物，留下了可以长久存留的证物。迈锡尼人收到的商品尽管不再是立刻就能辨识出来的，但是对于那些贸易者来说肯定具有同等的价值。

我并不是说腓尼基人在青铜时代晚期垄断了海上贸易，而是说他们在其中扮演了重要角色。[108]

虽然巴斯之后的研究者会质疑这一声明中的某些细节，但是他的整体结论在今天看来是不会受到多少质疑的。不过，巴斯的研究在当时是非比寻常的，并引起了普遍的不满。[109] 这尤其是因为，巴斯的说法似乎为两部更抽象也更系统的作品提供了实证性的考古证据，一部是阿斯特的《希腊-闪族比较论》

106 巴斯认为金属交易只有一种方式，对此我并不认同。参考下文关于希腊进口金属的介绍。

107 更多有关迦南罐子的介绍参考下文。在 A 类线形文字中发现的一些表示香料的闪米特语名称（参考第十章注释 137）意味着，命名乃至贸易在公元前 14 世纪以前肯定已经存在。

108 Bass（1967, pp. 165-6）.

109 例如 Cadogan（1969b）和 McCann（1970）.

（*Hellenosemitica*），另一部是几乎同时出版的奥地利考古学家和古代史学家弗里茨·沙赫尔迈尔的《爱琴海和东方》（*Agäis und Orient*），后者更加谨慎，但是显然是"东方主义的"作品。

巴斯最后说：

> 进一步的研究是有必要的，但是我们的发现支持了斯塔宾斯最近的说法："荷马对腓尼基人的叙述没有时代错误，他描绘的英雄时代如果缺少了腓尼基人，就真的会不那么真实了。"[110]

米利的回应

针对这种情况，也针对以阿斯特为代表的支持东方影响的普遍趋势，具有阿卡德研究背景的地中海考古学家詹姆斯·米利充满激情地写出了一篇旁征博引的文章，标题是《荷马和腓尼基人：青铜时代晚期和铁器时代早期希腊与近东的关系》（"Homer and the Phoenicians: The Relations Between Greece and the Near East in the Late Bronze and Early Iron Ages"）。第一卷已经涉及了这篇文章。[111] 在文章中，米利没有正面针对巴斯的详细论述，而是将迈锡尼的罐子是由迈锡尼人运输的这一情况视为是不言自明的。因此，根据米利的观点，这些陶器意味着希腊人足够了解黎凡特，这也可以解释所有的文化借用。而且，在黎凡特发现的黎凡特和埃及物品只是些不太值钱的东方的小摆设。在试图解释乌加里特对贸易的重视并含蓄地探讨为什么那里没有提到希腊人的过程中，他对杰克·沙逊进行了言辞激烈的攻击：

> 数不清的事实错误毁掉了他的研究，已经有人提到了他的一些需要质疑的结论。……作者杰克·沙逊的确展示出，来自拉斯沙姆拉（Ras Shamra）［乌加里特］的乌加里特和阿卡德文本谈到了贸易和商业。这并不能证明迦南航运在地中海东部地区所具有的重要地位。沙逊感到乌加里特和阿拉拉赫的文本并没有提到爱琴海本身的种族或地理上的专有名称。

110　Wace and Stubbings（1962, p. 543）. 巴斯给出了关于这一问题的相反意见的诸多参考文献，但并不完整（1967, p. 167, n. 41）。

111　Muhly（1970b）以及第一卷，第 422 页。

他也指出，"A 类线形文字和 B 类线形文字的文献所记录的名字与同一时期叙利亚北部的名字非常相似"。他的结论是："迈锡尼的贸易，至少是与叙利亚的贸易，或者是依赖迦南人，或者是在罗得岛和塞浦路斯这样的地方进行的，而后者的可能性更大。"但是，假如上述观察是有效的，那么由此认为贸易受到了迈锡尼人的控制，难道不是合乎逻辑的吗？近东的文本并未显示出人们了解爱琴海的世界。迈锡尼文本显示出人们了解近东的语言，甚或还有近东的地名。这样造成的结果就是，在青铜时代晚期的贸易关系中，希腊是积极的参与者，而近东是被动的合作者。[112]

恐怕我只能说，米利的逻辑出乎我的意料。在克里特和希腊出现了闪米特和埃及的种族名称，这在我看来意味着在爱琴海地区有来自近东的人，而非相反，尽管他们有可能都是奴隶。阿斯特和沙逊也看出了这点。前面提到，我认为在公元前 14 世纪后期和公元前 13 世纪，出现在乌加里特的希腊人可能会比出现在黎凡特其他地方的要少。不过，阿斯特和沙逊已经正确地指出，文本证据并没有显示出这个地区有希腊人存在。

米利的错误同样在于，他声言"近东的文本并未显示出人们了解爱琴海的世界"。我在上一章里提到，乌加里特官方授权的商人辛纳热努与克里特（Kptr）进行过贸易；并且实际上，Kptr，也就是《圣经》中的迦斐托（Kaphtor），频繁出现在乌加里特的神学文本中，指的是手工艺者之神 Ktr w Ḥss 的居住地。[113] 米利并没有提到，当时的埃及文本显示出人们颇为了解爱琴海地区的地理情况。由于黎凡特海岸和埃及在那些世纪里关系密切，而且埃及与爱琴海地区的接触事实上即或不是绝大多数，也有很多是通过黎凡特进行的，因此我们很难相信迦南人对爱琴海所知更少。

米利在语言学方面的论述同样是不成立的。在爱琴海地区发现的表示奢侈品的闪米特语名词，显示出近东对希腊的影响，而非希腊对近东的影响。虽然这不能告诉我们是谁传播了这种影响，但是这些词源不能用以佐证"希腊是积极的参与者"的观点。

112　Muhly（1970b, pp. 43-4）.

113　参考第十章注释 129。

米利在学术上比阿斯特、巴斯和沙逊更有权威，这意味着，米利的论述本身尽管难以令人信服，但是在很多年里从未受到认真的审度或挑战。阿斯特、巴斯和沙逊在受到了草率对待之后都转向了更为安全稳妥的学术领域。不过我们将会看到，巴斯在后来重新回到了青铜时代的研究之中。

亚奈提出的否定

20 世纪 70 年代晚期，人们开始重提宽泛的雅利安模式，而"闪米特"在古代地中海的重要作用开始得到接受，米利的结论则开始受到质疑。我在第一卷里提到了米利的一个名叫赫尔姆（Randolph Peyton Helm）的学生于 1980 年通过的论文。在论文中，赫尔姆试探性地提出，在铁器时代早期，"东方贸易如果不是完全，也在很大程度上被塞浦路斯的（很可能还有来自黎凡特海岸的）［腓尼基］商人控制"。[114] 以色列学者阿尼塔·亚奈在 1983 年于牛津完成的一篇论文中也提出了这一假说。作为实证主义的考古学者，亚奈认为，如果某一事物从未被发现，那么这一事物就不可能曾大量存在。因此，对于认为在乌加里特或黎凡特的其他地方存在过迈锡尼殖民地的早期观点，亚奈进行了批驳。根据黎凡特墓葬中所出的当地风格的爱琴海陶器，并考虑到乌加里特文本中缺少能够证明存在希腊人的证据，亚奈怀疑那里是否曾经出现过迈锡尼人。[115] 亚奈也指出了与商业活动有关的 B 类线形文字资料的缺失，在上一章里我们也提到过这点。[116] 英国考古学家卡特林详细论述了为何在塞浦路斯不会有迈锡尼的殖民地，亚奈赞同他的观点，并认为在黎凡特更不可能存在这样的殖民地。[117]

对于认为在爱琴海存在近东殖民地的观点，阿尼塔·亚奈同样不屑一顾。总体上她认为，这一时期出现在爱琴海地区的黎凡特和埃及的物品不值一提。就爱琴海的埃及物品而言，"至多可以把它们看作是偶然出现的不贵重的小摆设，只要与海外有接触就会存在，而不一定要有与埃及接触"。[118] 亚奈利用的事实是，公元前 15 世纪中期埃及墓葬壁画中描绘的爱琴海礼物（她也不喜欢

114　第一卷，第 427 页。
115　Yannai（1983, pp. 51-4）。
116　参考本书第十章注释 147。
117　Catling（1964, pp. 53-4）；Yannai（1983, p. 55）。
118　Yannai（1983, p. 61）。

用"贡品"这个词），与她给出的年表中的弥诺斯晚期一段 B/ 希腊青铜时代晚期二段 A 相对应，因此在这些正式的礼品和爱琴海的陶器之间无法建立起联系。尽管梅里利斯曾在更早的时候提到过这种联系，但是亚奈指出，近东的所有地方都很少会发现这一时期的陶器。[119] 前面提到，如果接受了贝当古的高位年表，认为墓葬壁画对应的是希腊青铜时代晚期三段 A 开始的时间，那么就不会有这种分歧了，因为在埃及和黎凡特的壁画上描绘有大量这一时期的罐子。不过，阿尼塔·亚奈正是通过这种分歧来淡化绘画和陶器的重要性，进而否认埃及和爱琴海地区之间在青铜时代晚期进行过重要的贸易。

亚奈继续调查了青铜时代晚期出现在爱琴海地区的各类黎凡特和美索不达米亚的物品，包括柱形印章、象牙、迦南罐子、攻击之神的小雕像。在每种情况下（下面还将对此有所讨论）她都强调发现量太少，并且认为它们可能来自塞浦路斯，也有可能来自更东或更南的地方。亚奈同样拒绝接受所有以 B 类线形文字中发现的闪米特语单词为基础的论述，坚持认为只存在极少量的这类外来词，或许只有 4 个。她指出，其中 cumin（欧蒔萝）和 sesame（芝麻）这两个词使用得太广泛了，因此无法看出它们的重要性，而剩下的两个词 kurusu（黄金）和 kito（衣服）为间接借词的可能性与直接借词相当。[120]

亚奈接着转向了在黎凡特发现的迈锡尼陶器，她承认这是大量存在的。不过如同前面提到的，她坚持认为塞浦路斯的陶器数量甚至更多，并重新强调了黎凡特的迈锡尼陶器总是与塞浦路斯的器皿共存的这一情况。[121]

因此，阿尼塔·亚奈认为不存在任何重要的迈锡尼贸易，更不用说殖民地了。她也相信几乎不存在能证明闪米特人的黎凡特直接影响了爱琴海地区的证据。不过，她仍然需要对在黎凡特出土的大量迈锡尼陶器做出解释，因为它们肯定是通过贸易运来的。亚奈认为爱琴海的商品是通过船运到岛上的，然后又用船运到了黎凡特和更远的地方，也就是说，她遵循的路线是一切都依赖于塞浦路斯。

在这方面她是追随前人的。研究古代地中海关系的英国考古学家、思想独具特色的弗朗威·汉基曾经提出，迈锡尼的船只航行到了塞浦路斯，在那里用

471

119　Yannai（1983, p. 60）; Merrillees（1972, pp. 281-94）.

120　Yannai（1983, pp. 60-70）.

121　参考本章前面的注释 89—92。

罐子中装的大部分货物换取岛上的铜和其他一些装在塞浦路斯罐子中的商品。而后他们继续航行，用剩下的货物和塞浦路斯的货物交换东方的商品，或许就是上面讨论过的那些不太贵重的小摆设。[122] 弗朗威·汉基和当时其他人一样，认为迈锡尼人在贸易中占据了主导地位，他的这种论说尽管烦琐，但是解释清楚了实物证据。不过，就如亚奈所指出的那样，汉基的论说没有为希腊人航行到塞浦路斯之外的地区提供理由。

阿尼塔·亚奈提出了另一种解释模式。她认为塞浦路斯是爱琴海贸易的"终点站"。爱琴海地区需要塞浦路斯的铜，而黎凡特人喜欢迈锡尼和塞浦路斯的陶器。物资交换是通过"中间人"在塞浦路斯完成的。我们看到，亚奈坚决地否认黎凡特或闪米特对爱琴海地区有任何影响。"商品交换所涉及的两个文化区域最终与对方其实只有最低限度的接触。"[123] 不过，亚奈同时倾向于认为这些塞浦路斯的"中间人"是黎凡特人。她指出，考古证据显示，在现今法马古斯塔（Famagusta）附近的恩科米存在叙利亚-巴勒斯坦的"殖民地"或城区，并很有理据地认为这一地区在商业贸易中发挥了作用。[124] 亚奈拒绝接受爱琴海考古学家抱有的希腊中心主义，并且认为在地中海东部地区存在讲闪米特语的航海者，但是她的目标基本上与那些考古学家并无区别，意即：考古学显示出贸易接触肯定存在，但是同样肯定的是东方文化并没有对爱琴海地区产生实质影响，因此需要在这两点之间进行调和。不过，亚奈做不到化圆为方，她只好承认，在她划分出的贸易网络的两大部分中，讲闪米特语的黎凡特人肯定处于核心地位。

472

卡什沉船：水手

阿尼塔·亚奈极其不走运。与之前大多数学者遇到的情况一样，出人意料的新发现很快就证实她提出的许多假说是错误的。1984 年，人们对在土耳其西南部卡什附近的乌鲁布伦（Ulu Burun）海岸外发现的青铜时代晚期的沉船进行了发掘。这一发现的很多极其重要的方面在后面还会讨论，这里要说的是，

122　Hankey（1967, pp. 20-2; 1970-1, p. 146）.

123　Yannai（1983, p. 103）.

124　Schaeffer（1971, p. 521）; Courtois（1973, p. 137）; Yannai（1983, p. 102）.

沉船中货物的规模和精美程度令人瞠目，足以证明此前的研究者全都错误地低估了青铜时代晚期地中海东部贸易的规模和重要性。

　　这艘沉船的年代应该为希腊青铜时代晚期三段 A2 时期的结束之时，或者阿克那顿统治的公元前 1381 年—公元前 1364 年。船上大多数物品的年代只能大致归为公元前 15 世纪到公元前 13 世纪之间。土耳其水下考古学家杰马尔·普拉克（Cemal Pulak）展示出，陶器年代的下限可晚至希腊青铜时代晚期三段 A2，他认为那是约公元前 1350 年，不过我会依循贝当古的年表把时间提前一二十年。人们发现的一只黄金圣甲虫上刻有"纳芙蒂蒂（Aten，Nefertiti），绝世之美"的铭文，似乎也标示着这一时间点。美国埃及学家詹姆斯·温斯坦令人信服地提出，这一圣甲虫的发现证实了阿克那顿赫赫有名的妻子纳芙蒂蒂在他死后成为法老，我们应该把她与人们所说的神秘统治者斯蒙卡拉（Smenkhkare）等同起来。温斯坦采用的是有关阿克那顿统治的低位年表，而我与之不同，原因在前面已经讲过。我认为他的统治时间是公元前 1381 年到公元前 1364 年。[125] 因此，圣甲虫或许是在公元前 1364 年到公元前 1361 年间制造的。另一个经常使用的黄金物品已经磨损了，是在船上的黄金碎料附近发现的。这暗示着圣甲虫可能在制成几十年后就丢失了。这一事实在我看来不如希腊青铜时代晚期三段 A2 的陶器那样重要，因为陶器很好地对应了圣甲虫在当时相当普及的情况。[126] 把卡什沉船的年代提前，就会强化这种观点：圣甲虫并非废旧金属，而是标志着这次航行具有某种官方性质，对于这么大的船只和这么多的货物来说这也不足为奇。[127]

　　考虑到沉船的年代及其与王室的联系，乔治·巴斯尝试着把沉船与阿马尔奈文书联系到一起似乎就是很合理的了。在阿马尔奈文书中，Alasia（人们通常会把 Alasia 与塞浦路斯等同起来，这在此似乎也是非常恰当的，但是巴斯反对这种等同）的国王向法老许诺说："吾将奉上两百泰伦铜作为礼物。"巴斯指出，可能所有的青铜时代的文献都没有记载过这样大的数量，而这个数字与卡什沉船上的大约两百块的铸锭恰好吻合。他也指出，还有更多的文书提到了

125　Weinstein（1989a, p. 27）.

126　Bass（1987, p. 732）；Weinstein（1989a, p. 24）.

127　Pulak（1988, pp. 33-4）.

Alasia 向埃及献上的其他奢侈品，其类型与在卡什发现的文物是对得上的。[128]

现在我们应该考察有关这艘船和船员的归属地的问题。根据船上发现的迈锡尼罐子，杰马尔·普拉克试着提出了他们是迈锡尼的希腊人的观点：

[它们]肯定是私人使用的杯子，因为其形状很难与盛放货物的容器联系到一起。除了其他一些尚未研究过的粗糙的碗之外，几乎可以肯定这些迈锡尼陶器包含船上用品；反复使用它们的是近东的船员吗？或者它们会属于船上的迈锡尼船员吗？陶器的用途并不确定，但是迈锡尼商人的印章让巴斯认为船上有一个迈锡尼人。最近发现的球形徽章（KW570）在近东还是独一无二的，属于迈锡尼人佩戴在衣服上的类型。这个青铜制造的徽章从材料来说并不贵重，它或许属于某个迈锡尼人，甚或就是属于印章的所有者。那么这个人是什么身份呢？是执行王室任务的官员，还是成功地进行贸易后返程的富商，抑或只是搭乘船只的中等财力的商人，船上的一小部分货物可能就属于他？……乌鲁布伦沉船上有迈锡尼人是否意味着这艘船也来自迈锡尼呢？对此我们并不清楚。不过，目前已经掌握的证据似乎倾向于支持这种可能性：这艘船是以迈锡尼为出发港的。[129]

巴斯承认这一论述的力度，但是认为在乌鲁布伦发现的 23 个黎凡特或塞浦路斯类型的石锚和"东方的"木质 pinax 或双连板（见下文）更为有力地支持了源自近东的可能性。[130] 人们还发现了放在一起的两把剑，一把是迦南的，另一把是迈锡尼的，这就让情况更加复杂。也就是说，船员可能是由来自不同地区的人组成的。

船员中有希腊人，这就为迈锡尼的航海活动的存在提供了考古证据，可以用来佐证相关的文献证据。尽管爱琴海地区本身缺少相关的文献证据，但是近东地区不乏这类证据。墓葬壁画显示出 Kftiw 的人和迈锡尼人带来了肯定来自海外的贡品。公元前 13 世纪的赫梯国王都德哈里亚斯四世认为，阿希亚瓦的

128　E.A. 33, 34 and 35. 在 E.A. 35 中提到的五百"泰伦"可能不是铸锭。参考 Bass（1986a, pp. 293-4; 1987, p. 709）和 Pulak（1988, p. 34）。巴斯（Bass）否定了 Alasia 是塞浦路斯的观点，参考（1990b, pp. 19-20）。

129　Pulak（1988, p. 37）.

130　Bass（1990b, pp. 17-18）.

船只来到叙利亚的海岸是正常的事情。而且，荷马笔下奥德修斯的海上袭击，就与埃及记录中来自海上的 Iḳwš 的侵略相呼应。[131]

另一方面，卡什沉船的船员包括黎凡特人，这应该与来自格里多亚沉船和恩科米的叙利亚贸易殖民地的考古证据综合考虑。在希腊发现了迦南的罐子和其他陶罐。最近在撒丁岛和利比亚的马特鲁（Marsa Matruh）也挖掘出了公元前 1470 年—公元前 1200 年的塞浦路斯和黎凡特陶器，而在西西里岛北部的伊奥利亚群岛（Aeolian Islands）附近的海床上也发现了一些陶器。[132] 与其说这些陶器显示出在地中海中部存在黎凡特人，不如说迈锡尼的陶器意味着近东地区有希腊人。不过，在西西里西南的塞利农特（Selinunte）角之外发现了公元前 14 世纪的青铜的迦南神灵小雕像，这更能说明问题。[133]

墓葬壁画绘制了叙利亚-巴勒斯坦商人把从船上卸载货物的场景，乌加里特的文本中也记录了活跃的大规模海上贸易，并且特别提到了官方授权的商人与克里特进行的贸易，这些都为我们提供了文献证据。而且，毕布勒、西顿和推罗具有商业传统，在荷马的描述中，爱琴海和黎凡特的所有贸易则都是掌握在腓尼基人手中的。[134]

现在出现的图景是，两个民族都投入大量的贸易活动之中；而且，公元前 1370 年后乌加里特的特殊情况可以解释，为什么那里的记录完全没有提到希腊人。不过，与爱琴海地区相比，乌加里特和其他叙利亚-巴勒斯坦城市在商业活动上受到了更大的压力，这种情况与荷马的描述都意味着，青铜时代晚期地中海东部地区的大多数贸易都是由黎凡特人完成的。

卡什沉船只是为在文献资料中已经明确展示的情况提供了考古学的证据，也就是至少在公元前 14 世纪，在地中海东部周边存在着奢侈品和金属的大规模贸易。这一地区当时是被埃及控制的，那里存在的唯一的其他力量就是赫梯人，而赫梯人显然处于贸易体系之外。在贸易体系内是一个完全国际化的社会，上层阶级喜欢舶来的商品，同时应该也对异域的情况有所了解。乌鲁布伦沉船就显示出了这种贸易的一些具体情况，在对此进行探讨之前，我认为有必要先

131　参考本章注释 78，58—60。
132　关于马特鲁，参考 White（1986, pp. 76-8）。关于伊奥利亚群岛和奇里乞亚，参考 Bass（1990b, pp. 15-35）。
133　Purpura,（1981, pp. 15-35）.
134　参考本书第十章注释 151 和本章注释 101—110。

考察一下我们所知的埃及的底比斯和迈锡尼这两座都城之间的关系。

埃及的底比斯和迈锡尼：公元前 1420 年—公元前 1370 年

在埃及语中被称为 Niwt imn（阿蒙的城）的埃及南部首都在希腊语中的名称是 Thebes（底比斯）。对于这个希腊名称的来源，通常的观点是它来自后来被缩写为 ipt 的 ip3t rst（Harem 南部），ip3t rst 是希腊语中的地名 Thēbai 和被假定为表示底比斯附近的卢克索的埃及语名称 *t3 ip3t 的融合；带有定冠词 t3 的例子尚未发现。[135] 这种解释是站不住脚的，也无法解释波伊奥提亚的底比斯的名字或者安纳托利亚西北部的密细亚（Mysia）的名字。在第一卷的绪言中，我勾勒出了相反的观点并打算在第三卷中详述：

> 在极端的雅利安模式到来之前，普遍认为希腊城市名忒拜（Thēbai）来自迦南语 têbåh（方舟，箱子），后者又来自埃及语 tbi 或 dbt（盒子）。这两个词常常和另一个可能相关联的词 db3（柳条筏，纸莎草方舟）以及 db3t（棺材，神龛；由此引申，宫殿）相混淆。db3 在科普特语中写作 Tbo 或 Thbo，是埃及的城市名。但有趣的是，没有记录表明曾经用它来称呼埃及的南方首都，希腊人称之为忒拜。但是，它大概被用来称呼希克索斯人在阿瓦里斯的首都。如果这样的话，db3/ 忒拜可能成为希腊语中"埃及首都"的代名词，它被附加在埃及底比斯的名字上，第十八王朝在那里建都。无论如何，没有理由怀疑这个希腊城市名字来自西闪米特语 têbåh 和上述埃及语词组。[136]

在公元前 10 世纪和公元前 9 世纪的荷马时代，底比斯已经有近两百年的时间不是埃及的首都了。不过，史诗中描写的阿喀琉斯拒绝阿伽门农为了平息对方怒火而送上的礼物，就体现出了人们仍然保留着对处于巅峰期时的底比斯

135　Gardiner（1947, II, p. 25）.

136　第一卷，第 51 页。我现在已经把 Thēbai 改成了 Thēbā，因为 Thēbē 是常见的荷马形式。Thēba 和西闪米特语中 Têbåh 的关系很早就为人所知。公元 5 世纪或 6 世纪的词汇学家赫西基奥斯曾经写道，Thēba 表示的"是波伊奥提亚的一座城市"和一个"箱子"（kibotos）。Kibotos 是《圣经》的诺亚故事中 têbåh（方舟）的翻译。参考 Astour（1967a, p. 158, n. 2）。

的记忆，那时一位黑人法老接受了已知世界的献礼：

> ……哪怕是汇集在奥尔霍迈诺斯的所有财富，是积聚在埃及底比斯的所有珍宝——这座埃及人的城市，拥藏着人世间最丰盈的财富，底比斯，拥有一百座大门的城！通过每个城门，冲驰出两百名驾驭着车马的武士。[137]

因此，希腊传说增加了一种可能性，那就是，在公元前 1470 年—公元前 1370 年的第十八王朝的鼎盛期，或者至少是在公元前 1419 年—公元前 1364 年的阿蒙诺菲斯三世和阿克那顿统治时期，埃及对希腊最大的城市迈锡尼即使没有统治权，也产生了影响。

现在我要回到考古证据上来。前面强调过，迈锡尼与近东的贸易在希腊青铜时代晚期三段 A 开始之时出现了激增，我认为正是在同一时间，图特摩斯三世开始巩固其在黎凡特的势力，并于公元前 1470 年左右建立起了在爱琴海的霸权。[138] 不过，迈锡尼的陶器在黎凡特和埃及出现的高峰期是希腊青铜时代晚期三段 A2，我认为这大致对应着法老阿蒙诺菲斯三世和阿克那顿的统治时期。上一章讨论过底比斯附近阿蒙诺菲斯葬庙的雕像基座，从这一文献证据来看，当时的埃及官方肯定是知道相当多的希腊城镇和行省的，并且埃及也有可能在这一地区拥有某种控制权。[139] “贡品”是在图特摩斯三世在位时呈上的，我们知道，到了这一时期的末期，在阿克那顿统治的第 12 年（公元前 1369 年），爱琴海的代表前来送上了贵重的礼物，以此换得“生命气息”。[140]

1981 年，弗朗威·汉基发表了一篇文章，试图把雕像基座上的爱琴海地名与在迈锡尼发现的彩绘陶板联系在一起，那些彩绘陶板上带有用椭圆形外框圈住的阿蒙诺菲斯三世的名字。她推测说地名名单代表着一个埃及官方使团的行程路线，并试着指出彩绘陶板可能就是这个使团送去的。[141] 在那之前两年，

476

137　*Iliad*, IX, 380-4. 哥廷根大学的海涅（Heyne）对这些令相信雅利安模式的人感到不安的语句进行了攻击，参考第一卷，第 478 页，注释 119。

138　参考本章注释 25 和第十章注释 77—78。

139　参考第十章注释 110—116。

140　参考第十章注释 87—88 和本章注释 207。

141　Hanky（1981）。

也就是 1979 年，沃尔夫冈·黑尔克曾经提出了同样的观点，不过并没有把这些物品与名单联系到一起。[142]

1980 年，斯特兰奇提出，这份名单是出访埃及的迈锡尼使团的行程路线。不过，正如埃里克·克莱因指出的，这种情况不太可能，因为名字的顺序先是从东到西，而后又回到了东方，这显示出行程是从埃及前往爱琴海后又返回了埃及。[143] 我在上一章中说过，我并不认为埃及人只是通过一个使团而知道这些地方的；我相信，这些地名即或不是绝大多数，也会有很多在图特摩斯三世统治时或更早的时候就已经为埃及人所知了。[144] 克莱因在一篇文章里扩展了汉基提出的方案，就斯特兰奇的观点提出了反对意见。他急于摆脱与埃及霸权有关的观点，却又明确地相信双方的关系是不平等的，而礼物的赠送就体现了这种不平等。

在爱琴海地区发现的带有用椭圆形外框圈住的阿蒙诺菲斯三世和他的妻子皇后提以（Tiyi）名字的物品，无疑要比带有其他法老名字的物品更多。克莱因估计，带有这两人名字的物品有 11 件，而带有其他法老名字的物品加到一起只有 10 件。[145] 如果像大多数学者那样认为地名 Bjs 表示的是克里特的斐斯托斯，并把斐斯托斯与两公里之外的阿基亚特里亚达（Agia Triada）等同起来，那么这些刻着铭文的物品的 6 个发现地的地名中的 4 个同时也出现在了雕像基座上。[146] 这非常耐人寻味。不论是否把这份名单与某个使团的路线联系起来，这里的相互关联都显示出，同时存在文献和考古证据，可以证明在公元前 1400 年左右，基多尼亚、克诺索斯、斐斯托斯和迈锡尼这些城市与埃及王朝有过接触。

克莱因指出，11 件雕刻铭文的物品中有 2 件埋在弥诺斯文化后期／希腊青铜时代晚期三段 A1 的地层中，2 件在弥诺斯文化后期／希腊青铜时代晚期三段 A1—2 的地层中，1 件在弥诺斯文化后期／希腊青铜时代晚期三段 A—B 的地层中，5 件在希腊青铜时代晚期三段 B 的地层中。他认为这显示出，它们是在希腊青铜时代晚期三段 A1 时运来的。[147] 我认为这一陶器时期在约公元前 1410 年结束，

142　Helck（1979, p. 97）.

143　Strange（1980, p. 25）；Cline（1987, p. 6）.

144　参考本书第十章注释 109—116。

145　Cline（1987, pp. 24-6, 30-2）.

146　Cline（1987, p. 7）.

147　Cline（1987, p. 1; 1990, p. 209, n. 39-40）.

而阿蒙诺菲斯三世的统治始于公元前 1419 年，因此我发现这在时间上太贴近了，但并非不能接受。不论如何，我看不出有什么理由认为它们不会被同时运到这里。不过，克莱因认为在阿蒙诺菲斯三世统治期间或结束后不久就被埋葬的物品还不够多，因此无法判断它们是不是通过中间人或旅行者带来的小件装饰品。

不过，克莱因承认，人们难以解释为什么在埃及发现的希腊青铜时代晚期三段 A1 的陶器相对较少，他认为这符合阿蒙诺菲斯三世统治的情况。他的解释仅基于这样一点，就是人们所知道的陶器分布只是基于试探性的发现。不过，如果认为希腊青铜时代晚期三段 A2 与阿蒙诺菲斯三世和阿克那顿的统治时期相对应，那么大量的这类物品就是在后者的首都阿马尔奈、距底比斯附近的麦地那（Deir el Medina）不远的工匠村以及在阿斯旺以南较远处的努比亚的塞斯比（Sesebi）发现的。[148]

地基陶板

迈锡尼的埃及神庙膜拜？

克莱恩把贸易商品和另外一些带有铭文的物品区分开来，认为后者是外交接触的象征，他似乎是正确的。克莱恩和弗朗威·汉基都对 6 到 9 片矩形彩绘陶板的残片非常感兴趣，陶板是 19 世纪在迈锡尼发现的，上面雕刻着阿蒙诺菲斯三世的族名和本名。它们似乎与在埃及所谓的地基材料中发现的陶板是相似或一样的，这些地基材料被埋在"应王室之命或至少有国王授意"而修建的神庙和世俗建筑的角落里。[149] 埃及学家马丁（G. T. Martin）评论说，埃及的类似发现会引导学者去寻找神庙或圣地，根据这一说法，弗朗威·汉基提出，迈锡尼的地基材料或许也能起到同样的作用。[150] 克莱因提到了另一种"奇特的可能性"，那就是它们当年是用于建造法老雕像的。[151]

与用于神庙地基相比，克莱因提出的这种可能性并不大。在埃及以外的地区，在努比亚以及巴勒斯坦的亚弗（Aphek）和贝特谢安（Beth Shan），

478

148　Cline（1987, pp. 13-16）.

149　Weinsteinl（1973, pp. 430-2）.

150　Hankey（1981, p. 46）.

151　Cline（1987, pp. 10-11）.

也发现过这类陶板。在巴勒斯坦发现的陶板曾经让以色列考古学家推测那里存在过埃及神庙。[152] 因此，埃及神庙似乎有可能修建在埃及之外的受到埃及影响和控制的地区。那么在公元前 1400 年左右的希腊是否也存在这种可能呢？

这些碎片没有一片是在可以被视为地基的遗迹环境中出土的。它们通常是在弥诺斯文化后期三段 B 的地层中被发现的，这一时期距它们运抵希腊可能已经过去了一个多世纪。不过，它们有可能与其他雕刻有王室标记的物品一样受到了特殊对待，人们对这些物品的敬奉已经与它们本来的用途无关。[153] 这意味着，如果它们位于建筑的地基中，那么这些建筑不可能延续了很长的时间。也有可能那些计划修建的建筑从不曾在那里真正建起。

一座埃及神庙不仅是一处建筑，而且是由划分成复杂等级的众多祭司组成的大型机构。那么是否有理由认为，在迈锡尼的希腊也曾经存在这样的团体呢？一种可能的回答来自阿提卡的依洛西斯的 Korē（珀尔塞福涅）和得墨忒耳膜拜。第四卷中会对此做详细讨论，我希望届时能展示出，这种膜拜及其神秘仪式有明确的青铜时代的根源，它不仅与埃及的伊希斯、奈芙蒂斯、奥西里斯膜拜极其相似，而且欧墨尔波斯（Eumolpids）和克略克斯（Kerykes）这两大祭司家族也与埃及祭司的两大等级类似。

这种对应性在古代被广为接受。同样有趣的是，为狄奥多罗斯提供信息的人告诉他说，神秘仪式是由雅典王厄瑞克透斯在他统治期间引入依洛西斯的，时间是约公元前 1409/1408 年，这位国王是埃及人的后裔。[154] 帕罗斯碑给出了同样的时间。不过，阿波罗多罗斯（Apollodoros）把狄俄尼索斯和得墨忒耳出现在希腊的时间定得稍早了一些，是在约公元前 1462 年—公元前 1423 年间的雅典王潘狄翁统治时期。[155] 如同我在第二章里谈到的，公元前 21 世纪，在阿

152　Giveon（1978a, nos. 3-4, plate. 54, 2-4）.

153　Cline（1990, pp. 208-9, n. 35-40）.

154　Diodoros, I. 29, 1-5. The scholiast Aristeides, XIII. 95，也把厄瑞克透斯称为埃及人，但是似乎把他和凯克洛普斯混淆了。参考 Tzetzes, Lykophron III。希腊学者 Alexandra Lambropoulou（1988, pp. 77-8）认为，这个名字源自埃及语的 Ḥ r-3ḫty 或 Ḥ r-3ḫti（地平线的荷鲁斯）。这些问题会在第三卷和第四卷中进一步讨论。

155　Apollodoros, III. 14.7. 雅利安主义者对于这些资料的彻底讨论参考 Burton（1972, pp. 124-5）。Astour（1967a, p. 343）认为名字 Pandion 等同于 B 类线形文字中的 Padijo，因此等同于乌加里特名字 Pdy、Padiya 或 Pdyn，它们都来自常见的闪米特语词根 padâ（赎金，赎回）。

提卡海岸外的凯奥斯岛可能存在着狄俄尼索斯膜拜。[156]

　　因此，我们这里考虑的不仅是神灵膜拜本身，而且也是一种宗教体系的引进。值得注意的是，这在时间上与阿蒙诺菲斯三世（公元前 1419 年—公元前 1381 年）的统治相对应。同样真实的是，迈锡尼遭受了痛苦的灾难，不论是在从珀尔修斯的达那厄王朝到亚加亚王朝的转变过程之中，还是在后来赫拉克勒斯后裔的回归或多利安人的入侵之中；但是在阿提卡并没有发生如此激烈的动荡，雅典人经常自夸他们的制度和宗教具有悠久的历史和延续性。因此，埃及的膜拜在依洛西斯能够得以留存，却在迈锡尼瓦解消失，这非常符合我们所了解的整体的历史模式。

　　不论如何，在迈锡尼创立的一座或更多的埃及神庙膜拜可能具有对应者。如果陶板不是地基材料，那么我们也难以看出它们究竟有什么功用。它们不可能作为装饰品佩戴，没有多少固有的价值，也不可能出现在新王国时期的纪念品市场上。最简单的解释方法就是，它们的功用与在埃及、巴勒斯坦和努比亚发现的类似物品一样，都是修建神庙所用的材料，至少是要放到埃及类型的神庙下面的。

　　陶板和其他雕刻着王室名称的物品，以及来自埃及的这一时期的实物证据和文献证据，都表明底比斯和迈锡尼之间很可能存在密切的外交关系，而且这种关系是不平等的。

贸易的环行路线

　　1970 年，人们对一片被称为泰勒陶板的迈锡尼陶板残片上的釉进行了铅同位素分析，康宁玻璃博物馆（The Corning Museum of Glass）的布里尔（R. H. Brill）的总结令人惊诧：

　　　　釉中的铅绝对属于 L 类。在古代，大多数 L 类的铅都来自劳利昂矿区。这份样本中的铅与来自第十八王朝的黄玻璃、釉和化妆墨的大量样本所含的铅迥然不同。尽管看似不可能，但是对于该残片的最佳解释就是，它并

479

156　参考本书第三章注释 128。

非在埃及，而是在迈锡尼附近某地上釉的（或许也是在那里制造的）。[157]

如果这一分析正确，就会引出两种可能性，而我们下面也可以看到为什么会认为这一分析是正确的。第一种可能性前面已经提到过，就是陶板属于希腊制造。不过，陶板的制造和象形文字的雕刻都符合埃及工坊所要求的最高标准，所以此前还没有人考虑过它可能是在埃及之外的地方生产的。在迈锡尼附近存在这样的工坊是极不可能的。这需要埃及王室的批准，还需要有长期在那里居住的埃及工匠，或者在埃及长期学徒的迈锡尼人。

第二种可能性就是埃里克·克莱因所说的，陶板的制造地是埃及，但使用了从希腊进口的铅，这种可能性似乎更合理一些。克莱因借鉴了冶金学家盖尔（N. H. Gale）的分析，该分析结果显示，另外 3 件第十八王朝的铅制品的材料也来自阿提卡南端附近的劳利昂。[158] 他还引用了盖尔的评论，"含有劳利昂原料成分的埃及制品……意味着迈锡尼文化和埃及文化在当时存在某种接触"。[159] 有假说认为，公元前 1400 年左右阿提卡有可能按时向埃及出口金属，能够进一步证明这一假说的是，在巴勒斯坦的贝特谢安发现了刻有阿蒙诺菲斯三世名字的青铜匕首，对于铜的分析显示原料可能来自劳利昂。[160] 在贝特谢安发现的同时代的长矛同样带有用椭圆形外框圈住的阿蒙诺菲斯三世的名字，所用的铜似乎来自撒丁岛，这也反映出了这个时代经济的国际化。[161] 文献证据也可以支持金属来自希腊的观点，因为来自卢克索神庙的一份第十九王朝的矿产国名单上就包括了"［Wꜣḏ wr］……中部的岛屿"。[162]

认为阿提卡曾在公元前两千纪向埃及大量出口金属，这就彻底否定了孤立主义者提出的希腊发展模式。在盖尔发表了对于铅的分析结果之后，他的妻子斯托斯-盖尔（Z. A. Stos-Gale）又声明说，第十一王朝的两座雕像使用的是劳利昂的银。[163] 这显示出，金属贸易尽管在第十八王朝鼎盛之时繁荣发展，但是并不限于

480

157　参考 Cline（1990, p. 209, n. 42）所引用的信件。

158　Gale（1980. pp. 178. 180-1）他也引用了 Buchholz（1972），Stos-Gale and Gale（1982）。

159　Gale（1980, p. 178）。

160　Dayton（1982a, pp. 159, 164）。

161　Dayton（1982a, p. 166）。

162　Vercoutter（1956, p. 139, doc. 41; pp. 89-90, doc. 19）。

163　参考本书第四章注释 23。

这个时代，而是在经济和政治条件允许时就有可能发生。综合盖尔夫妇的结论可以看出，我们在考察考古发现的实物时，所看到的只不过是两地交往的冰山一角。

不过，这里我们要集中关注的是出有大量实物遗存的后一时期。更多的证据为有关铅出口的信息提供了存在的语境。卡什沉船中有大量的金属货物，包括 6 吨铜、大量的锡和一些黄金。这清楚地显示出，在第十八王朝时期，地中海周边地区存在金属的大批量船运。而且，来自卡什和其他地方的证据清晰地表明，铸锭具有标准形状，很多学者认为存在 "对［铜］这种重要商品的生产和贸易进行集中管理的机构"。[164] 当然，学者们对于这一中心机构位于何处持有不同意见。卡特林认为是爱琴海地区，巴斯认为是叙利亚，米利和他的同事则认为是在塞浦路斯。[165] 由于塞浦路斯在当时似乎是铜的主要生产中心，这可能是最合理的猜测。

很多小块的铸锭上烙有一个读作 na 的塞浦路斯语中的符号形式，这为我们提供了进一步的证据。不过，带有这一符号的不仅是铜锭，一块锡锭上也有同样的符号。[166] 锡锭不可能源自塞浦路斯，因为在古代地中海世界，锡或者来自阿富汗或马来亚（Malaya），或者来自波希米亚或康沃尔，尽管现在在土耳其也发现了青铜时代的锡矿。米利提出，爱琴海地区使用的是欧洲的金属。[167]但是巴斯和普拉克认为，装载着锡的卡什沉船似乎是驶往西方的，这意味着这些锡至少来自亚洲。[168] 如果符号 na 并非仅限于铜，那它又意味着什么呢？一种可能的答案是，这是复合词 nb nꜛ（特别优质的黄金）中的 nꜛ（光滑的或优质的）的塞浦路斯语或黎凡特语译词。在第十八王朝时，nꜛ 也用来表示 "最好的"。

不论情况如何，几乎没有疑问的是，公元前 15 世纪和公元前 14 世纪早期地中海东部的金属贸易和其他贸易是在处于埃及政治影响下的区域内发生的。撒丁岛和西班牙的金属制造区与意大利当时显然在经济上是一体的，但我们并不确定它们在政治上参与到了什么程度。不过，有关当时的商业关系存在足够多的证据，包括前面提到的带有用椭圆形外框圈住的阿蒙诺菲斯三世名字的

481

164　Pulak（1988, p. 8）.

165　Catling（1964, p. 271）; Bass（1986a, pp. 294-5）; Maddin，Wheeler and Muhly（1977, p. 46）.

166　Pulak（1988, p. 9）.

167　Muhly（1979b, p. 95）.

168　Pulak（1988, p. 36）.

矛，它就是用撒丁岛的铜制成的。[169]

我们也知道，地中海东部贸易区的范围延伸到了从不列颠至乌克兰的整个欧洲。在这广阔的北方地区内，人们在这一时期的遗址中发现了数量不多的武器和珠子。这些物品有的是迈锡尼特有的，有的显然是埃及的，也有一些来源独特，难以追溯。[170]一切都显示出地中海东部地区在希腊青铜时代晚期三段开始后，或是在图特摩斯三世建立起和平的埃及后，呈现出了富庶的状态。这一贸易网的证据非常好地对应了字母表传播到地中海西部和北欧的情况，我曾经基于古代文书的资料提出，这发生在公元前两千纪中期。[171]

不过，在此我们应该集中探讨地中海东部地区的情况。卡什沉船和乌加里特的文献证据显示出，贸易商船沿着"逆时针方向"顺流环行，船只满载象牙、河马牙、乌木、香料和其他热带作物、优质商品、纸莎草，或许还有小麦，从埃及浩浩荡荡地驶往黎凡特，在那里装上锡、玻璃、树脂和香料，继续前进去往塞浦路斯。这里出口的是铜和当地的罐子。在爱琴海地区，船只装好银、铅和迈锡尼陶器以及放在这些陶器中的商品，经过克里特，继续航行到位于今天埃及西部马特鲁的非洲海岸，并由此返回尼罗河。[172]

贸易用语

尽管只有这一时期的环行路线得到了完全的证实，但是其组成部分极有可能在更早的时期就已经形成了。希腊词语似乎就反映了这样的贸易模式。上一章提到了表示香料的闪米特语名词。尽管奉行雅利安主义的学者认为，"埃及文化之于希腊就如中国文化之于欧洲，这种文化在很多方面是如此陌生，在语言学方面希腊人几乎找不到什么可以借用的"；[173]但是他们也不得不承认

---

169 见本章注释161。

170 Harding（1984, pp. 261-6）.

171 Bernal（1990, pp. 35-40）.

172 航行的地图参考Bass（1987, pp. 697-8），Bass（1986a, 1986b），Pulak（1988），Knapp and Stech（1985）. 巴斯并没有提到来自埃及的麦子或来自希腊的银和铅。

173 McGready（1968. pp. 252-3）; Hemmerdinger（1968）. Hbni可能是从其他某种非洲语言借用到埃及语中的。Kytisos，一种命名不准确的乌木，或许是B类线形文字中的kuteso，通常也被认为是从一种非洲语言借用到希腊语中的。参考Lucas and Harris（1962, p. 434）以及Brown（1975, p. 143）. 不过在埃及语中并没有发现作为其词源的词。

papyros 等词具有埃及词源。例如：ebenos 来自 hbni 和 annes-（anis），kiki 来自 k3k3（蓖麻油，用于灯油），kommi（树脂）来自 ḳmit，sindōn（优质的薄织物）来自 šnḏwt（优质布料短褶裙），nitron 来自 nṯr。我想在这个贸易词汇表上加进"ivory"（象牙）elephas，B 类线形文字中写作 erepa，它来自带有大象义符 𓃰 的埃及语 3bw（大象），还有带有"骨头" 𓄹 义符的"ivory"（象牙）。希腊词语 elephas 有同样的双重含义。通常认为，elephas 和拉丁语中的 ebur（象牙）一样是个外来词。[174] 安纳托利亚语专家拉罗什提出，elephas 来自赫梯语中意思为"大象的牙齿"的 la-ah-pa-aš，以及带有表示动物的赫梯语后缀 -n(t) 的假想形式 *lahpant。他认为这又源于闪米特语的 alpu(m)（牛），并将之与一直存活到公元前两千纪的叙利亚的大象和象牙联系了起来。[175] 尽管可能有这些来源的影响，但是特指"大象"的 3bw 似乎更有可能是希腊语和赫梯语中的对应词语的来源。尽管叙利亚有象牙，埃及和非洲其他地方似乎仍是最有可能的来源地。尚特莱纳否定了来自 3bw 的词源，显然是由于不知道开头的 3 原本表示液体。[176] 从 Nbt ḥt 到 Nephthys 的转换和名字 W3ḥ ib Rˁ 到 Ouaphris 的转换中，可以看出 b>ph 的形式与埃及语在词首添加元音的倾向是一致的，因此我看不出这个在语义上非常恰当的词源在语音上有什么问题。拉丁语 ebur 似乎来自科普特语中的 ebu 后来的发音方式，其中添加了最后的 -r 是"与 femur；robur 等一致的"。[177]

483

那些普遍被接受的表示从埃及运到希腊的外国商品的借词，几乎没有为它们被借用的时间提供什么证据。不过，从 3bw 中派生出 elephas，肯定是发生在公元前两千纪早期或更早的时间。显示出这点的不仅是其在 B 类线形文字中得到了证实，而且还有辅音 3 的保留。

希腊语中另一种可能的埃及词源更为重要，那就是并非作为一种植物，而是作为一种食用谷物的 sitos（小麦）。这个词没有印欧语的同源词。而且，希

174　Chantraine（1968-75, p. 338）. 19 世纪的学者对此观点不一。参考 Muss-Arnolt（1892, p. 93）。

175　Laroche（1965）. Chantraine（1968-75, p. 338）指出，赫梯语的形式 laḫpas 也是个借词。同时参考 Masson（1967, pp. 80-3）的讨论。拉罗什追随自博沙特以来的长期观念，认为 elephas 源自闪米特语的 alpu。参考 Hem-merdinger（1970, p. 52）。赫梯语中表示动物的后缀 -nt 和若干希腊词语末尾的 -nthos 可能来自埃及语的 nṯr（神灵的或活着的），这会在第三卷中讨论。

176　Chantraine（1968-75, p. 338）.

177　Muss-Arnolt（1892, p. 93）.

腊语中的首字母 s- 在印欧语中未能保留下来，因此这个词就更有可能是外来词。亚述研究专家、语言学家玛斯–阿诺特提出，sitos 与亚述语的 šeʾu，也就是 šeʾatu（谷物，玉米）的阴性形式是"联系"在一起的。[178] 德国闪米特学家海因里希·卢伊则将之与苏美尔语中具有同样含义的 zid 联系了起来。[179] 意大利语言学家马卡罗内（Nunzio Maccarrone）认为，šeʾatu 是 sitos 的词源在语音和语义上都是成立的，因为希腊和埃及的直接接触要多过希腊和美索不达米亚的直接接触，但是更有可能的是，这个词来自埃及语的 s(w)t（小麦）。[180] 马卡罗内承认这里的元音字母存在一些问题，因为其在世俗体中是作为 sw、在科普特语中是作为 suo 保留下来的。不过他推测出了 *sᵉʷot 这种形式，由此可以产生 sit-。他指出，借词肯定发生在新王国时期埃及语中词尾的 -ts 被略掉之前。[181] 存在于 B 类线形文字中的 sitos 似乎就可以支持这一偏早的时间范围。闪米特语和埃及语形式的 šeʾu 和 s(w)t 显然是相关的，zid 则是个外来词，而以后可能会发现一个西闪米特语的形式。同时我认为，马卡罗内的观点是有可信度的，人们应该试着去接受他的观点。

有趣的是，在相关的主题方面，还有两组可能来自埃及语的外来词。第一组是希腊语的 art-（小麦烘烤的面包）。普雷尔维茨（Prellwitz）和博伊萨克（Boisacq）在他们的词源字典中都倾向于认为 artuō（准备食物）是这一组词的基本含义，这与埃及语的 rtḥ（烘烤，尤其是面包）是非常契合的。[182] 它与 artos（小麦烤的面包）的语义重叠并不圆满，因为"烘烤的面包"在埃及语中是 t rtḥ。不过，与 artuō 在语义和语音上的对应是很令人满意的。意大利语言学家皮萨尼（Pisani）认为 artos 源自重构的伊朗语词根 *arta（面粉），乔加卡斯对此表示赞同，尚特莱纳则表示怀疑。[183] 他同样怀疑这一假说，就是 artos 来自 arto（玉米制成的面包），属于一种在巴斯克（Basque）发现的底层语言。[184] 这样的联系在空间和时间上似乎都非常遥远，而这个词很可能是从希腊语直接进入巴

---

178 Muss-Arnolt（1892, p. 92, n. 3）。

179 Lewy（1895, p. 81）。

180 Maccarrone（1939, p. 102）。

181 Maccarrone（1939, p. 102）。

182 尚特莱纳并没有把 artos 和 artuō 放到同一语族中。

183 Pisani, p. 141, Georgacas（1957, p. 115）。

184 Hubschmid *Sardische Studien*；见 Georgacas（1957, p. 115）。

斯克的外来词，或是通过西班牙语间接进入的。Artos 本身是非常古老的词语，不仅出现在赫西俄德笔下，也出现在 B 类线形文字的复合词 atopoqo 这一形式中，查德威克将之视为 artopoqʷoi（面包师）。[185]因此，这里或许也有一个早期借词。

标准的埃及谷物度量单位 ḥḳ3t 是与义符 ꙮ⊔ 写在一起的。这一度量单位有一个有趣的特点，即它和数词写在一起时代表 100ḥḳ3t，如果前面是 0.5，就代表 50ḥḳ3t，以此类推。[186]因此，这个词与数字 100 之间就有非常密切的关联。希腊语中表示"一百"的词语是 hekaton。对这个词的解释是它来自原始印欧语的 *dkmt-om，而拉丁语中的 centum 和日耳曼语中的 hund 据信就源自这个词。不过，希腊语形式中开头的 he- 给语言学家带来了很大的困扰。[187]合理的看法或许是，这是由来自 ḥḳ3t 的影响造成的结果；或者，更有可能合情理的一种看法是，这个希腊词语是从埃及语中直接借来的。

语音和语义上的对应都可以强化这一假说。年老丑陋的代表丰饶的埃及青蛙女神被称为 Ḥḳt，在这个名字和 ḥḳ3（魔力）之间有清晰的联系。而在希腊神话中有一个年老丑陋的魔法女神 Hekatē，这个名字也没有印欧语词源。

从 ḥḳ3t 借来的词语 hekaton 在语义上与希腊语词干 khili-（千）相对应。这在传统上被视为来自假想中的原始印欧语词根 *kheslioi，在梵语中写作 sahásram（千）。尚特莱纳承认，这一派生在形式上有很多难解的问题。不过，他断然否定有词语借用发生。就我所知，没有人尝试过将这个词的来源归为埃及语的 ḫ3（千）。由于它在科普特语的不同方言中的发音分别是带有一个 o、一个 a 或一个 e 的，因此很难确定它的元音。不过，它的辅音结构和语义场非常契合。

希腊词语 khilos 或 kheilos（饲料）的词源是未知的。它似乎来自埃及语中的 ḫ3 w（蔬菜，植物）。这又把我们带回到了一系列希腊词语的合理的埃及词源中，这些关键性的词语为表示小麦的词汇，包括 sitos、art-，或许还有 hekaton。这些词源提示了针对一个问题的可能的答案，而自从希腊曾向埃及和黎凡特出口金属的情况明晰以来，这个问题就变得越发尖锐：埃及究竟提供了什么物资，

185　Ventris and Chadwick（1973, p. 535）.

186　Gardiner（1957, p. 198, § 266.1）.

187　Szemerényi（1960）在对印欧语数字的综合研究中并没有提到它。

才换回了这些金属以及与迈锡尼陶器一起运输或放在陶器中的物品？

埃及出产优质黄金、纸莎草、亚麻，可能还有棉花，因此或许也出口这些产品。[188] 我们由卡什沉船了解到，船上载有大批的乌木，并且象牙和河马牙是埃及出口的另一类主要物品。[189] 从埃及运到北方的可能也有其他热带产品，例如鸵鸟羽毛、鸵鸟蛋和树脂、油膏、香料。不过，奴隶可能是从希腊通过船运带到近东的，而非相反。[190]

要注意的是，除了表示黄金的 chrysos 具有闪米特语词源以外，所有其他埃及出口的物品的希腊名称都有可靠的埃及词源。那么，表示小麦的希腊词汇具有可靠的埃及词源，有没有可能意味着埃及也出口小麦呢？

据我所知，当时的文献中没有提到这点，考古学也很难找到这种贸易留下的痕迹。不过，一种合理的旁证可以用来证明埃及在青铜时代曾经出口小麦。首先，我们知道，以农产品丰富著称的埃及是重要的小麦产地，而粮食也很容易通过水路运输。《圣经》中描述了一些叙利亚游牧民族从埃及购买谷物的情景，这是有一定可信度的。"各地的饥荒如此严重，全世界都来到埃及，从约瑟那里购买谷物。"[191] 同样没有疑问的是，至少是为了缓解饥荒，在青铜时代晚期曾经有大批的谷物经船运输。在乌加里特发现的一份公元前 13 世纪晚期的文书中，赫梯国王向乌加里特国王提出了要求，想要 2000 度量单位的谷物来缓解奇里乞亚的乌拉城的饥荒，并估计这需要运一次或两次。法国亚述学家让·努加霍尔（Jean Nougayrol）试图算出这样一艘船的承载力，他的结论是，乌加里特国王肯定拥有一共能装 500 吨货物的船只。[192] 阿斯特在对这一问题的讨论中指出，这样规模的航运不仅限于海岸附近，因为哥伦布的旗舰圣玛利亚（Santa Maria）号的载重量是 233 吨。[193]

卡什沉船证实了努加霍尔对青铜时代晚期船只载货量的估算。这些谷物是从穆基斯（Mukis）运往乌加里特北边的。不过，公元前 13 世纪乌加里特

188　参考 Brown（1975, p. 143）。关于棉花这么早就开始在埃及种植的可能性，见第三卷。

189　Bass（1987, p. 728）指出，埃及人所说的 hbni，不是被我们称为乌木的木材，而是 Dalbergia melanoxylon（非洲乌木黄檀）。参考本章注释 173。

190　关于古代的奴隶贸易的简要讨论和参考文献，以及特别提到的腓尼基人在其中的作用，参考 Bernal（1989a, pp. 18-26）。

191　*Genesis* 41. 57.

192　Nougayrol（1957, p. 165）。

193　Astour（1967a, p. 348）。

的农业似乎是高度商业化的。闪米特研究专家和经济史学家迈克尔·赫尔泽（Michael Heltzer）强调了一项事实：乌加里特的土地价格要比美索不达米亚的土地价格高得多。他提出，造成这种情况的一个原因可能是，"乌加里特的大部分耕地都覆盖着橄榄树林、椰枣树、葡萄园，等等"。[194] 有趣的是，常用来表示"地产"或"农场"的乌加里特词语是 gt（葡萄酒或橄榄压榨）。这种情况似乎导致了谷物经常或持续短缺，因此谷物在乌加里特似乎比在埃及贵得多。[195] 我们知道，乌加里特本身接受了来自埃及粮仓的谷物。在特拉维夫（Tel Aviv）之外的亚弗发现的这一时期的泥板提到，有大约 15 吨的谷物在从雅法（Joppa）前往乌加里特的运输途中丢失了，雅法是位于迦南南部的重要的埃及粮仓的所在地，而这些谷物显然是通过船运输的。[196]

486

在赫梯国王写给乌加里特的信件中提到了当地的食物短缺，这似乎属于影响了安纳托利亚中部大部分地区的大范围饥荒的一部分。实际上，法老麦伦普塔赫（公元前 1236 年—公元前 1223 年）就夸耀说为哈梯提供了谷物。[197] 狄奥多罗斯记录了一个埃及传说，其中青铜时代的雅典国王厄瑞克透斯从埃及带回了大量谷物缓解了饥荒，由此巩固了自己的统治。据信，正是这种情况导致了得墨忒耳膜拜的传入。[198]

应该如何把饥荒救助从常规贸易中区分出来呢？大多数经济史学家认为，二者之间的界限很容易跨越，尤其是在古代的地中海东部地区，那里"降雨较少的年份出现的频率令人恐慌，若干这样的年份连在一起的统计概率也非常高"。[199]

我们知道，至少到公元前 10 世纪时，腓尼基的城市频频出现食物短缺。[200] 考虑到城市化和制造业的规模，以及沿海城市可耕地有限的状况，我们也就没

194　Heltzer（1978, p. 119）.

195　Heltzer（1978, p. 100）.

196　Singer（1983b）.

197　Singer（1983b, pp. 4-5）.

198　Diodoros I.29. 对于这个故事是属于公元前 6 世纪还是公元前 4 世纪，有关争论的参考文献见 Brown（1975, p. 149, n. 23）。即使有些细节存在问题，我也看不出有什么理由怀疑整个传说可以追溯到青铜时代的这一情况。根据帕罗斯碑，厄瑞克透斯的统治据信是在公元前 1400 年左右，这实际上是埃及与爱琴海地区接触的高峰期。还有一种传说认为厄瑞克透斯是埃及人。参考 *Schol. Aristides*, XIII. 95，Burton（1972, pp. 124-5）。

199　Bintliff（1977, pt. 1, p. 51）.

200　Bernal（1989a, p. 23）.

有什么理由怀疑这正是青铜时代晚期的情形。那时，迦南人显然已经在进口雪松木材、"推罗"的紫色染料和金属成品，很有可能也在制造并运送出大量的毛坯玻璃和以此制成的装饰性容器。[201]

无疑，在古典时代（公元前 500 年—公元前 320 年），除了波斯人占领埃及的时期以及与希腊敌对的时期外，在希腊和埃及之间一直存在着重要的贸易往来，贸易的基础就是用希腊的银交换埃及的谷物，尽管人们正确地认识到通过贸易交换的也有其他商品。古典学者奥斯汀（M. M. Austin）以充足的理据说明，贸易在古风时代已经发挥了作用。[202] 理查德·布朗（Richard Brown）发表过一篇有关在希腊发现的埃及物品的论文，他主张，在青铜时代并没有出现类似于从埃及出口谷物到爱琴海的情况。他认为，"对于一个比古典时代的希腊人口少得多的民族"，这样的进口肯定是不必要的。[203] 关于迈锡尼和古典时代希腊的相对人口的证据并不确定，不过有可能的是，至少在某些主要地区，人口密度是十分相似的。[204] 在青铜时代晚期的希腊存在羊毛、金属和陶器的专门化生产，而农业种植侧重于橄榄和葡萄，因此谷物短缺是十分可能出现的。虽然在 B 类线形文字文本中并没有提到谷物进口，但是研究皮洛斯王国的学者们吃惊地发现，在这个大部分情况都已为人所知的迈锡尼王国，用于种植小麦的土地相对很少。[205]

还有一种论述方法是通过与公元前一千纪大部分时间的情况进行对比。青铜时代之后的船运至此并没有显著改进，通过海上运输而来的埃及小麦为希腊

201　在乌鲁布伦沉船上发现的玻璃块及其很可能具有的黎凡特来源，参考 Bass（1987, pp. 716-17）和 Pulak（1988, p. 14）。Dayton（1982b）认为，大多数玻璃的蓝色钴类颜料来自波西米亚的施内伯克（Schneeberg），而且最早是在迈锡尼的希腊制造的。B 类线形文字泥板记录了迈锡尼存在 kuwanokoi（人造玻璃工匠）（见 Pollinger-Foster, 1979, pp. 10-11）。不过，希腊传说明确地表示天青石与其彩陶仿制品是来自埃及，或有可能是来自腓尼基的。Theophrastos, De Lapidibus, 55。表示蓝色玻璃的希腊词语 kyano——B 类线形文字中的 kuwano——显然与赫梯语的 ku(wa)nan、阿卡德语的 uqnu 和乌加里特语的 iqnu 同源。不过，这只是表示天青石及其仿制品的普通词语，有趣的是，它在埃及语中并不存在。因此，尽管蓝色玻璃无疑在埃及广泛使用，也可能由此与埃及有关，但是它更有可能是最早在腓尼基制造的，也有可能是最早在希腊制造的。

202　Austin（1970, pp. 35-7）。德摩斯梯尼（Demosthenes）的演说只提到谷物从黑海运抵雅典，并没有说谷物是来自埃及的。这可以通过公元前 343 年—公元前 332 年波斯人第二次占领埃及来解释。

203　Brown（1975, p. 143）。

204　Renfrew（1972, pp. 232-3）。

205　相关情况的综述见 Ventris and Chadwick（1973, pp. 236-8）。

和地中海盆地的大部分地区提供了食物储备。[206] 在布朗发表了有关青铜时代贸易的反对意见之后，最重要的发现就是，交换货物中的一半，包括向埃及出口的银和铅，都有了考古证据，如果再加上旁证，我们就可以认为，埃及在青铜时代似乎很有可能向希腊出口谷物。因此，在希腊青铜时代晚期三段 A 和三段 B（公元前 1470 年—公元前 1220 年）时期迈锡尼的希腊人口兴旺、社会繁荣的状态，似乎很有可能就依赖于覆盖地中海东部地区的复杂而脆弱的贸易网络。庄稼歉收的情况反复发生，当地的农业不可能维系大规模的人口，因此只能依赖埃及的谷物援助。

小麦或面包总是与生命相关，正如希伯来语的 matēh leḥem（面包，生命所依赖的食物）。在中期埃及语中，iri（制造）ꜥnḫ 是"供给"之意，而 ꜥnḫt 加上义符 ⊞，意思是"谷物"。在后期埃及语中，也就是在我们所关注的这一时期人们所说的语言中，ꜥnḫ(w) 是以同样的方式书写的，意思是"生命，食物和供应储备"。因此，埃及语中法老给予外国使团的 tꜣ n ꜥnḫ（生命气息），可能就具有允诺供应谷物的实际意义以及政治和精神上的意义。[207] 这似乎使埃及在经济上、政治-军事上以及文化上都控制了迈锡尼的希腊。

即使交换的商品中不包括埃及的小麦，在公元前 1470 年—公元前 1220 年间，地中海东部地区也无疑存在着稠密的贸易网络，并延伸到了地中海西部和黑海。公元前 15 世纪和公元前 14 世纪的贸易模式尽管显然是基于之前确立的模式并与之相似的，但是也有自己独特的特点，这些特点就反映在当时的政治形势之中。虽然在安纳托利亚南部托罗斯（Taurus）山的波卡达各（Bolkardağ）地区发现了一些用于渔网铅坠的有一定分量的铅，但是除此之外在赫梯人控制的区域内再没有发现其他物品。[208] 同样，除了被巴斯视为来自东方的锡之外，在美索不达米亚也没有更多的发现。

因此，贸易品或者来自埃及和人们所知的处于埃及控制下的区域，例如努比亚、黎凡特和埃及本身；或者来自克里特、希腊大陆和安纳托利亚西部的阿匹瓦。这一模式的形成显然并非偶然。在研究迈锡尼的希腊青铜时代晚期三段

488

206　关于古典时代埃及向希腊出口小麦的参考资料，见 Austin（1970, pp. 35-7）和 Brown（1975, pp. 149-50）。

207　关于 ꜥnḫ 和 ꜥnḫt 的关系，以及其他文化中生命和供给的关系，参考 Ember（1917, p. 89）。

208　Bass（1990b, p. 16）。

时期的外国物品时，埃里克·克莱因发现了同样的模式，这意味着希腊属于埃及-黎凡特世界，而非赫梯的安纳托利亚世界。在埃里克·克莱因列出的物品清单中，22 件来自埃及，9 件来自叙利亚-巴勒斯坦，2 件来自美索不达米亚，各有 1 件分别来自塞浦路斯和安纳托利亚。前面已经指出安纳托利亚的物品不可能是赫梯的，如果记住了这点，那么这种平衡就更加令人瞩目。[209]

来自国外的物品主要是在希腊青铜时代晚期三段 B 的地层中发现的——45 件中有 26 件来自这一地层——另外 5 件来自希腊青铜时代晚期三段 A—B。部分原因可能是，后面这一时期的时间长度是大约 150 年，而希腊青铜时代晚期三段 A 的长度是大约 100 年。此外，如同前面提到的，属于希腊青铜时代晚期三段 B 的刻有阿蒙诺菲斯三世名字的物品显示出，一些国外的物品可能在它们被埋葬前几十年就已经运抵希腊了。[210]

我在这一部分提出，表示商品的希腊词语的闪米特语词源和埃及语词源，在整体上与这些商品在青铜时代被进口到希腊的状况是相呼应的。唯一不寻常的就是，词源显示，在青铜时代末期，小麦不仅是从埃及出口到黎凡特的，而且也会出口到爱琴海地区。文献证据表明，在这一时期埃及的小麦从海上运到了北方，缓解了那里的饥荒。我认为存在旁证，可以表明这样的救助足以帮助当地的经济和人口继续发展并超出庄稼歉收条件下的生存水平。

通过挖掘当然很难找到小麦，不过现在，借助陆地和水下考古学，我们对于公元前 1470 年到公元前 1220 年间地中海地区贸易交换的其他很多商品已经有了更加清楚的了解。

这些物品呈现出的景况相对来说符合迈锡尼陶器的分布情况，也符合我们从文献记录中了解到的埃及史和爱琴海历史。也就是说，在图特摩斯三世控制了黎凡特，或许也控制了爱琴海地区之后，接触就增加了。这一时间节点是公元前 1470 年左右，这也是希腊青铜时代晚期三段 A 开始的大致时间。公元前 1420 年左右，随着阿蒙诺菲斯三世登基和希腊青铜时代晚期三段 A2 的开始，埃及与爱琴海地区的联系大大加强，并在之后几十年里一直保持着密切接触。但是公元前 1370 年后，埃及在黎凡特的势力衰退，双方的关系开始降温。甚至，

209　Cline（forthcoming a）. 同时参考本章注释 72。

210　参考前面的注释 146.

如上所述，赫梯人大约在那时控制了这一地区，此后叙利亚北部似乎就没有与希腊进行过贸易交往。

公元前 1370 年—公元前 1220 年：埃及在爱琴海地区的影响衰退

阿尼塔·亚奈指出，"在阿马尔奈时期［约公元前 1370 年］之后，迈锡尼的进口贸易实际上就停止了"。[211] 不过，如果认为希腊青铜时代晚期三段 B 始于这一时间，那么在黎凡特和埃及就有足够多的来自这一时期的陶器碎片，更不要说其在塞浦路斯的发现量之大了。[212]

前面已经提到，在希腊发现的埃及和叙利亚-巴勒斯坦的物品多出于希腊青铜时代晚期三段 B 的地层中，不过这些物品之中至少有一些是在更早的时期来到这里的。陶器时期如此漫长，很难说这些接触在这一时期究竟是整齐划一的，还是反映出了埃及权力的变更；特别是在第十九王朝的头 25 年，埃及在黎凡特，或许还有在爱琴海地区的影响复苏了。

我在上一章里提到，拉美西斯二世宣称 W3ḏ wr 的首领要求觐见，这其中影射着埃及的统治权。[213] 但是，考古证据无法证实在当时的埃及有官方派来的希腊人。而且，在希腊没有发现带有王室标记的拉美西斯二世时期的物品，这令人惊奇，因为拉美西斯二世的统治时间并不短（下面会讨论来自他统治结束之时的物品）。另一方面，第十八王朝法老图特摩斯三世统治时的有关情况也是一样，而他声称的统治权具有非常可信的墓葬壁画证据的支持。

Phi 和 Psi 的小雕像，以及攻击之神

现在我们有必要探讨一下属于希腊青铜时代晚期三段的两类小雕像。一类是在黎凡特发现的来自希腊的 Phi 和 Psi 的小雕像，一类是在爱琴海发现的来自黎凡特的攻击之神。Phi 和 Psi 的陶土小雕像都是按照它们的造型命名的，它们分别与希腊字母 Φ 和 Ψ 的形状相似。

211　Yannal（1983, p. 59）.

212　参考 Hankey（1967）和 Cline（forthcoming b）结尾的表格。

213　第十章注释 120。

490

　　这些小雕像的功用并不明确。它们曾被视作还愿的敬献品、神的照料者或玩具。后两种可能性似乎更大，因为它们的外观与孩童的葬礼存在对应关系。另一方面，这些小雕像被放置在斯巴达的阿米克莱（Amyklai）和德尔斐神殿中，这意味着在那里它们是还愿的敬献品。[214]在我看来，这些类别并非互不相容，它们可能同时具有这三种功能。不过我相信，就像更早的基克拉泽斯和塞浦路斯小雕像一样，它们与埃及的叫作沙伯替（Shuabtis）的人形小雕像有关，沙伯替是与死者一起埋葬的人俑，充当的是其在死后世界的仆人和保护者。

　　在塞浦路斯和黎凡特，特别是在乌加里特，发现了许多 Phi 和 Psi 小雕像。伊丽莎白·弗伦奇（Elizabeth French）在研究了这些雕像的分布之后写道：

　　　　迈锡尼小雕像的出现似乎意味着存在迈锡尼人，或者是有人有意识地采纳了迈锡尼人的丧葬习俗，因此小雕像在海外的分布就格外有趣。例证的缺乏也令人无法忽视，与罗得岛和塞浦路斯的其他迈锡尼遗迹相比，所发现的小雕像数量并不多。[215]

　　阿尼塔·亚奈并不认为雕像的存在意味着黎凡特有迈锡尼人。她极为重视伊丽莎白·弗伦奇所指出的不连贯性，还注意到小雕像总是与动物雕像共存，而且在黎凡特并没有发现希腊的私人印章，在乌加里特也并没有发现得到证实的希腊人的名字。[216]不管怎样，我都无法理解动物雕像出现的意义。而且，尽管在黎凡特，我们只在巴勒斯坦的泰尔-阿布-哈瓦姆（Tell-Abu-Hawam）发现了一枚青铜时代晚期三段的希腊印章，但是在爱琴海地区很少出现叙利亚-巴勒斯坦的印章，尽管我们从专有名词和人名列表中得知了这些人的确存在。最后，在乌加里特没有发现个人的名字，这只反映出了公元前 1370 年之后那里的情况，我看不出有什么理由认为这座城市在被纳入赫梯人的影响范围之前与之后的情况是完全一样的，或者认为仍然处于埃及控制之下的黎凡特南部不存

　　214　Blegen（1937, pp. 255-9）; Mylonas（1956, pp. 119-25）; French（1971, p. 142）and Yannai（1983, p. 82）. 在克里特东北海岸外的皮塞拉（Pseira），发现了一个黎凡特的带支脚的细颈瓶和一个迦南罐子的碎片，它们属于弥诺斯文化后期一段 B，但是迦南陶器更多的是在弥诺斯文化后期二段和三段的地层中发现的。见 Lambrou-Phillipson（1990, p. 6）。

　　215　French（1971, p. 131），引自 Yannai（1983, p. 83）。

　　216　Yannai（1983, pp. 82-3）.

在希腊人。总之，尽管有一些问题，但我仍认为弗伦奇的观点是有说服力的，我相信这些小雕像的确意味着，在公元前 1470 年至公元前 1220 年间的黎凡特存在着一些迈锡尼的希腊人。

攻击之神的小雕像更加令人不安。它们表现的是"戴着高高的头饰，右手手执一件武器，迈开大步的人物"。[217] 这些是前面章节中提到的雷神塔昆、Teššub、Ba'al 和雷瑟夫的形象。不过，正如我在第六章中所论述的，这些形象都源自戴着上埃及王冠的进击的法老形象。[218] 在讨论于泰尔埃尔-达巴发现的 Ba'al 印章时，我们已经提到了形象上的相近性。该印章的形象与在塞德节上跳舞庆祝的色梭斯特里斯的形象也有相似性。[219] 同样清楚的是，到了公元前 13 世纪拉美西斯二世统治之时，法老们在征服北方的行动中把自己与蒙特及其闪米特对应者雷瑟夫等同了起来。[220]

491

在迈锡尼、梯林斯、提洛岛（Delos）和米洛斯的菲拉克皮（Phylakopi）的青铜时代晚期地层中都发现了攻击之神的小雕像。其他雕像是在铁器时代的地层或时期不明的地层中发现的，后者位于多多纳（Dodona）、林都斯（Lindos）、尼西罗斯（Nysiros）、帕特莫斯（Patmos）、萨摩斯、特雷蒙（Thermon）和苏尼翁（Sounion）。[221] 这些小雕像无法被描述为装饰物，因为在唯一一处有组织的挖掘中，也就是在菲拉克皮，雕像是在可追溯到希腊青铜时代晚期三段 B 的神庙里发现的，而且显然是摆放在接受膜拜的位置上。[222] 无疑，这种膜拜传播得极其广泛，而且是源于黎凡特的，黎凡特就处于这些小雕像的分布地的中心。[223]

雕像的出现颇为有趣，因为这是唯一一种在爱琴海留下了考古证据的黎凡特膜拜。对此可能的一种解释就是，法老在埃及无疑具有双重身份，既是武士，也是战争、风暴和瘟疫之神，这种身份在黎凡特很可能得到了体现，在爱琴海也一样存在。在这样的情况下，雕像就不仅代表雷瑟夫的希腊对应者——作为

217　Yannai（1983, p. 68）.

218　本书第二章注释 185—193 和第六章注释 17—21。

219　本书第六章注释 21。

220　本书第二章注释 185—193；第六章注释 19—21。

221　有关的参考文献见 Yannai（1983, p. 123, n. 83a）。

222　Renfrew（1978, plates. 4a, b）.

223　Negbi（1976）, Seeden（1980）. 参考 Canby（1969）。

瘟疫之神的弓箭手阿波罗和赫拉克勒斯——而且也代表法老本人。因此，荷马所说的国王"像神一样受到人们的尊崇"，就我们所知道的迈锡尼或荷马时代的国王而言似乎是不恰当的，但是会非常符合神灵化的法老形象。[224] 在环绕着爱琴海的地区发现的青铜时代晚期结束之时的柱形印章，就表现出了法老和叙利亚气象之神之间的混淆。在格里多亚沉船和阿提卡的佩拉提（Perati）发现的印章都描绘了戴着埃及皇冠、具有埃及人特质的神灵。[225]

不论这种关于法老膜拜的推断是否有合理之处，攻击之神的雕像都清晰地体现出，到公元前 14 世纪时黎凡特的文化大量渗透到了爱琴海地区。

迦南罐子

最能清晰体现黎凡特对爱琴海的经济渗透的考古发现，就是迦南的罐子。如同攻击之神一样，它们无疑都是在叙利亚-巴勒斯坦地区发展起来的，并在那里得到了最广泛的传播扩散。它们还成为在青铜时代晚期到公元前 6 世纪时用于运输的标准器。阿尼塔·亚奈记录了来自爱琴海的 14 个罐子，它们是在墨尼得（Menidi）、迈锡尼、阿尔戈斯、皮洛斯、亚辛、底比斯和锡拉发现的。最早的一个来自锡拉，亚奈认为它属于公元前 15 世纪，不过正如第六章中提到的，我们如今必须将其年代视为公元前 17 世纪，这样就会把该形式的发展往前推两个世纪。在位于克里特东边的北部海岸的皮塞拉（Pseira）外发现的迦南罐子的碎片，属于公元前 16 世纪之后的弥诺斯文化后期一段 B 的地层。[226] 亚奈认为，如果在黎凡特和爱琴海之间存在频繁的商业接触，那么所发现的罐子的数量就是低于预期的。亚奈这样总结道：

> 总之，这些用于存储的罐子并不能告诉我们什么。12 个罐子在时间上分布于将近 3 个世纪中，在希腊的两个遗址发现的罐子占目前所发现的总量的 75%。尽管它们是外国的，且来自黎凡特，但是很难在罐子里看到

224　Webster（1958, p. 11）认为这一说法应该按照字面意思理解。Astour（1967a, p. 359, n. 2）对此进行了否定。

225　Buchholz（1967, pp. 148-50, 157, n. 55）.

226　关于罐子，参考 Grace（1956）、Sasson（1966a）、Åkerström（1975）、Yannai（1983, pp. 66-7）。关于锡拉的迦南罐子，参考本书第九章注释 115。

重要的贸易品，例如弗穆尔所说的葡萄酒、油或香料。[227] 倘若它们真的是用作存储罐的，那么也就不能再要求能找到罐子中的物品了。这些用于装船运输商品的罐子是在格里多亚角外的沉船中发现的，那是迄今所发现的唯一一艘这一时期的沉船，它在沉没前应该是向西航行的。[228]

这也是"默证"的一个例子。埃米莉·弗穆尔等人的观点符合常识，他们认为迦南的罐子是用来盛放货物的。近来在皮塞拉、克诺索斯、卡托扎卡罗和克摩斯（Kommos）的青铜时代晚期地层中发现的迦南罐子，强化了这种观点。卡什沉船的发现也澄清了这种观点所受到的质疑，这艘船上有超过 120 个"迦南的双耳细颈椭圆形罐"。罐子所装的东西难以分析，不过清楚的是，一些罐子装了水果，一些装了树脂，包括笃耨香松节油、开心果和乳香。还有一些罐子里有已经风化的有机物，可能是来自封住罐子口的塞子，但是也可能是来自橄榄、无花果或其他水果的杂质，甚至也有可能是来自之前我们假设的从埃及出口的小麦。最令人惊奇的是，一个罐子里装满了塞浦路斯的陶器。因此，它们无疑通常是作为容器使用的，而非仅仅用于盛放液体。[229]

所有这些罐子的发现都再一次强调了默证的危险。之前挖掘出的 14 个罐子绝不该被视为代表了运往希腊的大部分罐子。对于只有它们幸存至今的情况，更合理的解释就是，它们即使不是代表着成百上千次航行中使用的数以万计的罐子，至少也代表了数以千计的这种罐子，而那些船只或者没有沉没，或者早已解体，或者尚未被人发现。

493

象　牙

卡什沉船也运载了一些象牙和两根河马牙。[230] 在当时的叙利亚还生活有一些大象。不过，可以肯定的是，就像 elephas 的埃及词源形式所显示出的那样，象牙和河马牙一样通常来自非洲，具体而言就是来自埃及或经由埃及而来的。

227　Vermeule（1964, p. 255）.

228　Yannai（1983, pp. 66-7）.

229　关于近期在克里特的发现的参考文献，见 Lambrou-Phillipson（1990, p. 6）。关于爱琴海地区发现的其他迦南罐子，见 Shaw（1981, p. 246）。关于卡什，参考 Bass（1987, pp. 708-9）；Pulak（1988, pp. 10-11）。

230　Bass（1987, pp. 726-7）.

象牙并没有经过加工，在克里特东部的卡托扎卡罗也发现了未经加工的象牙，这意味着迈锡尼统治者偏爱他们本地的风格。[231]

围绕爱琴海风格与黎凡特风格之间的关系存在着一些争论。埃米莉·弗穆尔声明说："由于原材料来自东方，［象牙］风格表现出对东方主义的强调。"[232]阿尼塔·亚奈对此并不赞同，而是认为二者在工艺上和主题图案上都存在根本性的差异。她主张，迈锡尼人更喜欢凸浮雕，而叙利亚-巴勒斯坦通常采取的是凹线刻或镶嵌的方式。不过，她承认总会有例外：来自提洛岛的动物场景雕刻是凹线刻的，而来自黎凡特的浮雕艺术也不胜枚举。[233]至于主题图案，亚奈承认二者有对应性，不过没有对此过分强调，而是正确地指出：

> 这一情况引出的问题是要确定影响究竟是直接的还是通过中介产生的，而中介可能是另一个地方或另一种媒介。第一种情况下的问题是，在一些迈锡尼象牙上发现的东方图案是否源于迈锡尼文明之前的克里特；第二种情况下的问题是，影响可能是通过金属工艺或宝石雕刻之类的另外的领域产生的，而非通过不同流派的象牙雕刻者之间的直接接触。[234]

这种论述是绝对正确的，因为到了公元前15世纪和公元前14世纪，迈锡尼文明在近东世界里是羽翼已丰的成员，不仅享有文明传承的共同遗产，而且具有自己的特色。正如阿尼塔·亚奈指出的，我们看到，克里特的传统本身大量借鉴了埃及和黎凡特的文化。更重要的是，牙雕描绘了狩猎、反抗的狮子和格里芬，这些"希克索斯国际"传统的内容现在成了迈锡尼文明的"本土主题"。

494

不过，在希腊青铜时代晚期三段B存在进一步的艺术融合，正如法国艺术史学家让-克劳德·布萨（Jean-Claude Poursat）在研究了象牙之后所承认的。但他依据的是发生在塞浦路斯的风格交流，这种交流肯定造成了迈锡尼牙雕对东方的主题的借用；而在较小的范围内，迈锡尼反过来也对黎凡特产生了影响。[235]

231　关于萨克罗的象牙，参考伊拉克利翁博物馆展柜113。

232　Vermeule（1964, p. 218）.

233　Yannai（1983, pp. 63-4）.

234　Yannai（1983, p. 64）.

235　Poursat（1977, pp. 244-6）. 布萨依循弗鲁克的划分，认为希腊青铜时代晚期三段B始于公元前1300年。因此，他所认为的公元前13世纪的发展，在我看来是发生在公元前14世纪和公元前13世纪的。

前面引用的考古证据无疑显示，在塞浦路斯的铜于公元前 15 世纪进入大规模生产后，塞浦路斯在地中海东部地区的贸易中起到了中心作用。另一方面，同样可以确定的是，作为横亘在东方和西方之间的屏风和过滤器，塞浦路斯在雅利安主义和孤立主义考古学家的思想意识中发挥了关键作用，使东、西方可以进行接触而**无须触碰**。在我看来，文献和考古证据都显示，埃及人和黎凡特人与爱琴海人交往并对他们造成影响的方式还有很多，反向亦然。

结　　论

现在我们有足够的理由认为，至少在公元前 1470 年之后，随着图特摩斯三世掌权后和平的埃及的建立，在地中海东部地区形成了密集而影响深远的交流网络。既然存在着诸多有关各方密切接触的文献证据和考古证据，那么在这些世纪里，如果不存在密切的语言、宗教和其他文化的交流，反而会是令人称奇的事情了。而且，由于埃及和黎凡特的文化更为悠久精深，主要的文化流向就极有可能是从地中海东部地区到爱琴海地区，而非相反。

另一方面，证据显示，在公元前 15 世纪，不仅埃及已经成为埃及，黎凡特已经成为黎凡特，而且希腊也已经成为希腊。迈锡尼人讲的是希腊语，崇拜的是拥有希腊名字的神灵。极有可能的是，在后来的时代里发现的很多希腊的膜拜和神话，都必须要向前推进到公元前 18 世纪和公元前 17 世纪，而那正是希克索斯的时代，也就是锡拉壁画所描绘的时代。最有可能的是，就在这个时期，希腊本土的印欧文化吸纳了埃及和黎凡特文化的影响，使得我们所说的希腊文明最终得以形成并自此长盛不衰。

第十二章　英雄时代的英雄式终结：底比斯、特洛伊和迈锡尼的陨落（公元前 1250 年—公元前 1150 年）

　　到公元前 13 世纪中期，自公元前 1500 年起统治中东地区的各方力量开始分崩离析。拉美西斯二世在公元前 1300 年左右取得的"胜利"，可能让埃及在黎凡特的影响延长了数十年，但与图特摩斯三世的时代不同的是，这些影响并不持久。米坦尼王国消失了，取而代之的是统治了美索不达米亚的新兴的亚述力量。公元前 1280 年左右，埃及人和赫梯人处于和平友好的状态下；公元前 13 世纪的下半叶，赫梯与亚述发生了不少瓜葛。到了约公元前 1230 年，赫梯的势力逐渐瓦解。当时在安纳托利亚中部发生了一次饥荒，这可能缘于第七章中谈过的那次大范围的气候恶化。[1]赫梯帝国似乎失去了对安纳托利亚西部和西南部的控制，这些地区再次出现了独立的势头。特洛伊战争似乎正是在这样的情形下发生的。

　　在希腊的底比斯，作为原希克索斯王朝最后一代统治者的卡德摩斯人于公元前 1250 年左右遭到围困，并且在公元前 1230 年前后似乎被摧毁了。珀罗普斯人的统治并不牢靠，因为当时似乎出现了各方的威胁，包括来自北方的

1　见本书第七章注释 151—152。

希腊部族、多利安人、波伊奥提亚人和塞萨利人（Thessalian），这些是处在迈锡尼宫殿文明边缘或之外的部族。即使如此，珀罗普斯的国王们看起来还是能够发起一场针对特洛伊的大规模远征，而这场远征可能又召集到了一些西部和南部的安纳托利亚人，以及由色雷斯人组成的同盟军。这场冲突大约在公元前 1205 年左右结束。

496

　　至少从修昔底德（Thucydides）的时代开始，一种惯有的观点就是，希腊一直没有从特洛伊战争造成的破坏中恢复过来。不过，事实上，尽管包括迈锡尼在内的很多宫殿和城市幸存了下来并又延续了 50 年，而雅典等一些城市延续的时间更长，但公元前 12 世纪的崩溃，从某种程度而言，与埃及记录中所记载的海上民族的迁徙和破坏有关。第一卷中谈到，这些人很多都来自爱琴海地区，并且讲希腊语。[2] 荷马借奥德赛之口说，奥德赛参与了一场针对埃及的袭击，而来自迈锡尼的各个城邦和边缘部族的"希腊人"，包括一些与特洛伊结盟的部族，可能都参与了这次袭击[3]。不过有趣的是，多利安人对伯罗奔尼撒绝大部分地区的征服发生在公元前 1150 年以前。这正如我们在第七章中所看到的，是在海克拉火山第三次喷发后的 10 年间发生的。海克拉火山似乎对北欧产生了破坏性的影响，同时也可能是造成中国商朝灭亡、周朝兴起的因素之一[4]。因此，这次火山喷发与近东青铜时代和迈锡尼文明的最终崩溃之间可能会存在某种不确定的联系。

柱形印章

　　在青铜时代的爱琴海地区发现了柱形印章。这是一类重要的近东物品，但在上一章中没有提及。柱形印章从公元前四千纪起开始在美索不达米亚和叙利亚使用，并且之后的三千年里作为私人和团体财富的标志而被沿用。这些印章由硬石或半宝石制成，似乎还具有某种护身符的作用。事实上，它们经常会被保存几个世纪，这说明了它们的宝贵价值。据说，印章所有人如果遗失了印

2　第一卷，第 445—450 页。
3　见本书第十一章注释 59—62。
4　本书第七章注释 42，注释 148—156。

章，有时还必须向当局汇报。[5] 迈锡尼人在黏土上书写，他们也制作并使用效仿东方图案的柱形印章；在迈锡尼还发现了一枚使用了当地石料的未制成的印章。[6] 但是，阿尼塔·亚奈正确地指出，它们在希腊并没有像在美索不达米亚那样得到广泛使用。[7]

在这一节中，我想集中论述来自美索不达米亚、叙利亚和塞浦路斯的柱形印章，虽然后两个来源地的印章有时很难区分出彼此。这些来自异域的发现颇为有趣，因为它们具有私人和制度上的价值。它们在特定地方的出现具有重要意义。

汉斯-冈特·布赫霍尔茨（Hans-Günter Buchholz）于 1967 年发布了一份清单，其中包括百余枚在希腊发现的近东柱形印章（亚奈说在接下来的 10 年又发现了 4 枚印章）。[8] 在那些布赫霍尔茨可以断定年代的印章中，14 枚制作于公元前 1600 年之前［根据我自己的年表推算是在公元前 1670 年］，36 枚介于公元前 1600［1670］年和公元前 1200 年之间，而另外的 13 枚则晚于这个时间。在某些方面，它们的出处类似于在迈锡尼所发现的物品，尤其是都出现在不见赫梯印章而出现了大量叙利亚或塞浦路斯印章的时期。差别在于这样的事实：没有任何一枚印章是来自埃及的。这并不奇怪，因为埃及只是在公元前四千纪末的王朝时期之初才使用了柱形印章。其他差别在于，许多印章来自美索不达米亚，也就是来自米坦尼和加喜特王国，这些王国的统治一直持续到在公元前 13 世纪的下半叶被亚述人推翻为止。截至目前，规模最大的窖藏要数那些在底比斯的卡德摩恩或宫殿中发现的物品。但是，在讨论这一极为丰富、重要的发现之前，考察一下这座城市的历史是十分有益的。

波伊奥提亚的底比斯人和腓尼基人的到来

第二章对波伊奥提亚的早期历史进行了一些探讨，想要说明的是，我们应当承认保存在荷马作品和 6 世纪的神话收集者斐勒库德斯的作品中的传说，即

5　Hallo（1977, p. 58）.

6　Buchholz（1967, pp. 151, 159）.

7　Yannai（1983, p. 63）.

8　Buchholz（1967, pp. 152-8），Yannai（1983, p. 120）.

底比斯经历过两次创建。这并非只是因为荣格或列维-斯特劳斯的二元创始论有某种神话需求，而是因为我相信，传说中准确地记载了底比斯的两次真实的创建过程，也就是公元前三千纪由埃及的或埃及化的安菲翁和仄托斯所进行的，以及公元前两千纪由腓尼基人卡德摩斯所进行的。[9]我想再次强调，我并不是想坚称这样的个体曾经存在过，即使他们真的存在过，经过了神话的层层包装之后，我们也已经不可能再从中剥离出任何史实。但是，我相信这些故事确实具有历史的功能，因为它们似乎象征或代表着历史的进程。从这个意义上讲，迁徙和征服确实发生过。

正如我在第二章中所提及的，Kadmos（卡德摩斯）这个名字确实来自西闪米特语 qdm，意思是"东方人"和"古代人"。[10]这可以从欧罗巴的派生过程中看出来。欧罗巴是卡德摩斯的姐妹，名字来自闪米特语 ʿrb（西方或夜晚）。[11]标准版本的神话大意是，欧罗巴在她父亲阿革诺耳的推罗王国的海边玩耍。在那里，宙斯看到了她，于是变身为公牛，劝服她骑上了牛背。之后宙斯就驮着她跑到了克里特和西方。欧罗巴的哥哥卡德摩斯和腓尼克斯及其他人奋力追赶，却没能追得上。但是，他们在沿途各个地方定居了下来并建起了城市，所有这些城市后来都与腓尼基人有特别的联系。其中最为著名的要数卡德摩斯建立的底比斯了。[12]这些故事从公元前 10 世纪和公元前 9 世纪的赫西俄德和荷马时代起就已经存在了。腓尼基人卡德摩斯作为底比斯创建者的有关传说已在第一卷中谈及。[13]

关于早期底比斯的许多经典的考古报告，使我们认为这些传说有青铜时代起源的信心得以增强。正如古典时代的悲剧所描述的那样，青铜时代晚期的底比斯有 7 座城门。来自波伊奥提亚的希腊青铜时代晚期三段的图像重点描绘了

498

9　见本书第三章注释 13—21。

10　Vian（1963, pp. 154-7）指出了 kekasmai（超越）的词源，尽管他对此的解释不如对 qdm 的那么清晰。这一词源可能是语义上的，但是从语音上讲就不太有说服力。Astour（1967a, pp. 147-52）出色地描述了印欧语系学者对事实的歪曲。他们力图避免明显但是让人不愿承认的卡德摩斯与闪米特的关联。有关说明请参见第二章注释 6 和 143。

11　欧洲这一西方大陆及其名称起源欧罗巴来自 ʿrb。但是与在第二章注释 87 中谈论的 erebos 的词源相反，这一表达来自迦南语不定式，由 ʿārôb 构成，见 Astour（1967a, p. 130）。第 4 卷会进一步讨论波伊奥提亚对欧罗巴的膜拜。

12　这来自 Ovid, *Metamorphoses*, II. 836-52。有关该传说中的周期的不同版本，以及 19 世纪和 20 世纪学者们的不同处理方法，请参考 Edwards（1979, pp. 17-86）以了解详细的讨论。

13　第一卷，第 85—86 页。

一位皇室人物和一只斯芬克斯，暗示了俄狄浦斯和斯芬克斯的故事发生在公元前14世纪或公元前13世纪，当时正值传说中俄狄浦斯统治底比斯的时期。[14] 在这个故事中，英雄回答了怪物的谜题，解救了遭到怪物劫掠的城市。由于这些考古发现，也由于流传很广并具有高度一致性的传说，我认为没有理由怀疑：青铜时代的强大传统持续到了希腊古风时代和古典时代，在底比斯的情况尤其如此。因此，赫西俄德和荷马这两位在整体上相当了解此前历史的人，对于公元前13世纪底比斯的最后统治者的描绘几乎可以肯定是正确的。他们说，那些统治者自认为是卡德摩斯人，其祖先来自腓尼基。统治者们的这种想法是否正确，我们就不得而知了。但是，既然他们为自己树立了这种形象，再加上或许属于亚非语系的底比斯这个名字出现在了B类线形文字文本之中，那么在青铜时代结束之后，就不存在卡德摩斯的腓尼基人征服这个城市或在此定居的可能性。

青铜时代传说的可靠性依赖于许多因素。首先是，在公元前两千纪的哪个时间点上，可能会出现腓尼基人或西闪米特人迁徙或进行征服的事件。鲁思·爱德华兹指出，一座希腊青铜时代晚期三段B的聚落延续的时间并不能容纳底比斯历史传说中所记载的底比斯城陷落之前发生的大量活动。[15] 另外，我们知道，公元前13世纪该城市使用的官方语言是希腊语。因此，再清楚不过的是，任何腓尼基人的统治活动都应该在之前发生，并不能直接与在最后的宫殿中发现的东方物品窖藏相联系。但是，当时在城市中很可能出现了一块黎凡特手工艺者的"殖民地飞地"，这一点将在下面进行讨论。

499　　　　可能的是，腓尼基人的入侵或殖民发生在希腊青铜时代晚期三段，也就是在公元前1470年之后，当时至少曾有两次破坏。[16] 但是，重建并没有留下"东方化"的证据。虽然没有任何考古迹象能证明发生过定居或征服，但这并不能成为有说服力的反对意见。正如我们所看到的，亚加亚人对希腊其他地方的统治也并未留下有形的痕迹。另一方面，人们之所以会期待卡德摩斯人留下了比珀罗普斯人更多的痕迹，既是因为卡德摩斯人据信引入了一些创新，也是因为根据传说记载，他们的迁徙似乎具有更大的规模。

14　有关城门的内容请参见 Symeonoglou（1985, pp. 32-8）。有关斯芬克斯的内容请参见底比斯博物馆编号14的陶棺。

15　Edwards（1979, p. 173, n. 185）. 我相信，即使希腊青铜时代晚期三段B开始自公元前1370年而非公元前1275年，这也是站得住脚的。

16　Edwards（1979, p. 105, n. 105）.

　　毫无疑问，有更多的迹象表明，在波伊奥提亚生活着讲闪米特语的人；至于伯罗奔尼撒是否存在讲安纳托利亚语的人，就没有那么多支持的证据了。正如第三章所述，除了底比斯这个名称本身及其建造者卡德摩斯和欧罗巴之外，河流名称拉冬以及格菲莱欧伊（Gephyraioi）等也可能具有闪米特语词源。同样，城市名称 Thisbe（西斯比）和 Thespiae（西斯皮）可能是从胡里安雷神的名字 Teššub 派生出来的。[17] 自 17 世纪的博沙尔（Bochart）以来，学者们一直认为：作为宙斯在底比斯的称号的 Elieus，是从腓尼基词语 Eliun 中派生出来的。毕布勒的斐洛将之翻译为希腊语的 Hypsistos（最高）；其在《圣经》中写作 ʾEl ˤElyōn。[18] 这与底比斯对最高神宙斯的崇拜是完全契合的，并与 Hypsistoi 城门存在联系。[19]

　　另一个名字是 Ismenos（伊斯墨诺斯），为河流拉冬的别称，通过对阿波罗·伊斯墨尼俄斯（Apollo Ismenios）的膜拜而与阿波罗相联系。阿波罗作为治愈者的角色与迦南的治愈之神 Ešmun 有很好的对应关系。闪米特语词根 šmn 有两个含义："8" 和 "胖" 或 "肥沃"，这很适合指称伊斯墨诺斯河流经的土地。数字 8 具有重要意义，这是因为，根据毕布勒的斐洛的说法，Ešmun 是 7 个卡比里人（Kabiroi 或 Kabeiroi）的第 8 位兄弟，是神秘地居住于地下的侏儒铁匠。Kabiroi 或 Kabeiroi 这个名称派生于闪米特语 kabîr（伟大），这已经被其希腊和罗马的名称 Megaloi Theoi 和 Magni Dei 所证实。卡比里人在腓尼基的贝鲁特、波伊奥提亚和萨莫色雷斯（Samothrace）受人崇拜。根据传说，后两种崇拜都涉及了卡德摩斯。[20]

　　在名为基塞龙（Kithairon）的山上发生的大屠杀与叙利亚的非常类似，维

17　请参见本书第二章注释 228。

18　Bochart（1646, II. 17）. Philo, History, 809: 14（Baumgarten, 1981, pp. 184-6）. 也请参见 Astour（1967a, p. 216）。Astour 还认为，另一种可能性是该名称只是简单地来源于 <ēly，即 Ba<al 的别称。同时请参见《创世记》14. 18。

19　参见 Pausanlas, IX. 8. 5，亦可参见 Symeonoglou（1985, p. 125）。

20　Philo, History, 809: 14（Baumgarten, 1981, pp. 184-6）；Astour（1967a, p. 155）. 这种崇拜及其埃及和腓尼基来源将在第四卷详细讨论。Kabiroi 的闪米特语源至少是从 Scaliger（1565, p. 146）的时代就被人们所了解了。乔治·艾略特（George Eliot）书中的卡苏朋（Casaubon）先生知道 "Cabiri"（Middlemarch, ch. 20）。她从朋友马克·帕蒂森（Mark Pattison）那里了解到了这个闪米特语词源，并从他那里得到了 Casaubon 这个名字。帕蒂森为斯卡利格（Scaliger）和伊萨克·卡苏朋（Isaac Casaubon）写了传记。参见 Hertz（1985, pp. 75-96）和 La Capra（1987, pp. 56-82）。这部分的内容也在第一卷，第 483 页，注释 113 进行了讨论。欲了解雅利安主义者为了否定 Kabiroi 与腓尼基的联系而做的尝试，请参考爱德华兹（1979, p. 81, n. 75）。

克托·贝拉尔提出了高山名称 Kithairon 另一个可能的闪米特语词源，也就是来自闪米特语的词根 qtr，这个词根的 Piel 形式是 qittēr（提供燃烧着的祭品）。[21]

尽管我承认这些闪米特语词源，但我并不认为它们会使波伊奥提亚变得特别。首先，也存在可能具有埃及语词源的名称，其中可能包括底比斯这个名称本身和科帕伊斯、基菲索斯、阿拉尔克墨涅、雅典以及斯芬克斯山[22]。第二，波伊奥提亚的很多闪米特语和埃及语地名在希腊的其他地方也存在。在第二章中，我讨论了灌溉区的地名并提及了"闪米特语"的名称，例如奥尔霍迈诺斯和拉冬，以及埃及语的名称，例如 Peneus 这个词，它不仅用于波伊奥提亚，也用于阿卡狄亚和塞萨利。还有其他词语，例如基菲索斯、雅典和哈玛（Harma），以及底比斯这个词本身，在爱琴海的其他地方都可以找到。简而言之，尽管波伊奥提亚地区具有埃及和闪米特起源的名称和崇拜占了很大比例，但这个事实不应当被过分强调，因为它们在其他地方也是频繁出现的。

波伊奥提亚与希腊其他地方相比没有显著的差异，这一点同样也体现在考古证据中。这表明，整体上的波伊奥提亚和具体上的底比斯和奥尔霍迈诺斯，在青铜时代晚期特别繁荣，而科帕伊斯湖和其他湖泊的灌溉工程在这一时期也有了扩大。陵墓、宫殿和防御工事都在这一时期富足的基础上修建了起来，大量的贸易往来似乎也非常类似于希腊大陆的其他富裕地区，例如阿尔戈斯和伯罗奔尼撒南部。如前所述，在波伊奥提亚发现了很可靠的证据，可以证明波伊奥提亚与克里特有密切往来，特别是在希腊青铜时代晚期三段 B 时期。但是在迈锡尼时代，克里特对希腊产生了广泛影响。[23] 因此，除了宫殿内的东方物品窖藏之外，底比斯的物质文化看起来并不比希腊的其他地方更加"东方"。

同样，尽管可以确信，在青铜时代晚期，底比斯使用了 B 类线形文字，而希罗多德则告诉我们卡德摩斯字母文字也在这里得到了使用，但我们有足够的理由认为这两种文字在希腊的其他地方也有所使用。[24] 以这两种文字撰写的

21　Bérard（1902-3, II, pp. 411-16）. 也请参见 Astour（1967a, p. 214）。我不认为阿斯特为 Zethos、Dirke、Asopos、Tanagra 或 Gephyroi 给出的词源足够让人信服。

22　参见本书第三章注释 77—94。

23　参见本书第十章注释 96。

24　关于底比斯的 B 类线形文字，参考 Chadwick（1969），Olivier（1971），Godart and Sacconi（1978）。关于字母表铭文，参考 Herodotos, V.59-61。关于主张字母表在青铜时代晚期广泛传播的论述，见 Bernal（1990, pp. 53-70）。

波伊奥提亚碑文清楚地表明，至少在公元前 13 世纪，这里的官方语言是希腊语。我们同样难以找到理由去怀疑这种情况在此地的发展要晚于其他地方。因此，总结来说，如果卡德摩斯人来自东方的传统说法具有真实性的话，那么其发生的时间就要早于我们所知道的迈锡尼宫殿时代开始的时间。

古代年表

认为卡德摩斯定居的时间与达那俄斯定居的时间一样早的想法并不新鲜。帕罗斯碑将卡德摩斯抵达底比斯的时间计为等同于公元前 1518 年或公元前 1517 年，而达那俄斯抵达的时间为公元前 1511 年。[25]但是，正如鲁思·爱德华兹所坚称的，这不是唯一的古代年表。她列出了公元前 1 世纪的罗得岛的卡斯托（Kastor），他把卡德摩斯抵达的时间认定为相当于公元前 1307 年。[26]教父尤西比厄斯在他的不同作品中，将卡德摩斯抵达的时间圈定在公元前 1455 年至公元前 1285 年的范围之中。他认为达那俄斯抵达的时间是介于公元前 1492 年至公元前 1467 年。[27]

一些学者坚持认为字母表是在公元前两千纪传到希腊的，并认为字母表是由卡德摩斯引入的，他们倾向于认可较晚的时间，甚至是公元前 1313 年，据说这个说法出自希腊科学家埃拉托斯特尼。[28]但是，大多数当代的历史学家否定了字母表于公元前两千纪传入的可能性。少数接受定居传说的学者承认这一说法所具有的历史根据，但更愿意把帕罗斯碑文上公元前 16 世纪的时间与两次抵达的时间相联系，虽然只是因为该时间与古代模式在两次抵达时间和希克索斯人被驱逐之间建立联系的做法，以及他们自己将该时间和青铜时代晚期开端相联系的做法是相契合的。[29]但是，正如我们在第九章中看到的那样，在这些学者进行研究时，弥诺斯中期三段的时间还未被改成公元前 1730 年到公元前 1675 年间；而我们也还未在本书中提出，希克索斯最早在希腊进行殖民的

25　Parian Marble L1. 12-15.

26　Jacoby（1923-9, IIB, p. 250, frg. 4. 8）.

27　Bérard（1952, pp. 7-8）。同时参考 Edwards（1979, p. 167）。

28　参考 Ullman（1927, p. 326）和 Diringer（1968, p. 358）。Edwards（1974）曾指出，这一时间并不会追溯到埃拉托斯特尼，而只是追溯到公元前 19 世纪。

29　参考本章注释 45。

时间应该是在公元前 18 世纪而非公元前 16 世纪。[30]

卡德摩斯与字母表

虽然那些认为卡德摩斯于公元前 15 世纪或公元前 14 世纪抵达的学者所受到的古代模式的吸引在整体上是非正统的，但是他们同时也接受了形成于 20 世纪 30 年代的普遍看法，即字母表是在公元前一千纪传入希腊的，具体时间估计是在公元前 8 世纪。[31]

我不认同这样的普遍看法。我认为，根据碑文，字母表的传入是在公元前两千纪晚期，而且传入时间不可能晚于公元前 1400 年，虽然有可能是在公元前 1800 年之后传入的。因此，尽管我承认以卡德摩斯为代表的活动与字母表传入之间的总体联系，但并不认为应该像研究字母史的厄尔曼（B. L. Ullman）和大卫·迪林格（David Diringer）所做的那样，把卡德摩斯的抵达时间推后。

同样，尽管我认可他们在整体上与古代模式的联系，但是我所做的修正之一就是，将希克索斯人抵达希腊的时间从公元前 16 世纪他们被驱逐出埃及的时间改成了他们进行广泛扩张的公元前 18 世纪。字母表传入希腊与希克索斯人之间的联系，进一步得到了传统说法的支持，因为事实是，关于字母表传入希腊的最早记载来自 6 世纪的米利都的凯克洛普斯，而他提到的不是卡德摩斯而是达那俄斯。[32]两者的关系及其与希克索斯人的联系将在下面进行讨论。因此，有关字母表传播的碑文证据就与希克索斯人在地中海东部地区的扩散的史实以及希腊的传说相吻合了。

在公元前 15 世纪，继建立我所说的"和平的埃及"之后，迈锡尼的影响扩散到了地中海西部地区、黑海和北欧。这可以解释早期字母表如何传播到了希腊之外的努米底亚（Numidia）和西班牙，以及如尼字母（runes）在北欧和中亚的存在。[33]但是，这些传播很可能发生得更早，而字母表传播到爱琴海的时间肯定会早于这个时期，尽管事实是，历史上认为字母表是在埃及霸权时期

30　本章第九章注释 148—184。

31　对于这一较近时间的确立和维持，参考 Bernal（1990, pp. 7-15）。

32　Jacoby（1923-9, IA, p. 1, frg. 20）。同时参考 Edwards（1979, p. 66）。关于不同传说之间的关系，参考 Edwards（1979, p. 268）和 Dörpfeld（1935, II, pp. 401-4）。

33　Bernal（1990, pp. 38-52）。

（公元前1470年至公元前1370年）传播开来的，并且这种想法非常具有吸引力。由于存在着有关频繁接触的大量证据，尤其是通过贸易进行的接触，字母表之类的方便的文字将是非常有用的。但是，这一较晚的时期即使有可能与在安纳托利亚和希腊出现的文字的古代性质相吻合，这种吻合关系也是存在很多问题的。因此，我们可以接受卡德摩斯与字母表的联系，并将卡德摩斯置于希克索斯时代，即使这意味着要把时间提前到公元前17世纪或公元前18世纪。

卡德摩斯与达那俄斯：希克索斯统治者

这也会符合达那俄斯引入了字母表的说法，并与那种认为卡德摩斯和达那俄斯之间有联系的强大的传统说法是一致的。在不同的时代，希腊神话收集者阿波罗多罗斯根据至少可追溯至荷马时期的传统故事，认为卡德摩斯是达那俄斯的堂兄弟或兄弟。[34] 这乍看起来可能令人颇感奇怪，因为达那俄斯与埃及有明确的联系，而卡德摩斯则是最著名的腓尼基人。在古典时代，也可能在古风时代，卡德摩斯经常会与推罗产生联系。[35] 但是，要把这种联系追溯到青铜时代是不可能的。

来自考古学和埃及文本的证据让人们几乎可以毫不怀疑地认为，推罗是一座古老的城市，至少要追溯到公元前两千纪的初期。[36] 为希罗多德提供信息的人说，推罗建于公元前2750年左右。[37] 另外，我们知道推罗在公元前两千纪与爱琴海发生过接触。B类线形文字中存在的种族名称 Turijo 和希腊语形式的 Tyros（推罗）表明：这个城市名称引入爱琴海地区的时间要早于公元前1400年。当时其名称是 Tor，出现于发音从 ṭ 转变为 s 之前，发音转变后就产生了腓尼基语中的名称 Ṣor。弗里德里希将借词的最晚时间（terminus ante quem）推定为公元前两千纪中期，这在后来被美国闪米特语研究专家泽利格·哈里斯（Zellig Harris）和莫兰（W. L. Moran）所证实，他们提出声音的变化发生在约

503

34　Apollodoros, II. 14-4.8; III. 4.1-5.5-8. 关于这一情形的清晰概述，见 Edwards（1979, p. 166）。

35　Herodotos, I.2, II. 49, IV. 45; Euripides, *The Phoenician Women*, 639, etc. 其他参考文献，见 Edwards（1979, p. 47, n. 50）。

36　Katzenstein（1973, pp. 18-20）.

37　Herodotos, II. 44. 有关 Lloyd 接受希罗多德说法的原因，参考（1976, pp. 206-7）。

公元前 1500 年和公元前 14 世纪。[38]

无过，在荷马和摩西五经（Pentateuch）的时代，腓尼基的缩影都是西顿而非推罗。[39] 另外也有这样的传说，即卡德摩斯来自西顿。几乎毫无疑问的是，在青铜时代的大部分时间里，毕布勒都是黎凡特最出众的城市。[40] 因此，似乎可能的是：腓尼基人卡德摩斯及其家族与推罗的联系应当只能是发生于公元前 11 世纪或公元前 10 世纪推罗崛起并获得统治地位之后，而且这种联系，以及他们与西顿的联系，只不过是被用以证明卡德摩斯是腓尼基人。

毫无疑问的是，到古风时代，卡德摩斯与其兄弟腓尼克斯（Phoinix）被紧密地等同了起来，而 Phoinix 就是 Phoenicia（腓尼基）的词源。卡德摩斯其他兄弟的名字分别是基利克斯（Kilix）和萨索斯（Thasos），前者是位于当今土耳其东南部的基利基亚（Kilikia）或奇里乞亚（Cilicia）的名字来源，后者是爱琴海北部的岛屿萨索斯的名字来源。这些名称，与卡德摩斯的另一个亲戚孟布利阿罗斯一样，清楚地解释了在基利基亚、萨索斯和锡拉岛出现腓尼基的影响的原因——孟布利阿罗斯被认为是在这三个地方定居了下来。[41] 卡德摩斯也与受到腓尼基影响程度较深的其他地方联系在一起，包括色雷斯、萨莫色雷斯和罗得岛。所有这三个地方都在卡德摩斯追赶欧罗巴的故事中出现了。[42]

腓尼基并非是唯一与卡德摩斯起源相关的国家。很多资料都将其与埃及联系了起来。[43] 其中一些资料无疑是想在两座名称都为底比斯的城市之间找到联系，而且这些资料是相互吻合的，因为多数都认为他是在埃及的外国人。因此，卡德摩斯和达那俄斯均被认为是埃及的外国人，传说中两人的亲属关

38　Friedrich（1923, p. 4）；Albright（1950, p. 165）；Harris（1939, p. 40）；Moran（1961, p. 59）。

39　*Iliad*, VI. 290, xxiii. 743; *Odyssey* IV. 84, 618, xiii. 326, xv. 118, 425; Joshua 13. 4, 6; Judges 3. 3; I Kings 5.6.

40　参考 Euripides, *Bacchae*, 171 和 1025, *Phrixos*, 残篇 819 和 Isokrates, X. 68.亦可参考 Edwards（1979, p. 47, n. 50）或 Garbini（1979, p. 54）。

41　参考 Herodotos, II. 44 以了解萨索斯的故事。对腓尼基在那里的影响持怀疑态度的有关观点，请参考 Lloyd（1976, pp. 207-11）。Lloyd 或 Birgitta Berquist（其有关萨索斯的专著在 1973 年出版）都未参考 Denis Van Berchem 的文章。Denis 在文章中认为萨索斯的赫拉克勒斯崇拜是有腓尼基背景的。参考 Van Berchem（1976, pp. 88-109）。参考本书第七章注释 85—93 以了解孟布利阿罗斯。

42　欲了解神话中所述的颇为错综复杂的情形，参考 Edwards（1979, pp. 23-32）。

43　参考 Diodoros, I. 23; Konon, 见 Jacoby（1923-9, IIA, p. 26, frg. 1）; Kharax of Pergamon, 见 Jacoby（1923-9, IlA, p. 103, frg. 14）; Nonnos, *Dionysiaka*, IV. 265-70; Tzetzes *Scholia to Lykophron*, 1206; *Scholia to Euripides Phoenissae*, 638; Hyginus, *Fabulae*, 277. 亦可参见 Edwards（1979, p. 48, n. 51）。

系以及字母表的发明，让两人具有了相似性。另外，还存在着其他的联系，例如两位英雄与罗得岛之间的紧密联系，特别是与林都斯卫城的联系，因为据记载，他们两人都去了那里的雅典娜神庙还愿。[44] 关于达那俄斯是来自下埃及的讲闪米特语的希克索斯人这一说法，已经在第一卷中谈及，并在本书第九章中再次提及。[45]

　　所有这些都表明，在公元前 18 世纪和公元前 17 世纪希克索斯人的活动中能找到两位英雄的渊源。阿布德拉的赫卡泰奥斯于公元前 4 世纪末写的文章在第一卷中已有讨论，文中明确说明，达那俄斯和卡德摩斯都是作为希克索斯的领导者而被从埃及驱逐出去的。[46] 如果卡德摩斯是来自埃及的使用闪米特语和胡里安语的希克索斯统治者，那么就可以解释为何在波伊奥提亚地区存在很多有关这些语言的地名证据，尽管正如我们在第三章中所发现的，一些地名可能在更早的时候就已存在。[47] 我要补充说明的是，认为卡德摩斯是希克索斯的领导人，并且是与达那俄斯同时代或相近时代的人，并不是新鲜的或原创的观点。不少学者都持有这种观点，其中包括埃米莉·弗穆尔、弗兰克·斯塔宾斯、乔治·赫胥黎（George Huxley）、迈克尔·阿斯特等人。[48]

504

　　在重新判定锡拉火山的爆发时间后，我们也需要调整年表，把卡德摩斯人定居的时间定在与达那俄斯人定居大致相同的时间，即公元前 18 世纪晚期和公元前 17 世纪早期。因此，这两次活动都与希腊迈锡尼文明的产生相关，这可以解释伯罗奔尼撒地区和波伊奥提亚在青铜时代后期出现的物质文明上的相似性。让底比斯与其他地方不同的是，这里没有出现珀罗普斯人的统治，而最初的王朝似乎一直到公元前 13 世纪中期都掌握着大权。

B 类线形文字的书写问题

　　认为闪米特对波伊奥提亚的影响是在公元前 18 世纪和公元前 17 世纪伴随

　　44　Jacoby（1923-9, IIIB, p. 532, frg. lB-C）. 亦可参考 Diodoros, V.58。

　　45　第一卷第 88—98 页，以及本卷第九章注释 227 和 228。

　　46　第一卷，第 109 页。

　　47　本卷第三章注释 73—100 和 138。

　　48　Vermeule（1964, p. 239）; Stubbings（1973, pp. 637-8）; Huxley（1961, p. 37）; Astour（1967a, pp. 220-4）. 参考 Edwards 以了解完整的参考文献内容（1979, pp. 167-9）。

着希克索斯人到来的，这一历史方案的困难就来自名称 Thebes（底比斯）或 Thēbai 本身。如前所述，这一名称似乎有可能来自迦南语的 tēbåh（大船或箱子），而 tēbåh 本身来自埃及语 tbi 或 dbt（盒子）。这两者之间经常相互混淆，并与可能有联系的词 db3（浮藤、芦苇做的大船）和 db3t（棺材、圣坛以及由此而来的宫殿）相混淆。[49]

问题在于，Thebes 或 Thēbai 在 B 类线形文字中并没有写成 *Tepa，而是写成了 Teqa。这就使该希腊城市的名称很难以埃及语的 db3t 或迦南语的 tēbåh 为词源。有趣的是，还存在两个可比的例子。第一个例子是 basileus，它最初的意思是"高级官员"而不是"国王"，并且它还有一个看似可信的来自埃及词语 p3sr（官员或高官）的语源学依据，在公元前两千纪这个词在阿卡德语中被写成了 pašia(ra)。但是，它在 B 类线形文字中的写作 qasireu 而非 *pasireu。另外，有一条希腊河流的名字叫 Pamissos，这个名字似乎源于埃及语的 P3 mw（水流），这是埃及语中频繁出现的地名元素。但是，Pamissos 在 B 类线形文字中的书写形式似乎是 Qamisijo。

505　　我认为，关于上述这些词语，最简单的解释是：认为它们引入希腊的时间，是在希腊语的圆唇软腭音消解，而原始印欧语的发音 k 消失并根据之后的元音变为 p、t 或 k 之后。[50] 毫无疑问，当 B 类线形文字被创造出来的时候，圆唇软腭音仍然存在于原始希腊语中，现在被书写为以 q 开头的一系列的符号借用了另一种语言，这种语言也用这些发音表示这些符号。但是，几乎同样清楚的是，B 类线形文字的音节表，最晚是在公元前 17 世纪被用来表示我们如今所说的希腊语的。因此，思想开放的印欧语学者奥斯瓦尔德·切梅林伊在谈到以 q 开头的一系列符号时这样写道："更难解答的问题是，[被写下来时]被这样标示的声音是否还是圆唇软腭音呢？"[51] 人们仍不清楚所发现的 B 类线形文字泥板是在什么时候写成的。一些可能是早至公元前 14 世纪。但是，正像我在第十章中所讨论的，我接受帕尔默和尼迈耶（Niemeier）的观点，他们认为大部分泥板是在公元前 13 世纪末写成的。[52]

49　本书参第十一章注释 136。

50　有关圆唇软腭音及其分解发音，参考第一卷，第 56—58 页，Bernal（1989b, pp. 35-6）。此问题将在第三卷进行更详细的讨论。

51　Szemerényi（1966b, p. 29）。

52　本书参考第十章注释 92—98。

现在，似乎没有人怀疑，在公元前 13 世纪末之前，u 和 y 之前的圆唇软腭音曾经过了非唇音化，变成了 ku 和 ky。[53] 要确定什么时候 e 和 i 之前的圆唇软腭音经过腭音化变为 te 和 ti，以及它们什么时候在 a 和 o 之前经过唇化变为了 pa 和 po，是非常复杂的问题。毫无疑问，$k^w o$ 可以被书写为 po，前提是在同一个词汇中还存在另一个圆唇软腭音，这就显示出了一些不稳定性。[54] 但是，研究迈锡尼的学者们达成了这样的共识：原来的 k^w 在公元前 13 世纪和公元前 12 世纪时期仍然在这些词语中存在。

然而，这一判断的基础似乎非常牵强。圆唇软腭音的存在或其在后期希腊方言中的"非正统"反映无法告诉我们，它们是什么时候在 B 类线形文字所代表的标准语言中消解的。勒热纳已经表明，B 类线形文字中 o 之前的圆唇软腭音标记与 *equos（马）中的标记是相同的，kw 在此不是一个圆唇软腭音。这一点可以暗示出 B 类线形文字符号 qo 的发音是 $k^w o$。但是，它只是反映出了一种早期的情形，当时拼写规则刚刚建立。另外，在 B 类线形文字文本中可能还有两种早期唇化的情况。[55] 没有有关 qa 的具体证据。文特里斯和查德威克最初将 qa 读作唇音的 p. 2，但是后来查德威克不再使用这种读法。[56] 查德威克否定了两人最初认定的这种词源，不过即使有人支持查德威克的否定，也无法据此说 qa 听起来是 $k^w a$。[57]

语言学家米歇尔·勒热纳（Michel Lejeune）论述说，字母表中缺少代表圆唇软腭音的字母的情况显示出，这些圆唇软腭音是在字母表确立之前就消失了的。根据通常的看法，他认为字母表是在公元前 8 世纪确立的。[58] 但是今天，字母表从黎凡特传到希腊的时间已经被提前到了公元前 11 世纪，而按照我的说法，该时间是在公元前 1800 年至公元前 1400 年之间。[59] 接受这些时间则表示，圆唇软腭音是在公元前 11 世纪或在公元前两千纪中期消失的。但是情况仍然很复杂，并对我不利，因为我认为字母 phi φ 源自圆唇软腭音

506

53　Lejeune（1972, pp. 46-7）.

54　Ventris and Chadwick（1973, p. 389）.

55　Lejeune（1958, p. 302），参考 SzeInerényi（1966b, p. 35）。

56　Ventris and Chadwick（1973, p. 386）.

57　参考 Szemerényi（1966b, p. 29）。

58　Lejeune（1972, p. 51）.

59　参考 Bernal（1987, 1990）。

消失之前代表圆唇软腭音的闪米特语 qup。[60] 在赫西俄德或荷马的记载中没有圆唇软腭音的踪迹，因为他们生活在公元前 10 世纪和公元前 9 世纪。但是，如果我对字母表的传入时间估计正确的话，那么荷马或赫西俄德都是依循了可追溯到青铜时代的拼写规则的。这表明在他们的方言中，圆唇软腭音已经消失很久了。

最后，确实存在着一个循环论证，即 Qamiso 和 qasireu 的可靠词源是埃及名称 P3 mw 和词汇 p3sr。这两个词被转写为 qa 而非 pa，就符合极其常见的模式。据此模式，外国借词是用很少出现或冗余的符号来记录的。这一惯例提供了更多的信息，表明该词是外来词。与这种现象类似的是，日语使用不太常用的片假名来标示外来词，现代希伯来语则使用 tet 和 quph 来标示外来的 ts 和 ks，而非使用标准的 tav 和 kaph。[61]

这些讨论提供了很好的例证，可以证明 P3 mw 和 p3sr 是在希腊语中的 kʷa 消失之后，于公元前 15 世纪或公元前 14 世纪传入爱琴海地区的。事实上，这契合了这样的事实：词语 p3sr 似乎只是在埃及第十八王朝才作为官方用语使用。但是，Thebes 或 Thēbai 的名称似乎更为久远。确实，如果我们遵循传统说法，将卡德摩斯人的迁徙与字母表的传入联系在一起，那么前者肯定是在圆唇软腭音消失之前发生的。

Thēbā 的名称有时与最早的卡德摩斯人的故事相联系，甚至与更早的安菲翁和仄托斯的故事有关。[62] 另一方面，还存在一种传统说法，即最初城市的名称是 Kadmeia，而 Thēbā 是后来的名字。[63] 对此，最为简单的解释办法就是，Teqa 与 tēbåh 或 db3 完全无关。不然也可以辩称说，qa 和 pa 在名称中的使用是任意的，或者认为 Thēbā 在公元前 15 世纪或公元前 14 世纪听起来仍然是外来语，因此才以这种方式加以表示。最后，也可以遵循传统的说法，认为 Thēbā 是后来的名称。所有这些说明都不能让人满意。但是，可信的闪米特和埃及在宗教膜拜和语言上的深刻影响，以及关于腓尼基人卡德摩斯定居的强大传说，都具有压倒一切的优势。而且，人们难以说出此后的殖民情况；在传说

507

60　Bernal（1987, p. 14; 1990, pp. 115-6）. 对 tet 和 quph 而非 tav 和 quph 的偏好，也受到了这样的事实影响，即根据 begadkephat 的字母规则，后者在许多情形下发成了摩擦音，因此不能准确地表达停顿。

61　Bernal（1987, pp. 13-14; 1990, pp. 115-16）.

62　*Odyssey*, XI.262-4. 参考本书第二章注释 212。

63　Pausanias, IX.5. 1.

中，卡德摩斯、达那俄斯和希克索斯之间也存在复杂的联系，因此，青铜时代中期的结束就成了卡德摩斯到达的唯一可能的时间。

这些早期传说及其合理性可以解释，为什么在许多描写底比斯衰败和陷落的悲剧中都强调了腓尼基人卡德摩斯的由来。这在欧里庇得斯的《腓尼基女人》中表现得尤为突出，歌词中唱道：

> 从推罗的海边，
> 从腓尼基的岛屿，
> 我走来……
> 但今天，猛烈的战火
> 正在城堡周围燃烧，
> 鲜红的血液汩汩流出，
> 底比斯正经历死亡的苦痛，这不是神的旨意！
> 朋友与朋友一起承受苦难，
> 如果七座塔楼都倾覆，
> 我们国家的心脏也会遭到打击，
> 我们和他们本是一家，
> 同样都是艾奥的子孙；
> 他们的命运，也是我们的命运。[64]

后面的一首歌写道：

> 当卡德摩斯从腓尼基来到这个国家，
> 一头未驯服的母牛在他面前跳跃……
> 你啊，宙斯之子厄帕福斯（Epaphos），
> 我们的祖先艾奥很久以前生下了你，
> 让我唱一首东方之曲，
> 用腓尼基人的语言祈祷：

---

64 *The Phoenician Women*, 231-46, trans. Vellacott（1972, pp. 243-4）.

> 底比斯，是由你的子孙为你创建……[65]

这些段落不仅强调了腓尼基人是卡德摩斯人的祖先，也强调了后者与艾奥后人达那俄斯之间的联系。

卡德摩恩的财宝

如果公元前 13 世纪的底比斯统治者们相信他们的祖先是腓尼基人并具有正统性，这是否会影响他们与近东的实际接触呢？令人感兴趣的是，尽管事实上底比斯人如前所述基本上是迈锡尼人，但是在底比斯城中及城市周边发现了相当多的黎凡特物品。例如，从城外一个随葬品丰富的青铜时代晚期墓葬中出土了一个迦南花瓶。[66] 而更为轰动的是在卡德摩恩或在底比斯宫殿本身发现的物品。物品中包括两个象牙宝座腿，这在爱琴海地区是独一无二的，同时还有非比寻常的柱形印章藏品。这些柱形印章以及一些爱琴海印章、玛瑙、缟玛瑙和天青石珠宝等发现于希腊青铜时代晚期三段 B 的地层中。尽管不能确认它们是属于希腊青铜时代晚期三段 B1 还是三段 B2，但后一种情况的可能性更大，因为它们似乎是在宫殿最后被毁时埋起来的，或许是在公元前 1230 年左右。在卡什的沉船上发现了 120 件迦南的罐子，在一处地点发现了 38 枚柱形印章；而此前在爱琴海地区进行的所有发掘工作中，一共只发现了 60 枚印章。联系到这些再看这一发现，足以让那些相信现代发掘的物品数量能够决定古代物品的数量的人停下脚步好好思考。

在腓尼基的卡德摩斯宫殿卡德摩恩发现的东方印章让人感叹不已，并引发了更多的漫想。有人认为，它们代表着卡德摩斯本人的入侵，或是证明了在希腊存在一座迦南甚或是巴比伦的城市。[67] 尽管这样的论述未免夸张，但印章确实显示出，希腊与黎凡特之间的联系比我们之前通常认为的更为紧密。

考古学家康妮·朗布鲁-菲利普森曾有力地辩称，宫殿中的珍宝来自黎凡

65　*The Phoenician Women*, 638-82, trans. Vellacott（1972, pp. 259-60）.

66　有关的参考书目见 Symconoglou（1985, p. 289, site 191）。

67　参考 Fontenrose（1966b, p. 189）, Sasson（1966a, p. 135, n. 53）, Ham-mond（1967, p. 654）, Hemmerdinger（1966, p. 698; 1967）。

特工匠的作坊。她指出，11 枚柱形印章有"磨损"或被刻意打磨过，其中 1 枚印章似乎表现为最早的迈锡尼设计样式。[68] 但是，她同时也指出，珠宝和黄金制品体现出的其他工艺，就她所知在爱琴海地区属于难得一见的工艺，比如在珠宝中镶嵌天青石、金线，还有在金属物品中镶嵌金和乌银。她自己也承认，在爱琴海地区存在一些这类技术的其他实例。但是，毫无疑问的是，黎凡特的工艺更好，出现的时间也更早，在毕布勒尤其如此。几乎可以肯定，黎凡特是它们在爱琴海地区得到应用的源头。[69]

朗布鲁-菲利普森也注意到了宝座腿上的象牙雕刻，这在爱琴海地区是独一无二的。这无疑表明，这里曾存在一群从事黎凡特象牙家具组件雕刻的工匠们，这一雕刻流派盛行于公元前 17 世纪到公元前 7 世纪期间。[70] 在她列举的最新的近东技术成果范例中，让人印象最深刻的是在卡德摩恩与象牙藏品共出的铁钻。当时，爱琴海地区是缺铁的。但她强调说，铁在黎凡特得到了使用。[71]　509 尽管康妮·朗布鲁-菲利普森没有能够证明在底比斯存在一个黎凡特工匠的殖民飞地，但她的说法提供了很好的范例，或者说至少是证明了这里存在一些独立的黎凡特工匠。这些假设都颇为符合 B 类线形文字名称中有关存在近东人的证据。另外，朗布鲁-菲利普森还明确地指出了青铜时代晚期的奢侈品制造者之间的联系是多么紧密，这正是可以从其他考古证据，特别是卡什沉船的考古发现中推想到的。

与加喜特的联系

在卡德摩恩发现的一些印章已经磨损，但也有一些印章保存完好。从这些保存完好的印章中，我们可以获得相当多的信息。印章中的 7 枚是公元前 15 世纪至公元前 13 世纪在塞浦路斯或叙利亚制造的（塞浦路斯和叙利亚的制造风格很难区分开来）。另外 4 枚印章最初雕刻制作于其他地方，但于公元前 15

68　Lambrou-Phillipson（1987, p. 6）. 亦可参考 Porada（1981, p. 4）。

69　Lambrou-Phillipson（1987, pp. 7-8）.

70　Lambrou-Phillipson（1987, p. 8）. 有关黎凡特的手工艺，参考 Winter（1976）。

71　Lambrou-Phillipson（1987, p. 8）. 亦可参考 Symeonoglou（1985, pp. 231-2, site 4）。关于铁，参考本书第十一章注释 76。

世纪至公元前 13 世纪在塞浦路斯或叙利亚重新进行了雕刻。[72] 此外还有 1 枚赫梯的柱形印章。尽管它来自"赫梯世界"，一些特征却使它有别于纯粹的赫梯风格。事实上，这枚印章与在乌加里特发现的叙利亚北部卡尔凯美什一位官员的印章非常接近。因此，它很可能是来自公元前 13 世纪被亚述人占领的科马基尼地区。[73] 有 8 枚古巴比伦尼亚时期的美索不达米亚印章，它们制作于公元前两千纪初或更早的时期，其中 2 枚在塞浦路斯重新进行了雕刻；有 3 枚印章来自伊拉克北部的米坦尼，制作于公元前 15 世纪晚期和公元前 14 世纪，显示出了本土特征和埃及化的影响；另外还有 2 枚印章具有杂合的风格，但可能来自亚述。[74]

藏品中最出众的是巴比伦的加喜特国王时期的柱形印章，其中一些用最纯的天青石制造，制造时间是在公元前 14 世纪至公元前 13 世纪。[75]值得一提的是，加喜特人是从东北征服巴比伦尼亚的民族，征服的时间与公元前 18 世纪希克索斯征服埃及的时间基本相同。[76]

古代印章专家艾迪斯·鲍腊达用了很长时间对这些柱形印章和这一窖藏的重要性进行了认真思考。除了指出它们显示出制作工艺的复杂精细之外，她未能发现这些塞浦路斯印章的特别意义。然而，她对加喜特印章的看法以及对这些印章如何来到底比斯的解释是详尽且令人颇感兴趣的。

在阿马尔奈的埃及外交文书中，有一封加喜特国王布尔那-布里亚什二世 [（Burna Buriaš II）公元前 1375 年—公元前 1347 年] 写给阿克那顿（公元前 1381 年—公元前 1364 年）的信。信中写道，写信人要送给法老 1 迈纳（mina）的天青石。[77]迈纳是美索布达米亚的重量单位，1 迈纳约为 510 克。鲍腊达认为，1 迈纳天青石是一件可以接受的礼物，这可以为另一项发现所证实，即迈纳是

72　Porada（1981, pp. 9-29）.

73　Porada（1981, pp. 46-9）.

74　Porada（1981, pp. 36-46）.

75　Porada（1981, pp. 49-66）.

76　有关加喜特对巴比伦的征服，参见本书第八章注释 64 和 93。就其名称和来源不尽如人意的猜测，参考第六章注释 69，78—79。

77　E.A. 2. Knudtzon（1915, pp. 88-9, 1. 43）. 鲍腊达事实上支持推迟这些统治者的统治时间。来自碳 14 和树木纪年法的证据支持来自公元前两千纪的较晚的年代，这显示出了中欧的学术倾向，也显示出了对特洛伊战争的时间进行界定的困难之处。我认为更好的方法是在此依循《剑桥古代史》中常规的时间界定。

在加喜特时期的尼普尔（Nippur）神庙文献中列出的许多瓶罐的重量。[78] 她和发现这些文物的另一位考古学家艾维·图罗帕（Evi Touloupa）称量了出于底比斯的加喜特印章，发现其重量是 496 克。鲍腊达相信这一重量非常接近 1 迈纳。如果认为古代近东的君主会对关乎重量的事情随随便便，显然是无法让人信服的。另一方面，可能是有 1 枚印章丢失了，所以出现了重量的缺失。不过我们也不应忘记，印章的重量可能会在磨损中减轻。

　　鲍腊达坚持认为，这样高级的加喜特印章不会用于个人需求，而是特别敬奉给神灵。虽然没有直接证据，但她仍推测这些印章曾被供奉在巴比伦的马杜克（Marduk）神庙，对马杜克的膜拜在那个时期已经很中心化了。她的间接证据是，公元前 7 世纪的亚述国王辛那赫瑞布（Sennacherib）和阿萨尔哈东（Esarhaddon）或许就把加喜特柱形印章用于供奉，而在这之前 5 个世纪图库尔蒂-尼努尔塔一世曾对一些印章进行过重新刻写。她也指出布尔那-布里亚什二世的儿子曾在恩利尔（Enlil）神庙供奉了一块天青石。[79]

　　无疑，图库尔蒂-尼努尔塔一世在征服巴比伦、推翻了加喜特统治者之后，劫掠了巴比伦的马杜克神庙。另外，鲍腊达向人们展示出，当时对战利品的分配是花了一番心思的。[80] 根据以上所述，她得出了这样的结论：在底比斯发现的加喜特印章是图库尔蒂-尼努尔塔一世于公元前 1235 年左右征服巴比伦时从巴比伦的马杜克神庙夺取的，之后它们被出售或赠送给了希腊城邦的统治者们。

　　那么对于底比斯的印章又该做何解释呢？鲍腊达完全了解公元前 1240 年的赫梯协议，前面提到过，该协议旨在封锁阿希亚瓦（亚加亚人）与亚述之间的贸易。[81] 但她不知道，图库尔蒂-尼努尔塔一世的印章使用了来自劳利昂的铅块，而这显示出此类贸易在封锁之前、之中或之后的重要性。[82] 另外，我们还要考虑到政治因素。正如我们已经看到的那样，阿希亚瓦的基本战略是反赫梯的，这就解释了亚加亚人为什么会与赫梯的主要敌人埃及在公元前 15 世纪和公元前 14 世纪达成友好协议。这一原则似乎也延展到了公元前 13 世纪中叶亚

511

78　Porada（1981, p. 68, n. 175）.

79　Porada（1981, p. 70）.

80　Porada（1981, p. 69, n. 180）.

81　参考本书第十一章注释78。

82　参考本书第十一章注释80。

加亚人与赫梯的新敌人亚述的关系中。

底比斯的衰亡

但是，若想用阿希亚瓦与亚述的联盟来解释底比斯的加喜特印章，还存在着一些问题。在公元前 13 世纪，卡德摩斯人的底比斯似乎是阿尔戈斯地区的珀罗普斯统治者不共戴天的敌人，这些统治者被普遍认为是赫梯人所说的阿希亚瓦国王。在留存下来的赫梯文献记录中找不到关于阿希亚瓦王国内部不同势力的记录。不过上文已经提到，把阿希亚瓦国王的名字从图达利亚斯四世[（Tudhaliyas IV）约公元前 1265 年—公元前 1240 年]的文献中删除的原因可能是内部斗争。[83]

如果加喜特印章不是在阿希亚瓦的对手底比斯发现的，而是在所推定的阿希亚瓦的首都迈锡尼发现的，我们就能更容易地从外交角度对之进行解释。如果是在迈锡尼发现的印章，那么最好的解释似乎就是，它们是开展贸易的结果，在阿提卡的金属运往叙利亚服务于亚述市场的过程中，底比斯或波伊奥提亚的船只可能起了一些作用。鲍腊达的方案似乎是合理的，如果我们认可她的方案是有效的假设，那么尽管这种假设建立在大量的推测之上，但它还是提供了底比斯的阿尔戈斯势力衰亡的时间，或者说至少提供了底比斯宫殿覆灭的时间。

萨兰蒂斯·西米奥诺格鲁在对底比斯的整体研究中，把这个时期定于希腊青铜时代晚期三段 B1 末期的陶器时期。根据本书提出的纪年法，这应该是在公元前 1300 年左右。[84] 但是，在他之前对宫殿的研究中，他也说过存在一些希腊青铜时代晚期三段 B2 的因素，并指出“比这晚一些的时间也是可能的”。[85] 加拿大古典学家罗伯特·巴克（Robert Buck）在《波伊奥提亚史》(*A History of Boeotia*)中同意萨兰蒂斯的第二种观点，同样认为宫殿的最终毁灭是在“接近希腊青铜时代晚期三段 B 末期”。[86] 按照本书的年表，这一时间应该是在公元前 1220 年左右。

83　参考本书第十一章注释 56。

84　Symeonoglou（1985, pp. 67 and 227）。

85　Symeonoglou（1973, p. 21）。

86　Buck（1979, p. 40）。

　　《剑桥古代史》认为巴比伦加喜特王朝的陷落时间是公元前 1235 年。鲍腊达指出，在卡德摩恩发现的印章上的打磨痕迹，看起来时间并不是太久远，似乎可以暗示出它们在底比斯的时间并不长。我们无从得知，图库尔蒂-尼努尔塔一世是以多快的速度处置他洗劫到的财物的，也不知道那些财物是以多快的速度或多直接的方式从巴比伦运到了底比斯，有可能还要突破赫梯的封锁。不过，所有这些活动不太可能会在 5 年之内完成。因此，底比斯的衰亡似乎有可能发生在公元前 1230 年至公元前 1225 年之间。如果正如传说所强调的那样，在那之前一个世代，有 7 位英雄对底比斯发起了战争（希腊戏剧中存在大量有关这种传说的描写），那就是在公元前 1250 年左右。[87] 以这两个时间点为根据，我们可以开始研究特洛伊战争可能的发生时间。在此之前，让我们先回顾一下特洛伊的历史。

512

特洛伊历史概述

　　特洛伊位于达达尼尔（Dardanelles）海峡南端，船只在此必须停留，等待南风吹起才能起航，向北逆流而上通过马尔马拉海和黑海。这赋予了特洛伊城重要的经济和战略地位。众所周知，在青铜时代曾经有过 7 座特洛伊城，它们可以追溯到公元前四千纪的青铜时代早期开端。在第五章中，我探讨了米特·拉辛纳碑文中的 ʾIwȝi 是指 (W)Ilios 或特洛伊的可能性，这一地点在考古学上曾被称作特洛伊 V。特洛伊 V 在公元前 1900 年随着文化变迁而被取代，当时该地区被色梭斯特里斯和阿蒙涅姆赫特二世［门农］的军队所征服。[88] 我们也在第十章中看到，大多数人都相信，在进献给法老的阿蒙诺菲斯三世雕像

　　87　参考 Aischylos, *Seven Against Thebes*, Sophokles, *Electra, Antigone* 和 *Oidipos at Colonos*, Euripides, *The Phoenician Women*。基于德国许多怀疑论者的说法，Burkert（1984, pp. 100-2）怀疑青铜时代晚期的底比斯有 7 座城门。但是在荷马的 *Iliad*, 4.406 和 *Odyssey*, 11.263 中，存在 heptapylio（七门的底比斯）这一荷马时期的表述词汇，这支持了希腊考古学家的观点，他们认为在青铜时代晚期的底比斯遗址中存在 7 座城门。［参考 Burkert（1984, p. 100, n. 6）的参考书目和 Symeonoglou（1985, pp. 34-8）。］不过，伯克特的怀疑似乎是合理的，他质疑被认为攻打过底比斯的 7 位英雄——每位负责一个城门——的史实性，展示了这与美索不达米亚传说中埃拉领导 7 位"天灾英雄"的相似性。关于埃拉，参考第二章注释 170。事实上，我可以再深入一些，把 7 个天灾英雄与 7 座地下的卡比里（Kabiroi）联系起来。参考前面的注释 20。另外，我觉得没有理由怀疑在公元前 13 世纪发生过两次对底比斯的围攻，以及在 7 位英雄中存在历史人物的原型。

　　88　参考本书第五章注释 164—166，第六章注释 102，138—140。

的底座上，W3iwry 是以 (W)Ilios 来表示的。但是，人们的分歧在于，这一名称和其他名称是指一次单独的埃及远征，还是在埃及新王国较早的时期就已经使用了。[89]

在考古研究中，由进口的迈锡尼陶器所标示的希腊青铜时代晚期三段 A1（公元前 1470 年至公元前 1415 年）是特洛伊历史上最为繁荣的时期之一。在这一时期，特洛伊与希腊来往密切。[90] 在公元前 14 世纪中期的某个时间点，特洛伊可能因地震而被摧毁，但是很快，一座新的特洛伊（VII）就被建立起来，之后这座城市与希腊的联系似乎就不多了。[91] 这种疏离可能是赫梯的影响加深的结果。

在此之前，我们应当考察一下有关特洛伊与维萨（Wilusa）最早的接触的记录——国名维萨和 Taru(ú)isa 被普遍认为是指伊利奥斯（Ilios）和特洛伊，并在赫梯的文献中保留了下来。[92] 最能为我们提供信息的文本是赫梯国王穆塔瓦里斯（Mutawališ）和维萨的国王阿拉克桑都斯（Alakšanduš）于公元前1300 年之前签订的条约。[93] 著名的赫梯研究专家汉斯·古特伯克是这样翻译条约开头的几行字的：

> 自从我的祖先拉巴尔那在很久以前征服了阿匝瓦的所有土地［和］维萨的土地之后，阿匝瓦变得跟我们敌对起来，而维萨也背叛了赫梯。这已经是过往之事，我不知道始自哪个国王在位之时。（但是即使）他们已经［背叛］赫梯，但他们（其人民）仍与赫梯人民友好相处，并不断派来［使节］。当图达利亚斯来到阿匝瓦时，他并没有进入维萨。我们仍然和平相处，并不断接待来使。[94]

拉巴尔那在位于公元前 18 世纪或公元前 17 世纪时，而宗主国地位的丧失

89　参考本书第十章注释 111—112。

90　Korfmann（1986, pp. 27-8）；Vermeule（1986, pp. 87-8）。

91　Güterbock（1986, p. 36）；Mellink（1986a, p. 96）。

92　关于这些名称确认的近期讨论，参考 Güter-bock（1986, pp. 35, 41-3）。

93　Güterbock（1986, p. 35）把这一时间界定为公元前 1280 年。我按照《剑桥古代史》的纪年方法，反对这种推后的时间界定。这是 Melink（1986a, p. 93）针对这种情形所做的。

94　Güterbock（1986, p. 36）。

可能是在赫梯古王国崩溃之后发生的，对此穆塔瓦里斯并不知情。赫梯古王国在该世纪下半叶受到了胡里安人在哈梯（赫梯人的国家）东部施加的压力。文中提到的图达利亚斯可能是指图达利亚斯二世，前面已经提到，他于公元前1430年左右打败了阿匝瓦联盟。讲述公元前14世纪的关系的文本严重受损，但是赫梯与阿匝瓦的争斗似乎在继续，直到阿匝瓦于公元前1340年左右被摧毁为止。赫梯与维萨保持了良好的关系，并且可能为维萨提供了保护，使其免于受到邻国伤害。[95]

赫梯对维萨的宗主国地位，似乎在公元前14世纪末穆塔瓦里斯和阿拉克桑都斯订立的条约中得到了确认。人们普遍认为：Drdny（古代达达尼亚人，特洛伊的亲密盟友）的分遣队就是来自维萨的，他们曾在拉美西斯二世统治的第5年，即公元前1300年左右在卡迭什战役中与穆塔瓦里斯共同作战，对抗拉美西斯二世。[96] 随后，埃及似乎就不再与这些地区的事务有关联了。

公元前13世纪中期赫梯国王所写的所谓米拉万达文书，可能是由图达利亚斯四世（约为公元前1265年至公元前1240年）写给在米拉万达/米利都或邻近地区的封臣的。根据这封信的内容，这位封臣是在庇护被推翻的维萨统治者瓦尔姆斯（Walmus）。赫梯国王让他护送瓦尔姆斯，这样就能让瓦尔姆斯重新获得王位并使维萨成为他的附庸国。[97] 这一点，正如伊塔马·辛格（Itamar Singer）颇有道理的论点一样，标志着赫梯对安纳托利亚西部直接影响的终结。[98]

在青铜时代晚期，特洛伊属于安纳托利亚陆地强权和爱琴海海上霸权之间的冲突地带，前者通常以赫梯为代表，后者以希腊著称。公元前15世纪之后，希腊被赫梯人称作阿希亚瓦。我们知道从希腊青铜时代晚期二段后期和希腊青铜时代晚期三段A开始，直到希腊青铜时代晚期三段B初期，也就是从公元前1500年左右到公元前1350年左右，存在着对迈锡尼陶器的大量进口，这表明两者的关系密切。埃及文献也显示出埃及与W3iwry和阿匝瓦在这一时期存在着联系。[99] 整个图景有些令人费解，因为就是在这个时期，图达利亚斯二世于公元前1430年左右击败了阿苏瓦联盟。一些学者认为，希腊青铜时代晚期

95　参考本书第十一章注释30、44、51。

96　Helck（1971, pp. 195-8）；Mellink（1986a, pp. 96-7）。

97　Güterbock（1986, p. 38）。

98　Singer（1983a, p. 215）。

99　关于阿匝瓦，参考本书第十一章注释97；关于W3iwry，参考本书第十章注释111—112。

514 三段 A2 时期对迈锡尼陶器的进口有所减少，或许正是这一情况的反映。[100]

不论如何，人们发现的属于特洛伊 VIIA 时期的希腊陶器数量大幅减少。因此就存在这样的可能：特洛伊 VIIA 尽管没有像特洛伊 VI 一样在大火中毁灭，却也经历了崩溃和再建，原因可能是政权更迭，以及与赫梯之间的平衡被打翻了。这可能是与赫梯国王穆尔西里二世征服安纳托利亚西部并摧毁阿匹瓦同时发生的，时间是这位国王在位的第三年，即公元前 1340 年左右，有迹象显示这些事件都与赫梯和维萨的联盟有关。[101]

人们所说的"塔瓦加拉瓦斯信件"今天被普遍认为是由哈图西里三世于公元前 13 世纪写的。但是，早期的学者将这封书信的撰写人推定为穆尔西里二世，这种推论的神话基础已经在前面提及。[102] 倘若如此，那么信件中所提及的赫梯和阿希亚瓦争夺维萨的战争以及之后对此的和平解决，就应当是发生在公元前 14 世纪下半叶，即特洛伊 VI 末期和特洛伊 VII 初期。[103] 如果认可这种相关性，那么和平解决的结果似乎就是有利于赫梯，或至少是不利于阿希亚瓦的利益的。正如我们所看到的，这种"泛安纳托利亚"联盟在该世纪末通过卡迭什战役得到了巩固。

尽管在特洛伊 VIIA 时期缺少希腊陶器，但是这个时期特洛伊城中无疑出现了强大的希腊影响。据推测，这种影响在过去就已经存在了。很多学者认为，与穆塔瓦里斯签署条约的统治者阿拉克桑都斯的名字 Alakšanduš，是由希腊语 Alexandros（亚历山德罗）的赫梯正字法得出的。[104] 印欧学者卡尔弗特·沃特金斯（Calvert Watkins）也指出，荷马史诗中的特洛伊王子帕里斯（Paris）还有个名字叫亚历山德罗。赫梯学家拉罗什从卢维语名字 Pari-LU 或 Pari-zitis Pari（人）中得出了 Paris 的名字。[105] 沃特金斯认为这一名字与希腊语的 Alex-andros 或 Alex-'man'是并行的。[106]Pari(ya) 似乎一直是某家族的名字，而拉罗什和格奥尔基耶夫则各自独立地从 Pariyamuwas 中得出了 Paris 的父亲 Priamos（普里

---

100 Vermeule（1986, p. 88）. 这一方案的困难之处在于，关于这个时期我们有了埃及文献证据。

101 参考 Güterbock（1986, p. 36）。

102 参考本书第十一章注释 50。有关学者们倾向于更靠前的时间界定的文献，参考 Singer（1983a, p. 210, n. 3）。

103 关于战争与和平的资料，参考 Güterbock（1986, p. 37）。

104 Laroche（1966, p. 26）；Watkins（1986, p. 57）。

105 Laroche（1966, pp. 325, 364）；Watkins（1986, p. 57）。

106 Watkins（1986, p. 57）。

阿摩斯）的名字，这在奇里乞亚得到了验证。[107] 这种错综复杂的语言现象之间的相互作用表明，荷马可能并不是随机地给很多特洛伊人起了希腊名字，这些人本身可能就有希腊名字。因此，尽管特洛伊并不像南方的米利万达/米利都那样希腊化，但我们有理由认为，特洛伊作为一个贸易之城，反映了来自安纳托利亚中部和爱琴海的深刻的文化影响。

公元前 1230 年左右，赫梯似乎受到了安纳托利亚中部饥荒的严重威胁，似乎也有可能失去了对西部和南部地区的控制。[108] 因此，在荷马史诗中并没有提及赫梯，而《伊利亚特》中所描述的特洛伊联盟的地理范围或许就反映了现实中的情况。这一情况的出现并不是因为赫梯王国在公元前 1200 年之后覆灭，而是因为在它公元前 1235 年左右失去了对安纳托利亚西部和南部的控制。而特洛伊联盟据记载正是在这些地区与色雷斯形成的。[109] 因此，特洛伊战争完全可以被视为希腊试图抢占赫梯势力衰退留下的权力真空而做出的努力。

515

特洛伊战争的时间

在过去的 50 年中，瑞典学者弗鲁马克就迈锡尼陶器给出的权威的年代学结论，一直让试图推定特洛伊战争发生时间的人们感到困惑。他的著作《迈锡尼陶器年表》（ *The Chronology of Mycenaean Pottery* ）是在 20 世纪 30 年代晚期写就的，这正是考古学实证论和德国的影响处于高峰的时期。书中将希腊青铜时代晚期三段 B 的开始时间界定为公元前 1300 年，结束的时间界定为公元前 1200 年。[110] 学者们则使用这一时间框架去推定特洛伊 VI 和 VII 的时间。特洛伊 VI 时期的迈锡尼陶器大多来自希腊青铜时代晚期三段 A，但也存在着希腊青铜时代晚期三段 B 的一些"元素"。[111] 按照弗鲁马克的时间推定，特洛伊 VI 的终结大约是在公元前 1280 年至公元前 1275 年间，这比荷马笔下的特洛伊城陷落（公元前 1250 年至公元前 1170 年）的时间提前了太多。因此，学者们普遍倾向于接下来的特洛伊 VIIa，认为该城市就像荷马叙述中的那样，是在

107　Laroche（1966, p. 325）；Georgiev（1972, p. 7）.

108　参考本书第六章注释 192。

109　*Iliad*, II. 820-78.

110　Furumark（1941）.

111　Blegen et al.（1950-8, III, pp. 386-8）.

大火中被摧毁的。发现的为数很少的特洛伊 VII 时期的迈锡尼物品来自希腊青铜时代晚期三段 B，少数陶瓷碎片则来自希腊青铜时代晚期三段 C。[112] 依据弗鲁马克的年表，特洛伊被摧毁的时间就会推迟到公元前 1180 年。这一年份符合传统纪年中的较晚近的时间。但是，由于爱琴海文明的崩溃始自公元前 1200 年左右，我们很难明白，如此强大的远征怎么可能开始得如此之晚。

荷马的故事所描写的两次毁灭都无法得到令人满意的解释，这使得那些认真对待古代资料的学者大为困惑。由记者迈克尔·伍德（Michael Wood）主持的颇受欢迎同时极具知识性和思想性的 BBC 电视系列节目，就反映了这种令人痛苦的困惑。[113] 另一方面，这些困难对于 M. I. 芬利等怀疑论者则颇有助益。他们从考古学界的困惑出发，对特洛伊战争的史实性，进而对所有希腊传说的史实性都提出了质疑。[114]

陶器时期年代的提前使得这一情况现在变得更为直接明了，其原因与特洛伊战争无关。如前所述，本书所采用的陶器时期年表把特洛伊 VI 的陷落界定为公元前 1340 年左右，这与穆尔西里二世在安纳托利亚西部重建赫梯势力的时间非常契合；而特洛伊 VIIa 是在希腊青铜时代晚期三段 C 开始之后不久就被摧毁的，这里认为是在公元前 1220 年左右。因此，根据考古学提供的证据，特洛伊被围似乎应该是发生在那一时期与公元前 1200 年之间。

这样的时间推定也符合埃及的有关记载，也就是海洋民族于公元前 1231 年左右（麦伦普塔赫法老在位的第五年）对埃及发起的一次重要入侵。入侵者的联盟包括 iḳwš 和 Trš，前者几乎可以肯定为亚加亚人，后者则是在希腊文献中被称为 Tyrsenoi 的民族，或许是伊特鲁里亚人的祖先。[115] 这些民族几乎可以肯定都来自安纳托利亚西北部，因此应当属于对抗希腊的特洛伊联盟。这样来看，该联盟是不可能在特洛伊战争开始后形成的。界于公元前 1220 年至公元前 1210 年左右的时间，则非常符合传统上公元前 1250 年至公元前 1170 年的时间范围。这也使得荷马史诗中描述的那种大规模远征策划变得可能。这样的时间范围将把特洛伊 VIIa 的持续时间延长到 120 年以上，并且使其规模远远

112　参考 Korfmann（1986, p. 27）。他研究了 Podzuweit 所判定的极晚的时间（1982）。

113　Wood（1987, pp. 224-31）。

114　Finley et al.（1964）。

115　参考本书第六章注释 61。

超出人们有时假设的"占用者的营地"。另外，如上所述，在特洛伊 VIIa 之上发现的灰烬层和烧焦的物质，符合传说中对特洛伊毁于大火的描述。

　　毫无疑问，荷马史诗的一些内容具有民间传说的性质。例如，塞勒斯·戈登为故事的很多方面找到了可信的乌加里特传说来源，包括为了被夺走的新娘围困城市的故事。[116] 埃米莉·弗穆尔同样指出，很多描述所涉及的战术在公元前 13 世纪已经不再使用，而且一些诗文只有在"前迈锡尼"的方言中才能被正确地理解。对此，埃米莉·弗穆尔的解释是，它意味着围困远在希腊青铜时代晚期三段 B 结束之前就已经发生了，可能发生在希腊青铜时代晚期三段 A 或希腊青铜时代晚期二段。她认为围困的时间应该是在公元前 14 世纪早期。清楚的是，虽然希腊青铜时代晚期三段 A 的确标志着迈锡尼与特洛伊交往的高峰期，但是她并没有充分的考古学证据来证明希腊摧毁了这座城市。[117] 更有可能被接受的假设就是，在荷马或（如马克·吐温所言）与荷马同名的其他人于公元前 900 年撰写《伊利亚特》和《奥德赛》时，他在整体上取材于迈锡尼叙事史诗中的传说故事，有关特洛伊的内容也是一样。这倒是可以解释为什么会存在公元前 13 世纪之前的元素。

　　沃特金斯已经发现了对卢维语叙事史诗的参考，特别是在对特洛伊城的描述之中。史诗叙述的开端就是："当他们从陡峭的维萨来到这里。"这明显类似于荷马笔下"陡峭的伊利亚特"。[118] 这种相似性令人惊异，并且对城市的很多称谓和描述也可能是指特洛伊 VI 而非特洛伊 VIIa，但这并不会有损战争本身的可信度。虽然与其他很多史诗一样，《伊利亚特》和《奥德赛》包含了大量无关的元素，其中一些元素要比特洛伊 VIIa 的毁灭早几个世纪，但我们似乎没有理由怀疑这一故事的核心。因此，调动大批希腊军队于公元前 1210 年围困并最终攻陷特洛伊，就考古学而言似乎是有史实依据的。

517

　　如果否认荷马笔下的特洛伊战争的史实性，对于那些没有得到更好证实的传统故事的可信度，就必然会带来破坏性的影响。不过，再次确立史实性就不会具有这么戏剧化的影响。特洛伊战争对于古代史学的重要意义远远大于卡德摩斯和达那俄斯的殖民。即使如此，确认特洛伊战争的史实性的确可以增加其

116　Gordon（1955；1962b, pp. 132-55）.

117　Vermeule（1986, pp. 85-91）.

118　Watkins（1986, p. 58）.

他希腊传说的可信度，包括卡德摩斯和达那俄斯的殖民。

底比斯和特洛伊

上文谈到，根据考古学证据，底比斯的毁灭发生于公元前 1230 年到公元前 1225 年间，特洛伊的毁灭则发生于公元前 1210 年左右。支持这一观点的还有文学证据。《伊利亚特》第二卷中有一份"船只目录"，记载了被派去参加阿伽门农远征军的分遣队名单。就连那些持有极端观点、认为荷马史诗只是口头创作的人，都相信这份记录即使不是基于迈锡尼的资料，也是基于某种古老的资料的。[119]"船只目录"从波伊奥提亚的船只开始，并对其进行了详尽的描述。鉴于这种描述的详尽程度，一些学者认为史诗或其原型就是在那里写就的。船只描述中没有提及卡德摩斯人，而 Hypothēba（下底比斯）尽管被描述为"修建得良好"，却没有特别的重要性，更不用说统领地位了。[120]因此，毫无疑问的是，文本是在卡德摩斯的底比斯毁灭之后出现的，或者说似乎有意地表现为是在卡德摩斯的底比斯毁灭之后出现的。

要确认这份记录的可信度，难点之一来自"波伊奥提亚人"这个名称本身。正如第二章中所述，波伊奥提亚人被认为是居住在塞萨利的部落，他们被迫离开家园进入"波伊奥提亚"。[121]修昔底德将这一迁徙的时间界定为特洛伊战争结束约 60 年之后。[122]这样一来，该时间点就应该是在公元前 1150 年左右。虽然修昔底德明确地说迁徙发生在更晚的时间，但是这样的时间点对于发起一场对特洛伊的远征而言实在是太晚了。一些学者试图避开这一点，假定说历史上存在两次波伊奥提亚人的迁徙。[123]另外，这也使得底比斯的陷落与特洛伊的陷落之间的时间间隔太短，因而不足为信。但是，与"波伊奥提亚人"出现在"船只目录"中是一种时代错误的说法相比较，这种解释看起来更没道理。在近期的论文中，考古学家和古代历史学家约翰·福西（John Fossey）争辩说，"波伊奥提亚目录"包含了迈锡尼和古风时代的材料，因此他主张，荷马的数字指示出

119　Kirk（1985, pp. 168-70）.

120　*Iliad*, II. 504.

121　参考本书第二章注释 22。

122　Thucydides, I. 12.

123　例如，可以参考 Snodgrass（1971, p. 300）。

了晚期部落的结构。[124] 我并不认为《伊利亚特》是在古风时代（也就是公元前 8 世纪以后）完成的，然而荷马似乎很可能受到了公元前 900 年的社会的影响。

另外一种可能性是，在青铜时代的波伊奥提亚存在着波伊奥提亚人。波伊奥提亚人与"牛"（bous）有紧密联系，这与我对 Minyan（米尼安人）这一名称的解释极其相似。米尼安人是在波伊奥提亚居住的另一种族的居民，该名称就是从埃及语的 mniw（牧羊人）演变而来的。两个名称都很适合波伊奥提亚的肥沃平原和沼泽地，而 Boiotian（波伊奥提亚人）这一名称也很可能是对 mniw 的仿造。[125] 这并不是要去否认修昔底德对部落迁徙的描述，而只是质疑其命名法是否正确。

不论如何，对于两次围城间的紧密联系的反对，似乎并不是不可逾越的。而其他传说故事实际上也显示出，这两次围困是在同一世代发生的。荷马坚持说，在特洛伊的狄俄墨得斯（Diomedes）和他的伙伴斯忒涅罗斯（Sthenelos）参与了最终摧毁底比斯的战斗，而他们是堤丢斯（Tydeus）和卡帕纽斯（Kapaneus）之子，此二人参与了第一次底比斯之战，对手是底比斯的波吕涅克斯（Polyneikes）。[126] 荷马的很多人物谱系明显都是具有神话色彩的，但这一陈述具有相当明显的历史细节。赫西俄德于公元前 10 世纪时可能已经暗示了两次毁灭之间的紧密联系。他在《田功农时》（*Works and Days*）一书中这样描述迈锡尼文明的终结：

> 但是，当大地覆盖了这一代人［青铜时代人种］之时，克洛诺斯（Cronus）之子宙斯造了第四代人，让他们在肥沃的大地上生存，这代人更为高贵正直，乃是神一样的英雄人种，被称为半神。他们是在我们之前的种族，遍布广袤无际的大地。残酷的战争和可怕的战役夺走了一部分半神的生命。一些半神为了争夺俄狄浦斯的羊群，在卡德摩斯的土地上阵亡于具有七座城门的底比斯；还有一些半神，为了秀发浓密的海伦乘船穿过宽阔的海湾洋面，抵达特洛伊进行战斗。在特洛伊，死亡的结局吞没了这些半神。[127]

---

124 Fossey（1989b）.

125 这一内容将在第三卷中详细讨论。

126 *Iliad*, IV. 370-410.

127 Hesiod, *Works and Days*, p. 156-66, trans. Evelyn-White（1914, p. 15）.

我们难以确定这两次战争之间是否存在联系。不过很有可能的是，阿尔戈
英雄和亚加亚人最终战胜了早期的"希克索斯"王朝，这助长了他们征战海外
的野心。当然，如上所述，起到更大作用的可能是赫梯势力的衰微。

迈锡尼文明的崩溃

如果特洛伊战争是在公元前 1220 年至公元前 1210 年之间发生的，那么
这一战争就标志着青铜时代文明的终结。甚至在此之前，传说也表明多利安人
已经发起了对希腊南部的攻击。埃及碑文描述了海洋民族的强大攻势，包括
Prst、Ṯkr、šklš、Dnn 和 Wšš 在内的民族于拉美西斯三世统治的第 8 年（约公
元前 1190 年左右）在陆上和海上发起了进攻，这在第一卷中已经提及。[128] 埃及
人认为，这次事件无疑摧毁了哈梯、Qode［奇里乞亚］、Karkemesh［幼发拉
底河上游］、阿匹瓦和阿里沙（Alashia）。[129] 尽管如同第一卷中所论述的，希腊
参与了海洋民族的入侵，但迈锡尼的城邦未能长久地躲过危机。

最近在卡什沉船和其他地方的发现都更清楚地表明：迈锡尼的宫殿及其经
济与近东联系紧密。我们知道，在底比斯陷落和特洛伊战争之后这类贸易仍然
在继续开展。格里多亚角的沉船、船上的叙利亚船员以及金属和金属制品等国
际货物，虽然在规模上不能与卡什沉船比肩，但它表明，在其于公元前 1200
年之前不久沉没之时，地中海东部地区的贸易仍在进行。[130]

另一些能够证明贸易持续进行的证据，是阿提卡东部佩拉提的墓地内的
随葬品。这些随葬品的年代从希腊青铜时代晚期三段 B/C 直至希腊青铜时代
晚期三段 C。在属于最早地层的随葬品中发现了第十八王朝末代国王霍伦海布
（Horemheb）时期（公元前 1348 年至公元前 1320 年）和拉美西斯二世时期（公
元前 1304 年至公元前 1237 年）的若干圣甲虫饰物。[131] 把希腊青铜时代晚期三
段 C 的开始时间重新界定为公元前 1220 年左右，这就使得拉美西斯二世的圣
甲虫饰物几乎与这一时段同时，因此是在相对较短的时间里进口并被埋葬的。

128　第一卷，第 446 页。
129　赫梯王室可能还延续了二十多年，但是其势力毫无疑问已经瓦解。
130　Bass（1967, pp. 163-7）。
131　Charles（1965）；Yannai（1983, p. 58）。

同时，随葬品中还出有埃及神贝斯的雕像、鳄鱼纹彩陶以及两件米坦尼的柱形印章。[132] 我们无法判定出这些物品是通过贸易还是通过抢劫得来的，但通过贸易获得似乎更具备可能性，因为墓葬临近劳利昂的铅矿和银矿。总之，这些随葬品显示出，希腊和近东的交往一直持续到了公元前 12 世纪。

但是，围困底比斯和特洛伊具有象征意义，正如赫西俄德和修昔底德特别指出的，它们标志着英雄时代的结束。在那之后，希腊可能就发生了动荡。[133] 同时，一些强有力的证据也显示，在希腊青铜时代晚期三段 C 开端的陶器时期，出现了重大的社会和经济剧变。第七章和第十一章中已经提到了这些变化，它们似乎还包括希腊大部分地区人口的大幅缩减。希腊西部的人口缩减并没有那么急剧，对此不少学者也做了比较有道理的解释，例如这些地区雨水充沛，轻易不会受到干旱的影响。[134] 同时，在聚落模式上也出现了变化，分散的房屋或房屋群的模式变成了"核状"中心式的村落。这种转变普遍与社会的不稳定性和萧条的经济形势有关。总的来说，考古证据显示出，此前繁荣的专业化的农业和制造业社会转变成了退步很多的自给自足型经济。[135]

很多学者将这一转变与同一时期地中海东部的贸易衰退联系起来。[136] 上一章中提出的论点，解释了谷物从埃及出口到爱琴海的原因（至少是为了减轻饥荒带来的损害），也增加了这一假说的精确度。[137] 但是海洋民族的不断突袭造成埃及势微，使其不得不终止贸易上的支援，海上交通也变得日益危险。这反过来又至少使希腊东部地区容易在不可避免的干旱之后遭受饥荒。因此，迈锡尼的城邦被迫回到了自给自足的农业经济状态。

但是，迈锡尼的宫殿似乎又继续存在了两个世代。它是在特洛伊陷落 60 年之后才被北方的希腊部族推翻的。这些希腊部族以多利安人最为著名，也包括塞萨利人和波伊奥提亚人。这些活动以某种方式明确地与海洋民族的入侵联系在一起，特别是他们于公元前 1190 年左右发动的入侵。但是，他们似乎也

520

132　Vermeule（1964, pp. 302-3）.

133　Hesiod, *Works and Days*, 156-66, Thucydides, I. 12.

134　参考 Shrimpton（1987, pp. 149-50）.

135　Bintliff（1977, I, p. 115）；Cherry（1985, pp. 20-8）.

136　Desborough（1964, esp. p. 226；1975, pp. 658-71）；Kilian（1985）. 请同时参考 Shrimpton（1987, pp. 154-55, n. 1）的参考书目。

137　参考本书第十一章注释 191—199。

与迈锡尼城邦的衰落有关。不过有趣的是，我们发现公元前1150年左右的入侵是在公元前1159年海克拉火山第三次喷发之后很快便发生的。据我们所知，海克拉火山第三次喷发对欧洲西北部产生了毁灭性的打击，也对伊朗高地的埃兰产生了有害的影响。因此，有可能是海克拉火山第三次喷发造成了短期的气候异常，从而引发了这些最为强大的部族的活动，最终摧毁了迈锡尼的城邦体系和宫殿。[138]

因此，迈锡尼文明的崩溃似乎是由多种因素决定的。第一，迈锡尼受到了在底比斯和特洛伊发生的当地战争的巨大破坏，以及之后记载于史诗和悲剧故事中的迈锡尼王朝宿敌的攻击。第二，在公元前1190年左右海洋民族入侵之后，地中海东部的贸易和文明崩溃了，并导致缺少必需的食物供给来支撑食物匮乏的经济。第三，公元前1150年左右出现了北部希腊部族的迁徙，这可能是由海克拉火山喷发带来的灾难所引起的。无论如何，公元前1150年标志着本书所关注的希腊青铜时代的终结。

结　论

本章讨论了公元前13世纪下半叶发生的事件，它们将底比斯与亚述和巴比伦联系在一起，并把迈锡尼文明基础上的阿希亚瓦与安纳托利亚中部、叙利亚和埃及联系了起来，有助于我们了解该时期在整个中东和地东海东部地区广泛存在的密集的贸易和外交网络。矛盾的是，我们只是对该时期了解甚多，因为最终导致迈锡尼文明崩溃的各种破坏事件都被记录在了留存至今的文献资料和物品中，但是更早的时期并没有留存至今的文献资料和物品。我们没有理由认为具有这样深远意义的网络在早期不曾存在。至少在公元前1470年之后应该存在这样的贸易和外交网络，当时图特摩斯三世似乎建立了"和平的埃及"。迈锡尼的希腊晚期的繁荣社会似乎就是因这一埃及霸权而兴起的，而且它们毫无疑问是在同一时期衰落的。

138　参考本书第七章注释151—154。

结　语

本卷旨在说明，来自青铜时代的文献资料和考古证据为下面这两种假想提
供了支持。首先，埃及和黎凡特在青铜时代对爱琴海地区产生了根本性的影响；
其次，古典时代和希腊化时代的作家在谈到埃及和腓尼基对希腊的殖民时，非
常清楚自己是在说些什么。我相信这一目的已经达成了。但是，也可以说，这
一目的完全只是通过对于很多现代学者来说颇为"离经叛道"的方式达成的。

事实上，这一卷在很多方面都比第一卷要更为离经叛道。另一方面，只有
少数读者会意识到这卷的内容"离经叛道"到了什么程度。因此，我认为有必
要在此列举一些相应的内容。很多内容之所以"离经叛道"，是因为本书在整
体上颇有意味地回归到了早期的学术信仰，更为确切地说，是回归到了20世
纪早期的学术信仰。

这里似乎存在着极端的矛盾，因为我整个项目的主旨就是要反对种族主义
和反闪米特主义对学术的影响。但是在这一卷里，我频频发现自己支持1880
年至1940年期间种族主义思潮高涨时期学者们的观点，尽管我必须指出，这
些观点通常出现在没有直接涉及种族主义的领域。

在一些问题上，旧时学者们的结论相比当代学者的观点更能与现代科学技
术方法得出的结果匹配。这里只举两个本卷讨论到的问题作为例证。铅同位素
分析显示，来自中欧的铅曾经在公元前3000年左右用于美索不达米亚。这也

是柴尔德所期待的分析结果，因为柴尔德相信，苏美尔的探矿者们曾在该时期沿着多瑙河逆流而上。同样，近期的放射性碳测年法将埃及古王国的开始时间界定为公元前 3000 年左右，这与詹姆斯·布雷斯特德给出的年表一致，却比今天通常认可的年代要早很多。

我相信这一模式并非随机巧合的结果；而现代的考古学家们被引导着误入歧途，其原因可以用知识社会学的理论进行相对简单的解释。首先，学者们不再相信传播论。正如我在第一卷中所说的，我相信这显示出学者们拒绝通过传播论把帝国主义和殖民主义正当化，这种拒斥令人尊敬。但是这更表现出，新的专业人士们希望能显得理智清醒并肩负责任感，他们不愿沉迷于那些令外行人士眼花缭乱的宏大理论。

与此相联系的另一种倾向似乎已经误导了现代学术。从 1920 年至 1960 年，西方古代史的诸多领域都没有增加多少新的信息，这类领域的数量之多令人吃惊。这一时期，考古学家强烈渴望获得"科学"地位。这反过来产生了双重的效应。首先，考古学们家最希望的是避免被视为投机和不负责任。但是，他们也需要展示出自己的学科是进步的，有创新性的。因此，他们能做的唯一改变就是表现出更多的怀疑思想和审慎态度。为此，1920 年以后，这些学科中的所有"进步"都倾向于限定地理范围，并将古代活动发生的历史时间推后。然而，来自科学技术的近期证据却清晰地指向了与此相反的方向，这就造成了自相矛盾的状况，即越是大声呼告自己具有科学地位的考古学家们，给出的结论就越是与应用到考古学上的新技术所验证出的结果不一致。这些新技术得出的结果反而经常与早期或更为保守的学者们的想法相一致。

因此，本卷的很多具有争议性的观点，只有从现代普遍观点的角度来看才是"离经叛道"。其中一个例子出现在第一章。在这一章里，我想要逆转考古界现存的孤立理论，回归到修正的传播论，特别是回归到这样的信念：早期欧洲青铜时代的文明在某些方面衍生于更早的亚洲西南和非洲东北的金属加工文化。

524 我的这种观点如果正确，就意味着由柯林·伦弗鲁和他的同事们所发起的对 20 世纪早期考古学家奥斯卡·蒙特柳斯和戈登·柴尔德的地位的持续攻击，不仅纯属浪费时间，而且绝对不利于我们理解希腊文明的起源。我的观点比蒙特柳斯和柴尔德还要更进一步，我认为当时的克里特岛，或许还有基克拉泽斯群岛，可能已经开始使用闪米特语了。

我所做的修正的另一个例子来自第三章。我认同两位非主流的希腊考古学家的意见，他们是已故的斯派雷登·马瑞纳托斯和西奥多·斯皮罗普洛斯。他们宣称，公元前三千纪埃及的影响在希腊留下了明显的痕迹，在波伊奥提亚尤其如此，我认为他们的观点是正确的。倘若如此，那么当时的希腊一定有一些重要的城邦有能力进行大范围的灌溉作业，以及收集并贮存大量的谷物。另外，当时的灌溉工程和建筑看起来是如此的"埃及化"，因此埃及人也很可能曾参与其中，或者是以当权者的地位，或者是以专家的身份，也可能两者兼而有之。

在第四章中，我提出克里特的宫殿和与之相联系的公牛崇拜至少是间接地来源于与之同时代的埃及第十一王朝；并且在埃及中王国时期，埃及有可能是克里特岛和基克拉泽斯群岛的宗主国。在此，我比 20 世纪早期的学术思想更为激进，但这种说法在阿瑟·埃文斯爵士看来并不会比当今克里特考古学专家们所认为的更可耻。

在《黑色雅典娜》的这一卷中，最有可能让反对者发狂的就是，我付出了艰辛的努力，让人们重新关注第十二王朝法老色梭斯特里斯在北方的征战。直到 18 世纪晚期，人们一直相信有关色梭斯特里斯伟大征战的故事和其深远影响。但是，此后人们一直认为这样的故事似乎完全是荒谬可笑的，色梭斯特里斯和儿子阿蒙涅姆赫特二世这两个黑皮肤的法老，怎么可能率领一支埃及军队远征巴尔干和高加索呢。然而我仍认为，有关色梭斯特里斯征战的传说得到了广泛的证实，最新发现的第十二王朝的米特·拉辛纳碑文更是显著增强了该传说的可信性。即使没有这一碑文的证明，我也认为存在其他证据，可以说明法老的确率领了大规模的北上战役。这一说法与古埃及学的主流观点大相径庭。古埃及学限制了埃及军事行动或对外往来的规模和范围，认为所有关于埃及控制过外国地区的说法都是夸大其词或纯粹是象征性的，特别是那些向北征服的活动。

第七章讨论了锡拉火山的喷发，其中最不合常规的一点就是，针对坚决主张锡拉火山喷发于公元前 1450 年或公元前 1500 年的常规观点，我提出了我的看法。这是因为，大量证据都显示出锡拉火山喷发发生在一个多世纪前，这些证据包括陶器风格的对比、放射性碳测年结果、树木年代学和对格陵兰岛冰盖的分析。这样做会令人感觉不适，因为我重提的是很多人都认为已经可以盖棺定论的问题。但我相信这样的调查颇有价值，因为这对于了解知识社会学并理

525

解历史论点得以确立的过程是至关重要的。

第八章的重点是，我得出了令人感到些许吃惊和不安的结论：在入侵埃及的希克索斯人中，不仅有说胡里安语的人，还有说印度-雅利安语的人，或者至少有说印度-伊朗语的人。这不仅表明雅利安模式有时是有用的或"真实"的，也表明那些反闪米特的学者根据他们的原则否认叙利亚-巴勒斯坦说闪米特语的人可以促成希克索斯的入侵，而这一次可能基于应受道德谴责的原因得出了更好的历史解释。

然而我坚持认为，来自北部和贫瘠地区的野蛮入侵者有时会征服更为繁荣和文明的地区（这一情形下看起来正是如此），但这并不意味着所有的历史巨变都可以通过这样的过程来解释。我更坚信，就希腊而言，这样的模式无疑是无益的。

第九章中令人"愤慨"的仍然是，我支持 20 世纪早期的学者并反对他们的后继者（epigonoi）。古代历史学家爱德华·迈尔提出了充分的理由，坚持认为希克索斯征服了克里特岛。我认为爱德华·迈尔的说法比反对他的孤立主义者有更充分的证据支持。同样，明显传统老派的考古学家斯派雷登·马瑞纳托斯和弗兰克·斯塔宾斯坚持认为，在评估模棱两可的考古数据时，应当认真地考虑希腊传说。他们的结论是，在竖井墓中发现的物品和同时代的随葬品尽管不是直接来自埃及，但是明显反映出了埃及和黎凡特的影响。在此基础上，他们总结说，传说在本质上是准确的，那一时期即使没有埃及的殖民，也存在来自埃及的殖民。

但是，需要指出的是，马瑞纳托斯和弗兰克·斯塔宾斯都是雅利安模式的坚定支持者，他们否定外族入侵为希腊带来了长期的埃及或闪米特影响。我则相信相反的结论：在侵入者定居后，也就是大约公元前 1700 年至公元前 1500 年间，作为一门独立语言的希腊语以及"希腊"文化或国家的身份都得到了确立；而且在这一时期的大部分时间里，希腊相当大的区域都由讲闪米特语或埃及语的王朝统治者控制，这些高层次的文化和语言对于希腊文化和希腊语的形成都产生了关键性的影响。

第十章没有什么特别令人震惊的内容。这一章调查了有关埃及和黎凡特以及埃及与爱琴海交往的文献和图像证据。埃及人声称，他们了解爱琴海地区，并在爱琴海地区开展活动，拥有宗主国地位。与常规做法不同的是，我会认真看待埃及人的说法并进行逐字推敲。我的这种做法或许是唯一能引起争议之处。

第十一章从某些方面看没有多少值得争议的。很多非专业的读者可能会对公元前1550年至公元前1200年期间有关近东与爱琴海之间来往的考古证据的数量之多感到诧异，但是那些关注这一时期的学者则会完全了解这些证据。不过，这一章体现出了三个新的特点。第一是我坚持认为，这种程度的接触带来的亲密度一定会为希腊语言和文化产生重大且深远的影响。第二是把近期确立的在年代上提前了的陶器时期年表与埃及的证据联系起来，这源于埃及对照性历史年表方面新的研究成果和对锡拉火山喷发时间的重新界定。这样做的结果就是，爱琴海和近东之间存在大量贸易往来的陶器时期可以与埃及势力的鼎盛时期以及埃及对地中海东部产生影响的时期相匹配，因此迈锡尼贸易的扩张似乎就是在和平的爱琴海地区内发生的。本章的第三个创新点在于，我们知道在古风时代和古典时代存在以爱琴海的金属交换埃及谷物的贸易，但是我认为，爱琴海的铅和银在新王国时期被出口到埃及的新证据表明，这种贸易很可能早在青铜时代晚期就已经开始了。来自埃及的谷物供应至少能缓冲饥荒侵袭造成的影响，使迈锡尼文明在食物匮乏期形成了可以维系大量人口的专业化的复杂经济体系。

由于这一体系的脆弱性，随着海洋民族的入侵、埃及势力的日渐衰退以及海上交通的日渐困难，迈锡尼文明最终在公元前1200年后崩溃。这些是第十二章中讨论的内容。在这一章中，对陶器时期年代的重新界定为希腊的底比斯和特洛伊遭到围困并沦陷提供了似乎合理的年表。这表明荷马和古典时代的希腊作家是正确的，从而也增加了他们所坚持的古代模式的可信度。

527

我针对当今人们的观念提出的修正，大多与20世纪早期学者的观点相一致，当然也有少数例外，比如说我相信色梭斯特里斯曾在北方进行征战。与那些早期学者不同的是，我不会接受种族史的原则，也不认为种族等级是恒定不变的。不过，如果把种族主义的重要因素从他们的思想中去除，剩下的就会是与修正的雅利安模式非常相似的观点。

奥斯卡·蒙特柳斯和戈登·柴尔德在讨论"照耀野蛮欧洲的东方文明之光"时，其实已经发现了我现在提出的模式。爱德华·迈尔提出希克索斯人曾经控制了克里特，其实是指出了埃及和闪米特的文明和语言被引入到爱琴海地区的一种可能的重要途径，虽然他的本意未必如此。与此相似，弗兰克·斯塔宾斯和斯派雷登·马瑞纳托斯论述说，竖井墓中埋葬的物品意味着来自埃及的移民活动，这其实是指出了西闪米特和埃及文化传播到爱琴海地区的另一种方式。不过，这些学者都未能看出他们的假设会推导出什么逻辑结论，而我想强调的正是这样的结论：希腊的文化和语言受到了来自埃及和使用闪米特语的黎凡特的影响的渗透。

在结语的最后我想这样总结：如果我在这卷书中提出的内容大部分是正确的，那么有关地中海东部地区的古代史和考古学领域的当代研究工作很多都需要进行重新思考。不过，这卷书中最为离经叛道的内容与本书第三卷相比仍属平常，因为我会在第三卷中试着挑战语言学家有关语言的观点。然而对于浪漫的实证主义学者而言，语言是圣中之圣、至圣之所（sanctum sanctorum），这一说法用亚非语的原型来表示就是，qōdeš haqqŏdåšîm。

词汇表

阿布哈兹语（Abkhaz）

阿布哈兹语属西北高加索语支，该语言的使用者生活在黑海沿岸到格鲁吉亚西部。

亚非语系（Afroasiatic）

又称闪含语系，是一个语言"超家族"，由若干语族组成，包括**柏柏尔语族**、乍得语族、**埃及语族**、**闪米特语族**，以及东、南和中库希特语支。

阿卡德语（Akkadian）

古代美索不达米亚的**闪米特语**，受到**苏美尔语**的极大影响，也影响着苏美尔语。大约公元前一千纪中期被阿拉姆语代替。

安纳托利亚（Anatolia）

古代地区，大约相当于现代土耳其。

安纳托利亚语族（Anatolian）

安纳托利亚的印度-赫梯语，但非印欧语诸语言。它们包括**赫梯语**、**巴莱语**、**卢维语**、**利西亚语**、**吕底亚语**，大概还有卡里亚语和伊特鲁里亚语。

阿拉姆语（Aramaic）

一种西闪米特语，原本用于现今叙利亚境内部分地区，后来成为**亚述帝国**、**新巴比伦帝国**和波斯帝国大部分地区的通用语。公元前一千纪中期，它在地中海东部地区取代了**腓尼基语**和**希伯来语**这两种**迦南语**方言。阿拉姆语自己则被希腊语和阿拉伯语取代。

古风希腊（Archaic Greece）

希腊的一个历史时期，始于公元前 776 年第一届奥林匹克运动会的举办，终于公元前 500 年左右古典时代的开始。

亚美尼亚语（Armenian）

安纳托利亚东部的一个古代民族使用的印欧语。有时被认为尤其接近希腊语。但是，由于现存最早的文本只能追溯到公元 4 世纪，亚美尼亚语与希腊语的相似性可能是希腊影响的结果，也可能是与闪米特语的一般接触的结果。

雅利安人（Aryan）

这个术语用来描述**印欧语系**的印度–伊朗语分支的使用者。他们似乎是在公元前两千纪的上半叶入侵了伊朗和印度。在公元 19 世纪晚期，这一术语被用来指称作为一个整体的印欧语"种族"。

亚述（Assyria）

美索不达米亚北部的一个古代王国，可以追溯到公元前三千纪中期。它最辉煌的时期是公元前两千纪末以及公元前 900 年到公元前 600 年间。其语言原本是**阿卡德语**的一种方言。

土著的（autochthonous）

当地的或土著居民的。

轴心时代（Axial Age）

公元前 700 年到公元前 500 年间的时期，一些人认为，在这一时期里，希腊人、以色列人、伊朗人、印度人和中国人在宗教、哲学和科学上实现了通向现代文明的突破。

巴比伦（Babylon）

美索不达米亚南部中央的古代城市。数个重要王国的中心，最后是公元前 600 年到公元前 538 年之间的新巴比伦帝国的中心。

柏柏尔语族（Berber）

非洲西北部原住民使用的诸语言。在从埃及的西部沙漠到摩洛哥的地区，它们至今仍被使用。

良知论（Besserwissen）

德语中的 Besserwissen 的意思是"知道得更多"，指一种学术方法，所基于的信念是，19 世纪和 20 世纪的历史学家所声称的"历史方法"和"科学"使他们的结论绝对优于古代作家的结论。

波海利语（Bohairic）

科普特语方言，原本用于尼罗河三角洲西部地区，后来成为整个基督教埃及的标准语言。

《白日前往之书》（*Book of Going Forth by Day*）

更为人所知的书名是《亡灵书》（*The Book of the Dead*）。这本书是祷告文、咒语和指示的汇编，旨在引导死者的灵魂完成通往死后世界的旅程。

毕布勒（Byblos）

位于现今黎巴嫩南部的古代港口城市。它从公元前四千纪以来与埃及有着密切交往，在公元前两千纪末它被新兴的**西顿**超越以前，一直是黎凡特地区最重要的城市。

别名（byname）

一个附属名称。

仿造（calque）

对另一种语言中的一种表达法或习语的字面借用。

迦南语（Canaanite）

一种闪米特语言，受到很深的埃及语影响，公元前 1500 年到公元前 500 年间用于叙利亚-巴勒斯坦南部，公元前 500 年时被**阿拉姆语**取代。**腓尼基语**和**希伯来语**是最广为人知的后来的迦南语方言。"迦南的"也用来描述青铜时代晚期（大约公元前 1500 年—公元前 1100 年）叙利亚-巴勒斯坦南部的物质文化。

卡里亚（Caria）

安纳托利亚西南部一地区。其语言大概是**安纳托利亚语**，但有可能是非**印度-赫梯语**。卡里亚语的字母铭文来自公元前 6 世纪。

陶器时期（ceramic period）

考古学家以陶器型式为基础重构的时间段。

迦勒底人（Chaldaean）

公元前 8 世纪使用的一个名称，用来描述来自美索不达米亚南部的一个民族。后来被用来表示整个美索不达米亚及其在公元前 500 年到公元后 500 年使用的，通常被称为**阿拉姆语**的语言。

古典希腊（Classical Greece）

公元前 5 世纪和公元前 4 世纪的希腊，一般认为这一时期产生了希腊天才最伟大和"最纯洁"的作品。

科尔基斯（Colchis）

黑海东端的古代国家，位于今天的**格鲁吉亚**和**阿布哈兹**。

公元（Common Era）

非基督徒，尤其是犹太人使用的术语，以避免"耶稣纪元"（AD, Anno Domini）这一术语中的宗派主义。

科普特语（Coptic）

基督教埃及的语言和文化。它一直使用至公元 15 或 16 世纪，现在仍然是埃及基督教的礼拜仪式用语。它用希腊字母书写，有一些额外的字母源自**世俗体**，是埃及语的最新形式。

楔形文字（cuneiform）

美索不达米亚发展出来的一种文字系统，用钉子形状的楔子按进湿泥中写成。

（基督教的）黑暗时代［Dark Ages（Christian）］

一个历史时期的常用名称，在公元 5 世纪西罗马帝国衰亡之后至中世纪之前（通常认为中世纪开始于 9 或 10 世纪）。

（希腊的）黑暗时代［Dark Ages（Greek）］

希腊一个历史时期的名称，在公元前 12 世纪迈锡尼宫殿倾塌之后至公元前 8 世纪古风希腊兴起之前。

世俗体（Demotic）

严格说来，世俗体是源自**象形文字**和**僧侣书写体**的文字，公元前 7 世纪以后用于埃及。这一单词也用来描述这一时期的语言。

树木年代学（dendrochronology）

通过计算树木年轮的方法来确定树木和考古环境的年代。

齿音（dentals）

舌头抵住牙齿形成的辅音，例如 d 和 t。

义符（determinative）

象形文字对一个词语的表现的元素，代表它的意义，与声音相对。

传播论（diffusionism）

认为文化特征可以从一个文化传递到另一个文化的观点。

狄奥多罗斯（Diodoros Sikeliotes）

来自西西里的希腊历史学家，约公元前80年—约公元前20年，以他的《历史图书馆》(*Library of History*) 闻名。

多利安人（Dorians）

源自希腊西北部的一个希腊部落，公元前12世纪侵占了希腊南部大部分地区。最著名的多利安人城邦是斯巴达。

达罗毗荼语系（Dravidian）

独立的语系，在古代分布于印度南部至美索不达米亚东部，或许是哈拉帕（Harappa）文明使用的语言。该语系的最知名的成员包括在印度南部仍然兴盛的泰米尔语（Tamil）和泰卢固语（Telugu），还有古埃兰文明使用的**埃兰语**。

青铜时代早期（Early Helladic）

一个**陶器时期**，用于青铜时代早期的希腊大陆，大约为公元前2900年—公元前2000年。

弥诺斯早期（Early Minoan）

青铜时代早期的克里特**陶器时期**，约为公元前3000年—公元前2000年。

埃卜拉（Ebla）

叙利亚一古代城市，20世纪70年代首次发掘。公元前2500年左右时，那里存在巨大的贸易网络和覆盖整个叙利亚–巴勒斯坦的帝国。

埃卜拉语（Eblaite）

埃卜拉的语言，一种独立的闪米特语言，可以有用地被视为**迦南语**的前身。

埃及语（Egyptian）

这里不是指现在埃及使用的阿拉伯语方言，而是指古代埃及的语言，它是一种独立的**亚非语**。它可以划分为：古埃及语，用于大约公元前3250年到公元前2200年的古王国；中期埃及语，用于公元前2200年到公元前1750年的中王国，并且在此后1500年间它一直是官方语言。没有修饰语的"埃及语"这一名称通常指中期埃及语。晚期埃及语到公元前16世纪时开始用于口语，但直到这个千纪末才普遍地用于书写。我认为，对希腊语影响最大的是晚期埃及语。关于后来的阶段，即**世俗体**和**科普特语**，参见上文。

埃兰（Elam）

美索不达米亚东部的古代文明，从公元前四千纪一直到约公元前300年。

埃兰语（Elamite）

埃兰文明使用的语言，属于**达罗毗荼语系**。

别名（epiclesis）

姓或另外的名字。

埃拉托斯特尼（Eratosthenes）

大约公元前 275 年—公元前 195 年。希腊学者，亚历山大大图书馆的馆员。首位计算出地球周长和倾斜角度的希腊人。

埃塞俄比亚（Ethiopia）

古代希腊人把两个黑人居住的地区称为埃塞俄比亚。一个地区接近于**埃兰**，另一个地区更加知名，是埃及以南的非洲地区。

埃塞俄比亚语（Ethiopic）

在**埃塞俄比亚**使用的一种闪米特语族的一些分支的名称。这些语言分支包括：吉兹语（Ge'ez），用于宗教用途的古代语言；阿姆哈拉语，今天的埃塞俄比亚的国家语言；各种古拉格语，其中一些似乎展示出闪米特语的最古老的形式。

伊特鲁里亚语（Etruscan）

古代意大利的文明。古代所认可的观点是伊特鲁里亚人来自安纳托利亚西北部的**吕底亚**。其语言没有被很好地理解，有可能是**安纳托利亚语**。在附近的**利姆诺斯岛**上发现的铭文是一种与之关系很密切的语言。**伊特鲁里亚语**在公元前 9 世纪到公元前 6 世纪受到很深的腓尼基文明的影响。它本身在拉丁文化的形成过程中起了中心作用。

欧多克索斯（Eudoxos）

希腊的天文学家和数学家，来自安纳托利亚海岸的尼多斯。曾在埃及学习。生于公元前 400 年左右，卒于公元前 350 年左右。

犹希迈罗斯主义"神话即历史论"（euhemerism）

犹希迈罗斯的理论，即人们崇拜的神灵通常实际上是被神化的英雄。由此延伸，这个词在现代被用来指称以理性术语来对宗教信仰进行解释或简称。

犹希迈罗斯（Euhemeros）

大约公元前 300 年的哲学家。

发生学的（genetic）

语言之间的"发生学"关系，是指它们据信来自同一个祖先语言。例如，法语和罗马尼亚语有"发生学"关系，因为，尽管它们之间有很多差异，但都源自罗马军队所讲的通俗拉丁语（Vulgar Latin）。

格鲁吉亚人（Georgian）

从很早之前就居住在高加索中部的民族。格鲁吉亚人使用的格鲁吉亚语属于**南高加索语族**。

汉朝（Han）

取代秦朝的中国朝代，始于公元前 206 年终于公元 220 年。

哈拉帕（Harappa）

该遗址的这一名称或另一名称，摩亨佐–达罗（Mohenjo-Daro），都被用来指代印度西北部繁盛于公元前 2500 年左右到公元前 1700 年的古代文明。公元前 1700 年破坏该文明的大概是从北方侵入的**雅利安人**。这一文明的文字尚未被破解，但其语言有可能属于达罗毗荼语系，后者今天盛行于印度南部并用于巴基斯坦西部。

哈梯（Hatti）

安纳托利亚中部一个地区的古代名称。赫梯人的故乡。

希伯来语（Hebrew）

公元前 1500 年到公元前 500 年间以色列、犹大王国（Judah）和摩押王国所讲的迦南语方言。由于宗教原因，它经常被视为独立的语言。

希腊青铜时代文化（Helladic）

用以称呼希腊大陆 3 个**陶器时期**的名字，大概相当于克里特的**弥诺斯文化**的陶器时期。

古希腊的（Hellenic）

希腊的或说希腊语的，但尤其与希腊北部的塞萨利相联系。自从 18 世纪晚期以来，这个词获得了许多高贵的以及北部和雅利安"血统"的含义。

希腊化的（Hellenistic）

整个地中海东部希腊文化的总称，时间上从亚历山大大帝于公元前 4 世纪末征服此地到公元前 1 世纪这一地区被纳入罗马帝国的版图。

达达尼尔海峡（Hellespont）

连接地中海和黑海的海峡，亚洲与欧洲的分界线。

希罗多德（Herodotos）

希腊最早的历史学家，来自小亚细亚的哈利卡纳苏斯（Halikarnassos），生于约公元前 485 年，卒于约公元前 425 年。

赫西俄德（Hesiod）

公元前 10 世纪的来自波伊奥提亚的希腊诗人，最著名的作品是《神谱》。

僧侣书写体（Hieratic）

公元前 2700 年左右从**象形文字**中逐渐发展出的埃及文字。它将正式的图画象形文字改变为草书文字，但仍然建立在同样的原则之上。

埃及象形文字（Hieroglyphic）

被证实首次使用于公元前四千纪晚期的埃及文字。它由表示字母、双重字母、三重字母的语音符号以及表明词语意义范畴的"义符"构成。

赫梯（Hittite）

公元前两千纪**安纳托利亚**中部的帝国。其语言属**安纳托利亚语**，早期的书写形式是一种楔形文字，后来是自己的象形文字体系。

胡里安人（Hurrian）

公元前两千纪居住在安纳托利亚东部和叙利亚的一个民族的名字。该民族使用的胡里安语已消亡，这种语言就像乌拉尔图（Urartu）的语言一样，属于现在以高加索东北的语言为代表的语族。胡里安语既不是印度-赫梯语，也不是亚非语。最重要的讲胡里安语的国家是米坦尼王国，该王国于公元前两千纪下半叶繁荣兴盛与美索不达米亚西部和叙利亚北部地区。

希克索斯人（Hyksos）

来自东北的侵略者，约公元前 1725 年到约公元前 1575 年间统治了埃及。希克索斯人大部分讲的是一种西闪米特语，但是他们中似乎也包括讲**胡里安语**，或许还有印度-雅利安语的人。

印欧语系（Indo-European）

包括除巴斯克语、芬兰语和匈牙利语之外的所有欧洲语言以及伊朗语、北印度语言和**吐火罗语**（Tokharian）的语系。虽然**弗里吉亚语**和**亚美尼亚语**位于安纳托利亚，但它们不是安纳托利亚语，而是印欧语。

印度-赫梯语系（Indo-Hittite）

一个语言超家族，包括**安纳托利亚语族**和**印欧语系**。

屈折语（inflected languages）

诸如希腊语、拉丁语和德语等语言，它们在很大程度上依赖屈折变化或者变化词形或词法来传达意义。

齿间音（interdentals）

舌头放在上下齿之间构成的辅音，例如 th。

爱奥尼亚人（Ionians）

希腊中部和南部的民族，在**多利安人**的征服之中得以幸存，其中一些迁徙到了**安纳托利亚**西海岸。

孤立语（isolating languages）

诸如汉语和英语等语言，它们相对很少有屈折变化，而是主要依赖句法或者句子中词语的位置来传达意义。

孤立主义（isolationism）

文化不可能在根本上受到来自其他地方的影响的一种观点。

南高加索语族（Kartvelian）

高加索语系的一个语言家族，其中最著名的成员是**格鲁吉亚语**。

加喜特人（Kassites）

来自美索不达米亚以东的山区的一个民族，在公元前 18 世纪晚期征服了整个美索不达米亚地区，并在公元前 13 世纪下半叶前一直控制该地区。

凯克洛普斯（Kekrops）

传说中雅典的创建者和国王。他一般被描述为**土著**，虽然少数传说认为他来自埃及。第三卷将给出一些支持后者的证据。

唇音（labials）

嘴唇形成的辅音，诸如 b、p、m 等。

圆唇软腭音（labiovelars）

嘴唇呈圆形发出的软腭音，例如我们的 qu-。

喉音（laryngeals）

在喉部或作为整体的咽喉部位形成的声音，更确切地说，可以分为软腭摩擦音（ḫ 和 ġ）、咽音（ḥ 和 ＜）和喉音（ʾ 和 h）。所有这些，除了 ġ 以外，都存在于全部闪米特语和**埃及语**中，但是这些除了 h 以外都在印欧语中消失了。

青铜时代晚期或迈锡尼晚期（Late Helladic or Mycenaean）

约公元前 1650 年—公元前 1100 年希腊大陆的**陶器时期**。

弥诺斯晚期（Late Minoan）

克里特的**陶器时期**，约公元前 1650 年—公元前 1450 年，当时该岛被希腊人控制。

铅同位素分析（lead isotope analysis）

通过对铅中的放射性碳的含量进行测量，确定铅矿的地质年代，从而确定铅制物品的来源。

利姆诺斯岛（Lemnos）

爱琴海西北部的岛屿，古典时代时那里讲一种与**伊特鲁里亚语**相联系的非印欧语。

A 类线形文字（Linear A）

克里特和其他地方使用的**音节文字**，当时希腊语在该岛尚未被使用。

B 类线形文字（Linear B）

源自一种 A 类线形文字原型的**音节文字**，被证实的使用时间是从大约公元前 1400 年开始，但是有可能在那之前很久就被写出来了。

流音（liquids）

"流动"的辅音，如 l 和 r。

利西亚（Lycia）

安纳托利亚南部的一个地区。利西亚语属**安纳托利亚语族**，是赫梯语的非直接后裔。用这种语言写成的字母铭文来自公元前 5 世纪。

吕底亚（Lydia）

安纳托利亚西北部的地区。吕底亚语属安纳托利亚语族。传说认为，**伊特鲁里亚人**来自吕底亚。用这种语言写成的字母铭文来自公元前 5 世纪。

天命（Mandate of Heaven）

汉语中的"天命"。一种古老的政治理论。据此，一个王朝只有在它掌握天命期间才得以进行统治，而天命最终会被移走，并交到新的挑战者的手中。

音位变换（metathesis）

语言中辅音或元音位置的交替或变换。

青铜时代中期（Middle Helladic）

希腊大陆的**陶器时期**，约公元前 2000 年—公元前 1650 年。

中王国时期（Middle Kingdom）

包含了埃及第十一、第十二和第十三王朝的时期，约公元前 2150 年—公元前 1750 年。中王国时期的埃及统一而强大，并在一定程度上构成了**弥诺斯中期和希腊青铜时代的陶器时期**的基础。

弥诺斯中期（Middle Minoan）

克里特在约公元前 2000 年—公元前 1650 年间的**陶器时期**。

弥诺斯文化（Minoan）

这一名字由阿瑟·埃文斯取自克里特传说中的国王弥诺斯，用来指在讲希腊语的人到来之前的克里特的文化，也指由埃文斯创立的 3 个**陶器时期**。

修正的传播论（modified diffusionsim）

这种观点认为文化可以被外来的力量改变或转变，但是在大多数情况下改变只是发生在与本土文化进行了大量互动之后。

一元论（monism）

本书中，一元论指所有事情有单一的根本性原因的观点。

单源论（monogenesis）

指相信单一来源的观点，本书中主要限于人类和语言。与**多源论**相对。

迈锡尼（Mycenae）

伯罗奔尼撒半岛东北部阿尔戈斯附近的城市，作为青铜时代晚期的主要城市而闻名。

迈锡尼文化（Mycenaean）

首先在迈锡尼发现的青铜时代物质文化的名称，由此延伸，指青铜时代晚期的希腊文化。

鼻音（nasals）

由鼻腔通道形成的辅音，如 m 和 n。鼻音化指在塞音之前引入鼻音的常见现象——b、p 或 f 之前的 m；d、t 或 th 之前的 n；g、k 或 ch 之前的 ng。

古王国时期（Old Kingdom）

埃及第三到第六王朝的强盛繁荣的时期，约公元前 3000 年—公元前 2500 年。

奥林匹克运动会（Olympic Games）

在伯罗奔尼撒半岛西北部的奥林匹亚举行的宗教节日和运动会，从公元前 776 年起，每 4 年举行一次，直到公元 4 世纪末被基督教皇帝狄奥多西一世（Theodosius）叫停为止。19 世纪末它们随着欧洲种族中心主义和精英主义的精神而得到复兴，雅利安模式就是从这种精神中产生的。

俄耳甫斯教崇拜者（Orphics）

神圣的俄耳甫斯的追随者。他们很像毕达哥拉斯的信奉者，推崇埃及的宗教信仰，尤其关心个人不朽。

泛神论（pantheism）

一种信仰，认为上帝在一切事物之中，一切事物皆是上帝。这一世界观与埃及和希腊宗教的世界观极其相似，它在 17 世纪，尤其是在斯宾诺莎（Spinoza）的著作出版以后，变得重要起来。

帕萨尼亚斯（Pausanias）

内容丰富的《希腊志》（*Guide to Greece*）的作者，生活于公元 2 世纪。

佩拉斯吉人（Pelasgians）

根据古典时代的传说，这是希腊最早的居民。

波斯帝国（Persian Empire）

公元前 6 世纪中期由居鲁士大帝创建，控制了中东、小亚细亚和爱琴海地区，直到被希腊人击退。最终，在公元前 4 世纪后半期，它被亚历山大大帝摧毁。

非利士人（Philistines）

公元前 13 世纪晚期和公元前 12 世纪从**安纳托利亚**和爱琴海方向侵入埃及和黎凡特的民族。

腓尼基（Phoenicia）

分布在今天的黎巴嫩到以色列北部的狭长海岸上的诸城市，其中最著名的是**毕布勒**、**推罗**和**西顿**。在整个古代，腓尼基都是用来指代这一地区的。但是，它一般是指诸城市历史中最辉煌的阶段，即公元前 1100 年到公元前 750 年。腓尼基"语言"像**希伯来语**一样，是**迦南语**的一种方言。字母表经常被说成腓尼基人的发明。它大概发源于这一地区，但是在腓尼基时期之前很久就发展了起来。

音素（phoneme）

一个语言中最小的声音的重要单位。

语音对应（phonetic correspondences）

实际上或词源上相似的声音。

弗里吉亚（Phrygia）

安纳托利亚北部的一个地区。它在公元前一千纪上半叶是强大的国家。其语言用字母写成，属于**印欧语**而非**安纳托利亚语**，并且与希腊语关系密切。

象形图（pictogram）

把被标示的物体用图画表现或直接表现出来的文字。

多源论（polygenesis）

认为有多个来源，尤其是认为人类和语言有多个来源的观点。与**单源论**相反。

词首添音（prothetic or prosthetic）

放在单词开头的元音，以避免起始为辅音。在词首添加元音的现象在双辅音之前尤其普遍。

原始希腊语和原始希腊民族（Proto–Greek）

尚未被证实的语言和民族，被重构为希腊语或希腊人的来源。

托勒密文化（Ptolemaic）

赋予托勒密统治时期的埃及文化的名字。

托勒密（Ptolemy）

托勒密一世的一系列后裔的名字。托勒密一世原是亚历山大大帝的将军，在亚历山大死后在埃及夺取了统治权。托勒密王朝的最后一个统治者是克娄巴特拉（Kleopatra）七世，她戏剧性地卒于公元前 30 年，恺撒和安东尼都爱她。

毕达哥拉斯（Pythagoras）

希腊哲学家和数学家，约公元前 582 年—公元前 500 年。曾在埃及学习，带回了埃及的数学和宗教法则，创建了毕达哥拉斯学派兄弟会。

毕达哥拉斯学派（Pythagoreans）

毕达哥拉斯的追随者，按照一般认为是埃及的方式组织成了"兄弟会"。毕达哥拉斯学派在公元前 5 世纪和公元前 4 世纪西西里和意大利南部的希腊社会中扮演着重要的政治、宗教和科学角色。

秦朝 ［Qin（Ch'in）］

中国的一个朝代，公元前 256—公元前 207 年。中国的名字或许就是由此而来的。作为一个"全国性的"王朝，它是由中国的统一者秦始皇建立的，但是在秦始皇死后只维持了不多的几年就被汉朝取代。

词根（root）

一个单词在其他所有元素被去除后留下的本质部分。

塞琉西王朝（Seleucid）

亚历山大的将军塞琉古一世在叙利亚和美索不达米亚建立的王朝的名字。

语义的（semantic）

与意思或意义相关的。

商朝（Shang）

中国的一个王朝，约公元前 1600 年—公元前 1100 年。商朝的第一个帝王汤王推翻了夏朝，商朝则被周朝推翻。

咝音（sibilants）

带有咝咝声音的辅音，如 s、š、ş 和 z。

西顿（Sidon）

供奉海神西德（Sid）的古代腓尼基城市。其鼎盛时期是在铁器时代刚开始的时候，因此"西顿人"在《圣经》和荷马史诗等的早期史书中被用来指全体腓尼基人。其主导权在大约公元前 9 世纪时被它的对手推罗取代。

石柱（stele）

带有雕刻的图样或铭文的直立的石板。

词干（stem）

通过特殊的元音化或者添加各种前缀或后缀的源自词根的文字形式。

塞音（stop）

完全的辅音爆破，例如我们的字母 b、p、d、t、g 和 k 所代表的声音。

斯特拉博（Strabo）

公元前 1 世纪至公元 1 世纪的希腊地理学家。

神谱（theogony）

诸神的祖先或诞生；它是若干诗歌的名字和主题，其中最著名的为赫西俄德所著。

锡拉岛（Thera）

克里特以北 70 英里处的火山岛。它在公元前两千纪经历过一次火山大爆发，现在认为时间应该是在公元前 1628 年。

修昔底德（Thucydides）

记录伯罗奔尼撒战争的希腊历史学家，生于约公元前 460 年，卒于约公元前 400 年。

吐火罗语（Tokharian）

公元一千纪在现在讲突厥语的中国西部新疆维吾尔自治区的印欧语。吐火罗语和西印欧语有几个共同特征，而它们在印度–雅利安语言中并不存在。因此，吐火罗语为认识早期**印欧语**的性质提供了关键信息。

地名（toponym）

地方名字。

推罗（Tyre）

古代腓尼基城市。其鼎盛时期是公元前 10 世纪到公元前 9 世纪，但直到公元前 333 年被亚历山大大帝摧毁之前，它一直是重要的政治和文化中心。

乌加里特（Ugarit）

叙利亚海岸的主要港口，繁荣兴盛于公元前两千纪下半叶。

乌加里特语（Ugaritic）

在乌加里特所讲的西闪米特语。在这座城市发现的很多泥板上都记录了用**楔形文字**字母形式写下的乌加里特语。

乌拉尔图（Urartu）

公元前一千纪上半叶高加索南部的王国。其语言与**胡里安语**和现在的东北高加索语有关联。

软腭音（velars）

舌头位于口腔后部所形成的**塞音**，例如 k 和 g。

元音化（vocalization）

将元音注入辅音结构。

夏朝［Xia（Hsia）］

中国朝代，约公元前 1900 年—公元前 1600 年，被商朝推翻。

周朝［Zhou（Chou）］

承继商朝的中国王朝，始于约公元前 1100 年。周朝在公元前 8 世纪失去了政治权力，但是直到公元前 221 年才被秦始皇最终推翻。这期间周朝的帝王称号并未遭到剥夺。

琐罗亚斯德（Zoroaster）

生活在公元前两千纪的伊朗宗教改革者。

琐罗亚斯德教（Zoroastrianism）

由琐罗亚斯德创立的波斯帝国的国教。其教义认为宇宙是善恶之间永恒的、获得很好平衡的斗争场所。伊斯兰教征服伊朗几乎摧毁了琐罗亚斯德教，但是在世界其他地方，它仍然作为帕西人（Parsee）的宗教而兴盛。

参考文献

Abel, L. S. (1966) *Fifth Century B.C. Concepts of the Pelasgians*. MA thesis, Stanford University.

Abou-Assaf, A., Bordreuil, P. and Millard, A. R. D. (1982) *La Statue de Tell Fekheriyé: et son inscription bilingue assyro-araméenne*. Paris: Études Assyriologiques, Éditions recherche sur les civilisations no.7.

Adams, W. Y. (1968) 'Invasion, diffusion and evolution', *Antiquity* 42: 194–215.

—— (1984) *Nubia: Corridor to Africa*. London: Allen Lane & Unwin; Princeton, NJ: Princeton University Press.

Aḥituv, S. (1984) *Canaanite Toponyms in Ancient Egyptian Documents*. Jerusalem: Magnes; Leiden: Brill.

Ahl, F. (1982) 'Amber, Avallon and Apollo's singing swan', *American Journal of Philology* 103: 373–411.

—— (1985) *Metaformations: Soundplay and Wordplay in Ovid and Other Classical Poets*. Ithaca, NY: Cornell University Press.

Aitken, M. J. (1987) 'The Minoan eruption of Thera, Santorini: a reassessment of the radiocarbon dates', in R. E. Jones and H. W. Catling, eds. *Science in Archaeology: Proceedings of a Meeting Held at the British School at Athens*.

—— (1988) 'The Thera eruption: continuing discussion of the dating, 1, resumé of dating', *Archaeometry* 30: 165–9.

Åkerström, A. (1975) 'More Canaanite jars from Greece', *Opuscula Athensiensa* 11: 185–92.

Akurgal, E. (1968) *The Art of Greece: Its Origins in the Mediterranean and the Near East*. New York: Crown Publishers.

Albright, W. F. (1923) 'The principles of Egyptian phonological development', *Recueils de Travaux* 40: 64–70.

—— (1934) *The Vocalization of the Egyptian Syllabic Orthography.* New Haven, Conn.: American Oriental Society series, vol. 5.

—— (1939) 'Review of Wolfram Freiherr von Soden, *Der Aufstieg des Assyrerreichs als geschichtliches Problem*', Orientalia N.S. 8: 120–3.

—— (1942) *Archaeology and the Religion of Israel.* Baltimore, Md.: Johns Hopkins University Press.

—— (1945) 'An indirect synchronism between Egypt and Mesopotamia *circa* 1730 BC', *Bulletin of the American Schools of Oriental Research* 99: 9–18.

—— (1950) 'Some Oriental glosses on the Homeric problem', *American Journal of Archaeology* 54: 160–76.

—— (1957) *From the Stone Age to Christianity: Monotheism and the Historical Process*, 2nd. edn. Garden City, NY: Doubleday.

—— (1960) *The Archaeology of Palestine*, rev. edn. London: Penguin.

—— (1961) 'The role of the Canaanites in the history of civilization', appendix to *The Bible and the Ancient Near East (Essays in Honor of William Foxwell Albright)*, ed. E. G. Wright. Garden City, NY: Doubleday, pp. 328–62.

—— (1965) 'Some remarks about the archaeological chronology of Palestine before about 1500 BC', in R. W. Ehrich, ed., *Chronologies in Old World Archaeology.* Chicago: University of Chicago Press, pp. 54–7.

—— (1968) *Yahweh and the Gods of Canaan: A Historical Analysis of Two Contrasting Faiths.* London: Athlone Press.

—— (1970) 'The biblical period', in L. Finkelstein, ed., *The Jews Their History.* New York: Schocken, pp. 1–71.

—— (1975) 'Syria, the Philistines and Phoenicia', *Cambridge Ancient History*, 3rd edn, Vol II, pt. 2, pp. 507–13.

Aldred, C. (1971) *Jewels of the Pharaohs: Egyptian Jewellery of the Dynastic Period.* London: Thames & Hudson.

Alexiou, S. (1967a) 'Arkhaiotetes kai Mneimeia Kentrikes kai Anatol. Kretes', *Archaiologikon Deltion* 22: 2.2.

—— (1967b) *Hysterominōikoi taphoi limenos Knōsou Katsamba.* Athens: Bibliothēkē tēs en Athēnais Archaiologikēs Etairias 56.

Allen, T. G. (1974) (trans.) *The Book of the Dead or Going Forth by Day.* Chicago: Oriental Institute.

Alt, A. (1954) 'Die Herkunft der Hyksos in neuer Sicht', *Berichte über die Verhandlungen der sächsischen Akademie der Wissenschaften zu Leipzig. Phil.-Hist. Klasse* 101: 6.

Altenmüller, B. (1975) 'Anubis', in W. Helck and E. Otto, *Lexikon der Ägyptologie*, vol. I, cols 327–33.

—— (1977) 'Harsaphes', in W. Helck and E. Otto, *Lexikon der Ägyptologie*, vol. II, cols 1015–18.

Amiet, P. (1977) *The Art of the Ancient Near East*, trans. J. Shepley and C. Choquet. New York: Harry N. Abrams Inc.

Andel, T. van and Lianos, N. (1983) 'Prehistoric and historic shorelines of the southern Argolid peninsula', *Journal of Nautical Archaeology and Underwater Exploration* 12: 303–24.

Andel, T. van and Runnels, C. N. (1988) 'An essay on the "emergence of civilization" in the Aegean world', *Antiquity* 62. 235: 234–47.

André, J. (1948) *Étude sur les termes de couleur dans la langue latine.* Paris: Klincksieck.

Angel, J. L. (1957) 'Kings and commoners', *American Journal of Archaeology* 61: 181.

Apollodoros (1921) *The Library,* J. G. Frazer, trans., 2 vols. Cambridge, Mass.: Harvard University Press (Loeb).

Apollonios of Rhodes (1959) *The Voyage of Argo: The Argonautica,* trans. with intro. E. V. Rieu. Harmondsworth: Penguin.

Arbeitman, Y. and Bomhard, A. R., eds. (1981) *Bono Homini Donum: Essays in Historical Linguistics, in Memory of J. Alexander Kerns,* 2 vols. Amsterdam: John Benjamins.

Arbeitman, Y. and Rendsburg, G. (1981) 'Adana revisited: 30 years later', *Archív Orientální* 49: 145–57.

Aristotle, *De Caelo.*
    Metaphysica.
    Meteriologica.
    Politics, T. A. Sinclair, trans. Harmondsworth: Penguin, 1962.

Arkell, A. J. (1961) *History of the Sudan to 1821.* London: University of London, Athlone Press.

Arktinos, *Aithiopis,* see Kinkel (1887, pp. 33–6).

Armayor, O. K. (1978) 'Did Herodotos ever go to Egypt?', *Journal of the American Research Center in Egypt* 15: 59–73.

—— (1985) *Herodotus' Autopsy of the Fayoum: Lake Moeris and the Labyrinth of Egypt.* Amsterdam: Gieben.

Arnold, D. (1977) 'Fajjum', in W. Helck and E. Otto, *Lexikon der Ägyptologie,* vol. II, cols 87–93.

Arrian (1929) *Anabasis of Alexander,* E. I. Robson, trans. New York: Putnam.

Artzy, M. (1985) 'Supply and demand: a study of second millennium Cypriot pottery in the Levant', in A. B. Knapp and T. Stech, eds., *Prehistoric Production and Exchange: The Aegean and East Mediterranean.* Los Angeles: Institute of Archaeology, Monograph 25, University of California, pp. 93–9.

Asaro, F. and Perlman, I. (1973) 'Provenance studies of Mycenaean pottery using neutron activation analysis', in V. Karagheorghis, ed., *The Mycenaeans in the Eastern Mediterranean,* Acts of the International Symposium, Nicosia, 1972, pp. 213–24.

Ashton, L. and Gray, B. (1935) *Chinese Art.* London: Faber.

Assmann, J. (1984) 'Politik zwischen Ritual und Dogma: Spielräume politischen Handelns im pharaonischen Ägypten', *Saeculum* 35: 97–114.

Astour, M. C. (1964a) 'The second millennium B.C. Cypriot and Cretan onomastica reconsidered', *Journal of the American Oriental Society* 84: 240–54.

—— (1964b) 'Greek names in the Semitic world and Semitic names in the Greek world', *Journal of Near Eastern Studies* 23: 193–204.

—— (1966) 'Aegean place-names in an Egyptian inscription', *American Journal of Archaeology* 70: 314–17.

—— (1967a) *Hellenosemitica: An Ethnic and Cultural Study in West Semitic Impact on Mycenaean Greece*. Leiden: Brill.

—— (1967b) 'The problem of Semitic in Ancient Crete', *Journal of the American Oriental Society* 87: 290–5.

—— (1972a) 'Some recent works on Ancient Syria and the Sea Peoples', *Journal of the American Oriental Society* 92.3: 447–9.

—— (1972b) 'The merchant class of Ugarit', *Bayerische Akademie der Wissenschaften Abhandlungen* 75: 11–26.

—— (1981) 'Ugarit and the great powers', in G. D. Young, ed., *Ugarit in Retrospect: Fifty Years of Ugarit and Ugaritic*. Winona Lake, Ind.: Eisenbrauns, pp. 3–29.

—— (1987) Personal letter, 5 March.

Åström, P. (1971) 'Three Tel el Jahudieh juglets in the Thera Museum', *Acta of the 1st International Congress on the Volcano of Thera, 15–23 September 1969*. Göteborg: Paul Åströms Förlag, pp. 415–21.

—— (1973) 'Comments on the corpus of Mycenaean pottery in Cyprus', in V. Karagheorghis, ed., *The Mycenaeans in the Eastern Mediterranean*, Acts of the International Symposium, Nicosia, 1972, pp. 122–7.

—— (1978) 'Methodological viewpoints on Middle Minoan chronology', *Opuscula Atheniensia* 12.4: 87–90.

—— (1987–9) *High, Middle or Low? Acts of an International Colloquium on Absolute Chronology Held at the University of Gothenburg 20–22 August 1987*, 3 pts. Göteborg: Paul Åströms Förlag.

Attridge, H. W. and Oden, R. A. (1981) *Philo of Byblos, The Phoenician History: Introduction, Critical Text, Translation, Notes*. Washington, DC: Catholic Biblical Quarterly Monograph Series, 9.

Austin, M. M. (1970) *Greece and Egypt in the Archaic Age*. Cambridge: Proceedings of the Cambridge Philological Society, Supplement 2.

Bacon, J. R. (1925) *The Voyage of the Argonauts*. London: Small, Maynard & Co.

Baillie, M. G. L. (1988a) 'Irish oaks record volcanic dust veils drama!', *Archaeology Ireland* II. 2: 71–4.

—— (1988b) 'Marker dates', *Archaeology Ireland* II. 4: 154–5.

—— (1989a) 'Hekla 3 – just how big was it?', *Endeavour* 13.2: 78–81.

—— (1989b) 'Irish tree rings and an event in 1628 BC', in *Thera and the Aegean World III: Papers to Be Presented at the Third International Congress at Santorini Greece. 3–9 September 1989*. Thera Foundation, pp. 1–9.

Baillie, M. G. L. and Munro, M. A. R. (1988) 'Irish tree rings, Santorini and volcanic dust veils', *Nature* 332. 24/3: 344–6.

Baillie, M. G. L. and Pincher, J. (1984) 'Make a date with a tree', *New Scientist* 17.3: 48–51.

Baker, J. R. (1974) *Race*. London: Oxford University Press.

Balcer, J. M. (1974) 'The Mycenaean dam at Tiryns', *American Journal of Archaeology* 78: 141–50.

Balkan, K. (1954) *Kassiten Studien 1. Die Sprache der Kassiten*, trans. from Turkish by R. Krauss. New Haven, Conn.: American Oriental Series, vol. 37.

—— (1955) *Kaniš Kārum'unun Kronoloji Problemeri Hakkinda Müşahedeler: Observations on the Chronological Problems of the Kārum Kaniš*. *Türk Tarih Kurumu Yayinlarindan, VII*, seri no. 28. Ankara: Türk Tarih Kurumu Basimevi.

Ban Gu (1959) *Hanshu*, ed. Wang Xianqian, 8 vols. Shanghai: Shangwu Yinshuguan.

Banti, L. (1931) 'La grande tomba a Tholos di Hagia Triadha', *Annuario de la Scuola Archeologica di Atene* 13: 155–251.

Baramki, D. (1961) *Phoenicia and the Phoenicians*. Beirut: Khayats.

Barber, R. L. N. (1984) 'The status of Phylakopi in Creto-Cycladic relations', in R. Hägg and N. Marinatos, eds., *The Minoan Thalassocracy: Myth and Reality: Proceedings of the 3rd International Symposium at the Swedish Institute in Athens 31 May–5 June 1982. Skrifter utgivna av Svenska Institutet i Athen, 4*, pp. 167–78.

—— (1987) *The Cyclades in the Bronze Age*. London: Duckworth.

Barnard, K. (1981) *The Paradigm of Race and Early Greek History*, paper for an undergraduate course, Government 352, Cornell University.

Barnard, N. (1975) *First Radio Carbon Dates from China*. Canberra: Australian National University, Institute of Advanced Studies, Department of Far Eastern History, Research School of Pacific Studies, Monographs on Far Eastern History 8.

Barnes, B. (1982) *T. S. Kuhn and Social Science*. New York: Columbia University Press.

Barnett, R. D. (1956) 'Ancient Oriental Influence on Archaic Greece', in S. S. Weinberg, ed., *The Aegean and the Near-East, Studies Presented to Hetty Goldman*. Locust Valley, NY: Augustin, pp. 212–38.

—— (1960) 'Some contacts between Greek and Oriental religions', in O. Eissfeld, ed., *Éléments orientaux dans la religion grecque ancienne*. Paris: Presses Universitaires de France, pp. 143–53.

—— (1975) 'The Sea Peoples', *Cambridge Ancient History*, 3rd edn., vol. I, pt. 2, pp. 359–78.

Baron, S. W. (1952) *A Social and Religious History of the Jews*, vols. 1–2. New York: Columbia University Press.

—— (1976) *The Russian Jew under Tsars and Soviets*, 2nd enl. edn. New York: Macmillan.

Barthélemy, J.-J. (1763) 'Réflexions générales sur les rapports des langues égyptienne, phénicienne et grecque', *Recueils des Mémoires de l'Académie des Inscriptions* 32: 212–33.

Bartolini, P. (1988) 'Ships and navigation', in Sabatino Moscati, ed., *The Phoenicians*. Milan: Bompiani, pp. 72–7.

Bass, G. F. (1961) 'The Cape Gelidonya wreck: preliminary report', *American Journal of Archaeology* 65: 267–86.

—— (1967) 'Cape Gelidonya: a Bronze Age shipwreck', *Transactions of the American Philosophical Society* 57.8.

—— (1970) 'A hoard of Trojan and Sumerian jewellery'. *American Journal of Archaeology* 74: 335–41.

—— (1986a) 'A Bronze Age shipwreck at Ulu Burun (Kaş): 1984 Campaign', *American Journal of Archaeology* 90: 269–96.

—— (1986b) 'Underwater excavation of the Ulu Burun shipwreck', *Kazu Sonuçlari Toplantisi*, Ankara; T.C. Kültür ve Turizm Bakanliği Eski ve Müzeler Genel Müdülüğü. VII. II.

—— (1987) 'Oldest known shipwreck reveals splendors of the Bronze Age', *National Geographic* 172.6: 693–733.

—— (1990) Personal communication, 6 January.

—— (forthcoming) 'Evidence of trade from Bronze Age shipwrecks', *Proceedings of the Oxford Conference on Bronze Age Trade*.

Bass, G. F., Pulak, C., Collon, D. and Weinstein, J. (1989) 'The Bronze Age shipwreck at Ulu Burun: 1986 campaign', *American Journal of Archaeology* 93: 1–29.

Bates, O. (1914) *The Eastern Libyans: An Essay*. London: Frank Cass.

Baumgarten, A. J. (1981) *The Phoenician History of Philo of Byblos: A Commentary*. Leiden: Brill.

Beattie, A. J. (1962) 'The Aegean languages of the Heroic Age', in A. J. B. Wace and F. H. Stubbings, eds., *A Companion to Homer*. London: Macmillan, pp. 311–24.

Beckerath, J. von (1965) *Untersuchungen zur politischen Geschichte der Zweiten Zwischenzeit in Ägypten*. Ägyptische Forschungen Heft 23. Glückstadt, New York: Augustin.

—— (1975) 'Amenemhet I-VI', in W. Helck and E. Otto, *Lexikon der Ägyptologie,* vol. I, cols 188–93.

—— (1980) '*Kalender*', in W. Helck and E. Otto, *Lexikon der Ägyptologie*, vol. II, cols 297–9.

—— (1982a) 'Mentuhotep I', in W. Helck and E. Otto, *Lexikon der Ägyptologie*, vol. IV, col. 66.

—— (1982b) 'Mentuhotep II', in W. Helck and E. Otto, *Lexikon der Ägyptologie*, vol. IV, cols 66–8.

Bell, L. (1985a) 'Luxor Temple and the cult of the royal Ka', *Journal of Near Eastern Studies* 44: 251–94.

—— (1985b) 'Aspects of the cult of the deified Tutankhamen', in *Mélanges Gamal Eddin Mokhtar*. Cairo: Institut français d'archéologie orientale, pp. 31–61.

Beloch, J. (1893) *Griechische Geschichte*. Strasburg: Trübner.

—— (1894) 'Die Phoeniker am aegischen Meer', *Rheinisches Museum* 49: 111–32.

Bennet, J. (1990) 'Knossos in context: comparative perspectives on the Linear B administration of LMII–III Crete', *American Journal of Archaeology* 94: 193–211.

Benz, F. L. (1972) *Personal Names in the Phoenician and Punic Inscriptions*. Rome: Biblical Institute.

Bérard, A. (1971) Préface, in V. Bérard, *Les Navigations d'Ulysse*, 3 vols. Paris: Librairie Armand Colin.

Bérard, J. (1951) 'Philistines et préhellènes', *Revue archéologique*, série 6. 37: 129–42.

—— (1952) 'Les Hyksos et la légende d'Io: recherches sur la période pré-mycenienne', *Syria* 29: 1–43.

Bérard, V. (1894) *De l'origine des cultes arcadiens: Essai de méthode en mythologie grecque*. Paris: Bibliothèque des Écoles Françaises d'Athènes et de Rome.

—— (1902–3) *Les Phéniciens et l'Odyssée*, 2 vols. Paris: Librairie Armand Colin.

—— (1927–9) *Les Navigations d'Ulysse*. Paris: Librairie Armand Colin.

Bernal, M. (1986) 'Black Athena denied: the tyranny of Germany over Greece', *Comparative Criticism* 8: 3–69.

—— (1987) 'On the transmission of the alphabet to the Aegean before 1400 B.C.', *Bulletin of the American Schools of Oriental Research* 267: 1–19.

—— (1988) 'The British Utilitarians, imperialism and the fall of the Ancient Model', *Culture and History* 3: 98–117.

—— (1989a) 'First by land then by sea: thoughts about the social formation of the Mediterranean and Greece', in E. Genovese and L. Hochberg, eds., *Geographic Perspectives in History*. Oxford: Blackwell.

—— (1989b) '*Black Athena* and the APA' in J. Peradotto and M. Myerowitz Levine, eds., 'The Challenge of "Black Athena"', *Arethusa* special issue: 17–37.

—— (1990) *Cadmean Letters: The Transmission of the Alphabet to the Aegean and Further West before 1400 BC*. Winona Lake, Ind.: Eisenbrauns.

—— (forthcoming) 'Nig(g)er is beautiful'.

Bernand, A. (1977) *Pan du désert*. Leiden: Brill.

Berquist, B. (1973) 'Herakles on Thasos: the archaeological, literary and epigraphic evidence for his sanctuary, status and cult reconsidered', *Acta Universitatis Upsaliensis, Boreas: Uppsala Studies in Ancient Mediterranean and Near Eastern Civilisation* 5.

Best, J. G. P. and Yadin, Y. (1973) *The Arrival of the Greeks*. Amsterdam: Publications of the Henri Frankfort Foundation, Hakkert.

Betancourt, P. P. (1984) 'The Middle Minoan pottery of Southern Crete and the question of a Middle Minoan thalassocracy', in R. Hägg and N. Marinatos, eds., *The Minoan Thalassocracy: Myth and Reality: Proceedings of the 3rd International Symposium at the Swedish Institute in Athens 31 May–5 June 1982. Skrifter utgivna av Svenska Institutet i Athen*, 4, pp. 89–92.

—— (1985) *The History of Minoan Pottery*. Princeton, NJ: Princeton University Press.

—— (1987) 'Dating the Aegean Late Bronze Age with radiocarbon', *Archaeometry* 29.1: 45–9.

—— (1989) 'High chronology and low chronology: Thera archaeological evidence', in *Thera and the Aegean World III: Papers to Be Presented at the Third International Congress at Santorini, Greece, 3–9 September 1989*. Thera Foundation, pp. 9–17.

Betancourt, P. P., Michael, H. N. and Weinstein, G. A. (1978) 'Calibration and the radiocarbon chronology of late Minoan 1B', *Archaeometry* 20: 200–3.

Betancourt, P. P. and Weinstein, G. A. (1976) 'Carbon-14 and the beginning of the late Bronze Age in the Aegean', *American Journal of Archaeology* 80: 329–48.

Beth, K. (1916) 'El und Neter', *Zeitschrift für die alttestamentliche Wissenschaft* 36: 129–86.

Bickerman, E. J. (1980) *Chronology of the Ancient World*, rev. edn. London: Thames & Hudson.

Biesautl, M. (1954) *Kretisch-mykenische Siegelbilder*. Marburg: Hinrich.

Bietak, M. (1968) 'Vorläufiger Bericht über die erste und zweite Kampagne der österreichischen Ausgrabungen auf Tel el-Daba'a im Ostdelta Ägyptens (1966, 1967)', *Mitteilungen des Deutschen Archaeologischen Instituts, Abteilung Kairo* 23: 79–114.

—— (1970) 'Vorläufiger Bericht über die dritte Kampagne der österreichischen Ausgrabungen auf Tell el Daba'a im Ostdelta Ägyptens', *Mitteilungen des Deutschen Archäologischen Instituts Abteilungen Kairo* 26: 15–42.

—— (1975) *Tel el-Dab'a II: Die Fundort im Rahmen einer archaeologischgeographischen Untersuchungen über das ägyptische Ostdelta*. Vienna: Österreichischen Akademie der Wissenschaft Verlag.

—— (1979) *Avaris and Piramesse: Archaeological Exploration in the Eastern Nile Delta. Proceedings of the British Academy* 65. London.

—— (1980) 'Hyksos', in W. Helck and E. Otto, *Lexikon der Ägyptologie*, vol. III, cols 93–103.

—— (1983) 'Some news about trade and trade warfare in the Ancient Near East', *Marhaba* 3.83: 41–3.

—— (1984) 'Problems of Middle Bronze Age chronology: new evidence from Egypt', *American Journal of Archaeology* 88: 471–85.

Biggs, R. D. (1966) 'Le Lapis lazuli dans les textes sumériens archaïques', *Revue d'Assyriologie et d'Archéologie Orientale* 60: 175–6.

Bikai, P. M. (1978) *The Pottery of Tyre*. Warminster: Aris & Phillips.

—— (1983) 'Imports from the East', in V. Karageorghis, ed., *Paleopaphos-Skales: An Iron Age Cemetery in Cyprus*. Konstanz: Kevalaer, pp. 395–405.

—— (1987) *The Phoenician Pottery of Cyprus*. Nicosia: Leventis Foundation.

Billigmeier, J. C. (1975) 'The origin of the Greek word ΛΕΩΝ', *Talanta* 6: 1–6.

—— (1976) *Kadmos and the Possibility of a Semitic Presence in Helladic Greece*. Ph.D. dissertation, University of California, Santa Barbara.

Bimson, J. G. and Livingston, D. (1987) 'Redating the Exodus', *Biblical Archaeology Review* 13.5: 40–53 and 66–7.

Bintliff, J. L. (1977) 'Natural environment and human settlement in prehistoric Greece', *British Archaeological Reports* 28, 2 pts. Oxford.

—— (1984) 'Structuralism and myth in Minoan studies', *Antiquity* 58: 33–8.

Birch, S. (1853) 'The Annals of Thothmes III, as derived from the hieroglyphic inscriptions', *Archaeologia* 35: 116–66.

Bisi, A. M. (1965) *Il Grifone: Storia di un motivo iconografico nell' antico oriente mediterraneo*. Rome: Centro di studi semitici, Istituto di studi del vicino oriente-Università.

Bisson de la Roque, F., Contenau, G. and Charpoutier, F. (1953) *Le Trésor de Tôd*. Cairo: L'Institut Français d'Archéologie Orientale.

Bittel, K. (1970) *Hattusha: Capital of the Hittites*. New York: Oxford University Press.

Blakely, A. (1986) *Russia and the Negro: Blacks in Russian History and Thought*. Washington, DC: Howard University Press.

Blegen, C. W. (1937) *Prosymna*. Cambridge: Cambridge University Press.

—— (1958) 'A chronological problem', in *Minoica, Festschrift zum 80. Geburstag von Johannes Sundwall*. Berlin: Deutsche Akademie der Wissenschaften zu Berlin; Schrifter der Sektion für Altertumswissenschaft 12.

Blegen, C. W., Boulter, C. G., Caskey, L. and Rawson, M. (1950–8) *Troy*, 4 vols. Princeton: Princeton University Press.

Blegen, C. W. and Haley, J. (1927) 'The coming of the Greeks: the geographical distribution of prehistoric remains in Greece', *American Journal of Archaeology* 32: 141–52.

Blegen, C. W. and Wace, A. (1939) 'Pottery as evidence for trade and colonization in the Aegean Bronze Age', *Klio* 32: 131–47.

Bloch, M. (1924) *Les Rois Thaumaturges: Étude sur le caractère surnaturel attribué à la puissance royale particulièrement en France et en Angleterre*. Strasburg and Paris: Publications de la Faculté des Lettres de l'Université de Strasbourg.

Blumenbach, J. F. (1795) *De Generis Humani Varietate Nativa*, 3rd. edn. Göttingen.

Blumenthal, E. (1982) 'Die Prophezierums des Neferti', *Zeitschrift für ägyptische Sprache und Altertumskunde* 109: 1–27.

—— (1983) 'Die erste Koregenz der 12 Dynastie', *Zeitschrift für ägyptische Sprache und Altertumskunde* 109: 104–121.

—— (1984) 'Die Lehre des Königs Amenemhet (teil 1)', *Zeitschrift für ägyptische Sprache und Altertumskunde* 110: 85–107.

—— (1985) 'Die Lehre des Königs Amenemhet (teil 2)', *Zeitschrift für ägyptische Sprache und Altertumskunde* 111: 104–15.

Boardman, J. (1964) *The Greeks Overseas: The Archaeology of Their Early Colonies and Trade*. London: Penguin.

Boas, G., trans. (1950) *The Hieroglyphics of Horapollo*. New York: Pantheon.

Bochart, S. (1646) *Geographia Sacræ Pars Prior: Phaleg seu de Dispersione Gentium et Terrarum Divisione Facta in Ædificatione Turis Babel etc. Pars Altera: Chanaan, seu de Coloniis et Sermone Phœnicum*. Munich.

Boessneck, J. (1976) *Tell el-Dab'a III, die Tierknochfunde*. Vienna: Verlag der Österreichischen Akademie der Wissenschaft.

Boisacq, E. (1950) *Dictionnaire étymologique de la langue grecque*, 4th edn. Heidelberg: Winter; Paris: Klincksieck.

Bomhard, A. (1976) 'The placing of the Anatolian languages', *Orbis* 25.2: 199–239.

—— (1984) *Toward Proto-Nostratic: A New Approach to the Comparison of Proto-Indo-European and Proto-Afroasiatic*. Amsterdam and Philadelphia: John Benjamins.

Bonnet, H. (1952) *Reallexikon der ägyptischen Religionsgeschichte*. Berlin: de Gruyter.

Bordreuil, P. (1982), see Abou-Assaf.

Borgeaud, P. (1979) *Recherches sur le dieu Pan*. Rome: Institut Suisse de Rome.

Borghouts, J. F. (1980) 'The ram as a protector and prophesier', *Revue d'Égyptologie* 32: 33–46.

—— (1982) 'Month', in W. Helck and E. Otto, *Lexikon der Ägyptologie*, vol. IV, cols 200–204.

Bork, F. (1909) 'Die Mitanni Sprache'. *Mitteilungen den vorderasiatischen Gesellschaft* 14: 1–126.

Borsi, F. *et al.* (1985) Fortuna degli etruschi. Florence: Elekta.

Bosch-Gimpera, P. (1980) *Les Indo-Européens: Problèmes archéologiques*. Paris: Payot.

Bossert, H. T. (1946) *Asia*. Istanbul: Literarische Fakultät der Universität Istanbul no. 323, Forschungsinstitut für altvorderasiatische Kulturen no. 2.

Boufides, N. (1970) 'A scarab from Grave Circle B of Mycenae', *Archaiologika Analekta Athēnōn* 3: 273–4.

Bouzek, J. (1973) 'Bronze Age Greece and the Balkans: problems of migrations', in R. A. Crossland and A. Birchall, eds., *Bronze Age Migrations in the Aegean: Archaeological and Linguistic Problems of Greek Prehistory*. London: Duckworth.

—— (1985) *The Aegean, Anatolia and Europe: Cultural Interrelations in the Second Millennium BC*. Göteborg: Paul Åströms Förlag, Studies in Mediterranean Archaeology 29.

Boyce, N. M. (1979) *Zoroastrians: Their Religious Beliefs and Practices*. London: Routledge & Kegan Paul.

Boylan, P. (1922) *Thoth the Hermes of Egypt: A Study of Some Aspects of Theological Thought in Ancient Egypt*. London: Oxford University Press.

Brady, T. H. (1935) 'The Reception of Egyptian Cults by the Greeks (330–300 BC)', *The University of Missouri Studies* 10.1.

Branigan, K. (1968a) *Copper and Bronze Work in Early Bronze Age Crete*. Lund: P. Åströms Fölag.

—— (1968b) 'A transitional phase in Minoan metallurgy', *Bulletin of the British School in Athens* 63: 185–203.

—— (1970a) *The Foundations of Palatial Crete*. London: Duckworth; New York: Praeger.

—— (1970b) *The Tombs of the Mesara: A Study of Funerary Architecture and Ritual in Southern Crete, 2800–1700 BC*. London: Duckworth.

—— (1973a) 'Radio-carbon and the absolute chronology of the Aegean Bronze Age', *Kretika Chronika* 15: 352–74.

—— (1973b) 'Crete, the Levant and Egypt in the early second millennium BC', *Pepragmena tou 3 Diethnous Kretologikou Synedriou* [Athens] 11: 22–7.

—— (1984) 'Early Minoan society: the evidence of the Mesara Tholoi', in C. Nicolet, ed., *Aux Origines de l'Hellénisme: La Crète et la Grèce; Hommage à Henri Van Effenterre*. Publications de la Sorbonne, Histoire et Médiévale Paris 15, pp. 29–37.

—— (1987). 'Ritual interference with human bones in the Mesara Tholoi', in R. Laffineur, ed., *Thanatos: Les coutumes funéraires en Égée à l'âge du bronze: Actes du Colloque de Liège (21–23 avril 1986)*. Université de l'État à Liège: Histoire de l'art et archéologie de la Grèce antique, pp. 43–51.

Braun, M. (1938) *History and Romance in Graeco-Oriental Literature*. Oxford: Blackwell.

Braun, T. F. R. G. (1982) 'The Greeks in the Near East', in *Cambridge Ancient History*, 2nd edn., vol. III, pt. 3, pp. 1–31.

Breasted, J. H. (1901) 'The philosophy of a Memphite priest', *Zeitschrift für ägyptische Sprache und Altertumskunde* 39: 39–54.

—— (1904) 'The Eleventh Dynasty', in E. Meyer, ed., *Aegyptische Chronologie*, in *Abhandlungen der Königlich Preussischen Akademie der Wissenschaft, Philosophische-historische Classe* I, pp. 1–212.

——, coll., ed., trans. (1906) *Ancient Records of Egypt: Historical Documents from the Earliest Times*, 5 vols. Chicago: University of Chicago Press.

—— (1912a) *The Development of Religion and Thought in Ancient Egypt*. New York: Scribner's.

—— (1912b) *A History of Egypt from Earliest Times to the Persian Conquest*, 2nd. edn. London: Hodder & Stoughton.

Brice, W. C. (1959) 'Compte rendu de *Minoica*', *Gnomon* 31: 330–2.

Broshi, M. and Gaphna, R. (1986) 'Middle Bronze Age Palestine: its settlements and population', *Bulletin of the American Schools of Oriental Research* 26: 173–90.

Brown, J. P. (1965) 'Kothar, Kinyras and Kytheria', *Journal of Semitic Studies* 10: 197–219.

—— (1968a) 'Literary contexts of the common Hebrew Greek vocabulary', *Journal of Semitic Studies* 13: 163–91.

—— (1968b) 'Cosmological myth and the tuna of Gibraltar', *Transactions of the American Philological Association* 99: 37–62.

—— (1969) 'The Mediterranean vocabulary of the vine', *Vetus Testamentum* 19: 146–70.

—— (1971) 'Peace symbolism in ancient military vocabulary', *Vetus Testamentum* 21: 1–23.

—— (1979/80) 'The sacrificial cult and its critique in Greek and Hebrew, pt. 1', *Journal of Semitic Studies* 24: 159–74; 'pt. 2', *Journal of Semitic Studies* 25: 1–21.

Brown, R. (1898) *Semitic Influences in Hellenic Mythology*. London: Williams & Norgate.

Brown, R. (1978) 'The Eteocretan inscription from Psychro', *Kadmos* 17: 43–6.

Brown, R. B. (1975) *A provisional catalogue of and commentary on Egyptian and Egyptianizing artifacts found on Greek sites*. PhD. dissertation, University of Minnesota.

Brugsch, H. (1855) *Grammaire Démotique, contenant les principes généraux de la langue et de l'écriture populaires des anciens Égyptiens*. Berlin: Dümmler.

—— (1879–1880) *Dictionnaire géographique de l'ancienne Égypte*, 2 vols. Leipzig: Hinrichs.

Brundage, W. (1958) 'Herakles the Levantine: A comprehensive view', *Journal of Near Eastern Studies* 17: 225–36.

Brunner, H. (1957) 'New aspects of Ancient Egypt', *Universitas* 1.3: 267–79.

Brunner-Traut, E. (1971) 'The origin of the concept of the immortality of the soul in Ancient Egypt', *Universitas* 14.1: 47–56.

Bryce, T. R. (1989) 'The nature of the Mycenaean involvement in Western Anatolia', *Historia* 38: 1–21.

Bryson, R. A., Lamb, H. H. and Donley, D. (1974) 'Drought and the decline of Mycenae', *Antiquity* 48: 46–50.

Buchholz, H.-G. (1959) 'Keftiubarren und Erzhandel im zweiten vorchristlichen Jahrtausend', *Praehistorische Zeitschrift* 37: 1–40.

—— (1965) 'Review of H. Schleimann, *Ithaka, der Peloponnes und Troja; Mykenae* (1869, 1878; reprints Darmstadt, 1963, 1964), ed. E. Meyer', in *Gymnasium* 72: 569–73.

—— (1967) 'The cylinder seal', in *Cape Gelidonya: A Bronze Age Shipwreck. Transactions of the American Philosophical Society* 57. 8: 148–57.

—— (1972) 'Das Blei in der mykenischen und bronzezeitlichkyprischen Metallurgie', *Jahrbuch des Deutschen archaeologischen Instituts* 87: 1–59.

—— (1973) 'Grey Trojan ware in Cyprus and Northern Syria', in R. A. Crossland and A. Birchall, eds., *Bronze Age Migrations in the Aegean: Archaeological and Linguistic Problems in Greek Prehistory*. London: Duckworth; Park Ridge, NJ: Noyes Press, pp. 179–87.

—— (1980) 'Some observations concerning Thera's contacts overseas during the Bronze Age', in C. Doumas, ed., *Thera and the Aegean World*, vol. II, pp. 227–40.

Buck, C. D. (1926) 'The language situation in and about Greece in the second millennium BC', *Classical Philology* 21: 1–26.

Buck, R. J. (1979) *A History of Boeotia*. Edmonton: University of Alberta Press.

Budge, E. A. W. (1904) *The Gods of the Egyptians; or Studies in Ancient Egyptian Mythology*, 2 vols. London: Methuen.

—— (1934) *From Fetish to God in Ancient Egypt*. London: Oxford University Press.

Bunnens, G. (1979) *L'expansion phénicienne en méditerranée: essai d'interpretation fondé sur une analyse des traditions littéraires*. Brussels and Rome: Institut historique belge de Rome.

Bunsen, C. (1848–60) *Egypt's Place in Universal History*, C. H. Cotrell, trans., 5 vols. London: Longman.

Burchardt, M. (1912a) 'Hyksos Rassenangehörigkeit', *Zeitschrift für ägyptische Sprache* 50: 6–8.

—— (1912b) 'Zwei Bronzeschwerter aus Ägypten', *Zeitschrift für ägyptische Sprache* 50: 61–3.

Burkert, W. (1983) *Homo Necans: The Anthropology of Ancient Greek Sacrificial Ritual and Myth*, P. Bing, trans. Berkeley, Los Angeles and London: University of California Press.

—— (1984) 'Die orientalisierende Epoche in der griechischen Religion und Literatur', *Sitzungberichte der Heidelberger Akademie der Wissenschaften, Philosophische-historische Klasse* I.

—— (1985) *Greek Religion*, J. Raffan, trans. Cambridge, Mass.: Harvard University Press; Oxford: Blackwell.

—— (1987) *Ancient Mystery Cults*. Cambridge, Mass., and London: Harvard University Press.

Burl, A. (1979) *Prehistoric Avebury*. New Haven, Conn., and London: Yale University Press.

Burleigh, R. and Hewson, A. (1979) 'Radiocarbon measurements 12', *Radiocarbon* 34.

Burney, C. A. (1958) 'Eastern Anatolia in the Chalcolithic and Early Bronze Age', *Anatolian Studies* 8: 157–209.

Burney, C. A. and Lang, D. M. (1971) *The Peoples of the Hills: Ancient Ararat and Caucasus*. London: Weidenfeld & Nicolson.

Burns, A. R. (1949) 'Phoenicians', in *Oxford Classical Dictionary*, pp. 687–8.

Burton, A. (1972) *Diodorus Siculus, Book 1: A Commentary*. Leiden: Brill.

Bury, J. B. (1900) *A History of Greece to the Death of Alexander the Great*. London: Macmillan.

—— (1950) *A History of Greece to the Death of Alexander the Great*. 3rd edn., rev. R. Meiggs. London: Macmillan.

Burzachechi, C. (1976) 'L'adozione dell' alfabeto nel mondo greco', *Parola del Passato* 31: 82–102.

Butler, J. J. (1963) *Bronze Age Connections across the North Sea: A Study of the Prehistoric Trade and Industrial Relations between the British Isles, the Netherlands, North Germany and Scandinavia, c. 1700–700 B.C.* Groningen: Palaeohistoria IX.

Cadogan, G. (1969a) 'Mycenaean trade', *Bulletin of the Institute of Classical Studies* 16: 152–4.

—— (1969b) 'Review of G. F. Bass, *Cape Gelidonya: A Bronze Age Shipwreck*', Journal of Hellenic Studies 89: 187–9.

—— (1971) 'Was there a Minoan landed gentry?', *University of London Institute of Classics, Mycenaean Seminar* 19 May, pp. 367–71.

—— (1973) 'Patterns of distribution of Mycenaean pottery in the East Mediterranean', in V. Karageorghis, ed., *The Mycenaeans in the Eastern Mediterranean*, Acts of the International Symposium, Nicosia, 1972, pp. 166–74.

—— (1978) 'Dating the Aegean Bronze Age without radiocarbon', *Archaeometry* 20: 209–14.

—— (1986) 'Why was Crete different?', in G. Cadogan, ed., *The End of the Early Bronze Age in the Aegean*. Leiden: Brill, pp. 153–71.

—— (1987) 'Unsteady date of a big bang', *Nature* 328. 6/8: 473.

—— (1988) 'Reply', *Nature* 332. 31/3: 401–2.

Cagni, L. ed. (1981) *La Lingua di Ebla: Atti del convegno internazionale (Napoli, 21–23 aprile 1980)*. Naples: Istituto Universitario Orientale, Seminario di Studi Asiatici 14.

Calder, W. M. (1984) 'Schliemann's discovery of Priam's Treasure: A re-examination of the evidence', *Journal of Hellenic Studies* 104: 95–115.

—— (1986) 'A new picture of Heinrich Schliemann', in W. M. Calder and D. A. Traill, *Myth, Scandal and History: The Heinrich Schliemann Controversy and the First Edition of the Mycenaean Diary*. Detroit: Wayne State University Press, pp. 17–47.

Calder, W. M. and D. A. Traill (1986) *Myth, Scandal and History: The Heinrich Schliemann Controversy and the First Edition of the Mycenaean Diary*. Detroit: Wayne State University Press.

Callaway, J. A. and Weinstein, J. M. (1977) 'Radiocarbon dating of Palestine in the Early Bronze Age', *Bulletin of the American Schools of Oriental Research* 225: 1–16.

Callender, J. B. (1975) *Middle Egyptian*. Malibu: Undena.

Canby, J. V. (1969). 'Some Hittite figurines in the Aegean', *Hesperia* 38: 141–9.

Capart, J. (1942) 'Egyptian art', in S. Glanville, ed., *The Legacy of Egypt*. Oxford: Clarendon Press, pp. 80–119.

Caquot, A., Sznycer, M. and Herdner, M. (1974) *Textes Ougaritiques*', Tome I; *Mythes et légendes*. Paris: Éditions du Cerf.

Carpenter, R. (1933) 'The antiquity of the Greek alphabet', *American Journal of Archaeology* 37: 8–28.

—— (1938) 'The Greek alphabet again', *American Journal of Archaeology* 42: 58–69.

—— (1958) 'Phoenicians in the West', *American Journal of Archaeology* 62: 25–53.

—— (1966) *Discontinuity in Greek Civilization*. Cambridge: Cambridge University Press.

Carter, E. and Stolper, M. W. (1984) *Elam: Surveys of History and Archaeology*. Berkeley: University of California Press.

Cartledge, P. (1979) *Sparta and Laconia: A Regional History 1300-362 BC*. London: Routledge & Kegan Paul.

—— (1987) *Agesilaos and the Crisis of Sparta*. London: Duckworth.

Caskey, J. E. (1956) 'Excavations at Lerna', *Hesperia* 25: 147–73.

—— (1957) 'Excavations at Lerna', *Hesperia* 26: 142–62.

—— (1958) 'Excavations at Lerna', *Hesperia* 27: 125–44.

—— (1960) 'The Early Helladic Period in the Argolid', *Hesperia* 29: 285–303.

—— (1971) 'Greece, Crete and the islands in the Early Bronze Age', in *The Cambridge Ancient History*, 3rd edn., vol. I, pt. 2, pp. 771–807.

—— (1986) 'Did the Early Bronze Age end?', in G. Cadogan, ed., *The End of the Early Bronze Age in the Aegean*. Leiden: Brill, pp. 9–30.

Caskey, M. E. (1980) 'Dionysos in the temple of Agia Irini, Keos', *American Journal of Archaeology* 84: 200.

Casperson, L. W. (1986) 'The lunar dates of Thutmosis III', *Journal of Near Eastern Studies* 45: 139–50.

Casson, L. (1971) *Ships and Seamanship in the Ancient World*. Princeton, NJ: Princeton University Press.

—— (1975) 'Bronze Age ships: the evidence of the Thera wall paintings', *International Journal of Nautical Archaeology* 4: 1–10.

Cassuto, U. (1971) *The Goddess Anath: Canaanite Epics of the Patriarchal Age*. I. Abraham, trans. Jerusalem: Magnes.

Catling, H. W. (1964) *Cypriot Bronze Work in the Mycenaean World*. Oxford: Oxford University Press.

—— (1971) 'Cyprus in the Early Bronze Age', in *Cambridge Ancient History*, 3rd edn., vol. I, pt. 2, pp. 808–23.

—— (1975) 'Cyprus in the Late Bronze Age', in *Cambridge Ancient History*, 3rd edn., vol.II, pt. 2, pp. 188–216.

Catling, H. W., Cherry, J. F., Jones, R. E. and Killen, J. T. (1980) 'The Linear B inscribed jars and West Crete', *Bulletin of the British School in Athens* 75: 49–113.

Catling, H. W. and Millet, A. (1965) 'A study of the composition patterns of Mycenaean pictorial pottery from Cyprus', *Annual of the British School in Athens* 60: 212–24.

Catling, H. W., Richards, E. E. and Blin-Stoyle, A. (1963) 'Correlations between composition and provenance of Mycenaean and Minoan pottery', *Annual of the British School in Athens* 58: 109–27.

Ceccherelli, I. M. (1986) *Alle fonte della civiltà: Viaggio storico linguistico attraverso i secoli*. Florence: Il Fauno.

Ceram, C. W. (1952) *Gods, Graves and Scholars: The Story of Archaeology*, trans. E. B. Garside. London: Gollancz and Sidgwick & Jackson.

Černy, J. (1952) *Egyptian Religion*. London: Hutchinson.

—— (1976) *Coptic Etymological Dictionary*. Cambridge: Cambridge University Press.

Chadwick, J. (1969) 'Linear B Tablets from Thebes', *Minos* 10: 115–37.

—— (1973a) 'The Linear B tablets as historical documents', in *Cambridge Ancient History*, 3rd edn., vol. II, pt 1, pp. 609–26.

—— (1973b) 'The prehistory of the Greek language', in *Cambridge Ancient History*, 3rd edn., vol. II, pt 2, pp. 805–19.

—— (1976) *The Mycenaean World*. London: Cambridge University Press.

Champollion, J. F. (1811) *L'Égypte sous les Pharaons: ou Recherches sur la géographie, la religion, la langue, les écritures et l'histoire de l'Égypte avant l'Invasion de Cambyse*. Grenoble.

—— (1909) see H. Hartleben.

Chandler, R. (1769) *Ionian Antiquities, Published with Permission with the Society of Dilettanti*. London.

Chang, K. C. (1980) *Shang Civilization*. New Haven, Conn.: Yale University Press.

Chantraine, P. (1928) 'Sur le vocabulaire maritime des grecs', in *Étrennes de Linguistique: offertes par quelques amis à Émile Benveniste*. Paris: Guethner, pp. 1–25.

—— (1968–75) *Dictionnnaire étymologique de la langue grecque*. 4 vols. Paris: Klincksieck.

Charles, R. P. (1965) 'Note sur un scarabée égyptien de Perati (Attique)', *Bulletin de correspondance hellénique* 89: 10−14.

Chassinat, E. (1966−68) *Le Mystère d'Osiris au mois de Khoïak.* 2 vols. Cairo: Institut français d'archéologie orientale.

Chaudhuri, N. C. (1974) *Scholar Extraordinary: The Life of the Professor the Right Honourable Max Müller PC.* London: Chatto & Windus.

Chen Mengjia (1977) *Xi Zhou Niandaikao* [*Western Zhou Chronology*]. Hong Kong: Huaxia.

Chen Zongguei (1980−) *Zhongguo Tianwenxue shi* [*History of Chinese Astronomy*]. 3 vols. to date. Shanghai: Shanghai Renmin Chubanshe.

Cherry, J. F. (1983) 'Evolution, revolution, and the origins of complex society in Minoan Crete', in O. Krzyszkowska and L. Nixon, eds., *Minoan Society: Proceedings of the Cambridge Colloquium 1981.* Bristol: Bristol Classical Press, pp. 33−46.

—— (1985) 'Islands out of the stream: isolation and interaction in early East Mediterranean insular prehistory', in A. B. Knapp and T. Stech, eds., *Prehistoric Production and Exchange: The Aegean and East Mediterranean.* Los Angeles: University of California, Institute of Archaeology, Monograph 25, pp. 12−29.

Childe, V. G. (1926) *The Aryans.* London: Kegan Paul.

—— (1949) *The Danube in Prehistory*, 2nd edn. London: Oxford University Press.

—— (1958) *A New Light on the Ancient Middle East.* London: Routledge & Kegan Paul.

Cicero. *The Nature of the Gods.*

—— *Tusculanae Disputationes.*

Clapham, L. R. (1969) *Sanchuniaton: The First Two Cycles.* Ph.D. dissertation, Harvard University.

Clark, M. E. and Coulson, W. D. E. (1978) 'Memnon and Sarpedon', *Museum Helveticum* 35: 65−73.

Cline, E. (1987) 'Amenhotep III and the Aegean: a reassessment of Egypto-Aegean relations in the 14th century BC', *Orientalia* N.S. 56: 1−36.

—— (1989) Personal letter, 22 February.

—— (1990) 'An unpublished Amenhotep III Egyptian faience plaque from Mycenae: a key to a new reconstruction', *Journal of the American Oriental Society* 110: 200−12.

—— (1991a) 'A possible Hittite Embargo against Mycenae', *Historia* 40.1: 1−9.

—— (1991b) 'Hittite Objects in the Bronze Age Aegean', *Anatolian Studies*, 41: 133−44.

—— (1991c) 'Orientalia in the Late Bronze Age Aegean: A Catalogue and Analysis of Trade and Contact between the Aegean, Egypt, Anatolia and the Near East', Ph.D. diss., University of Pennsylvania, Philadelphia.

—— (forthcoming) 'International trade in the Amarna period: Egyptian and Near Eastern imports at LHIII Mycenae', in B. J. Beitzel and G. D. Young, eds., *Tell el-Amarna 1887−1987.* Winona Lake, Ind.: Eisenbrauns.

Close, A. (1980) 'Current research and recent radiocarbon dates from Northern Africa', *Journal of African History* 21.2: 145–67.

—— (1984) 'Current research and recent radiocarbon dates from Northern Africa II', *Journal of African History* 25.1: 1–24.

Clutton-Brock, J. (1974) 'The Buhen horse', *Journal of Archaeological Science* 1: 89–100.

Cohen, D. (1970–6) *Dictionaire des racines sémitiques: ou attestées dans les langues sémitiques.* Fasc. 1–2. Paris, The Hague: Mouton.

Coldstream, J. N. (1973) 'Kythera, the change from the Early Helladic to the Early Minoan', in R. A. Crossland and A. Birchall, eds., *Bronze Age Migrations in the Aegean: Archaeological and Linguistic Problems of Greek Prehistory.* London: Duckworth, pp. 33–6.

Coldstream, J. N. and Huxley, G. L. (1984) 'The Minoans of Kythera', in R. Hägg and N. Marinatos, eds., *The Minoan Thalassocracy: Myth and Reality: Proceedings of the 3rd International Symposium at the Swedish Institute in Athens 31 May–5 June 1982. Skrifter utgivna av Svenska Institutet i Athen* 4, pp. 89–92.

Cole, D. P. (1984) *Shechem I: The Middle Bronze Age II B Pottery.* Winona Lake, Ind.: Eisenbrauns.

Coleman, J. E. (1974) 'The chronology and interconnections of the Cycladic Islands in the Neolithic Period and the Early Bronze Age', *American Journal of Archaeology* 78: 333–43.

—— (1985) 'Frying pans' of the Early Bronze Age Aegean', *American Journal of Archaeology* 89: 191–219.

Collon, D. (1972) 'The Smiting God', *Levant* 4: 111–33.

—— (1989) 'Cylinder seals from Ulu Burun', in G. F. Bass, C. Pulak, D. Collon and J. Weinstein, 'The Bronze Age shipwreck at Ulu Burun: 1986 campaign', *American Journal of Archaeology* 93: 12–16.

Contenau, G. (1953) 'Cylindres-Sceaux', in F. Bisson de la Roque, G. Contenau and F. Charpoutier, *Le Trésor de Tôd.* Cairo: L'Institut d'Archéologie Orientale, pp. 15–20.

Cook, A. B. (1914–40) *Zeus: A Study in Ancient Religion*, 3 vols., 5 pts. Cambridge: Cambridge University Press.

Cook, R. M. (1937) 'Amasis and the Greeks in Egypt', *Journal of Hellenic Studies* 57: 227–37.

Cook, S. A. (1924) 'The Semites', in *Cambridge Ancient History*, 1st edn. vol. I, pp. 181–237.

Corpus Hermeticum (1945–54), text established by A. D. Nock, trans. (into French) by A.-J. Festugière, 4 vols. Paris: Le Coffre, Gabalda *et al.*

Cory, I. P. (1832) *Sanchuniaton, Ancient Fragments of the Phoenician, Chaldaean, Egyptian, Tyrian, Carthaginian, Indian, Persian and other writers, with an introductory dissertation and an inquiry into the Philosophy and Trinity of the Ancients.* London: Pickering.

Courtois, C. (1955) *Les Vandals et l'Afrique.* Paris: Arts et Métiers Graphiques.

Courtois, J.-C. (1971) 'Le sanctuaire du dieu au l'ingot d'Enkomi-Alasia', in *Mission archéologique d'Alasia dirigée par Claude F. A. Schaeffer*, vol. I. Paris: Mission archéologique d'Alasia, pp. 151–356.

—— (1973) 'Sur divers groupes de vases mycéniens en Mediterranée orientale (1250–1150 av. j. c.)', in V. Karageorghis, ed., *The Mycenaeans in the Eastern Mediterranean*, Acts of the International Symposium, Nicosia, 1972, pp. 137–65.

Cramer, M. (1955) *Das altägyptische Lebenszeichen (Ankh) im christlichen (koptischen) Ägypten*. Wiesbaden: Harrassowitz.

Creel, H. G. (1937) *Studies in Early Chinese Culture*. London: Routledge & Kegan Paul.

—— (1951) *Confucius, the Man and the Myth*. London: Routledge & Kegan Paul.

Cross, F. M. (1968) 'The Phoenician inscription from Brazil: a nineteenth-century forgery', *Orientalia* 37: 437–60.

—— (1974) 'Leaves from an epigraphist's notebook', *The Catholic Biblical Quarterly* 36: 490–3.

—— (1979) 'The early alphabetic scripts', in F. M. Cross, ed., *Symposia, Celebrating the Seventy-fifth Anniversary of the American Schools of Oriental Research (1900–1975)*. Cambridge, Mass.: Harvard University Press, pp. 97–123.

—— (1980) 'Newly found inscriptions in Old Canaanite and early Phoenician scripts', *Bulletin of the American Schools of Oriental Research* 238: 1–21.

Crossland, R. A. (1971) 'Immigrants from the North', in *The Cambridge Ancient History*, 3rd edn., Vol. I, pp. 824–76.

Crossland, R. A. and Birchall, A. (1973) *Bronze Age Migrations in the Aegean: Archaeological and Linguistic Problems of Greek Prehistory*. London: Duckworth.

Crouwel, J. H. (1981) *Chariots and Other Means of Land Transport in Bronze Age Greece*. Amsterdam: Allard Pierson.

Crum, W. (1939) *A Coptic Dictionary*. Oxford: Clarendon Press.

Culican, W. (1966) *The First Merchant Venturers: The Ancient Levant in History and Commerce*. London: Thames & Hudson.

Dahood, M. (1981a) 'The linguistic classification of Eblaite', in L. Cagni, ed., *La Lingua di Ebla: Atti del convegno internazionale (Napoli, 21–23 aprile 1980)*. Naples: Istituto Universitario Orientale, Seminario di Studi Asiatici, 14, pp. 177–89.

—— (1981b) 'Afterward: Ebla, Ugarit and the Bible', in G. Pettinato, ed., *The Archives of Ebla*. Garden City, NY: Doubleday, pp. 271–321.

Daniel, C. (1962) 'Des emprunts égyptiens dans le grec ancien', *Studia et Acta Orientalia Bucarest* 4: 13–23.

Davies, N. M. and Gardiner, A. H. (1936) *Ancient Egyptian Paintings Selected, Copied and Described by Nina M. Davies with the Editorial Asistance of Alan H. Gardiner*, 3 vols. Chicago: Oriental Institute.

Davis, E. N. (1977) *The Vapheio Cups and Aegean Gold and Silver Ware*. New York and London: Garland.

Davis, J. L. (1984) 'Cultural innovation and the Minoan thalassocracy at Agia Irini Keos', in R. Hägg and N. Marinatos, eds., *The Minoan Thalassocracy: Myth and Reality: Proceedings of the 3rd International Symposium at the Swedish Institute in Athens 31 May–5 June 1982, Skrifter utgivna av Svenska Institutet i Athen* 4, pp. 159–66.

Davis, S. (1967) *The Decipherment of Minoan Linear A and Pictographic Scripts*. Johannesburg: Witwatersrand University Press.

Davis, W. M. (1979) 'Plato on Egyptian Art', *Journal of Egyptian Archaeology* 66: 121–7.

—— (1981) 'Egypt, Samos and the Archaic style in Greek sculpture', *Journal of Egyptian Archaeology* 67: 61–81.

Davison, J. M. (1987) 'Egyptian influence on the Greek Legend of Io', paper given to the Society for Biblical Literature.

Dayton, J. E. (1982a) 'Geology, archaeology and trade', in J. G. P. Best and N. M. W. de Vries, eds., *Interaction and Acculturation in the Mediterranean: Proceedings of the Second Congress of Mediterranean Pre- and Protohistory, Amsterdam, 19–23 November 1980*, vol. 2. Amsterdam: Grüner, pp. 153–68.

—— (1982b) 'The Mycenaeans and the discovery of glass' in J. G. P. Best and N. M. W. de Vries, eds., *Interaction and Acculturation in the Mediterranean: Proceedings of the Second Congress of Mediterranean Pre- and Protohistory, Amsterdam, 19–23 November 1980*. vol. 2. Amsterdam: Grüner, pp. 169–78.

Deïlaki-Protonotariou (1980) *Oi tumboi tou Argous*. Ph.D. dissertation, Athens University.

Delatte, A. (1922) *La vie de Pythagore de Diogène Laerce*. Brussels: Académie Royale de Belgique, Classe de Lettres, etc.

Delia, R. (1980) *A Study in the Reign of Senwosret III*, Ph.D. dissertation, Columbia University.

Delitzsch, F. (1881) *Wo lag das Paradies?* Leipzig: Hinrich.

—— (1884) *Die Sprache der Kossäer: linguistisch-historische Funde und Fragen*. Leipzig: Hinrich.

Dennis, G. (1848) *The Cities and Cemeteries of Etruria*, 2 vols. London: John Murray.

Desborough, V. R. d'A. (1964) *The Last Mycenaeans and Their Successors*. Oxford: Oxford University Press.

—— (1975) 'The end of the Mycenaean civilization and the Dark Age: the archaeological background', in *Cambridge Ancient History*, 3rd edn., vol. II, pt. 2, pp. 658–76.

Dessenne, A. (1957) *Le Sphinx: Étude iconogaphique*. Paris: Bibliothèque des Écoles françaises d'Athènes et de Rome, 186.

Diakonoff, I. M. (1972) 'Die Arier im Vorderen Orient-Ende eines Mythos-Zur Methodik der Erforschung verschollener Sprachen', *Orientalia* N.S. 41: 19–120.

—— (1985) 'On the original home of the speakers of Indo-European', *Journal of Indo-European Studies* 13: 92–174.

Diakonoff, I. M. and Jankowska, N. B. (1990) 'An Elamite Gilgameš text from Argištihelene, Urartu (Armarvir-blur, 8th century BC)', *Assyriologie* 79.2: 107–120.

Diakonoff, I. M. and Starostin, S. A. (1986) *Hurro-Urartian as an East Caucasian Language*. Munich: Kitzinger.

Dickinson, O. T. P. K. (1977) *The Origins of Mycenaean Civilisation*. Göteborg: Studies in Mediterranean Archaeology, 49.

Dietrich, B. C. (1964) 'The judgement of Zeus', *Rheinisches Museum für Philologie* 107: 97–125.

Dietrich, M. and Loretz, O. (1976) 'Die Keilalphabetischen Texte aus Ugarit, einschliesslich der keilalphabetischer Texte ausserhalb Ugarits', *Alter Orient und AltesTestament*, Suppl. 24.

Diodoros Sikelos (1933–67) *The Library of History*, 12 vols. C. H. Oldfather, trans. (vols 11 and 12, F. R. Walton and R. M. Geer, trans.). Cambridge, Mass.: Harvard University Press (Loeb).

Diogenes Laertios (1925) *Lives of Eminent Philosophers*, R. D. Hicks, trans., 2 vols. Cambridge, Mass.: Harvard University Press (Loeb).

Diop, C. A. (1973) 'La métallurgie de fer sous l'empire ancien égyptien', *Bulletin de l'Institut Fondamental d'Afrique Noir* 35, Série B, 3: 532–48.

—— (1974) *The African Origin of Civilization: Myth or Reality?* M. Cook, trans. Westport, Conn.: L. Hill.

Diringer, D. (1968) *The Alphabet: A Key to the History of Mankind*, 2 vols., 3rd. edn., rev. with the help of R. Regensberger. London: Hutchinson.

Dolgopolskii, A. B. (1973) *Svratinel'no-istoričeskaya fonetika Kussitikix Jazykov*. Moscow: Nauka.

—— (1987) 'Cultural contacts of Proto-Indo-European and Proto-Indo-Iranian with neighbouring languages', *Folia Linguistica Historica* 8. 2. 3–36.

Dor, L., Jannoray, J., van Effenterre, H. and van Effenterre, M. (1960) *Kirrha, Étude de préhistoire phocidienne*. Paris: Boccard.

Doresse, J. (1960) *The Secret Books of the Egyptian Gnostics*. London: Hollis & Carter.

Dörpfeld, W. (1935) *Alt Olympia: Untersuchungen und Ausgrabungen zur Geschichte des ältesten Heiligtums von Olympia und der älteren griechischen Kunst.* Reprint. Osnabruck: Zeller, 1966.

Dörrie, H. (1979) 'Euhemeros', in K. Ziegler and W. Sontheimer, eds., *Der kleine Pauly: Lexikon der Antike*. Munich: Deutscher Taschenbuch Verlag, cols. 414–15.

Dothan, M. (1973) 'Philistine material culture and its Mycenaean affinities', in V. Karageorghis, ed., *The Mycenaeans in the Eastern Mediterranean*, Acts of the International Symposium, Nicosia, 1972, pp. 187–8.

Dothan, T. (1982) *The Philistines and Their Material Culture.* Jerusalem and New Haven, Conn.: Yale University Press.

Doumas, C. (1978 and 1980) *Thera and the Aegean World: Papers Presented at the Second International Scientific Congress, Santorini, Greece, August 1978*, 2 vols. London.

—— (1983) *Thera: Pompeii of the Ancient Aegean: Excavations at Akrotiri 1967–79*. London: Thames & Hudson.

Doumas, C. and Papazoglou, L. (1980) 'Santorini tephra from Rhodes', *Nature* 287. 25/9: 322–4.

Dow, S. (1937) 'The Egyptian cults in Athens', *Harvard Theological Review* 30.4: 183–232.

—— (1973) 'Literacy in Minoan and Mycenaean lands', in *Cambridge Ancient History*, 3rd edn., vol. II, pt. 1, pp. 582–608.

Dows, D. and Dunham, W. J. (1942) 'An occurrence of iron in the Fourth Dynasty', *Journal of Egyptian Archaeology* 28: 57–9.

Drake, S. C. (1987) *Black Folk Here and There*. Vol. 1. Los Angeles: Center for Afro-American Studies, University of California.

Drawer, M. S. (1940) 'The Inscriptions' in R. Mond and O. Myers, eds., *The Temples at Armant: A Preliminary Survey*. London: The Egypt Exploration Society, pp. 157–96.

Dreihaus, J. (1957) 'Praehistorische Siedlungsfunde in der unteren Kaikoseben und an dem Golf von Çandarhli', *Istanbuler Mitteilungen*. 7: 76–101.

Drews, R. (1983) *Basileus: The Evidence for Kingship in Geometric Greece*. New Haven, Conn., and London: Yale University Press.

—— (1988) *The Coming of the Greeks: Indo-European Conquests in the Aegean and the Near East*. Princeton, NJ: Princeton University Press.

Drioton, E. (1931) 'Les Quatre Montou de Medamoud', *Chronique d'Égypte* 9: 259–70.

—— (1948a) 'Le Monothéisme de l'ancienne Egypte', *Cahiers d'histoire égyptienne* 1: 49–68.

—— (1948b) 'Preface', in J. F. Lauer, *Le Problème des pyramides d'Égypte*. Paris: Payot.

Drioton, E. and Vandier, J. (1949) *L'Égypte*. Paris: Clio, Introduction aux études historiques.

Drower, M. (1973) 'Syria *c*. 1550–1400 BC,' in *Cambridge Ancient History*, 3rd edn., vol II, pt. 1, pp. 417–525.

—— (1975) 'Ugarit IV. Ugarit in the fourteenth and thirteenth centuries BC', in *Cambridge Ancient History*, 3rd edn., vol II, pt. 2, pp. 130–48.

DuBois, W. E. B. (1975) *The Negro*. New York: Kraus-Thompson Organisation.

Duhoux, Y. (1978) 'Une analyse linguistique du linéaire A', *Études minoennes* 1: 65–129.

—— (1982) *L'Eteocretois: Les textes la langue*. Amsterdam: J. C. Gieben.

Duke, T. T. (1965) Review, *The Classical Journal* 61.3: 131–6.

Dumitrescu, V. (1982) 'The prehistory of Romania: from the earliest times to 1000 BC,' in *Cambridge Ancient History*, 2nd edn., vol. III, pt. I, pp. 1–74.

Dunand, F. (1973) *Le culte d'Isis dans le bassin de la méditerranée*, 3 vols. Vol. II, *Le culte d'Isis en Grèce*. Leiden: Brill.

Dunbabin, T. J. (1957) *The Greeks and Their Eastern Neighbours*. London: Penguin.

Dussaud, R. (1907) *Les Arabes en Syrie avant Islam*. Paris: Leroux.

—— (1931) 'Victor Bérard (nécrologue)', *Syria* 12: 392–3.

—— (1946–8) 'L'origine de l'alphabet et son évolution première d'après les découvertes de Byblos', *Syria* 25: 36–52.

—— (1947) 'Melqart', *Syria* 25: 205–30.

Earp, F. R. (1953) 'The date of the Supplices of Aeschylus', *Greece & Rome* 22. 66: 118–23.

Eco, U. (1989) *Foucault's Pendulum*. London: Secker & Warburg.

Edel, E. (1966) *Die Ortsnamenlisten aus dem Totentempel Amenophis III*. Bonn: Peter Hanstein.

Edwards, G. P. (1971) *The Language of Hesiod in Its Traditional Context*. Oxford: Blackwell.

Edwards, G. P. and Edwards, R. B. (1974) 'Eratosthenes and the date of Kadmos', *Classical Review* 24: 181–7.

Edwards, I. E. S. (1947) *The Pyramids of Egypt*. London: Penguin.

—— (1971) 'The Early Dynastic Period in Egypt', in *Cambridge Ancient History*, 3rd edn., vol. I, pt. 2, pp. 1–70.

Edwards, R. B. (1979) *Kadmos the Phoenician: A Study in Greek Legends and the Mycenaean Age*. Amsterdam: Hakkert.

Eggebrecht, A. and Eggebrecht, E. *et al.* (1988) *Albanien: Schätze aus dem Land der Skiptaren*. Mainz: Philipp von Zabern.

Eisenstadt, S. N. (1986) 'The Axial Age breakthroughs – their characteristics and origins', in S. N. Eisenstedt, ed., *The Origins and Diversity of Axial Age Civilizations*. Albany, NY: State University of New York Press, pp. 1–39.

Eissfeldt, O. (1935) 'Molk als Opferbegriff im Punischen und Hebräischen und das Ende des Gottes Moloch', *Beiträge zur Religiongeschichte des Altertums*, vol. III.

—— (1939) 'Ras Shamra und Sanchuniaton', *Beiträge zur Religionsgeschichte des Altertum*, vol. IV.

—— (1960) 'Phönikische und Griechische Kosmogonie', in O. Eissfeldt *et al.*, eds., *Éléments Orientaux dans la Religion Grecque Ancienne*. Strasburg and Paris: *Colloque de Strasbourg 22–4 mai 1958*, pp. 1–15.

Ellenbogen, M. (1962) *Foreign Words in the Old Testament: Their Origin and Etymology*. London: Luzac.

El Sayeed, see Sayeed.

Ember, A. (1917) 'Kindred Semito-Egyptian Words', *Zeitschrift für ägyptische Sprache und Altertumskunde* 53: 83–90.

Emery, W. B. (1960) 'A preliminary report on the excavations of the Egypt Exploration Society at Buhen', *Kush* 8: 7–16.

Engberg, R. M. (1939) *The Hyksos Reconsidered*. Chicago: The Oriental Institute, Studies of the Ancient Oriental Civilizations 18.

English, P. T. (1959) 'Cushites, Colchians and Khazars', *Journal of Near Eastern Studies* 18: 49–53.

Eph'al, I. (1982) *The Ancient Arabs: Nomads on the Borders of the Fertile Crescent 9th–5th Centuries BC*. Jerusalem: Magnes.

Erman, A. (1934) *Die Religion der Ägypter*. Berlin/Leipzig: Teubner.

Erman, A., and Grapow, H. (1925–31) *Wörterbuch der ägyptischen Sprache*, 7 vols. Reprint. Berlin: Akademie Verlag, 1982.

Ernshtedt, P. V. (1953) *Egiptskie Zaimstvovaniia vgrechskom iazyke*. Moscow and Leningrad: Akademij Nauk.

—— (1954) 'Iz oblasti drevnejshikh egiptizmov grechskogo Yazyka', *Palestinskij Sbornik* 83: 29–40.

Evans, A. (1909) *Scripta Minoa*. Oxford: Clarendon Press.

—— (1921–35) *The Palace of Minos*, 4 vols. in 6. London: Macmillan.

—— (1925) *The Early Nilotic, Libyan and Egyptian Relations with Minoan Crete* (The Huxley Memorial Lecture for 1925). London: Royal Anthropological Institute.

—— (1929) *The Shaft Graves and Bee-Hive Tombs of Mycenae*. London: Macmillan.

Evans, J. D. (1964) 'Excavations in the Neolithic settlement at Knossos 1957–60, Pt. I', *Annual of the British School in Athens* 59: 132–240.

Evelyn-White, H. G., trans. (1914) *Hesiod: The Homeric Hymns and Homerica.* Cambridge, Mass.: Harvard University Press (Loeb); London: Heinemann.

Fan Xiangyong (1962) *Guben Zhushu Jinian Jixiao Dipu.* Shanghai: Shangwu chubanshe.

Farag, S. (1980) 'Une inscription memphite de la XIIᵉ dynastie', *Revue d'Égyptologie* 32: 75–81.

Faraone, C. A. (1987) 'Hephaestus the magician and Near Eastern parallels for Alcinous' watchdogs', *Greek, Roman and Byzantine Studies* 28. 3: 257–80.

Farina, G. (1938) *Il Papiro dei Re restaurato.* Roma: Pubblicazioni Egittologiche del R. Museo di Torino.

Farnell, L. R. (1895–1909) *The Cults of the Greek States,* 5 vols. Oxford: Clarendon Press.

—— (1921) *Greek Hero Cults and Ideas of Immortality.* Oxford: Clarendon Press.

Faulkner, R. (1969) *The Ancient Egyptian Pyramid Texts.* Oxford: Oxford University Press.

—— (1976) *A Concise Dictionary of Middle Egyptian.* Oxford: Oxford University Press.

Faure, P. (1968) 'Toponymes créto-mycéniens dans une liste d'Amenophis III', *Kadmos* 7: 138–49.

Fazzini, R. (1982) 'Mut-Tempel Karnak', in W. Helck and E. Otto, eds., *Lexikon der Ägyptologie,* vol. IV, cols. 248–51.

Fears, J. R. (1978) 'The historical perspective: Atlantis and the Minoan thalassocracy: a study in modern mythopeism', in E. S. Ramage, ed., *Atlantis: Fact or Fiction.* Bloomington: University of Indiana Press, pp. 103–36.

Ferron, J. (1972) 'Un traité d'alliance entre Caere et Carthage', in H. Temporini and W. Haase, eds., *Aufstieg und Niedergang der römischen Welt: Geschichte und Kultur Roms im Spiegel der neueren Forschung,* 21 vols. Berlin and New York: de Gruyter, vol. I, pt. 1, pp. 189–216.

Fick, A. (1905) *Vorgriechische Ortsnamen als Quelle für die Vorgeschichte Griechenlands.* Göttingen: Vandenhoeck & Ruprecht.

Fimmen, D. (1921) *Die kretisch-mykenische Kultur.* Leipzig and Berlin: Teubner.

Finley, M. I. (1959) 'The Mycenaean tablets and economic history', *Economic History Review* 10: 128–41.

—— (1978) *The World of Odysseus,* rev. edn. New York: Viking.

—— (1980) *Ancient Slavery and Modern Ideology.* New York: Viking.

——, ed. (1981) *The Legacy of Greece: A New Appraisal.* Oxford: Clarendon Press.

Finley, M. I., Caskey, J. L., Kirk, G. S. and Page, D. L. (1964) 'The Trojan War', *Journal of Hellenic Studies* 84: 1–20.

Fishman, B. and Lawn, B. (1978) 'University of Pennsylvania radiocarbon dates', *Radiocarbon* 20: 205–31.

Fontenrose, J. (1959) *Python: A Study in Delphic Myth and Its Origins.* Berkeley: University of California Press.

—— (1966a) 'Typhon among the Arimi', in L. Wallach, ed., *The Classical Tra-*

dition: Literary and Historical Essays in Honor of Harry Caplan. Ithaca: Cornell University Press, pp. 64–82.

—— (1966b) 'Review of Vian, _Les Origines de Thèbes_', _Classical Philology_ 61: 189–92.

Forrer, E. (1924a) 'Vorhomerische Griechen in den Keilschrifttexten von Boghazköi', _Mitteilungen der deutschen Orientgesellschaft_ 63: 1–22.

—— (1924b) 'Die Griechen in den Boghazköi-Texten', _Orientalische Literaturzeitung_ 27: 113–18.

Forrest, W. G. G. (1982) 'Central Greece and Thessaly', in _Cambridge Ancient History_, 2nd edn., vol. III, pt. 3, pp. 286–99.

Fossey, J. M. (1972) 'Tilphossaion?' _Teiriseias_ suppl. 1: 1–16.

—— (1974) 'The end of the Bronze Age in the South West Copaïc', _Euphrosyne_ 6: 7–21.

—— (1988) _The Topography and Population of Ancient Boiotia_, 2 vols in 1. Chicago: Ares.

—— (1989a) 'Later prehistory of Boeotia: an overview', paper given at the 6th International Conference of Boeotian Studies, Bradford, 26–30 June.

—— (1989b) 'The Boeotian Catalogue of Ships, Mycenaean or Archaic?' paper given at the 6th International Boeotian Conference, Bradford, 26–30 June.

Fossey, J. M. and Schachter, A., eds. (1979) _The Proceedings of the Second International Conference on Boiotian Antiquities_ (held in Montreal).

Foucart, G. (1914) _Les Mystères d'Eleusis_. Paris: A. Picard.

Fraenkel, E. (1910–12) _Geschichte der griechischen Nomina agentis auf τήρ, -τωρ, -της_. Strasburg: Trübner.

Frankfort, H. (1936–7) 'Notes on the Cretan griffin', _Annual of the British School of Archaeology in Athens_ 37: 106–22.

—— (1970) _Art and Architecture in the Ancient Orient_. London: Penguin.

Frankfort, H., de Buck, A. and Gunn, B. (1933) _The Cenotaph of Seti I at Abydos_, 2 vols. London: Egypt Exploration Society.

Frankfort, H. and Frankfort, H. A. (1946) 'Myth and Reality', in H. Frankfort and H. A. Frankfort, eds., _The Intellectual Adventure of Ancient Man_. Chicago: University of Chicago Press.

Frazer, J. (1890–1915) _The Golden Bough: A Study in Magic and Religion_, 9 vols. London: Macmillan.

—— (1898) _Pausanias's Description of Greece_, 6 vols. London: Macmillan.

—— (1914) _Adonis Attis Osiris: Studies in the History of Oriental Religion (Golden Bough IV)_, 3rd edn., 2 vols. London: Macmillan.

—— (1921) _Apollodorus; The Library_, 2 vols. Cambridge, Mass.: Harvard University Press (Loeb).

Fredericks, S. C. (1978) 'Plato's Atlantis: a mythologist looks at myth', in E. S. Ramage, ed., _Atlantis: Fact or Fiction_. Bloomington: Indiana University Press, pp. 82–99.

French, D. H. (1971) 'The Development of Mycenaean terracotta figurines', _Annual of the British School of Archaeology at Athens_ 66: 101–84.

—— (1973) 'Migrations and 'Minyan pottery in Western Anatolia and the

Aegean,' in R. A. Crossland and A. Birchall, eds., *Bronze Age Migrations in the Aegean*. London: Duckworth, pp. 51–4.

Fréret, N. (1784) 'Observations générales sur l'origine et sur l'anciennes histoires des premiers habitans de la Grèce', *Académie des Inscriptions, 1784–1793* 47 (published 1809), Mémoire de littérature, pp. 1–149.

Friedrich, J. (1923) 'Zum Phönizisch-Punischen', *Zeitschrift für Semitistik* 2: 1–10.

—— (1933) 'Einführung ins Urartäische', *Mitteilungen der vorderasiatisch-ägyptischen Gesellschaft* 37, Heft 3.

—— (1951) *Phönizisch-punische Grammatik*. Rome: Analecta Orientalia.

—— (1957) *Extinct Languages*, F. Gaynor, trans. New York: Philosophical Library.

—— (1968) 'Die Unechtheit der phönizischen Inschrift aus Parahyba', *Orientalia* 37: 421–4.

Frödin, O. and Persson, A. (1938) *Asine, Results of the Swedish Excavations 1922–1930*. Stockholm: General Straben Litografiska Förlag.

Froidefond, C. (1971) *Le Mirage égyptien dans la littérature grecque d' Homère à Aristote*. Paris: Ophrys.

Fronzaroli, P. (1959) 'I rapporti fra la grecia e l'oriente in alcuni studi recenti', *Athene e Roma*, ser. IV. 2: 65–79.

Frothingham, A. (1891) 'Archaeological news', *American Journal of Archaeology* 6: 476–566.

Fulco, W. J. (1976) *The Canaanite God Rešef*. New Haven: Yale University Press.

Fung Yu-lan (1952) *A History of Chinese Philosophy*, D. Bodde, trans., 2 vols. Princeton, NJ: Princeton University Press.

Furumark, A. (1941) *The Chronology of Mycenaean Pottery*. Stockholm: Kungl. Vitterhets Historie och Antikvitets Akademien.

—— (1950) 'The settlement at Ialysos and Aegean history, c. 1550–1400 BC', *Opuscula Archaeologica* 6, Lund.

Gadd, C. J. (1973) 'Hammurabi and the end of his dynasty', in *Cambridge Ancient History*, 3rd edn., vol. II, pt. 1, pp. 176–228.

Gaerte, W. (1922) 'Die 'Horns of Consecration', *Archiv für Religionswissenschaft* 21: 72–5.

Galanopulos, A. (1963) 'Die Deukalionische Flut aus geologischen Sicht', *Das Altertum* 9: 3–7.

—— (1964) 'Die ägyptischen Plagen und der Auszug Israels aus geologischen Sicht', *Das Altertum* 10: 131–7.

Gale, N. H. (1980) 'Some aspects of lead and silver mining in the Aegean world', in C. Doumas, ed., *Thera and the Aegean World: Papers Presented at the Second International Scientific Congress, Santorini, Greece, August 1978*, vol. 2. London, pp. 161–95.

Gale, N. H. and Stos-Gale, Z. A. (1981) 'Lead and silver in the ancient Aegean', *Scientific American* 244: 176–92.

Gamer-Wallert, I. (1977) 'Fische, religiös', in W. Helck and E. Otto, *Lexikon der Ägyptologie*, vol. II, cols. 228–34.

Garašanin, M. (1973) 'Ethnographic problems of the Bronze Age in the Central Balkan peninsula and neighbouring regions', in R. A. Crossland and A. Birchall, eds., *Bronze Age Migrations in the Aegean*. London: Duckworth, pp. 115–28.

—— (1982a) 'The Eneolithic Period in the Central Balkan area', in *Cambridge Ancient History*, 2nd edn., vol. III, pt. 1, pp. 136–62.

—— (1982b) 'The Bronze Age in the Central Balkan area', in *Cambridge Ancient History*, 2nd edn., vol. III, pt. 1, pp. 163–86.

Garbini, G. (1977) 'Sulla datazione dell' iscrizione di Ahiram', *Annali dell' Instituto Orientale di Napoli* 627: 81–9.

—— (1978) 'La lingua di Ebla', *La Parola del Passato* 181: 241–51.

—— (1979) *Storia e problemi dell' epigrafia semitica*, Supplemento (19) agli *Annali dell'Istituto Universitario Orientale di Napoli* 39.

—— (1981) 'Considerations on the language of Ebla', in L. Cagni, ed., *La Lingua di Ebla*. Naples: Istituto Universitario Orientale, Seminario di Studi Asiatici, 14, pp. 75–82.

Gardiner, A. H. (1916) 'The defeat of the Hyksos by Kamōse: the Carnarvon Tablet No. 1'. *Journal of Egyptian Archaeology* 3: 95–111.

—— (1927) *Egyptian Grammar*. Oxford: Clarendon Press.

—— (1942) 'Writing and Literature', in S. R. A. Glanville, ed., *The Legacy of Egypt*. Oxford: Clarendon Press, pp. 53–78.

—— (1946) 'Davies's Copy of the Great Speos Artemidoros Inscription', *Journal of Egyptian Archaeology* 32: 43–56.

—— (1947) *Ancient Egyptian Onomastica*, 3 vols. Oxford: Oxford University Press.

—— (1950) *Egyptian Grammar*, 2nd edn. Oxford: Clarendon Press.

—— (1957) *Egyptian Grammar*, 3rd edn. Oxford: Clarendon Press.

—— (1959) *The Royal Canon of Turin*. Oxford: Griffith Institute.

—— (1961a) *Egypt of the Pharaohs*. Oxford: Clarendon Press.

—— (1961b) 'The Egyptian Memnon', *Journal of Egyptian Archaeology* 47: 91–99.

—— (1945–55) *My Early Years*, ed. J. Gardiner. Reprint. Isle of Man: Andreas, 1986.

—— (n.d.) *My Working Years*. London: Coronet Press.

Gardiner, A. H. and Gunn, B. (1918) 'New renderings of Egyptian Texts. II. The Expulsion of the Hyksos', *Journal of Egyptian Archaeology* 5: 36–56.

Gardner, P. (1880) 'Stephani on the tombs at Mycenae', *Journal of Hellenic Studies* 1: 94–106.

Garnsey, P. and Whittaker C. R., eds. (1983) 'Trade and famine in Classical Antiquity', *Cambridge Philological Society Supplement* 8: 1–44.

Garvie, A. F. (1969) *Aeschylus' Supplices: Play and Trilogy*. Cambridge: Cambridge University Press.

Gaster, T. H. (1964) *The Dead Sea Scriptures: In English Translation*. Garden City, NY: Anchor Books.

Gauthier, H. (1925–31) *Dictionnaire des noms géographiques contenus dans les textes hiéroglyphiques*, 7 vols. Cairo: L'Institut français d'archéologie orientale.

—— (1931) *Les Fêtes du dieu Min*. Cairo: L'institut français d'archéologie orientale.

Gelb, I. J. (1944) *Hurrians and Subarians*. Chicago: Oriental Institute Studies in Ancient Oriental Civilization, No. 22.

—— (1977) 'Thoughts about Ibla: a preliminary evaluation, March 1977', *Syro-Mesopotamian Studies* 1.1: 1–26.

—— (1981) 'Ebla and the Kish Civilization', in L. Cagni, ed., *La Lingua di Ebla*. Naples: Istituto Universitario Orientale, Seminario di Studi Asiatici, 14, pp. 9–73.

Georgacas, D. J. (1957) 'A contribution to Greek word history, derivation and etymology', *Glotta* 36: 100–22; 161–93.

—— (1969) 'The name *Asia* for the continent; its history and origin', *Names* 17.1: 1–90.

Georgiev, V. I. (1952) 'L'origine minoenne de l'alphabet phénicienne', *Archiv Orientalni* 20: 487–95.

—— (1966) *Introduzione alla storia delle lingue indeuropee*. Rome: Edizione dell' Ateneo.

—— (1972) 'Die ethnischen Verhältnisse im alten Nordwestkleinasien', *Balkansko Ezikoznanie/Linguistique Balkanique* 16. 2: 5–34.

—— (1973) 'The arrival of the Greeks in Greece: the linguistic evidence', in R. A. Crossland and A. Birchall, eds., *Bronze Age Migrations in the Aegean*. London: Duckworth, pp. 243–54.

Georgius Syncellus (1719) *Chronographia*. Venice.

Gesenius, F. H. W. (1953) *A Hebrew and English Lexicon of the Old Testament*, E. Robinson, trans., ed. F. Brown, S. R. Driver and C. A. Briggs. Oxford: Clarendon Press.

Ghirschman, R. (1977) *L'Iran et la Migration des Indo-Aryens et des Iraniens*. Leiden: Brill.

Gibbon, E. (1776–88) *The Decline and Fall of the Roman Empire*, 6 vols. London.

—— (1794) 'Memoirs of my life and writings', in *Miscellaneous Works of Edward Gibbon Esquire with Memoirs of his life and writings, composed by himself: Illustrated from his Letters with Occasional Notes and Narrative by John Lord Sheffield*, 2 vols. London, vol. I, pp. 1–185.

Gilbert, A. (1964) *Machiavelli: Chief Works and Others*. Durham, NC: Durham Press.

Giles, P. (1924) 'The peoples of Europe', in *Cambridge Ancient History*, 1st edn., vol. II, pp. 20–40.

Gillings, R. J. (1973) *Mathematics in the Times of the Pharaohs*. Cambridge, Mass.: M.I.T. Press.

Gimbutas, M. (1970) 'Proto-Indo-European culture: the Kurgan culture during the fifth, fourth and third millennia', in G. Cardona, H. M. Hoenigswald and A. Senn, eds., *Indo-European and Indo-Europeans: Papers Presented at the Third Indo-European Conference at the University of Pennsylvania*. Philadelphia: University of Pennsylvania Press, pp. 155–97.

Ginzberg, L. (1968) *The Legends of the Jews*, Paul Radin, trans., 7 vols. Reprint. Philadelphia: Jewish Publication Society of America.

Giveon, R. (1975) 'Asiaten', in W. Helck and E. Otto, eds., *Lexikon der Ägyptologie*, vol. I, cols. 462–71.

—— (1978a) *The Impact of Egypt on Canaan: Iconographical and Related Studies*. Freiburg: Universitätsverlag; Göttingen: Vandenhoek & Ruprecht.

—— (1978b) 'Two unique Egyptian inscriptions from Tel Aphek', *Tel Aviv* 5: 188–92.

—— (1981) 'Some Egyptological considerations concerning Ugarit', in G. D. Young, ed., *Ugarit in Retrospect: 50 Years of Ugarit and Ugaritic*. Winona Lake, Ind.: Eisenbrauns, pp. 55–8.

—— (1985) *Egyptian Scarabs from Western Asia, from the Collections of the British Museum*. Freiburg (Switzerland): Universitätsverlag.

Glanville, S. (1942) *The Legacy of Egypt*. Oxford: Clarendon Press.

Godart, L. (1968) '*Kupirijo* dans les textes mycéniens', *Studi Miceni ed Egeo-Anatolici* 5: 64–70.

—— (1983) 'Le Linéaire A et son environnement', *Studi Miceni ed Egeo-Anatolici* 20: 30–3.

—— (1984) 'Le Linéaire A au Linéaire B', in *Aux origines de l'Hellénisme: La Crète et la Grèce: Hommages à Henri van Effenterre*. Paris: Publications de la Sorbonne, pp. 121–8.

Godart, L. and Sacconi, A. (1978) 'Les tablettes en Linéaire B de Thèbes', *Incunabula Graeca* 71. Rome: dell'Ateneo & Bizzarri.

Goedicke, H. (1969) 'Ägäische Namen in ägyptischen Inschriften', *Wiener Zeitschrift für die Kunde des Morgenlandes* 62: 7–10.

—— (1986) 'The end of the Hyksos in Egypt', in L. H. Lesko, ed., *Egyptological Studies in Honor of Richard A. Parker*. Hanover and London: Brown University Press and the University Press of New England, pp. 37–47.

Gomme, A. W. (1913) 'The legend of Cadmus and the Logographi', *Journal of Hellenic Studies* 13: 53–72; 223–45.

Goodenough, W. H. (1970) 'The evolution of pastoralism and Indo-European origins', in G. Cardona *et al.*, eds., *Indo-European and Indo-Europeans: Papers Presented at the Third Indo-European Conference at the University of Pennsylvania*. Philadelphia: University of Pennsylvania Press, pp. 253–65.

Goodison, L. (1985) *Some Aspects of Religious Symbolism in the Aegean Area during the Bronze and Early Iron Ages*. Ph.D. dissertation, University College, London.

—— (1988) 'A female sun deity in the Bronze Age Aegean?', *Bulletin of the Institute of Classical Studies of the University of London* 35: 168–73.

—— (1989) *Death, Women and the Sun: Symbolism and Regeneration in Early Aegean Religion*. London: Institute of Classical Studies.

—— (1990) *Moving Heaven and Earth*. London: Women's Press.

Goossens, G. (1939) 'Memnon était-il éthiopien ou susien?', *Chronique d'Égypte* 14: 337–8.

—— (1962) 'La Légende de Sésostris', *La Nouvelle Clio* 10–12: 293–5.

Gordon, C. (1955) 'Homer and the Bible', *Hebrew Union College Annual* 26: 43–108.

—— (1962a) 'Eteocretan', *Journal of Near Eastern Studies* 21: 211–14.

—— (1962b) *Before the Bible: The Common Background of Greek and Hebrew Civilizations*. New York: Harper & Row.

—— (1963a) 'The Dreros Bilingual', *Journal of Semitic Studies* 8: 76–9.

—— (1963b) 'The Mediterranean factor in the Old Testament', *Supplements to Vetus Testamentum* 9: 19–31.

—— (1965) *Ugaritic Textbook, Analecta Orientalia* 18. Rome: Pontificum Institutum Biblicum.

—— (1966) *Evidence for the Minoan Language*. Ventnor, NJ: Ventnor Publishers.

—— (1968a) 'The present status of Minoan studies', *Atti e memorie del congresso internazionale di micenilogica, Roma, 27 settembre–3 ottobre 1967*, pp. 383–8.

—— (1968b) 'Northwest Semitic texts in Latin and Greek letters', *Journal of the American Oriental Society* 88: 285–9.

—— (1968c) 'The Canaanite text from Brazil', *Orientalia* 37: 425–36.

—— (1968d) 'Reply to Professor Cross', *Orientalia* 37: 461–3.

—— (1969) 'Minoan', *Athenaeum* 47: 125–35.

—— (1970a) 'Greek and Eteocretan unilinguals from Praisos and Dreros', *Berytus* 19: 95–8.

—— (1970b) 'In the wake of Minoan and Eteocretan', *Praktika tou 1 Diethnous Anthropistikou Symposiou en Delfois* 1: 163–71.

—— (1971) *Forgotten Scripts: The Story of Their Decipherment*. London: Penguin.

—— (1973) 'The Greek unilinguals from Praisos and Dreros and their bearing on Eteocretan and Minoan', *Pepragmena tou 3 Diethnous Kretologikou Synedriou*, 3: 97–103.

—— (1981) 'The Semitic language of Minoan Crete', in Y. Arbeitman and A. R. Bomhard, eds., *Bonum Homini Donum*. Amsterdam: John Benjamins, pp. 761–82.

Gossman, L. (1983) 'Orpheus Philologus: Bachofen versus Mommsen on the study of Antiquity', *Transactions of the American Philosophical Society* 73. 5.

Götze, F. (1936) *Hethiter, Churriter und Assyrer: Hauptlinien der vorderasiatischen Kulturentwicklung im II. Jahrtausend v. Chr. Geb.* Oslo: Aschehoug.

—— (1973) 'Anatolia from Shupililuliumash to the Egyptian War of Mutawalish', in *Cambridge Ancient History*, 3rd ed., vol. II, pt. 2, pp. 117–29.

Grace, V. (1956) 'The Canaanite jar', in S. S. Weinberg, ed., *The Aegean and the Near East (Studies Presented to Hetty Goldman)*. Locust Valley, NY: Augustin, pp. 80–109.

Graefe, E. (1982) 'Nephthys', in W. Helck and E. Otto, *Lexikon der Ägyptologie*, vol. IV, cols. 457–60.

Graham, A. J. (1986) 'The historical interpretation of Al Mina', *Dialogues d'histoire ancienne* 12: 51–65.

Graham, J. W. (1962) *The Palaces of Crete*. Princeton, NJ: Princeton University Press.

—— (1964) 'The relation of the Minoan palaces to the Near Eastern palaces of the second millennium', in E. L. Bennett, ed., *Mycenaean Studies* pp. 195–215.

—— (1970) 'Egyptian features at Phaistos', *American Journal of Archaeology* 74: 231–40.

—— (1975) 'The banquet hall of the Little Palace', *American Journal of Archaeology* 79: 141–4.

—— (1977) 'Bathrooms and lustral chambers', in K. H. Kinzl, ed., *Greece and the Eastern Mediterranean in Ancient History and Prehistory*. Berlin: de Gruyter, pp. 110–25.

Grapow, H. (1944) 'Ägyptisch. Vom Lebensverlauf einer afrikanischen Sprache', in H. H. Schaeder, ed., *Der Orient in deutscher Forschung*. Leipzig: Harrassowitz, pp. 205–16.

Graves, R. (1948) *The White Goddess*. London: Faber.

—— (1955) *Greek Myths*, 2 vols. London: Penguin.

Gray, J. (1956) *The Canaanites*, 2nd ed. London: Thames & Hudson.

—— (1957) *The Legacy of Canaan: The Ras Shamra Texts and Their Relevance to the Old Testament*, suppl. to *Vetus Testamentum* V.

Grdseloff, B. (1942) *Les Débuts du culte de Rechef en Égypte*. Cairo: Institut français d'archéologie orientale.

Green, A. R. W. (1975) *The Role of Human Sacrifice in the Ancient Near East*. Missoula, Mont.: Scholars Press for the American Schools of Oriental Research.

Greenberg, J. H. (1986) 'Were there Egyptian Koines?', in J. H. Fishman *et al.*, eds., *The Fergusonian Impact: In Honor of Charles A Ferguson on the Occasion of His 65th Birthday*, vol. I, *From Phonology to Society*. Berlin, New York and Amsterdam: Mouton & de Gruyter, pp. 271–90.

Greenberg, M. (1955) *The Ḫab/piru*. New Haven, Conn.: American Oriental Series, vol. 39.

Griffith, F. Ll. (1896) 'The Millingen Papyrus', *Zeitschrift für ägyptische Sprache* 34: 35–51.

—— (1911) 'Hyksos', in *Encyclopedia Britanica*, 11th edn., vol. 14, pp. 174–5.

Griffiths, J. G. (1955) 'The orders of gods in Greece and Egypt', *Journal of Hellenic Studies* 75: 21–3.

—— (1970) *Plutarch's De Iside et Osiride*. Cambridge: Cambridge University Press.

—— (1975) *Apuleius of Madauros, The Isis Book (Metamorphosis, Book XI)*. Leiden: Brill.

—— (1980a) 'Interpretatio Graeca', in W. Helck and E. Otto, *Lexikon der Ägyptologie*, vol. III, cols. 167–72.

—— (1980b) *The Origins of Osiris and His Cult*. Leiden: Brill.

—— (1982a) 'Osiris', in W. Helck and E. Otto, *Lexikon der Ägyptologie*, vol. IV, cols. 623–33.

—— (1982b) 'Plutarch', in W. Helck and E. Otto, *Lexikon der Ägyptologie*, vol. IV, cols. 1065–7.

Grimm, G. (1969) *Die Zeugnisse Ägyptischer Religion und Kunstelemente im römischen Deutschland*. Leiden: Brill.

Grimme, H. (1925) 'Hethitisches im griechischen Wortschatze', *Glotta* 14: 13–25.

Grondahl, F. (1967) *Die Personennamen der Texte aus Ugarit.* Rome: Pontifical Institute.

Grousset, R. (1959) *Chinese Art and Culture*, Haakon Chevalier, trans. London: Andre Deutsch.

Grumach, E. (1968/9) 'The coming of the Greeks', *Bulletin of the John Rylands Library* 51: 73–103; 400–30.

Gruppe, O. (1906) *Griechische Mythologie und Religionsgeschichte*, 2 vols. Munich: Beck.

Guignant, J. (1828) 'Mémoire insérée au tome V du *Tacite de Burnouf*', Paris, pp. 531–5.

Gundlach, R. (1982) 'Min', in W. Helck and E. Otto, *Lexikon der Ägyptologie*, vol. IV, cols. 135–9.

Guralnick, E. (1985) 'Profiles of Kouroi', *American Journal of Archaeology* 89: 399–409.

Gurney, O. R. (1973) 'Anatolia c. 1750–1600 BC'; 'Anatolia 1600–1380 BC', in *Cambridge Ancient History*, 3rd edn., vol. II, pt. 1, pp. 228–55; 659–82.

Güterbock, H. G. (1983) 'The Hittites and the Aegean world, part 1, the Ahhiyawa problem reconsidered', *American Journal of Archaeology* 87: 133–8.

—— (1986) 'Troy in Hittite texts? Wilusa, Ahhiyawa, and Hittite history', in M. Mellink, ed., *Troy and the Trojan War: A Symposium Held at Bryn Mawr College October 1984.* Bryn Mawr, Pa.: Department of Classical and Near Eastern Archaeology, pp. 33–44.

Guthrie, W. K. C. (1966) *Orpheus and Greek Religion: A Study of the Orphic Movement*, rev. edn. New York: Norton.

Gützlaff, K. F. A. (1838) *A Sketch of Chinese History Ancient and Modern.* 2 vols. London: T. Ward.

Haas, H., Devine, J., Wenke, R., Lehner, M., Wolfi, W. and Bonani, G. (1987) 'Radiocarbon chronology and the historical calendar in Egypt', in O. Aurenche, Jacques Evin and Francis Hours, eds., *Chronologies du Proche Orient/ Chronologies in the Near East: Relative Chronologies and Absolute Chronology 16,000–4000 BP: CNRS symposium, Lyon (France), 24–28 November 1986*, 2 vols. Oxford British Archaeological Reports, International Series 379, pp. 585–606.

Hall, H. R. (1905) 'The two labyrinths', *Journal of Hellenic Studies* 25: 320–4.

—— (1920) *The Ancient History of the Near East*, 6th edn. London: Routledge.

—— (1924) 'The Middle Kingdom and the Hyksos conquests', in *Cambridge Ancient History*, 1st edn., vol. I, pp. 299–325.

—— (1929) 'A Pre-Dynastic Egyptian double-axe', in S. Casson, ed., *Essays in Aegean Archaeology: Presented to Sir Arthur Evans in Honour of His 75th Birthday.* Oxford: Clarendon Press, p. 42.

Hall, H. R. and King, L. W. (1906) *History of Egypt, Chaldea, Syria, Babylonia and Assyria.* London: Grolier Society.

Hallo, W. W. (1977) 'Seals lost and found', in M. Gibson, and R. D. Biggs, eds., *Seals and Sealings in the Ancient Near East.* Malibu: Undena, pp. 55–60.

Halpern, B. (1987) 'Radical Exodus dating fatally flawed', *Biblical Archaeology Review* 13.6.56–61.

Hammer, C. U., Clausen, H. B., and Dansgaard, W. (1980) 'Dating from the Greenland Icecap', *Nature* 288: 230–35.

Hammer, C. U., Clausen, H. B., Friedrich, W. L., and Tauber, H. (1987) 'The Minoan eruption of Santorini in Greece dated to 1645 BC', *Nature* 328. 6/8: 517–9.

—— (1988) 'Dating of the Santorini eruption', *Nature* 332.31/3: 401.

Hammond, N. G. L. (1967) *A History of Greece to 322 BC*, 2nd. edn. Oxford: Clarendon Press.

—— (1973) 'Grave circles in Albania and Epirus', in R. A. Crossland and A. Birchall, eds., *Bronze Age Migrations in the Aegean*. London: Duckworth, pp. 189–95.

—— (1975) 'The literary tradition for the migrations', in *Cambridge Ancient History*, 3rd edn., vol. II, pt 2, pp. 678–712.

—— (1976) *Migrations and Invasions in Greece and Adjacent Areas*. Park Ridge, NJ: Noyes Press.

Hani, J. (1976) *La Religion égyptienne dans la pensée de Plutarque*, collection d'études mythologiques. Centre de Recherche Mythologique de l'Université de Paris. Paris: 'Les Belles Lettres'.

Hankey, V. (1967) 'Mycenaean pottery in the Middle East: notes on finds since 1951', *Annual of the British School at Athens* 62: 107–46.

—— (1970–71) 'Mycenaean trade with the south-eastern Mediterranean', *Mélanges de l'Université St-Joseph, Beyrouth* 46: 11–30.

—— (1973) 'The Aegean deposit at El Amarna', in *The Mycenaean in the Eastern Mediterranean*, Acts of the International Archaeological Symposium, Nicosia, 1972, pp. 128–32.

—— (1981) 'The Aegean interest in El Amarna', *Journal of Mediterranean Anthropology and Archaeology* 1: 45–6.

—— (1982) 'Pottery and people of the Mycenaean IIIC period in the Levant', in *Archéologie au Levant. Recueil à la mémoire de R. Saidah*. Lyons: Maison de l'Orient, pp. 167–72.

Hankey, V. and Warren, P. (1974) 'The absolute chronology of the Aegean Late Bronze Age', *Bulletin of the Institute of Classical Studies of the University of London* 18: 142–52.

Hansberry, L. W. (1977) *Africa and the Africans as Seen by Classical Writers: The Leo William Hansberry African History Notebook*, J. E. Harris, ed., 2 vols. Washington, DC: Howard University Press.

Harden, D. (1971) *The Phoenicians*. London: Penguin.

Harding, A. F. (1984) *The Mycenaeans and Europe*. London: Academic Press.

Harding, A. F. and Tait, W. J. (1989) 'The beginning of the end': progress and prospects in Old World chronology', *Antiquity* 63: 147–52.

Harris, Z. S. (1939) *The Development of the Canaanite Dialects: An Investigation in Linguistic History*. New Haven, Conn.: American Oriental Society.

Harrison, J. (1903) *Prolegomena to the Study of Greek Religion*. Cambridge: Cambridge University Press.

—— (1927) *Themis: A Study of the Social Origins of Greek Religion*, 2nd rev. edn. Cambridge: Cambridge University Press.

Hartleben, H. (1906) *Champollion sein Leben und sein Werk*, 2 vols. Berlin: Weidmann.

—— (1909) *Lettres de Champollion le Jeune recuelliès et annotées*, 2 vols. Paris: Bibliothèque Égyptologique.

Havelock, A. E. (1982) *The Literate Revolution in Greece and Its Cultural Consequences*. Princeton, NJ: Princeton University Press.

Hayes, W. (1971) 'The Middle Kingdom in Egypt', in *The Cambridge Ancient History*, 3rd edn., vol..I, pt. 2, pp. 464–531.

—— (1973a) 'Egypt from the death of Ammenemes III to Seqenere II', in *Cambridge Ancient History*, 3rd edn., vol. II, pt. 1, pp. 42–76.

—— (1973b) 'Egypt: Internal Affairs from Tuthmosis I to the Death of Amenophis III', in *Cambridge Ancient History*, 3rd edn., vol. II, pt. 1, pp. 313–416.

Heath Wienke, M. (1986) 'Art and the world of the Early Bronze Age', in G. Cadogan, ed., *The End of the Early Bronze Age in the Aegean*. Leiden: Brill, pp. 69–92.

Helck, W. (1962) 'Osiris', in *Pauly Wissowa*, suppl. 9: 469–513.

—— (1968) *Geschichte des Alten Ägypten*. Handbuch Orientalia pt. 1, vol. 1, issue 3. Leiden and Cologne: Brill.

—— (1971) *Die Beziehungen Ägyptens zu Vorderasien im 3. und 2. Jahrtausend v. Chr.*, 2nd improved edn. Wiesbaden: Harrassowitz.

—— (1975a) 'Byblos', in W. Helck and E. Otto, *Lexikon der Ägyptologie*, vol. I, cols. 889–91.

—— (1975b) *Propyläen Kunstgeschicht 15*.

—— (1975c) *Wirtschaftgeschichte des alten Ägypten im. 3. und 2. Jahrtausend vor. Chr.: Handbuch der Orientalistik I.IV*. Leiden, Köln.

—— (1979) *Die Beziehungen Ägyptens und Vorderasiens zur Ägäis bis ins 7. Jahrhundert v. Chr.* Darmstadt: Wissenschaftliche Buchgesellschaft.

—— (1989) 'Ein Ausgreifen des Mittleren Reiches in den zypriotischen Raum?', *Göttinger Miszellen: Beiträge zur ägyptische Diskussion* 109: 27–30.

Helck, W. and Otto, E. (1975) *Lexikon der Ägyptologie*, vol. I, Wiesbaden: Harrassowitz.

—— (1977) ——, vol. II.

—— (1980) ——, vol. III.

—— (1982) ——, vol. IV.

—— (1984) ——, vol. V.

Helm, P. R. (1980) *'Greeks' in the Neo-Syrian Levant and 'Assyria' in Early Greek Writers*. Ph.D. dissertation, University of Pennsylvania.

Heltzer, M. (1978) *Goods and Prices and the Organization of Trade in Ugarit*. Wiesbaden: Harrassowitz.

—— (1988) 'Sinarenu, Son of Siginu, and the trade between Ugarit and Crete', *Minos* 23: 8–13.

Hemmerdinger, B. (1966) 'Trois notes: I. Kadmos, II. Emprunts du grec mycénien à l'Akkadien, III. L'infiltration phénicienne en Béotie', *Revue des Études Grecques* 79: 698–703.

—— (1967) 'La Colonie Babylonienne de la Kadmée', *Helikon* 7: 232–40.

—— (1968) 'Noms communs grecs d'origine égyptienne', *Glotta* 46: 238–47.

—— (1970) 'De la méconnaissance de quelques etymologies grecques', *Glotta* 48: 40–66.

Herm, G. (1975) *The Phoenicians: The Purple Empire of the Ancient World,* C. Hillier, trans. New York: Morrow.

Hermes, G. (1936) 'Das gezähmte Pferd im alten Orient', *Anthropos* 30: 364–94.

Herodotos, (1954) *Herodotus: The Histories,* A. de Selincourt, trans. London: Penguin.

Herrin, J. (1987) *The Formation of Christendom.* Oxford: Blackwell.

Herrmann, G. (1968) 'Lapis lazuli: the early phases of its trade', *Iraq* 30: 24–35.

Hertz, N. (1985) *The End of the Line.* New York: Columbia University Press.

Hesiod (1914) *Hesiod: The Homeric Hymns and Homerica,* H. G. Evelyn-White, trans. Cambridge, Mass.: Harvard University Press (Loeb).

Hester, D. A. (1965) 'Pelasgian a new Indo-European language?', *Lingua* 13: 335–84.

Heubeck, A. (1958) 'Mykinisch *qi-si-po* = ξίφος', *Minos* 6: 55–60.

Higgins, R. (1979) *The Aegina Treasure: An Archaeological Mystery.* London: British Museum Publications.

—— (1981) *Minoan and Mycenaean Art,* rev. edn. London: Thames & Hudson.

Hiller, S. (1984) 'Pax Minoica versus Minoan thalassocracy: military aspects of Minoan culture', in R. Hägg and N. Marinatos, eds., *The Minoan Thalassocracy: Myth and Reality: Proceedings of the 3rd International Symposium at the Swedish Institute in Athens 31 May–5 June 1982, Skrifter utgivna av Svenska Institutet i Athen,* 4, pp. 17–31.

—— (1987) 'Palast und Tempel im Alten Orient und im minoischen Kreta', in R. Hägg and N. Marinatos, eds., *The Function of the Minoan Palaces: Proceedings of the Fourth International Symposium at the Swedish Institute in Athens, 10–16 June 1984,* pp. 57–63.

Hintze, F. (1975) 'Anuket', in W. Helck and E. Otto, *Lexikon der Ägyptologie,* vol. I, cols. 333–4.

Hinz, W. (1973) *The Lost World of Elam: Recreation of a Vanished Civilization,* J. Barnes, trans. New York: New York University Press.

Hodge, C. (1976) 'Lisramic (Afroasiatic): an overview', in M. L. Bender, ed., *The Non-Semitic Languages of Ethiopia.* East Lansing, Mich.: African Studies Center, Michigan State University, pp. 43–65.

Hoffman, M. A. (1979) *Egypt Before the Pharaohs.* New York: Knopf.

Hofmann, A. and Vorbichler, U. A. (1979) *Der Äthiopenlogos bei Herodot.* Vienna: Beiträge zur Afrikanistik.

Hollis, S. T. (1987a) 'Nut in the Pyramid Texts', paper given to the American Research Centre in Egypt Annual Meeting. Memphis, Tenn., April.

—— (1987b) 'The Goddess Neith in Ancient Egypt through the end of the third millennium BC', paper given to the American Academy of Religion Annual Meeting.

—— (1987c) 'Women of Ancient Egypt and the Sky Goddess Nut', *Journal of American Folklore* 100: 496–503.

—— (1988) 'Neith: bees, beetles and the red crown in the third millennium BC', paper given to the American Research Centre in Egypt Annual Meeting, Chicago.

Homer. (1925) *The Iliad*, A. T. Murray, trans., 2 vols. London: Heinemann.

Hood, S. (1960) 'Tholos tombs of the Aegean', *Antiquity* 34: 66–76.

—— (1967) *Home of the Heroes: The Aegean Before the Greeks*. London: Thames & Hudson.

—— (1971) *The Minoans: Crete in the Bronze Age*. London: Thames & Hudson.

—— (1978) 'Discrepancies in ¹⁴C dating as illustrated from the Egyptian New and Middle Kingdoms and from the Aegean Bronze Age and Neolithic', *Archaeometry* 20: 197–9.

—— (1986) 'Evidence for invasions in the Aegean area at the end of the Early Bronze Age', in G. Cadogan, ed., *The End of the Early Bronze Age in the Aegean*. Leiden: Brill, pp. 31–68.

Hooker, J. T. (1976) *Mycenaean Greece*. London: Routledge & Kegan Paul.

—— (1979) 'γέφυρα: a Semitic loan-word?', in B. Brogyanyi, ed., *Studies in Diachronic, Synchronic, and Typological Linguistics: Festschrift for Oswald Szemerényi on the Occasion of his 65th Birthday*, pt I. Amsterdam: John Benjamins, pp. 387–98.

—— (1983) 'Minoan religion in the Late Palace Period', in O. Krzyszkowska and L. Nixon, eds., *Minoan Society: Proceedings of the Cambridge Colloquium 1981*. Bristol: Bristol Classical Press, pp. 137–42.

Hope Simpson, R. (1965) *Gazetteer and Atlas of Mycenaean Sites*. University of London, Institute of Classical Studies Bulletin Supplement 16.

Hopfner, T. (1922/3) *Fontes Historiae Religionis Aegyptiacae*, 2 vols. Bonn: Mark & Weber.

—— (1940–1) *Plutarch über Isis und Osiris*, 2 vols. Prague: Orientalisches Institut.

Hornung, E. (1971) *Der Eine und die Vielen: Ägyptische Gottesvorstellungen*. Darmstadt: Wissenschaftliche Buchgesellschaft, trans. J. Baines (1983) as *Conceptions of God in Ancient Egypt: The One and the Many*. London: Routledge & Kegan Paul.

Horton, R. (1967) 'African traditional thought and western science', *Africa* 37: 50–71; 155–87.

—— (1973) 'Lévy-Brühl, Durkheim and the scientific revolution', in R. Horton and R. Finnegan, eds., *Modes of Thought: Essays on Thinking in Western and Non-Western Societies*. London: Faber.

Howell, R. J. (1973) 'The origins of Middle Helladic culture', in R. A. Crossland and A. Birchall, eds., *Bronze Age Migrations in the Aegean*. London: Duckworth, pp. 75–99.

Hrozný, B. (1947) *Historie de l'Asie antérieure de l'Inde et de la Crète*. Paris: Payot.

Hsu, C.-y. and Linduff, K. M. (1988) *Western Chou Civilization*. New Haven, Conn., and London: Yale University Press.

Huber, P. J. (1982) 'Astronomical dating of Babylon I and Ur III', *Monographic Journals of the Near East*. Occasional Papers 1/4 (June).

—— (1987a) 'Astronomical evidence for the long and against the short chronologies', in P. Åström, *High, Middle or Low*, pp. 5–17.

—— (1987b) 'Dating by lunar eclipse omina: with speculations on the birth of omen astrology', in J. L Berggren and B. R. Goldstein, eds., *From Ancient Omens to Statistical Mechanics: Essays on the Exact Sciences Presented to Asger Aaboe.* Copenhagen: University Library. *Acta Historica Scientiarum Naturalium et Medicinalium* 39: 3–13.

Hubschmid, J. (1953) *Sardische Studien das mediterrane Substrat des Sardischen: Seine Beziehungen zum Berberischen und Baskischen sowie zum euroafrischen und hispanokaukasischen Substrat der romanischen 1 Sprachen.* Bern: A. Francke.

Hutchinson, R. W. (1962) *Prehistoric Crete.* London: Penguin.

Huxley, G. (1961) *Crete and the Luvians.* Oxford: Author.

Iakovides, S. (1979) 'Thera and Mycenaean Greece', *American Journal of Archaeology* 83: 101–2.

Illič Svitič, V. (1964) 'Drevneyschie indoevropeysko Semitiskie Yazygkovye Kontakty [The most ancient contacts between Indo-European and Semitic]', *Problemy Indoevropeyskogo yazykoznaniya* 6.

Immerwahr, S. A. (1977) 'Mycenaeans at Thera: some reflections on the paintings from the West House', in K. H. Kinzl, ed., *Greece and the Eastern Mediterranean in Ancient History and Prehistory: Studies presented to Fritz Schachermeyr on the Occasion of His Eightieth Birthday.* Berlin and New York: de Gruyter, pp. 173–91.

—— (1983) 'The people in the frescoes', in O. Krzyszkowska and L. Nixon, eds., *Minoan Society: Proceedings of the Cambridge Colloquium 1981.* Bristol: Bristol Classical Press, pp. 143–54.

Isokrates. (1928–44) *Works.* 3 vols. 1 & 2 trans. G. Norlin; 3, trans. L. Van Hook. Cambridge, Mass.: Harvard University Press (Loeb) and London: Heinemann.

Iversen, E. (1957) 'The Egyptian origin of the Archaic Greek canon', *Mitteilungen des deutschen archaeologischen Instituts Abt. Kairo* 15: 134–47.

—— (1961) *The Myth of Egypt and Its Hieroglyphs in European Tradition.* Copenhagen: Gad.

Ivimy, J. (1974) *The Sphinx and the Megaliths.* London: Abacus.

Jacobsen, T. (1976) *The Treasures of Darkness: A History of Mesopotamian Religion.* New Haven and London: Yale University Press.

Jacobsen, T. W. (1976) '17,000 years of Greek prehistory', *Scientific American* 234. 6: 76–87.

Jacoby, F. (ed. and ann.) (1904) *Das Marmor Parium.* Berlin: Weidmann.

—— (1923–9) *Fragmente der grieschischen Historiker.* Berlin: Weidmann.

Jahnkuhn, D. (1980) 'Iunit', in W. Helck and E. Otto, *Lexikon der Ägyptologie,* Wiesbaden: Harrassowitz. vol. III, col. 212.

Jairazbhoy, R. A. (1985) 'Egyptian civilization in Colchis on the Black Sea', in R. Rashidi and I. van Sertima, eds., *African Presence in Early Asia,* special issue of *Journal of African Civilizations,* pp. 58–63.

James, G. G. M. (1954) *Stolen Legacy, the Greeks Were Not The Authors of Greek Philosophy, But the People of North Africa, Commonly Called the Egyptians.* New York: Philosophical Library.

James, T. G. H. (1971) 'Aegean place-names in the mortuary temple of Amenophis III at Thebes', *Bulletin of the Institute of Classical Studies of the University of London* 18: 144–5.

—— (1973) 'Egypt: from the expulsion of the Hyksos to Amenophis I', in *Cambridge Ancient History*, 3rd edn., vol. II, pt. 1, pp. 289–309.

Jaspers, K. (1949) *Vom Ursprung und Ziel der Geschichte*. Munich: Piper Verlag.

Jeanmaire, H. (1951) *Dionysos*. Paris: Payot.

Jeffery, L. H. (1961) *The Local Scripts of Archaic Greece: A Study in the Origin of the Greek Alphabet and Its Development from the Eighth to the Fifth Centuries B.C.* Oxford: Clarendon Press.

—— (1976) *Archaic Greece: The City-States c. 700–500 BC*. London and New York: St. Martins.

—— (1982) 'Greek alphabetic writing', in *Cambridge Ancient History*, 2nd edn., vol. III, pt. 1, pp. 819–33.

Jensen, H. (1969) *Sign, Symbol and Script: An Account of Man's Efforts to Write*, 3rd rev. edn., G. Unwin, trans. New York: Putnam.

Jespersen, O. (1922) *Language: Its Nature, Development and Origin*. London: Allen & Unwin.

Jidejian, N. (1968) *Byblos Through the Ages*. Beirut: Dar el-Machreq.

—— (1969) *Tyre Through the Ages*. Beirut: Dar el-Machreq.

Joffe, A. H. (1980) *Sea Peoples in the Levant*. Undergraduate thesis, Cornell, Department of Near Eastern Studies.

Jones, A. H. (1975) *Bronze Age Civilization: The Philistines and the Danites*. Washington, DC: Public Affairs Press.

Jones, T. (1969) *The Sumerian Problem*. London, New York, Toronto and Sidney: Wiley.

Josephus. (1926) *Against Apion*, H. St. J. Thackeray, trans., in *The Life*, vol. 1 of *Josephus in Nine Volumes*. Cambridge, Mass.: Harvard University Press (Loeb); London: Heinemann.

—— (1930) *Antiquities of the Jews*, vols. 4–9 of *Josephus in Nine Volumes*. Cambridge, Mass: Harvard University Press (Loeb); London: Heinemann.

Junker, H. (1933) *Die Völker des antiken Orients: Die Ägypter*. Freiburg in Breisgau: Herder.

Kadish, B. (1971) 'Excavations of prehistoric remains at Aphrodisias, 1968 and 1969', *American Journal of Archaeology* 75: 121–40.

Kakosy, L. (1982) 'Mnevis', in W. Helck and E. Otto, *Lexikon der Ägyptologie*, vol. IV, cols. 165–7.

Kalcyk, H. and Heinrich, B. (1986) 'Hochwasserschutzbauten in Arkadien', *Antike Welt* 2 Sondernummer 'Antiker Wasserbau', pp. 3–14.

Kammenhuber, A. (1968) *Die Arier im Vorderen Orient*. Heidelberg: Indogermanische Bibliothek, 3rd series.

—— (1977) 'Die Arier im Vorderen Orient und die historischen Wohnsitze der Hurriter', *Orientalia* NS 46: 129–43.

Kanta, A. (1980) 'The Late Minoan III Period in Crete: a survey of sites, pottery and their distribution', *Studies in Mediterranean Archaeology* 58.

Kantor, H. J. (1947) 'The Aegean and the Orient in the second millennium BC', *American Journal of Archaeology* 51: 1–106.

—— (1956) 'Syro-Palestinian ivories', *Journal of Near Eastern Studies* 15: 153−74.

Kaplony, P. (1980) 'Ka', in W. Helck and E. Otto, *Lexikon der Ägyptologie*, vol. III, cols. 275−82.

Karageorghis, V. (1988) *Blacks in Ancient Cypriot Art.* Houston, Tex: Menil Foundation.

Karlgren, B. (1950) *The Book of Odes: Chinese Text Transcription and Translation.* Stockholm: Museum of Far Eastern Antiquities.

—— (1957) 'Grammata Serica Recensa', *The Museum of Far Eastern Antiquities Bulletin* (Stockholm) 29.

Katz, S. T. (1986) 'Hitler's "Jew": on microbes and Manicheanism', *Ninth World Congress of Jewish Studies*, Division B, vol. III, *History of the Jewish People (The Modern Times)*, Jerusalem: Magnes, pp. 165−81.

Katzenstein, H. J. (1973) *The History of Tyre: From the Beginning of the Second Millennium B.C.E. until the Fall of the Neo-Babylonian Empire in 538 B.C.E.* Jerusalem: The Schocken Institute for Jewish Research.

Kaufman, S. A. (1982) 'Reflections on the Assyrian-Aramaic Bilingual from Tell Fakhariyeh', *MAARAV* 3/2: 137−75.

Keightley, D. N. (1978) *Sources of Shang History: The Oracle Bone Inscriptions of Bronze Age China.* Berkeley: University of California Press.

—— (1983) 'The Late Shang state: when, where, what?' in D. N. Keightley, ed., *The Origins of Chinese Civilisation.* Berkeley: University of California Press, pp. 523−64.

Keimer, L. (1931) 'Pendeloques en formes d'insectes', *Annales de Service* 31: 145−82.

Keinast, B. (1981) 'Die Sprache von Ebla und das Altsemitische', in L. Cagni, ed., *La Lingua di Ebla.* Naples: Istituto Universitario Orientale, Seminario di Studi Asiatici, 14, pp. 83−98.

Kelly, P. M. and Sear, C. B. (1985) 'The climatic impact of explosive volcanic eruptions', in *Proceedings of the 3rd Conference on Climatic Variations Symposium on Contemporary Climate: 1850−2100* (American Meteorological Society), pp. 178−9.

Kemp, B. J. (1980) 'Egyptian radiocarbon dating: a reply to James Mellaart', *Antiquity* 54: 25−8.

Kemp, B. J. and Merrillees, R. S. (1980) *Minoan Pottery in Second Millennium Egypt.* Deutsches archäologisches Institut, Abteilung Kairo. Mainz am Rhein: Philipp von Zabern.

Kempinski, A. (1985) 'Some observations on the Hyksos (XVth) dynasty and its Canaanite origins', in Sarah Israelit-Groll, ed., *Pharaonic Egypt: The Bible and Christianity.* Jerusalem: Magnes, pp. 129−37.

Kenyon, K. M. (1973) 'Palestine in the Middle Bronze Age', in *Cambridge Ancient History*, 3rd edn., vol. II, pt. 1, pp. 17−116.

Keramopoullos, A. (1917) 'Θηβαικά', *Archaiologikon Deltion* 3: 1−503.

Kern, O. (1896) 'Bakis', *Pauly-Wissowa* II, cols. 2801−2.

—— (1926) *Die Religion der Griechen.* Berlin: Weidmann.

Keys, D. (1988) 'Cloud of volcanic dust blighted North Britain 3,000 years ago', *Independent*, 16 August.

Khattab, A. (1982) *Das Ägyptenbild in den deutschsprachigen Reisebeschreibungen der Zeit von 1285–1500*. Frankfort a. M.: Europäische Hochschulschriften, 1. Deutsche Sprache und Literatur.

Khramalkov, P. (1981) 'A critique of Professor Goedicke's Exodus theories', *Biblical Archaeology Review* 7. 5: 51–4.

Kilian, K. (1985) 'La caduta dei palazzi Micenei continentali: aspetti archeologici', in D. Musti, ed., *Le Origini dei Greci: Dori e Mondo Egeo*. Rome, pp. 73–95.

Killen, J. T. (1964) 'The wool industry of Crete in the Late Bronze Age', *Annual of the British School in Athens* 59: 1–15.

King, L. W. and Hall, H. R. (1907) *Egypt and Western Asia in the Light of Recent Discoveries*. London: Grolier Society.

Kingsley, P. (1990) 'The Greek origin of the sixth-century dating of Zoroaster', *Bulletin of the School of Oriental and African Studies* 53: 245–65.

Kinkel, G. (1877) *Epicorum Graecorum Fragmenta*. Leipzig: Teubner.

Kircher, A. (1652) *Oedipus Aegyptiacus*. Rome.

Kirk, G. S. (1970) *Myth, Its Meanings and Functions in Ancient and Other Cultures*. Berkeley and Cambridge: University of California Press.

—— (1974) *The Nature of Greek Myth*. London: Penguin.

—— (1985) *The Iliad: A Commentary, Volume 1, Books 1–4*. Cambridge: Cambridge University Press.

Kirk, G. S., Raven, J. E. and Schofield, M. (1983) *The Presocratic Philosophers: A Critical History with a Selection of Texts*, 2nd edn. Cambridge: Cambridge University Press.

Kitchen, K. A. (1965) 'Theban topographical lists old and new', *Orientalia* 34: 1–9.

—— (1966a) 'Aegean place names in a list of Amenophis III', *Bulletin of the American Schools of Oriental Research* 181: 23–4.

—— (1966b) *Ancient Orient and the Old Testament*. London: Tyndale Press.

—— (1967) 'Byblos, Egypt, and Mari in the early second millennium BC'. *Orientalia* 36: 39–54.

—— (1987) 'The basics of Egyptian chronology in relation to the Bronze Age', in P. Åström, *High, Middle or Low? Acts of an International Colloquium on Absolute Chronology Held at the University of Gothenburg 20–22 August 1987*, pt. 1, pp. 37–55.

—— (1989) 'Supplementary notes on the basics of Egyptian chronology', in P. Åström, *High, Middle or Low? Acts of an International Colloquium on Absolute Chronology Held at the University of Gothenburg 20–22 August 1987*, pt. 3, pp. 152–9.

Klausner, J. (1976) 'The first Hasmonean rulers: Jonathan and Simeon', in A. Schalit, ed., *World History of the Jewish People*, vol. VI, *The Hellenistic Age*. London: W. H. Allen, pp. 183–210.

Knapp, A. B. (1985) 'Production and exchange in the Aegean and East Mediterranean', in A. B. Knapp and T. Stech, *Prehistoric Production and Exchange: The Aegean and the East Mediterranean*, pp. 1–11.

—— (1986) 'Production, exchange and socio-political complexity on Bronze Age Cyprus', *Oxford Journal of Archaeology* 5: 43.

Knapp, A. B. and Stech, T. (1985) *Prehistoric Production and Exchange: The Aegean and the East Mediterranean*. Los Angeles: University of California Institute of Archaeology, Monograph 25.

Knauss, J. (1985) 'Antike Landgewinnung und Binnenschiffahrt im Kopais-Becken, Boötien, Mittelgriechenland', *Münstersche Beiträge zur antiken Handelsgeschichte* 7: 42–64.

—— (1986) 'Munich Copais Expedition, progress report on October 1985 and May 1986 surveys', *Teiresias* 17. *Appendix: Boetica*, pp. 3–7.

—— (1987a) *Die Melioration des Kopaisbeckens durch die Minyer im 2. jt. v. Chr. Kopais 2- Wasserbau und Siedlungsbedingungen im Altertum*. Institut für Wasserbau und Wassermengenwirtschaft und Versuchsanstalt für Wasserbau Oskar v. Miller-Institut in Obernach, Technische Universität München, No. 57.

—— (1987b) 'Munich Copais Expedition, progress report on October 1986 and May 1987 surveys', *Teiresias* 17. *Appendix: Boetica*, pp. 1–4.

—— (1987c) 'Der Damm im Takka See beim alten Tegea (Arkadien, Peloponnes)', *Athenische Mitteilungen* 102: 47–62.

—— (1987d) 'Deukalion, Lykorea, die große Flut am Parnaß und der Vulkanausbruch von Thera (im Jahr 1529 v. Chr.?)', *Antike Welt* 23–40.

Knauss, J., Heinrich, B. and Kalcyk, H. (1984) *Die Wasserbauten der Minyer in der Kopais – die älteste Flußregulierung Europas*. Institut für Wasserbau und Wassermengenwirtschaft und Versuchsanstalt für Wasserbau Oskar v. Miller-Institut in Obernach Technische Universität München, No. 50.

—— (1986) 'Der Damm bei Kaphyai und Orchomenos in Arkadian', *Archaeologischer Anzeiger* 583–611.

Knudtzon, J. A. (1915) *Die Amarna Tafeln*. Leipzig: Vorderasiatische Bibliothek.

Konsola, D. (1981) 'Προμυκηναϊκη Θήβα', Ph.D. dissertation, Athens University.

Korfmann, M. (1986) 'Beşik Tepe: new evidence for the Trojan sixth and seventh settlements', in Machteld Mellink, ed., *Troy and the Trojan War: A Symposium Held at Bryn Mawr College October 1984*. Bryn Mawr, Pa.: Bryn Mawr College, pp. 17–31.

Korres, G. S. (1984) 'The relations between Crete and Messenia in the Late Middle Helladic Period' in R. Hägg and N. Marinatos, eds., *The Minoan Thalassocracy: Myth and Reality: Proceedings of the 3rd International Symposium at the Swedish Institute in Athens 31 May–5 June 1982, Skrifter utgivna av Svenska Institutet i Athen*, 4, pp. 141–3.

Krauss, R. (1985) 'Sothis-und Monddaten, Studien zur astronomischen und technischen Chronologie Altägyptens', *Hildersheimer Ägyptologische Beiträge* 20.

Kretschmer, P. (1896) *Einleitung in die Geschichte der griechischen Sprache*. Göttingen: Vandenhoeck & Ruprecht.

—— (1924) 'Das nt-suffix', *Glotta* 13: 84–106.

—— (1927) 'Mythische Namen', *Glotta* 16: 74–78.

—— (1936) 'Nochmals die Hypachäer und Aleksandus', *Glotta* 25: 203–51.

Kroll, J. (1923) 'Kulturhistorisches aus astrologischen Texten', *Klio* 18: 213–25.

Krzyszkowska, O. H. (1983) 'Wealth and prosperity in Pre-Palatial Crete: The case of ivory', in O. Krzyszkowska and L. Nixon, eds., *Minoan Society: Proceedings of the Cambridge Colloquium 1981*. Bristol: Bristol Classical Press, pp. 163–70.

Kuhn, T. S. (1970) *The Structure of Scientific Revolutions*, 2nd edn. Chicago: University of Chicago Press.

—— (1977) 'Second thoughts on paradigms', in F. Suppe, ed., *The Structure of Scientific Theories*. Champaign: University of Illinois Press, pp. 459–82.

Kulke, H. (1976) 'Die Lapis-Lazuli-Lagerstätte Sare Sang (Badakhshan) Geologie Entstehung, Kulturgeschichte und Bergbau', *Afghanistan Journal* 3.1: 43–56.

Kuniholm, P. I. and Newton, M. W. (1989) 'A 677-year tree-ring chronology for the Middle Bronze Age', in K. Emre, M. Mellink, B. Hrouda and N. Özgüç, eds., *Anatolia and the Ancient Near East: Studies in Honor of Tahsin Özgüç*. Ankara: Türk Tarih Kurumu Basimevi.

Kupper, J.-R. (1973) 'Northern Mesopotamia and Syria', in *Cambridge Ancient History*, 3rd edn., vol. II, pt. 1, pp. 1–41.

Kurth, D. (1980) 'Manu', in W. Helck and E. Otto, *Lexikon der Ägyptologie*, vol. III, cols. 1185–6.

Labat, R. (1975) 'Elam and Western Persia, *c*. 1200–1000 BC', in *Cambridge Ancient History*, 3rd edn., vol. II, pt. 2, pp. 482–506.

Labib, P. (1936) *Die Herrschaft der Hyksos in Ägypten und ihr Sturz*. Glückstadt, Hamburg and New York: Augustin.

La Capra, D. (1987) *History, Politics and the Novel*. Ithaca, NY: Cornell University Press.

Lacau, P. (1904–06) *Sarcophages antérieurs au Nouvel Empire*. 2 vols., in *Catalogue Générales Antiquités Égyptiennes du Musée du Caire*. Cairo: Imprimerie de l'Institut français d'archéologie.

Lacy, P. D. and Einarson, B. (1954) *Plutarch's Moralia VII*. Cambridge, Mass.: Harvard University Press (Loeb); London: Heinemann.

Laffineur, R. (1984) 'Mycenaeans at Thera', in R. Hägg and N. Marinatos, eds., *The Minoan Thalassocracy: Myth and Reality: Proceedings of the 3rd International Symposium at the Swedish Institute in Athens 31 May–5 June 1982, Skrifter Utgivna av Svenska Institutet i Athen, 4*, pp. 133–9.

—— (1987) 'Le cercle des tombes de Schliemann: cent ans après', in R. Laffineur, ed., *Thanatos: Les coutumes funéraires en Égée à l'âge du Bronze: Actes du Colloque de Liège (21–23 avril 1986)*. Université de l'État à Liège: Histoire de l'art et archéologie de la Grèce antique, pp. 117–25.

Lakatoš, I. (1970) 'Falsification and the methodology of scientific research programmes', in I. Lakatoš and A. Musgrave, eds., *Criticism and the Growth of Knowledge*. Cambridge: Cambridge University Press, pp. 106–17.

La Marche, V. C. and Hirschbeck, K. K. (1984) 'Frost rings in trees as records of major volcanic eruptions', *Nature* 307: 121–6.

Lambropoulou, A. (1988) 'Erechtheus, Boutes, Itys and Xouthos: notes on Egyptian presence in early Athens', *The Ancient World* 18: 77–86.

Lambrou-Phillipson, C. (1987) 'A model for the identification of enclave colonies', paper delivered at the 6th International Colloquium on Aegean Prehistory, Athens, 30 August–5 September 1987.

—— (1990) 'Cypriot and Levantine pottery from house AD center at Pseira, Crete', *Journal of Oriental and African Studies* [Athens] 2: 1–10.

Lane-Fox, R. (1980) *The Search for Alexander.* Boston and Toronto: Little Brown.

Lang, D. M. (1966) *The Georgians.* London: Thames & Hudson.

—— (1978) *Armenia: Cradle of Civilization*, 2nd edn. London: Allen & Unwin.

Lang, M. L. (1969) *The Palace of Nestor at Pylos in Western Messenia;* Vol. II, *The Frescoes.* Princeton: Princeton University Press for the University of Cincinnati.

Langdon, S. (1990) 'From monkey to man: the evolution of a geometric sculptural type', *American Journal of Archaeology* 94: 407–20.

Lange, K. (1954) *Sesostris: Ein ägyptischer König in Mythos, Geschichte und Kunst.* Munich: Hirmer.

Langham, I. (1981) *The Building of British Social Anthropology: W. H. R. Rivers and His Cambridge Disciples in the Development of Kinship Studies, 1898–1931.* Dordrecht, Boston and London: Reidel.

Lanzone, R. V. (1881–6) *Dizionario di mitologia egizia*, 4 vols. Turin: Fratelli Doyen. Reprint. Amsterdam: John Benjamins, 1974.

Laroche, E. (1958) 'Adana et les Danauiens', *Syria* 35: 252–83.

—— (1965) 'Sur le nom grec de l'ivoire', *Revue de philologie* 39: 56–60.

—— (1966) *Les noms des Hittites.* Paris: Études Linguistiques 4.

—— (1976–7) *Glossaire de la Langue Hourrite*, 2 pts. *Revue Hittite et Asianique* 34 and 35.

—— (1977?) 'Toponymes et frontières linguistiques en Asie Mineure', in T. Fahd *et al.*, eds., *La Toponymie Antique: Actes du Colloque de Strassbourg 12–14 juin 1975.* Leiden: Brill, pp. 205–13.

Larsen, M. T. (1976) *The Old Assyrian City State and Its Colonies, Mesopotamia*, vol. 4 of *Copenhagen Studies in Assyriology.* Copenhagen: Akademisk Forlag.

Lattimore, R. (1939) 'Herodotus and the names of the Egyptian gods', *Classical Philology* 34: 357–65.

Lauer, J. F. (1948) *Le Problème des Pyramides d'Égypte.* Paris: Payot.

—— (1960) *Observations sur les pyramides.* Cairo: Institut français d'archéologie orientale.

Lauffer, S. (1981) 'Wasserbauliche Anlagen des Altertums am Kopaissee', *Leichtweiss-Institut f. Wasserbau d. techn. Univ. Braunschweig Mitteilungen* 71: 237–64.

—— (1986) *Kopais: Untersuchungen zur historischen Landeskunde Mittelgriechenlands*, vol. I. Frankfurt a. M., Bern and New York: Peter Lang.

Leach, E. (1986) 'Aryan invasions over four millennia', *Wenner-Gren Symposium no. 100, 'Symbolism Through Time'* 12–21 Jan, Fez.

Leclant, J. (1960) 'Astarté à cheval', *Syria* 37: 1–67.

Lee, H. D. P. (1955) *Plato: The Republic.* London: Penguin.

Legge, J. (1972) *The Chinese Classics: With a Translation, Critical and Exegetical Notes, Prolegomena, and Copious Indexes,* 5 vols. Taibei: Shizhe Chubanshe Reprint.

Lehmann, W. P. (1973) *Historical Linguistics: An Introduction.* New York: Holt, Rinehart & Winston.

Lejeune, M. (1958) *Mémoires de philologie mycénienne.* Paris: Centre National de Recherche Scientifique.

—— (1972) *Phonétique historique du mycénien et du grec ancien.* Paris: Klincksieck.

Lepsius, R. (1871) 'Des Sesostris-Herakles Körperlänge', *Zeitschrift für ägyptische Sprache und Altertumskunde* 9: 52–6.

Lesko, L. H. and Switalski-Lesko, B. (1982–90) *A Dictionary of Late Egyptian.* 5 vols. Berkeley: Scribe Publications.

Leslau, W. (1950) *Ethiopia Documents: Gurage.* New York: Viking Fund.

Levenson, J. D. (1985) *Sinai and Zion: An Entry into the Jewish Bible.* Minneapolis, Chicago and New York: Winston Press.

Levi, P. (1971) *Pausanias' Guide to Greece,* 2 vols. London: Penguin.

Levin, S. (1968) 'Indo-European penetration of the civilized Aegean world as seen in the 'horse' tablet of Knosos (Ca895)', *Atti e memorie del 1° congresso internazionale di micenilogica. Roma, 27 Settembre–3 Ottobre 1967,* pp. 1179–85.

—— (1971a) *The Indo-European and Semitic Languages.* Albany, NY: State University of New York Press.

—— (1971b) The etymology of νέκταρ exotic scents in early Greece', *Studi Micenei ed Egeo-Anatolici* 13: 31–50.

—— (1973) 'The accentual system of Hebrew, in comparison with the ancient Indo-European languages', *Fifth World Congress of Jewish Studies* 4: 71–7.

—— (1977) 'Something stolen': a Semitic participle and an Indo-European neuter substantive', in P. Hopper, ed., *Studies in Descriptive and Historical Linguistics: Festschrift for Winfred P. Lehmann.* Amsterdam: John Benjamins, pp. 317–39.

—— (1978) 'The perfumed goddess', *Bucknell Review* 24: 49–59.

—— (1979) 'Jocasta and Moses' Mother Jochabed', *TEIRESIAS-ΤΕΙΡΕΣΙΑΣ* suppl. 2: 49–61.

—— (1984) 'Indo-European descriptive adjectives with 'oxytone' accent and Semitic stative verbs', *General Linguistics* 24. 2: 83–110.

—— (1989) 'The etymology of the place-name Thisbe', paper given at the 6th International Boeotian Conference, Bradford, 26–30 June.

Levy, R. G. (1934) 'The Oriental origin of Herakles', *Journal of Hellenic Studies* 54: 40–53.

Lewthwaite, J. (1983) 'Why did civilization not emerge more often? a comparative development of Minoan Crete', in O. Krzyszkowska and L. Nixon, eds., *Minoan Society: Proceedings of the Cambridge Colloquium 1981*. Bristol: Bristol Classical Press, pp. 171–83.

Lewy, H. (1895) *Die semitischen Fremdwörter im Griechischen*. Berlin: Gaertner.

Lhote, H. (1959) *The Search for the Tassili Frescoes: The Story of the Prehistoric Rock-Paintings of the Sahara*, A. H. Brodrick, trans. London: Hutchinson.

Lichtheim, M. (1975) *Ancient Egyptian Literature*, 3 vols. Berkeley, Los Angeles and London: University of California Press.

Linforth, M. (1911–16) 'Epaphos and the Egyptian Apis', *University of California Publications in Classical Philology* 2: 81–92.

—— (1926) 'Greek gods and foreign gods in Herodotos', *University of California Publications in Classical Philology* 9: 1–25.

—— (1940) 'Greek and Egyptian gods (Herodotus II, 50, 52)', *Classical Philology* 35: 300–1.

Lipinski, E. (1978) 'Ditanu', *Studies in the Bible and the Ancient Near East, Separatum*, pp. 91–110.

—— (1981) 'Formes verbales dans les noms propres d'Ebla et système verbale Sémitique', in L. Cagni, ed., *La Lingua di Ebla: Atti del convegno internazionale (Napoli, 21–23 aprile 1980)*. Naples: Istituto Universitario Orientale, Seminario di Studi Asiatici, 14, pp. 191–210.

Littauer, M. A. and Crouwel, J. H. (1979) *Wheeled Vehicles and Ridden Animals in the Ancient Near East*. Leiden: Brill.

Liverani, M. (1987) 'The collapse of the Near Eastern regional system at the end of the Bronze Age: the case of Syria', in M. Rowlands, M. T. Larsen and K. Kristiansen, eds., *Centre and Periphery in the Ancient World*. Cambridge: Cambridge University Press, pp. 67–73.

Lloyd, A. B. (1970) 'The Egyptian labyrinth', *Journal of Egyptian Archaeology* 56: 81–100.

—— (1976) *Herodotos Book II*, vol. II, *Commentary 1–98*. Leiden: Brill.

—— (1978) 'Strabo and the Memphite tauromachy', in M. de Boer and I. A. Edridge, eds., *Hommages à Maarten J. Vermaseren: Recueil d'études offerts par les auteurs de la série 'Études préliminaires aux religions orientales dans l'empire romain à Maarten J. Vermaseren: à l'occasion de son soixantième anniversaire le 7 avril 1978*, 3 vols. Leiden: Brill, pp. 609–26.

—— (1982) 'Nationalist propaganda in Ptolemaic Egypt', *Historia* 31: 33–55.

—— (1983) 'The Late Period', in B. Trigger, B. J. Kemp, D. O'Connor and A. B. Lloyd, eds., *Ancient Egypt: A Social History*. Cambridge: Cambridge University Press, pp. 279–364.

—— (1988) *Herodotus Book II*, vol. III, *Commentary 99–182*. Leiden and New York: Brill.

Lochner-Hüttenbach, F. (1960) *Die Pelasger*. Vienna: Gerold.

Lorimer, H. L. (1950) *Homer and the Monuments*. London: Macmillan.

Loucas, I. and Loucas, E. (1987) 'La tombe des jumeaux divins Amphion et Zethos', in R. Laffineur, ed., *Thanatos: Les coutumes funéraires en Égée à l'âge du Bronze: Actes du Colloque de Liège (21–23 avril 1986)*. Université de l'État à Liège: Histoire de l'art et archéologie de la Grèce antique, pp. 95–106.

Lucas, A. and Harris, J. R. (1962) *Ancient Egyptian Materials and Industries*, 4th edn. London: Edward Arnold.

Luce, J. V. (1969) *Lost Atlantis: New Light on an Old Legend*. New York, St. Louis and San Francisco: McGraw-Hill.

—— (1978) 'The literary perspective: the sources and literary form of Plato's Atlantis', in E. S. Ramage, ed., *Atlantis: Fact or Fiction*. Bloomington: Indiana University Press, pp. 49–80.

Lucretius, *De Rerum Natura*.

Lung, G. E. (1912) *Memnon: Archäologische Studien zur Aithiopis*. Bonn: Ludwig.

Luria, S. (1926) 'Die ägyptische Bibel (Joseph und Moses Sagen)', *Zeitschrift für die alttestamentliche Gesellschaft* NF 3: 94–135.

Macalister, R. A. S. (1914) *The Philistines, Their History and Civilization*. London: British Academy.

McAlpin, D. W. (1974) 'Toward Proto-Elamite-Dravidian', *Language* 50.1: 89–101.

—— (1975) 'Elamite and Dravidian: the morphological evidence', *International Journal of Dravidian Linguistics* 3: 343–5.

McCann, A. M. (1970) 'Review of G. F. Bass, *Cape Gelidonya: A Bronze Age Shipwreck*, *American Journal of Archaeology* 74: 105–6.

Maccarrone, N. (1938) 'Contatti lessicali mediterranei, pt 1', *Archivio glottologico italiano* 30: 120–31.

—— (1939) 'Contatti lessicali mediterranei, pt 2', *Archivio glottologico italiano* 31: 102–13.

McCarter, K. (1975) *The Antiquity of the Greek Alphabet and the Early Phoenician Scripts*. Missoula, Mont.: Scholars Press for Harvard Semitic Museum.

McClain, E. G. (1976) *The Myth of Invariance: the Origin of the Gods, Mathematics and Music from the Rg Veda to Plato*. New York: Nicholas Hays.

—— (1978) *The Pythagorean Plato*. New York: Nicholas Hays.

McCoy, F. W. (1980) 'The Upper Thera (Minoan) ash in deep-sea sediments: distribution and comparison with other ash layers', in C. Doumas, ed., *Thera and the Aegean World: Papers Presented at the Second International Scientific Congress, Santorini, Greece, August 1978*, vol. II. London, pp. 57–78.

MacGillivray, J. A. (1984) 'Cycladic jars from Middle Minoan III Knossos', in R. Hägg and N. Marinatos, eds., *The Minoan Thalassocracy: Myth and Reality: Proceedings of the 3rd International Symposium at the Swedish Institute in Athens 31 May–5 June 1982, Skrifter utgivna av Svenska Institutet i Athen, 4*, pp. 153–7.

McGready, A. G. (1968) 'Egyptian words in the Greek vocabulary', *Glotta* 46: 247–54.

Machiavelli, N. (1964) *Discourses*, in A. Gilbert, *Macchiavelli; Chief Works and Others*. Durham, NC: Durham Press.

McKerrell, H. (1972) 'On the origins of British faience beads and some aspects of the Wessex-Mycenae relationship', *Proceedings of the Prehistoric Society* 38: 286–301.

McNeal, R.A. (1972) 'The Greeks in history and prehistory', *Antiquity* 46: 19–28.

Macqueen, J .G. (1975) *The Hittites and Their Contemporaries in Asia Minor.* London: Thames & Hudson.

Maddin, R.; Wheeler, T. S, and Muhly, J. D. (1977) 'Tin and the Ancient Near East: Old Questions and New Finds', *Expedition* 19: 2: 35–47.

Malaise, M. (1966) 'Sésostris', pharaon de légende et d'histoire', *Chronique d'Égypte* 41: 244–72.

Malek, J. (1982) 'The Original Version of the Royal Canon of Turin', *The Journal of Egyptian Archaeology* 68: 93–108.

Mallet, D. (1888) *Le Culte de Neïth à Saïs.* Paris: Leroux.

Mallory, J. P. (1989) *In Search of the Indo-Europeans: Language, Archaeology and Myth.* London: Thames & Hudson.

Malten, L. (1924) 'Khvr' Pauly Wissowa supplement. IV. Stuttgart, cols. 884–97.

Manetho. (1940) *Manetho: With an English Translation,* by W. G. Waddell. Cambridge, Mass.: Harvard University Press (Loeb); London: Heinemann.

Manning, S. W. (1988) 'Dating of the Santorini eruption', *Nature* 332. 31/3: 401.

—— (1989) 'The Eruption of Thera: Date and Implications', in C. Doumas, ed. *Thera and the Aegean World III: Papers to be presented at the Third International Congress at Santorini Greece. 3–9th September 1989.* Thera Foundation, pp. 91–101

—— (1990) 'The Thera eruption: the Third Congress and the problem of the Date', *Archaeometry* 32: 91–100.

Marinatos, N. (1983) 'The West House at Akrotiri as a Cult Centre', *Athenische Mitteilungen* 98: 1–19.

—— (1984) *Art and religion in Thera: Reconstructing a Bronze Age Society.* Athens: Mathioulakis.

Marinatos, S. (1939) 'The volcanic destruction of Minoan Crete', *Antiquity* 13: 425–39.

—— (1946) 'Greniers de l'Helladique Ancien', *Bulletin de Correspondance Hellénique* 70: 337–50.

—— (1949) 'Les Légendes Royales de la Crète Minoenne', *Revue Archéologique* 1: 5–18.

—— (1958) 'Grammatōn didaskalia', *Minoica* 32: 226–31.

—— (1960) *Crete and Mycenae.* London: Thames & Hudson.

—— (1969) 'An African in Thera', *Analekta Archaiologika Athenon* 2. pp. 374–5.

—— (1973a) 'The First Mycenaeans in Greece', in R. A. Crossland and A. Birchall, eds., *Bronze Age Migrations in the Aegean,* pp. 107–13.

—— (1973b) 'Ethnic problems raised by recent discoveries on Thera', in R. A. Crossland and A. Birchall eds. *Bronze Age Migrations in the Aegean,* pp. 199–201.

—— (1976) *Excavations at Thera VII (1973 Season).* Athens: E en Athenais Archaiologike Hetaireia.

Marketou, T. (1989) 'Santorini Tephra from Rhodes and Kos: Some Chronological Remarks Based on Stratigraphy', pp. 101–23 in *Thera and the*

Aegean World III: Papers to be Presented at the Third International Congress at Santorini, Greece, 3–9th September 1989. Thera Foundation.

Marthari, M. (1980) 'Akrotiri Kerameiki MH paradosis sto strōma tis iphaisteikis katastrophis', *Archaiologike Ephemeris* 119: 182–211.

Masica, C. P. (1978) *Defining a Linguistic Area: South Asia.* Chicago: Chicago University Press.

Mason, M. (1986) 'Sphaira, Sphairoter: Problème d'étymologie Grecque', *Bulletin de la Societé de linguistique.* 81: 231–52.

Maspero, G. (1884) Histoire ancien des peuples d'l'orient, vol. I. Paris: Hachette.

—— (1886) 'Communication sur le nom donné en Égypte à l'île de Chypre vers le XVIe ou le XVIIe siècle avant notre ére', *Comptes Rendus des Séances de l'Academie des Inscriptions et Belles Lettres* 14: 361–2.

—— (1893) *Études de mythologie et d'archéologie égyptiennes*, Paris: Leroux.

—— (1901) 'La Geste de Sésostris', *Journal des Savants Octobre:* 593–609.

Masson, E. (1967) *Recherches sur les plus anciens emprunts sémitiques en grec.* Paris: Klinsieck.

Matthäus, H. (1983) 'Minoische Kriegergräber', in O. Krzyszkowska and L. Nixon, eds., *Minoan Society: Proceedings of the Cambridge Colloquium 1981.* Bristol: Bristol Classical Press, pp. 203–16.

Matthews, S. H. (1976) 'What's happening to our climate?', *National Geographic* 150: 676–87.

Matthiae, P. (1981) *Ebla: An Empire Rediscovered.* C. Holme, trans. Garden City, NY: Doubleday.

—— (1988) 'On the Economic Foundations of the Early Syrian Culture at Ebla', in H. Waetzold and H. Hauptmann, eds., *Wirtschaft und Gesellschaft von Ebla: Akten der Internationale Tagung, Heidelberg, 4.-7. November 1986, Heidelberger Studien zum alten Orient II.* Heidelberg: Heidelberger Orientverlag, pp. 75–80.

—— (1989) 'The Destruction of Ebla Royal Palace: Interconnections between Syria, Mesopotamia and Egypt in the Late EB IVA', in P. Äström, ed., *High, Middle or Low? Acts of an International Colloquium on Absolute Chronology Held at the University of Gothenburg 20th–22nd August 1987. pt III*, pp. 163–9.

Matz, F. (1928) *Die fruhkretischen Siegel.* Berlin and Leipzig: de Gruyter.

—— (1973a) 'The maturity of Minoan civilization', in *Cambridge Ancient History*, 3rd edn., vol. II, pt. 1, pp. 141–64.

—— (1973b) 'The zenith of Minoan civilisation', in *Cambridge Ancient History*, 3rd edn., vol. II, pt. 1, pp. 557–81.

Matzker, I. (1986) *Die letzten Könige der 12. Dynastie. Europäische Hochschulschriften 297.* Frankfurt a. M.: Peter Lang.

Maxwell-Hyslop, R. (1946) 'Daggers and swords in Western Asia: a study from prehistoric times to 600 BC', *Iraq* 8: 1–65.

Mayer, M. L. (1964) 'Note etimologiché III', *Acme* 17: 223–9.

—— (1967) 'Note etimologiché IV', *Acme.* 20: 287–91.

Mayrhofer, M. (1953) *Kurzegefaßtes etymologisches Wörterbuch des Altindischen.* Heidelberg: Winter.

—— (1974) *Die Arier im Vorderen Orient-ein Mythos? – Mit einem biographischen Supplement.* Vienna: Österreichische Akademie der Wissenschaften-philoso-phisch-historische Klasse-Sitzungberichte 294 Abhandlung 3.

Mee, C. (1982) *Rhodes in the Bronze Age: An Archaeological Survey.* Warminster: Aris & Phillips.

—— (1984) 'The Mycenaeans and Troy', in Lin Foxhall and John K. Davies, eds., *The Trojan War: Its Historicity and Context: Papers of the First Greenbank Colloquium, Liverpool 1981.* Bristol: Bristol Classical Press, pp. 45–56.

Mellaart, J. (1955) 'Some prehistoric sites in Northwestern Anatolia', *Istanbuler Mitteilungen* 6: 53–88.

—— (1957) 'Anatolian chronology in the Early and Middle Bronze Age', *Anatolian Studies* 7: 55–88.

—— (1958) 'The end of the Early Bronze Age in Anatolia and the Aegean', *American Journal of Archaeology* 62: 9–33.

—— (1959) 'The Dorak Treasure', *Illustrated London News*, 28 November, p. 754.

—— (1967) 'Anatolia c. 2300–1750 BC', in *Anatolia Before c. 4000 B.C. and c. 2300–1750 BC.* (fascicule) for *Cambridge Ancient History*, 3rd edn., vol. I, pp. 363–416.

—— (1978) *The Archaeology of Ancient Turkey.* Totowa, NJ: Rowman and Littlefield.

—— (1979) 'Egyptian and Near Eastern chronology: a dilemma?', *Antiquity* 53: 6–19.

—— (1982) 'Archaeological evidence for trade and trade routes between Syria and Mesopotamia and Anatolia during the Early Bronze Age and the Beginning of the Middle Bronze Age', *Studi Eblaiti* 5: 15–32.

—— (1984) 'Troy VIIA in Anatolian perspective', in Lin Foxhall and John K. Davies, eds., *The Trojan War: Its Historicity and Context: Papers of the First Greenbank Colloquium, Liverpool 1981.* Bristol: Bristol Classical Press, pp. 63–82.

Mellink, M. J. (1956) 'The royal tombs at Alaca Huyuk and the Aegean world', in S. S. Weinberg, ed., *The Aegean and the Near East: Studies Presented to Hetty Goldman.* Locust Valley, NY: Augustin, pp. 39–58.

—— (1967) 'Review of *Interconnections in the Bronze Age* by W. S. Smith', *American Journal of Archaeology* 71: 92–4.

—— (1976) 'Archaeology in Asia Minor', *American Journal of Archaeology* 80: 261–89.

—— (1977) 'Archaeology in Asia Minor', *American Journal of Archaeology* 81: 289–321.

—— (1979) 'Archaeology in Asia Minor', *American Journal of Archaeology* 83: 331–44.

—— (1983) 'The Hittites and the Aegean world: part 2, archaeological comments on Ahhiyawa-Achaians in Western Anatolia', *American Journal of Archaeology* 87: 138–41.

—— (1986a) 'Postscript', in M. Mellink, ed., *Troy and the Trojan War: A Sym-*

Grondahl, F. (1967) *Die Personennamen der Texte aus Ugarit.* Rome: Pontifical Institute.

Grousset, R. (1959) *Chinese Art and Culture*, Haakon Chevalier, trans. London: Andre Deutsch.

Grumach, E. (1968/9) 'The coming of the Greeks', *Bulletin of the John Rylands Library* 51: 73–103; 400–30.

Gruppe, O. (1906) *Griechische Mythologie und Religionsgeschichte*, 2 vols. Munich: Beck.

Guignant, J. (1828) 'Mémoire insérée au tome V du *Tacite de Burnouf*', Paris, pp. 531–5.

Gundlach, R. (1982) 'Min', in W. Helck and E. Otto, *Lexikon der Ägyptologie*, vol. IV, cols. 135–9.

Guralnick, E. (1985) 'Profiles of Kouroi', *American Journal of Archaeology* 89: 399–409.

Gurney, O. R. (1973) 'Anatolia *c.* 1750–1600 BC'; 'Anatolia 1600–1380 BC', in *Cambridge Ancient History*, 3rd edn., vol. II, pt. 1, pp. 228–55; 659–82.

Güterbock, H. G. (1983) 'The Hittites and the Aegean world, part 1, the Ahhiyawa problem reconsidered', *American Journal of Archaeology* 87: 133–8.

—— (1986) 'Troy in Hittite texts? Wilusa, Ahhiyawa, and Hittite history', in M. Mellink, ed., *Troy and the Trojan War: A Symposium Held at Bryn Mawr College October 1984.* Bryn Mawr, Pa.: Department of Classical and Near Eastern Archaeology, pp. 33–44.

Guthrie, W. K. C. (1966) *Orpheus and Greek Religion: A Study of the Orphic Movement*, rev. edn. New York: Norton.

Gützlaff, K. F. A. (1838) *A Sketch of Chinese History Ancient and Modern.* 2 vols. London: T. Ward.

Haas, H., Devine, J., Wenke, R., Lehner, M., Wolfi, W. and Bonani, G. (1987) 'Radiocarbon chronology and the historical calendar in Egypt', in O. Aurenche, Jacques Evin and Francis Hours, eds., *Chronologies du Proche Orient/ Chronologies in the Near East: Relative Chronologies and Absolute Chronology 16,000–4000 BP: CNRS symposium, Lyon (France), 24–28 November 1986*, 2 vols. Oxford British Archaeological Reports, International Series 379, pp. 585–606.

Hall, H. R. (1905) 'The two labyrinths', *Journal of Hellenic Studies* 25: 320–4.

—— (1920) *The Ancient History of the Near East*, 6th edn. London: Routledge.

—— (1924) 'The Middle Kingdom and the Hyksos conquests', in *Cambridge Ancient History*, 1st edn., vol. I, pp. 299–325.

—— (1929) 'A Pre-Dynastic Egyptian double-axe', in S. Casson, ed., *Essays in Aegean Archaeology: Presented to Sir Arthur Evans in Honour of His 75th Birthday.* Oxford: Clarendon Press, p. 42.

Hall, H. R. and King, L. W. (1906) *History of Egypt, Chaldea, Syria, Babylonia and Assyria.* London: Grolier Society.

Hallo, W. W. (1977) 'Seals lost and found', in M. Gibson, and R. D. Biggs, eds., *Seals and Sealings in the Ancient Near East.* Malibu: Undena, pp. 55–60.

Halpern, B. (1987) 'Radical Exodus dating fatally flawed', *Biblical Archaeology Review* 13.6.56–61.

Michael, H. N. and Weinstein, G. A. (1977) 'New radiocarbon dates from Akrotiri, Thera', *Temple University Aegean Symposium* 2: 27–30.

Michailidou, A. (1987) *Knossos: A Complete Guide to the Palace of Minos*. Athens: Ekdotike Athenon.

Michalowski, K. (1968) 'The labyrinth enigma: archaeological suggestions', *Journal of Egyptian Archaeology* 54: 219–22.

Millard, A. R. (1973) 'Cypriot copper in Babylonia *c.* 1745 BC', *Journal of Cuneiform Studies* 25: 211–13.

—— (1976) 'The Canaanite linear alphabet and its passage to the Greeks', *Kadmos* 15: 130–44.

Millard, A. R. and Bordrueil, P. (1982) 'A statue with Assyrian and Aramaic inscriptions', *Biblical Archaeologist* 45. 3: 135–41.
See also under Abou-Assaf.

Mironov, N. D. (1933) 'Aryan vestiges in the Near East of the second millenary BC', *Acta Orientalia* 11: 140–217.

Mitford, W. (1784–1804) *The History of Greece*, 8 vols. London.

Monteagudo, L. (1985) 'Orientales e indoeuropeos en la Iberia prehistórica', in J. de Hoz, ed., *Actas del III coloquio sobre lenguas y culturas paleohispanicas (Lisboa, 5–8 Noviembre 1980)*. Salamanca: Ediciones Universitad de Salamanca, pp. 15–135.

Montet, P. (1928–9) *Byblos et l'Égypte, quatres campagnes de fouilles à Gebeil, 1921–1922–1923–1924*. Bibliothèque archéologique et historique, 11. Haut-Commisariat de la République Française en Syrie et au Liban. Paris: Geuthner.

Moran, W. L. (1961) 'The Hebrew language in its Northwest Semitic background', in G. E. Wright, ed., *The Bible and the Ancient Near East: Essays in Honour of William Foxwell Albright*. Garden City, NY: Doubleday, pp. 54–72.

—— (1987) *Les Lettres d' el Amarna: correspondance diplomatique du pharaon. Littératures anciennes du Proche-Orient*. Paris: Éditions du Cerf.

Morenz, S. (1973) *Egyptian Religion*, A. E. Keep, trans. London: Methuen.

Morgan (Brown), L. (1978) 'The ship procession in the miniature fresco', in C. Doumas, ed., *Thera and the Aegean World: Papers Presented at the Second International Scientific Congress, Santorini, Greece, August 1978*, vol. I. London, pp. 629–44.

—— (1981) 'The West House paintings at Thera', *Bulletin of the Institute of Classical Studies* 28: 166.

—— (1983) 'Theme in the West House paintings at Thera', *Archaiologike Ephemeris* 122: 85–105.

—— (1988) *The Miniature Wall Paintings of Thera: A Study in Aegean Culture and Iconography*. Cambridge: Cambridge University Press.

Morpurgo-Davies, A. (1986) 'The linguistic evidence', in G. Cadogan, ed., *The End of the Early Bronze Age in the Aegean*. Leiden: Brill, pp. 93–123.

Moscati, S. (1968) *Fenici e Cartaginesi in Sardegna*. Milan: A. Mondadori.

—— (1985) 'I Fenici e il mondo Mediterraneo al tempo di Omero', *Rivista di Studi Fenici* 13: 179–87.

Moscati, S., Spitaler, A., Ullendorf, E. and v. Soden, W. (1969) *An Introduction* to the *Comparative Grammar of the Semitic Languages: Phonology and Morphology*. Wiesbaden: Harrassowitz.

Moule, A. C. and Yetts, P. (1957) *The Rulers of China: 221 B.C.–A.D. 1949: Chronological Tables by A. C. Moule: With an Introductory Section on the Earlier Rulers by Perceval Yetts*. London: Routledge & Kegan Paul.

Movers, F. C. (1841–50) *Die Phönizier*, 2 vols., 4 books. Bonn and Berlin: Weber.

Muhly, J. D. (1965) 'Review of *Hellenosemitica* by M. C. Astour', *Journal of the American Oriental Society* 85: 585–8.

—— (1970a) 'Homer and the Phoenicians: the relations between Greece and the Near East in the Late Bronze Age and Early Iron Ages', *Berytus* 19: 19–64.

—— (1970b) 'Review of *Interconnections in the Ancient Near East* by W. S. Smith', *Journal of the American Oriental Society* 90: 305–9.

—— (1973a) 'The Philistines and their pottery', paper presented to the Third International Colloquium on Aegean Prehistory, Sheffield, August.

—— (1973b) 'Copper and tin: the distribution of mineral resources and the nature of the metals trade in the Bronze Age', *Transactions of the Connecticut Academy of Arts and Sciences* 43: 155–535.

—— (1976) 'Supplement to "Copper and tin: the distribution of mineral resources and the nature of the metals trade in the Bronze Age"', *Transactions of the Connecticut Academy of Arts and Sciences* 46: 77–136.

—— (1979a) 'On the Shaft Graves at Mycenae', in M. A. Powell and R. M. Sack, eds., *Studies in Honor of Tom B. Jones*. Kevelaer: Butzon and Bercker/ Neukirchen-Vluyn, pp. 311–23.

—— (1979b) 'Cypriote copper: some geological and metallurgical problems', *Acts of the International Archaeological Symposium, The Relations between Cyprus and Crete, ca. 2000–500 BC*. Nicosia: Department of Antiquities, pp. 87–100.

—— (1984) 'The role of the Sea Peoples in Cyprus during the L.C. III period', in V. Karageorghis, ed., *Cyprus at the Close of the Late Bronze Age*. Nicosia: A. G. Leventis Foundation, pp. 39–56.

—— (1985) 'Phoenicia and the Phoenicians', in A. Biran *et al.*, eds., *Biblical Archaeology Today: Proceedings of the International Congress on Biblical Archaeology, Jerusalem, April 1984*. Jerusalem: Israel Exploration Society, Israel Academy of Sciences and Humanities and the American Schools of Oriental Research, pp. 177–91.

Mulder, M. J. (1986) 'Die Bedeutung von Jachin und Boaz in 1 *Kön.* 7:21 (2 *Chr.* 3:17)', in *Tradition and Reinterpretation in Jewish and Early Christian Literature: Essays in Honour of Jürgen C. H. Lebram, Studia Post Biblica* 36. Leiden: Brill, pp. 19–25.

Müller, C. (1841–70) *Fragmenta Historicorum Graecorum*. Paris.

Müller, K. O. (1820–4) *Geschichten hellenischer Stämme und Städte*, vol. I, *Orchomenos und die Minyer*, vols. II and III, *Die Dorier*. Breslau: Max. Vols. II and III trans. H. Tufnell and G. C. Lewis as *The History and Antiquities of the Doric Race*, 2 vols. London, 1830.

—— (1825) *Prolegomena zu einer wissenschaftlichen Mythologie*, Göttingen. Trans. J. Leitch as *Introduction to a Scientific System of Mythology*, London, 1844.

Müller, W. M. (1898) 'Studien zur vorderasiatischen Geschichte', *Mitteilungen der vorderasiatischen Gesellschaft* 3: 1–108.

Muss-Arnolt, W. (1892) 'On Semitic words in Greek and Latin', *Transactions of the American Philological Association* 23: 35–157.

Mylonas, G. E. (1956) 'Seated and multiple Mycenaean figurines in the National Museum of Athens Greece', in S. S. Weinberg, ed., *The Aegean and the Near East: Studies Presented to Hetty Goldman on the Occasion of her Seventy-fifth Birthday*. Locust Valley, NY: Augustin, pp. 110–25.

—— (1962) 'The Luvian invasions of Greece', *Hesperia* 23: 188–301.

—— (1972–3) *Ὁ Ταφικός Κύκλος Β' των Μυκηνῶν*. 2 vols. Athens: E en Athenais Archaiologike Etaireia.

Myres, J. L. (1923) 'Primitive man in geological time', in *Cambridge Ancient History*, 1st edn., vol. I, pp. 1–97.

Nagel, W. (1987) 'Indogermanen und Alter Orient Rückblick und Ausblick auf den Stand des Indogermanenproblems', *Mitteilungen der deutschen Orient-Gesellschaft zu Berlin* 119: 157–213.

Nagy, G. (1979) *The Best of the Achaeans: Concepts of the Hero in Archaic Greek Poetry*. Baltimore, Md. and London: The Johns Hopkins University Press.

Naveh, J. (1973) 'Some Semitic epigraphical considerations on the antiquity of the Greek alphabet', *American Journal of Archaeology* 77: 1–8.

—— (1982) *Early History of the Alphabet: An Introduction to West Semitic Epigraphy and Paleography*. Jerusalem: Magnes; Leiden: Brill.

Naville, E. (1894–1908) *The Temple of Deir el Bahari*, 6 vols. London: Offices of the Egypt Exploration Fund.

Needham, J. (1954–) *Science and Civilisation in China*, vol. III, *Mathematics and the Sciences of the Heavens and the Earth*. Cambridge: Cambridge University Press.

Needham, J. and Lu, G. D. (1985) *Transpacific Echoes and Resonances: Listening Once Again*. Singapore: World Scientific.

Negbi, O. (1976) *Canaanite Gods in Metal*. Tel Aviv: Tel Aviv University, Institute of Archaeology.

—— (1978) 'Cypriot imitations of Tel el-Yahudieh ware from Tomba tou Skourou', *American Journal of Archaeology* 82: 137–49.

—— (1982) 'Evidence for Early Phoenician communities on the Eastern Mediterranean islands', *Levant* 14: 179–82.

Neiman, D. (1965) 'Phoenician place names', *Journal of Near Eastern Studies* 24: 113–5.

Neugebauer, O. (1945) *Mathematical Cuneiform Texts*. New Haven, Conn.: American Oriental Society and the American Schools of Oriental Research.

—— (1950) 'The alleged Babylonian discovery of the precession of the equinoxes', *Journal of the American Oriental Society* 70.1: 1–8.

—— (1957) *The Exact Sciences in Antiquity*. Providence, RI: Brown University Press.

Neugebauer, O. and Parker, R. A. (1960–9) *Egyptian Astronomical Texts*, 4 vols. Providence, RI and London: Brown University Press.

Newberry, P. E. (1893) *Beni Hasan*, pts 1 and 2, *Archæological Survey of Egypt*, nos. 1 and 2. London: Kegan Paul.

—— (1906) 'To what race did the founders of Sais belong?', *Proceedings of the Society of Biblical Archaeology* 28: 71–3.

—— (1909) 'Two cults of the Old Kingdom', *Liverpool Annals of Archaeology and Anthropology* 1: 24–31.

Nibbi, A. (1975) *The Sea Peoples and Egypt*. Park Ridge, NJ: Noyes Press.

Niebuhr, B. (1847) *Vorträge über alte Geschichte an der Universität zu Bonn gehalten*, 3 vols. Berlin. Trans. L. Schmitz as *Lectures on Ancient History from the Earliest Times to the Taking of Alexandria by Octavius*, 3 vols. Philadelphia, 1852.

Niemeier, H. G. (1984) 'Die Phönizier und die Mittelmeerwelt im Zeitalten Homers', *Jahrbuch des Römisch-Germanischen Zentralmuseums* 31: 1–94.

Niemeier, W.-D. (1980) 'Die Katastrophe von Thera und die spätminoische Chronologie', *Jahrbuch des deutschen archäologischen Instituts* 95: 1–76.

—— (1982a) 'Mycenaean Knossos and the Age of Linear B', *Studi micenei ed egeo-anatolici* 23: 219–87.

—— (1982b) 'Das mykenische Knossos und das Alter von Linear B', *Beiträge zur ägäischen Bronzezeit*. Marburg: Kleine Schriften aus dem Vorgeschichtlichen Seminar Marburg 11, pp. 29–127.

—— (1983) 'The character of the Knossian palace society in the second half of the fifteenth century BC: Mycenaean or Minoan?', in O. Krzyszkowska and L. Nixon, eds., *Minoan Society: Proceedings of the Cambridge Colloquium 1981*. Bristol: Bristol Classical Press, pp. 217–36.

—— (1984) 'The End of the Minoan Thalassocracy', in R. Hägg and N. Marinatos, eds., *The Minoan Thalassocracy: Myth and Reality: Proceedings of the 3rd International Symposium at the Swedish Institute in Athens 31 May–5 June 1982*, *Skrifter utgivna av Svenska Institutet i Athen*, 4, pp. 206–15.

Nilsson, M. P. (1932) *The Mycenaean Origin of Greek Mythology*. Berkeley: University of California Press.

—— (1933) *Homer and Mycenae*. London: Methuen.

—— (1950) *The Minoan Mycenaean Religion*. Lund: Gleerup.

—— (1972) *The Mycenaean Origin of Greek Mythology*. Paperback edn. Berkeley: University of California Press.

Nivison, D. S. (1983) 'The dates of Western Chou', *Harvard Journal of Asian Studies* 43: 481–580.

Nixon, L. (1983) 'Changing views of Minoan society', in O. Krzyszkowska and L. Nixon, eds., *Minoan Society: Proceedings of the Cambridge Colloquium 1981*. Bristol: Bristol Classical Press, pp. 237–44.

Noegel, S. (1990) 'Ogygos of Boiotia and the biblical Og of Bashan: reflections on the same myth', graduate paper for Government 454, Cornell, Spring.

Nonnos (1940) *Dionysiaca*, 3 vols, W. H. D. Rouse, trans., notes by H. J. Rose and L. R. Lind. Cambridge, Mass.: Harvard University Press (Loeb); London: Heinemann.

Nougayrol, J. (1957) 'Nouveaux textes d'Ugarit en cuneiformes babyloniens', *Compte rendu de la Rencontre Assyriologique Internationale*, pp. 77–85.

Oates, J. (1979) *Babylon*. London: Thames & Hudson.

O'Connor, D. (1990) 'The Bronze Age evidence', paper given at the 42nd Annual Meeting of the American Research Center in Egypt, Berkeley, 26–29 April.

Olivier, J. P. (1971) 'Notes épigraphiques sur les tablettes en linéare B de la série Ug de Thèbes', *Archaiologika Analekta ex Athenon* 4: 269–72.

O'Mara, P. F. (1979) *The Palermo Stone and the Archaic Kings*. La Canada, Calif.: Paulette Publishing Co.

Onians, R. B. (1988) *The Origins of European Thought: About the Body, the Mind, the Soul, the World, Time and Fate*. Cambridge: Cambridge University Press.

Otto, E. (1938) 'Beiträge zur Geschichte der Stierkulte in Aegypten', in *Untersuchungen zur Geschichte und Altertumskunde Aegyptens XIII*. Reprint. Hildersheim: Olms, 1964.

—— (1966) *Osiris und Amun: Kult und heilige Statten*. Trans. K. Bosse Griffiths as *Ancient Egyptian Art: The Cult of Osiris and Amon*. London: Thames & Hudson.

—— (1975a) 'Ägypten im Selbstbewußtsein des Ägypters', in W. Helck and E. Otto, *Lexikon der Ägyptologie*, vol. I, cols. 76–8.

—— (1975b) 'Amun', in W. Helck and E. Otto, *Lexikon der Ägyptologie*, vol. I, cols. 245–6.

—— (1975c) 'Anuket', in W. Helck and E. Otto, *Lexikon der Ägyptologie*, vol. I, cols. 333–4.

Packard, D. W. (1974) *Minoan Linear A*. Berkeley and Los Angeles: University of California Press.

Page, D. L. (1970) *The Santorini Volcano and the Desolation of Minoan Crete*. London: Society for the Promotion of Hellenic Studies.

—— (1976) 'The miniature fresco from Akrotiri, Thera', *Praktika tes Akademias Athenon* 51: 136–52.

Palaima, T. G. (1988) 'The development of the Mycenaean writing system', in J.-P. Olivier and T. G. Palaima, eds., *Texts, Tablets and Scribes: Studies in Mycenaean Epigraphy and Economy, Minos* suppl. 10, Salamanca, 1988, pp. 321–8.

Pallottino, M. (1978) *The Etruscans*, rev. and enlarged edn., J. Cremona, trans., D. Ridgeway, ed. London: Penguin.

—— (1984) *Storia della Prima Italia*. Milan: Rusconi.

Palmer, L. R. (1956) 'Military arrangements for the defence of Pylos', *Minos* 4: 120–45.

—— (1958) 'Luvian and Linear A', *Transactions of the Philological Society* 56: 75–100.

—— (1965) *Mycenaeans and Minoans: Aegean Prehistory in the Light of the Linear B Tablets*, 2nd rev. edn. London: Faber.

—— (1969) *A New Guide to the Palace of Knossos*. London: Faber.

—— (1984a) 'The Mycenaean Palace and the *Damos*', in *Aux origines de l'Hellénisme: La Crète et La Grèce: Hommage à Henri van Effenterre*. Paris: Publications de la Sorbonne: Histoire Ancienne et Médiévale 15, pp. 151–9.

—— (1984b) 'The Linear B Palace at Knossos', in P. Åström, L. R. Palmer and L. Pomerance, eds., *Studies in Aegean Chronology*. Göteborg: Paul Åströms Förlag, pp. 26–119.

Pålsson-Hallager, B. (1983) 'Crete and Italy in the Late Bronze Age III Period', *American Journal of Archaeology* 89: 293–305.

Pang, K. D. (1985) 'Extraordinary floods in early Chinese history and their absolute dates', paper presented to the U.S.–China Bilateral Symposium on the Analysis of Extraordinary Flood Events, Nanking, October.

—— (1987) 'Extraordinary floods in early Chinese history and their absolute dates', *Journal of Hydrology* 96: 139–55.

Pang, K. D. and Chou, H. H. (1984) 'A correlation between Greenland ice core climatic horizons and ancient oriental meteriological records', *Eos* 65: 846.

—— (1985) 'Three very large volcanic eruptions in Antiquity and their effects on the climate of the ancient world', paper abstract, *Eos* 66: 816.

Pang, K. D., Espenak, F., Huang, Y. L., Chou, H. H. and Yau, K. C. (1988) 'The origin and extent of Chinese civilization', paper given to the 5th International Conference on Chinese Science, San Diego, 5–10 August.

Pang, K. D., Pieri D. and Chou, H. H. (1986) 'Climatic impacts of the 44–42 BC eruptions of Etna, reconstructed from ice core and historical records', *Eos* 67: 880.

Pang, K. D., Slavin, J. A. and Chou, H. H. (1987) 'Climatic anomalies of the late third century BC; correlations with volcanism, solar activity and planetary alignment', *Eos* 68: 1234.

Pang, K. D., Yau, K. C., Chou, H. H. and Wolff, R. (1988) 'Computer analysis of some Chinese sunrise eclipse records to determine the earth's past rotation rate'. *Vistas in Astronomy* 16: 109.

Pankenier, D. W. (1981–2) 'Astronomical dates in the Shang and Western Zhou', *Early China* 2: 2–37.

—— (1983) '*Mozi* and the dates of Xia, Shang and Zhou: a research note', *Early China* 9–10: 175–83.

Parke, H. W. (1967) *The Oracles of Zeus: Dōdōna, Olympia and Ammon*. Oxford: Oxford University Press.

—— (1977) *Festivals of the Athenians*. London: Thames & Hudson; Ithaca, NY: Cornell University Press.

Parker, R. A. (1950) *The Calendars of Ancient Egypt. Studies in Ancient Oriental Civilization* 26. Chicago: Oriental Institute.

—— (1957) 'The lunar dates of Thutmose III and Ramesses II', *Journal of Near Eastern Studies* 16: 39–43.

—— (1976) 'The Sothic dating of the Twelfth and Eighteenth Dynasties', in J. H. Johnson and E. F. Wente, eds., *Studies in Honor of George R. Hughes. Studies in Ancient Oriental Civilization* 39. Chicago: Oriental Institute.

Parker, R. A. and Neugebauer, O. (1960–4) *Egyptian Astronomical Texts*, 4 vols. London: Lund Humphries for Brown University Press.

Parmentier, L. (1913) *Recherches sur le traité d'Isis et d'Osiris de Plutarque*. Brussels: Académie Royale de Belgique.

Partridge, E. (1958) *Origins: A Short Etymological Dictionary of Modern English*. London: Routledge & Kegan Paul.

Pârvulescu, A. (1968) 'L'homérique KHP étude sémantique', *Helikon* 8: 277–310.

Pausanias, *Guide to Greece*, see Frazer and Levi.

Peake, H. and Fleure, H. J. (1927) *Priests and Kings: The Corridors of Time IV*. Oxford: Clarendon Press.

Pearson, K. and Connor, P. (1968) *The Dorak Affair*. New York: Atheneum.

Pelon, O. (1976) *Tholoi, tumuli et cercles funéraires: Recherches sur les monuments funéraires de plan circulaire dans l'Égée de l'âge du bronze*. Athens: École Française d'Athènes.

—— (1987) 'L'architecture funéraire de Grèce continentale à la transition du bronze moyen et du bronze récent', in R. Laffineur, ed., *Thanatos: Les coutumes funéraires en Égée à l'âge du Bronze: Actes du Colloque de Liège (21–23 avril 1986)*. Université de l'État à Liège: Histoire de l'Art et Archéologie de la Grèce antique, pp. 107–15.

Pendlebury, J. D. S. (1930a) *Aegyptiaca*. Cambridge: Cambridge University Press.

—— (1930b) 'Egypt and the Aegean in the Late Bronze Age', *Journal of Egyptian Archaeology* 16: 75–92.

—— (1963) *The Archaeology of Crete an Introduction*. New York: Biblo & Tannen.

Peradotto, J. and Myerowitz Levine, M. (1989) 'The Challenge of "Black Athena"', *Arethusa*, special issue.

Persson, A.W. (1932) 'Alkmenes Grav. En kunglig utgrävning un den Antiken', in *Gustavus Adolphus: Arkeologiska Studier tillagnade H. K. H. Kronprins Gustaf Adolf*. Lund: Gleerup, pp. 3–37.

—— (1942) *New Tombs at Dendra*. Lund: Gleerup.

Peruzzi, E. (1959–60) 'Le iscrizioni minoiche', *Atti dell' Accademia Toscana di Scienze e Lettere 'La Colombaria'* 24: 31–128.

Petrie, W. M. F. (1883) *The Pyramids and Temples of Gizeh*. London: Field & Tuer.

—— (1890) 'The Egyptian bases of Greek history', *Journal of Hellenic Studies* 11: 271–7.

—— (1891) *Ilahun, Kahun and Gurob, 1889–90*. London: David Nutt.

—— (1893) *The Great Pyramid*. London: Methuen.

—— (1894) *Tell el Amarna*. London: Methuen.

—— (1894–1905) *A History of Egypt*, 3 vols. London: Methuen, New York: Scribner.

—— (1903) *History of Egypt from the Earliest Kings to the XVIth Dynasty*, 5th ed. London: Methuen.

—— (1908) 'Historical references in Hermetic writings', *Transactions of the*

Third International Congress of the History of Religions, Oxford, 1: 196–225.

—— (1909) *Personal Religion in Egypt before Christianity.* London: Harpers Library of Living Thought.

—— (1923) *History of Egypt from the Earliest Kings to the XVIth Dynasty,* 10th edn. London: Methuen.

—— (1931) *70 Years of Archaeology,* London: Sampson Low.

—— (1952) *City of Shepherd Kings and Gaza V.* London: British School of Egyptian Archaeology 64.

Petrie, W. F. and Walker, J. H. (1909) *Memphis 1: British School of Archaeology in Egypt and Egyptian Research Account: Fourteenth Year.* London: London School of Archaeology in Egypt.

Pettinato, G. (1978) 'L'atlante geografico ne Vicino Oriente Antíco attestate ad Ebla ed ad Abu Salabikh', *Orientalia* 47: 50–73.

—— (1981) *Ebla: un impero inciso nell' argilla.* Milan: Mondadori. Trans. as *The Archives of Ebla: An Empire Inscribed in Clay, with an Afterword by Mitchell Dahood, S. J.* Garden City, NY: Doubleday.

—— (1985). *Semiramide.* Milan: Rusconi.

Pharaklas, N. (1967) 'Archaiotetes kai Mnemeia Boiotias', *Archaiologikon Deltion* 22.2: 225–57.

Phelps, R. (1963) '"Before Hitler Came": The Thule Society and the Germanen Orden', *The Journal of Modern History* 35.3: 245–61.

Phillips, E. D. (1965) *The Royal Hordes: Nomad Peoples of the Steppes.* London: Thames & Hudson.

Philo of Byblos, *The Phoenician History,* see Baumgarten.

Picard, C. (1937) 'Homère et les religions de l'Égypte', *Revue archéologique,* series 6, 10: 110–13.

—— (1948) *Les Religions Préhelléniques.* Paris: Presses universitaires de France.

Pictet, A. (1858) 'Iren und Arier', in A. Kuhn and A. Schleicher, eds., *Beiträge zur vergleichende Sprachforschung, auf dem Gebiete der arischen, celtischen und slawischen Sprachen,* 8 vols. Berlin: Dümmler, I: 81–99.

Pierce, R. H. (1971) 'Egyptian loan words in Ancient Greek?', *Symbolae Osloenses* 46: 96–107.

Pini, I. (1968) *Beiträge zur minoischen Gräberkunde.* Wiesbaden: Harrassowitz.

—— (1984) 'Minoische Siegel außerhalb Kretas', in R. Hägg and N. Marinatos, eds., *The Minoan Thalassocracy: Myth and Reality: Proceedings of the 3rd International Symposium at the Swedish Institute in Athens 31 May–5 June 1982, Skrifter utgivna av Svenska Institutet i Athen,* 4, 123–30.

Pisani, V. (1950) 'gr. 'ἄρτος'. *Ricerci Linguistiche* I.141.

Plato (1914–2?) 12 vols. H. N. Fowler, trans.

—— *Kratylus.*

—— *Kritias.*

—— *Menexenus.*

—— *Phaedo.*

—— *Republic.*

—— *Timaeus.* (1929) R. G. Bury, trans.

See Lee, 1955.

Platon, N. (1956) 'La Cronologie Minoenne', in C. Zervos, ed., *L'Art de la Crète néolithique et minoenne*. Paris: Éditions Cahier d'Art, pp. 509–12.

Platon, N. and Stassinopoulou touloupa, E. (1964) 'Oriental seals from the palace of Cadmus: unique discoveries in Boeotian Thebes', *Illustrated London News*, 12 May, pp. 896–9.

Plutarch, *De Iside et Osiride*, trans. F. C. Babbit (1934–5) in *Plutarch's Moralia*, 16 vols. Cambridge, Mass.: Harvard University Press (Loeb); London: Heinemann, vol. V, pp. 7–191.

—— *De genio Socratis*, trans. P. de Lacy and B. Einarsen in *Plutarch's Moralia*, 16 vols. Cambridge, Mass.: Harvard University Press (Loeb); London: Heinemann, vol. VII, pp. 362–434.

Podzuweit, C. (1982) 'Die mykenische Welt und Troja', in *Südosteuropa zwischen 1600 und 1000 vor Chr.*, in B. Hänsel, ed., *Prähistorische Archäologie in Südosteuropa*, vol. I. Berlin, pp. 80–8.

Pois, R. A. (1986) *National Socialism and the Religion of Nature*. New York: St. Martin's.

Pokorny, J. (1959–69) *Indogermanisches etymologisches Wörterbuch*, 2 vols. Bern and Munich: Franke.

Pollinger Foster, K. (1979) *Aegean Faience of the Bronze Age*. New Haven and London: Yale University Press.

—— (1986) 'Review of *Art and Religion in Thera* by Nanno Marinatos', *American Journal of Archaeology* 90: 353–4.

—— (1987) 'Snakes and lions: a new reading of the West House frescoes from Thera', *Expedition* 30 (February): pp. 10–20.

Polomé, E. C. (1981) 'Can graphemic change cause phonemic change?', in Y. Arbeitman and A. R. Bomhard, eds., *Bono Homini Donum*. Amsterdam: John Benjamins, pp. 881–8.

Pomerance, L. (1970) 'The final collapse of Thera (Santorini)', *Studies in Mediterranean Archaeology* 26.

—— (1978) 'The improbability of a Theran collapse during the New Kingdom 1503–1447 BC', in C. Doumas, ed., *Thera and the Aegean World: Papers Presented at the Second International Scientific Congress, Santorini, Greece, August 1978*, vols. I–II. London, pp. 778–803.

—— (1984) 'A note on the carved stone ewers from the Khyan lid deposit', in *Studies in Aegean Chronology*, Göteborg: Paul Åströms Förlag, pp. 15–25.

Pope, M. (1981) 'The cult of the dead at Ugarit', in G. Young, ed., *Ugarit in Retrospect: 50 Years of Ugarit and Ugaritic*. Winona Lake, Ind.: Eisenbrauns, pp. 170–5.

—— (1973) *Job: A New Translation with Introduction and Commentary*, 3rd edn. Garden City, NY: Anchor.

Pope, M. and Raison, J. (1978) 'Linear A: changing perspectives', *Études minoennes* I: 5–64.

Popham, M. (1965) 'Some late Minoan pottery from Crete', *Annual of the British School at Athens* 60: 316–42.

Porada, E. (1950) 'Critical review of the corpus of Near Eastern seals in North

American collections', vol. I, ed. E. Porada, *Journal of Cuneiform Studies* 9: 155-62.

—— (1965) 'Cylinder seals from Thebes: a preliminary report', *American Journal of Archaeology* 69: 173.

—— (1966) 'Further notes on the cylinders from Thebes', *American Journal of Archaeology* 70: 194.

—— (1981) 'The cylinder seals found at Thebes in Boeotia', with contributions from Hans G. Güterbock and John A. Brinkman, *Archiv für Orientforschung* 28: 1-78.

—— (1982) 'Remarks on the Tôd Treasure in Egypt', in M. A. Dandamayev *et al.*, eds., *Societies and Languages of the Ancient Near East, Studies in Honour of I. M. Diakonoff.* Warminster: Aris & Phillips.

—— (1984) 'The cylinder seal from Tell el-Dab'a', *American Journal of Archaeology* 88: 485-8.

Portugali, Y. and Knapp, A. B. (1985) 'Cyprus and the Aegean: a spatial analysis of interaction in the 17th-14th centuries BC', in A. B. Knapp and T. Stech, eds., *Prehistoric Production and Exchange: The Aegean and East Mediterranean.* Los Angeles: University of California, Institute of Archaeology, Monograph 25, pp. 44-78.

Porzig, W. (1954a) 'Sprachgeographische Untersuchungen zu den griechischen Dialekten', *Indogermanische Forschungen* 61: 147-69.

—— (1954b) *Die Gliederung des indogermanischen Sprachgebiets.* Heidelberg: Winter.

Posener, G. (1940) *Princes et pays d'Asie et de Nubie.* Brussels: Fondation Égyptologique Reine Élisabeth.

—— (1956) *Littérature et politique dans l'Égypte de la XIIe Dynastie.* Paris: Bibliothèque de l'École des Hautes Études, fascicule 307.

—— (1957) 'Les Asiatiques en Egypte sous les XIIe et XIIIe dynasties', *Syria* 34: 145-63.

—— (1960) 'La divinité du pharaon', *Cahiers de la Société Asiatique* 15.

—— (1966) 'Une réinterpretation tardive du nom du dieu Khonsu', *Zeitschrift für ägyptische Sprache* 93: 115-19.

—— (1971) 'Syria and Palestine *c.* 2160-1780 BC', in *Cambridge Ancient History*, 3rd edn., vol. 1, pt 2, pp. 532-58.

—— (1975) 'Ächtungstexte', in W. Helck and E. Otto, *Lexikon der Ägyptologie*, vol. I, cols. 67-8.

—— (1982) 'A new inscription of the XIIth Dynasty', *Society for the Study of Egyptian Antiquities* [Toronto] 12: 7-8.

Poursat, J.-C. (1977) *Les Ivoires mycéniens.* Athens: Bibliothèque des écoles françaises d'Athènes et de Rome.

—— (1984) 'Une Thalassocratie minoenne à Minoen Moyen II', in R. Hägg and N. Marinatos, eds., *The Minoan Thalassocracy: Myth and Reality: Proceedings of the 3rd International Symposium at the Swedish Institute in Athens 31 May-5 June 1982*, Skrifter utgivna av Svenska Institutet i Athen, 4, pp. 85-7.

Powell, B. (1977) 'The significance of the so-called "Horns of Consecration"', *Kadmos* 16: 70-81.

Power, E. (1929) 'The ancient gods and language of Cyprus revealed by the Accadian inscriptions of Amathus', *Biblica* 10: 129–69.

Prausnitz, M. W. (1985) 'On Early to Middle Iron Age pottery of Israel, Tyre and Cyprus', *Praktika tou Diethnous Kypriologikou Synedriou*, vol. I, *Archion Tema*, Nicosia, pp. 191–5.

Prellwitz, W. (1905) *Etymologisches Wörterbuch der griechischen Sprache*. Göttingen: Vandenhoeck & Ruprecht.

Prendi, F. (1982) 'The prehistory of Albania', in *Cambridge Ancient History*, 2nd edn., vol. III, pt 1, pp. 187–237.

Pritchard, J. B. (1955) *Ancient Near Eastern Texts*, 2nd edn. Princeton, NJ: Princeton University Press.

Pulak, C. (1988) 'The Bronze Age shipwreck at Ulu Burun, Turkey: 1985 campaign', *American Journal of Archaeology* 92: 1–37.

Purpura, G. (1981) 'Sulle vicende ed il luogo di rinveniemento del cosidetto Melqart di Selinunte', *Sicilia Archeologica* 14: 46–7; 87–90.

Quattordio, A. M. (1977) 'Per l'interpretazione di miceneo O-pa', *Studi e saggi linguistici* NS 17: 31–66.

—— (1979a) 'Denominativi in -εύω nomi comuni in -εύς', *Studi e saggi linguistici* NS 19: 109–65.

—— (1979b) 'HRA ed HPΩΣ : un tentativo di esegesi etimologica', *Studi e saggi linguistici* NS 19: 167–98.

Raban, A. (1984) 'The Thera ships: another interpretation', *American Journal of Archaeology* 88: 11–19.

Rabin, C. (1974) 'The origin of the Hebrew word *pilageš*', *Journal of Jewish Studies* 25: 353–64.

Raison, J. and Brixhe, C. (1961) 'Compte rendu de *Minoica*', *Kratylos* 6: 127–36.

Raison, J. and Pope, M. (1971) *Index du linéaire A*. Rome: Edizione dell'Ateneo.

—— (1978) 'Le vocabulaire du linéaire A en translittération', *Études minoennes* I: 131–90.

See also Pope and Raison.

Ramage, E. S., ed. (1978) *Atlantis: Fact or Fiction?* Bloomington: Indiana University Press.

Ranke, O. (1935–52) *Die ägyptischen Personenamen*, 3 vols. Glückstadt: Augustin.

Rashidi, R. (1985) 'Africans in early Asian civilization, historical overview', in Rashidi, ed., *African Presence in Early Asia*, special issue of *Journal of African Civilizations*, pp. 15–52.

Rattenbury, R. M. (1933) 'Romance in the the Greek novel', in J. U. Powell, ed., *New Chapters in Greek Literature*, 3rd series. Oxford: Clarendon Press, pp. 211–57.

Rebuffat, R. (1966) 'Les Phéniciens à Rome', *Mélanges de l'École française de Rome* 78: 7–48.

Reisner, G. A. (1961) 'The Egyptian forts from Halfa to Semna', *Kush* 9: 11–24.

Reisner, G. A. and Reisner, M. B. (1933) 'Inscribed monuments from Gebel Barkal, II' *Zeitschrift für ägyptische Sprache und Altertumskunde* 69: 35–46.

Rendsburg, G. (1981) 'Orientation in Egypt and Palestine', *Biblical Archaeologist* 44: 198.

—— (1982) 'A new look at the Pentateuchal Hw'', *Biblica* 63: 351–69.

—— (1984) '*UT* 68 and the Tell Asmar seal', *Orientalia* 53: 448–52.

—— (1989) '*Black Athena*: an etymological response', in M. M. Levine, ed., 'The Challenge of "*Black Athena*"', *Arethusa* special issue: 67–82.

—— (1990) 'The internal consistency and historical reliability of the biblical genealogies', *Vetus Testamentum* 40: 185–206.

—— (forthcoming) 'Monophthongization of AW/AY > A, in Eblaite and in Northwest Semitic.'

Renfrew, C. (1972) *The Emergence of Civilisation: The Cyclades and the Aegean in the Third Millennium BC.* London: Methuen.

—— (1973) 'Problems in the general correlation of archaeological and linguistic strata in prehistoric Greece: the model of autochthonous origin', in R. A. Crossland and A. Birchall, eds., *Bronze Age Migrations in the Aegean: Archaeological and Linguistic Problems of Greek Prehistory.* London: Duckworth, pp. 265–79.

—— (1978) 'The Mycenaean sanctuary at Phylakopi', *Antiquity* 52: 7–15.

—— (1984) *Approaches to Social Archaeology.* Cambridge, Mass: Harvard University Press.

—— (1987) *Archaeology and Language: The Puzzle of Indo-European Origins.* London: Cape.

Renfrew, C., Rowlands, M. J. and Seagraves, B. A. (1982) *Theory and Explanation in Archaeology: The Southampton Conference.* New York and London: Academic Press.

Ridgeway, W. (1911) 'Achaeans', in *Encyclopaedia Britannica*, 10th ed., vol. I, pp. 141–2.

Riis, P. J. (1969) 'The first Greeks and their settlement at Sukas', *Ugaritica* 6: 1–72.

—— (1970) *Sūkās I: The North East Sanctuary and the First Settling of Greeks in Syria and Palestine.* Publications of the Carlsberg Expedition to Phoenicia. Copenhagen: Det Konglige Danske.

Risch, E. (1949) 'Altgriechische Dialektgeographie', *Museum Helveticum* 6: 19–28.

—— (1955) 'Die Gliederung der griechischen Dialekte in neuer Sicht', *Museum Helveticum* 12: 61–75.

Ritner, R. K. (1985) 'Anubis and the lunar disk', *Journal of Egyptian Archaeology* 71: 149–55.

Roberts, J. J. M. (1971) 'Erra scorched earth', *Journal of Cuneiform Studies* 24: 11–16.

Robertson, J. (1788) *The Parian Chronicle; or the Chronicle of the Arundelian Marbles: with a Dissertation Concerning Its Authenticity.* London: J. Walter.

Robertson Smith, W. (1894) *The Religion of the Semites: The Fundamental Institutions.* Cambridge.

Roesch, P. (1982) *Études Béotiennes.* Paris: Bocard.

Röllig, V. W. and Mansfeldt, J. (1970) 'Zwei Ostraka vom Tell Kāmid el Lōz und ein neuer Aspekt für die Entstehung des kanaanäischen Alphabets', *Die Welt des Orients* 3/2: 265–70.

Roscher, W. H. (1884–1937) *Ausführliches Lexikon der griechischen und römischen Mythologie*, 7 vols. Leipzig: Teubner.

Rosenthal, F. (1978) 'Review of *Recherches sur les plus anciens emprunts sémitiques en grec*, by E. Masson', *Journal of the American Oriental Society* 90: 338–9.

Rowlands, M., Larsen, M. T. and Kristiansen, K., eds. (1987) *Centre and Periphery in the Ancient World*. Cambridge: Cambridge University Press.

Rowley, H. H. (1950) *From Joseph to Joshua: Biblical Traditions in the Light of Archaeology*. London: Oxford University Press.

Ruijgh, C. H. (1967) *Études sur la grammaire et le vocabulaire du grec mycénien*. Amsterdam: Hakkert.

Rundle-Clark, R. T. (1959) *Myth and Symbol in Ancient Egypt*. London: Thames & Hudson.

Rusch, A. (1922) *Die Entwicklung der Himmelsgottin Nut zu einen Totengottheit*. Leipzig: Hinrichs.

Saggs, H. W. F. (1962) *The Greatness That Was Babylon*. New York: Hawthorn Books.

Saint Martin, V. d. (1863) *Le Nord de l'Afrique dans l'antiquité grecque et romaine*. Paris.

Sakellarakis, E. and Sakellarakis, J. A. (1984) 'The Keftiu and the Minoan thalassocracy', in R. Hägg and N. Marinatos, eds., *The Minoan Thalassocracy: Myth and Reality: Proceedings of the 3rd International Symposium at the Swedish Institute in Athens 31 May–5 June 1982, Skrifter utgivna av Svenska Institutet i Athen*, 4, pp. 198–223.

Sakellarakis, J. A. (1981) *Herakleion Museum: Illustrated Guide to the Museum*. Athens: Ekdotike Athenon.

Sakellerakis, J. A. and Sapouna-Sakellaraki, E. (1981) 'Drama of Death in a Minoan temple', *National Geographic*, February, pp. 205–23.

Sakellariou, M. (1977) *Peuples Préhélleniques d'Origine Indo-européenne*. Athens: Ekdotike Athenon.

—— (1981) *Les Proto-Grecs*. Athens: Ekdotike Athenon.

—— (1986) 'Who were the immigrants?', in G. Cadogan, ed., *The End of the Early Bronze Age in the Aegean*. Leiden: Brill, pp. 125–37.

Saldit-Trappmann, R. (1970) *Tempel der ägyptischen Götter in Griechenland und an der Westküste Kleinasiens*. Leiden: Brill.

Salmon, M. H. (1982) *Philosophy and Archaeology*. New York and London: Academic Press.

Sandars, N. K. (1961) 'The first Aegean swords and their ancestry', *American Journal of Archaeology* 65: 17–28.

—— (1978) *The Sea Peoples: Warriors of the Ancient Mediterranean 1250–1150 BC*, London: Thames & Hudson.

Santillana, G. de (1963) 'On forgotten sources in the history of science', in A. C. Crombie, ed., *Scientific Change: Historical Studies in the Intellectual, So-*

cial and Technical Conditions for Scientific Discovery and Technical Invention, from Antiquity to the Present. New York: Basic Books, pp. 813–28.

Santillana, G. de and von Dechend, H. (1969) *Hamlet's Mill: an Essay in Myth and the Frame of Time.* Boston: Gambit.

Sasson, J. M. (1966a) 'Canaanite maritime involvement in the second millennium B.C.', *Journal of the American Oriental Society* 86: 126–38.

—— (1966b) 'A sketch of North Syrian economic relations in the Middle Bronze Age', *Journal of the Economic and Social History of the Orient.* 9: 161–81.

—— (1971) 'Mari notes', *Revue d'Assyriologie et d'Archéologie Orientale* 65: 172.

—— (1980) 'The 'Tower of Babel' as a clue to the redactional structuring of primeval history', in G. Rendsburg *et al.*, ed., *The Bible World: Essays in Honor of Cyrus H. Gordon.* New York: KTAV Publishing, pp. 211–20.

Sauneron, S. (1960) 'Le nouveau sphinx composite du Brooklyn Museum et le rôle du dieu Tou-tou-Tithoès', *Journal of Near Eastern Studies* 19: 269–87.

—— (1968) *Esna III, Textes,* in series *Esna* (1959–). Publications de l'Institut française à Caire.

Säve-Söderbergh, T. (1946) 'The Egyptian navy of the Eighteenth Egyptian Dynasty', *Uppsala Universitets Årsskrift* 6.

—— (1951) 'The Hyksos in Egypt', *Journal of Egyptian Archaeology* 37: 53–71.

Sayce, A. H. (1885) 'The season and the extent of the travels of Herodotos in Egypt', *Journal of Philology* 14: 258–86.

Sayeed, e. R. (1982) *La Déese Neïth de Saïs,* vol. I, *Importance et rayonnement de son culte,* vol. II, *Documentation.* Cairo: Bibliothèque d'Étude, vol. 86.1.

Scaliger, J. J. (1565) *Coniectanea in M. Terentium Varronem de lingua Latina.* Paris: Stephanus.

Schachermeyr, F. (1962a) 'Forschungsbericht über die Ausgrabungen und Neufunde zur ägäischen Frühzeit 1957–1960', *Jahrbuch des deutschen archäologischen Instituts* 77: 104–382.

—— (1962b) 'Luwier auf Kreta?', *Kadmos* 1: 27–39.

—— (1967) *Ägais und Orient: Die überseeischen Kulturbeziehungen von Kreta und Mykenai mit Ägypten, der Levante und Kleinasien unter besonderer Berücksichtigung des 2. Jahrtausend v. Chr.* Vienna: Abhandlungen der östereichichischen Akademie der Wissenschaften in Wien.

—— (1984) *Griechische Frühgeschichte: ein Versuch frühe Geschichte wenigstens in Umrissen Verständlich zu machen.* Vienna: Österreichische Akademie.

Schachter, A. (1981) 'Cults of Boiotia, 1. Acheloos to Hera', *Bulletin of the Institute of Classical Studies Supplement.* 38.1.

—— (1986) 'Cults of Boiotia, 2. Herakles to Poseidon', *Bulletin of the Institute of Classical Studies Supplement* 38.2.

Schaeffer, C. F. A. (1933) 'Les fouilles de Minet el Beida et de Ras Shamra: quatrième campagne (printemps 1932); rapport sommaire', *Syria* 14: 93–127.

—— (1948) *Stratigraphie Comparée et Chronologie de l'Asie Occidentale.* Oxford: Oxford University Press.

—— (1971–) *Mission archéologique d'Alasia Dirigée par Claude F. A. Schaeffer*, vol. I. Paris: Mission archéologique d'Alasia.

Schenkel, W. (1984) *Die Bewasserungsrevolution im alten Ägypten.* Mainz: Philipp von Zabern; deutsches archäologisches Institut, Abteilung Kairo.

Schiering, W. (1984) 'The connections between the oldest settlement at Miletus and Crete', in R. Hägg and N. Marinatos, ed., *The Minoan Thalassocracy: Myth and Reality: Proceedings of the 3rd International Symposium at the Swedish Institute in Athens 31 May–5 June 1982, Skrifter utgivna av Svenska Institutet i Athen*, 4, pp. 186–9.

Schiffrin, H. Z. (1968) *Sun Yat-sen and the Origins of the Chinese Revolution.* Berkeley and Los Angeles: University of California Press.

Schliemann, H. (1878) *Mycenae: A Narrative of Research and Discoveries at Mycenae and Tiryns.* London: John Murray.

Schwabe, C. W., Adams, J. and Hodge, C. T. (1982) 'Egyptian beliefs about the bull's spine: an anatomical origin for the ankh', *Anthropological Linguistics* (Winter): 445–79.

Schwartz, B. I. (1975) 'The age of transcendence', in 'Wisdom, Revelation and Doubt', *Daedalus* special issue: 3–4.

—— (1985) *The World of Thought in Ancient China.* Cambridge, Mass.: Harvard University Press.

Schwartz, J. (1950) 'Le cycle de Petoubastis et les comentaires égyptiens de l'Exode', *Bulletin de l'Institut Français d'Archéologie Orientale [Cairo]* 49: 75–83.

Scoufopoulos, N. C. (1971) *Mycenaean Citadels. Studies in Mediterranean Archaeology* 22. Göteborg: Paul Åströms Förlag.

Scullard, H. H. (1967) *The Etruscan Cities and Rome.* Ithaca, NY: Cornell University Press.

Seaton, R. C. (trans.) (1912) *The Argonautica of Apollonios of Rhodes.* Cambridge, Mass.: Harvard University Press; London: Heinemann (Loeb).

Seeden, H. (1980) *The Standing Armed Figurines of the Levant.* Munich: Beck.

Segert, S. (1983) 'The last sign of the Ugaritic alphabet', *Ugarit-Forschungen* 15: 201–18.

Sergent, B. (1977) 'La liste de Kom el-Hetan et le Péloponnèse', *Minos* 16: 126–73.

Sethe, K. (1900) 'Sesostris', in *Untersuchungen zur alten Geschichte*, vol. II. Leipzig: Hinrichs, pp. 3–24.

—— (1904) 'Der Name Sesostris', *Zeitschrift für ägyptische Sprache und Altertumskunde* 41: 43–57.

—— (1905) 'Zur Königsfolge der 11th Dynastie', *Zeitschrift für ägyptische Sprache und Altertumskunde* 42: 131–4.

—— (1906–9) *Urkunden der 18 Dynastie, historisch-biographische Urkunden*, 4 vols. Leipzig: Hinrichs.

—— (1908) 'Verkehr mit Byblos und dem Libanon Gebiet', *Zeitschrift für ägyptische Sprache und Altertumskunde* 45: 7–36.

—— (1910a) 'Osiris und die Zeder von Byblos', *Zeitschrift für ägyptische Sprache und Altertumskunde* 47: 71–8.

—— (1910b) 'Neue Spuren der Hyksos im Inschriften der 18 Dynastie', *Zeitschrift für ägyptische Sprache und Altertumskunde* 48: 73–86.

—— (1917–18) 'Der Name der Phönizier bei Griechen und Ägyptern', in *Orientalische Studien, Fritz Hommel zum sechsigsten Geburtstag. am 31 Juli 1914: gewidmet von Freunden, Kollegen und Schülern,* 2 vols. Leipzig: Hinrichs, vol. I, pp. 305–32.

—— (1923) 'Die Vokalisation des Ägyptischen', *Zeitschrift der deutschen morgenländischen Gesellschaft* 77: 145–207.

—— (1925a) *Die Vokalisation des Ägyptischen.* Leipzig: Verlag der Deutschen Morgenlandische Gesellschaft, Brockhaus.

—— (1925b) 'Das Verhältnis zwischen Demotisch und Koptisch und seine Lehren für die Geschichte der ägyptischen Sprache', *Zeitschrift der deutschen morgenländischen Gesellschaft* 79: 290–316.

—— (1929) *Amun und die acht Urgötter von Hermopolis.* Berlin: de Gruyter.

—— (1937) *Übersetzung und Komentar zu den altägyptischen Pyramidtexten.* 6 vols. Glückstadt, Hamburg and New York: Augustin.

Settegast, M. (1987) *Plato Prehistorian: 10,000 to 5,000 BC in Myth and Archaeology.* Cambridge, Mass.: Rotenberg Press.

Seyrig, H. (1944–5) 'Héraklés-Nergal', *Syria* 24: 62–80.

Shaanxi Zhouyuan Kaogu Dui (1979) 'Shaanxi Qishan Fengchu Cun XiZhou Jianzhu jichi fagu jianbao', *Kaogu* 10: 27–37.

Shack, W. A. and Habte, M. M. (1974) *Gods and Heroes: Oral Tradition of the Gurage of Ethiopia.* Oxford: Oxford University Press.

Shanks, H. (1981) 'The Exodus and the crossing of the Red Sea, according to Hans Goedicke', *Biblical Archaeology Review* 7. 5: 42–50.

Shaughnessy, E. L. (1985–7) 'The "current" Bamboo Annals and the date of the Zhou conquest of Shang', *Early China* 11/12: 33–60.

Shaw, I. M. (1985) 'Egyptian chronology and the Irish oak calibration', *Journal of Near Eastern Studies* 44: 295–317.

Shaw, J. W. (1978) 'Evidence for the Minoan tripartite shrine', *American Journal of Archaeology* 82: 429–48.

—— (1980) 'Excavations at Kommos (Crete) during 1978', *Hesperia* 49: 207–50.

—— (1981) 'Excavations at Kommos (Crete) during 1980', *Hesperia* 50: 211–51.

—— (1987) 'The Early Helladic II corridor house: development and form', *American Journal of Archaeology* 91: 59–79.

Sheppard, J. T. (1911) 'The first scene of *The Suppliants* of Aeschylus', *Classical Quarterly* 5: 220–9.

Sherratt, E. S. (1982) 'Patterns of contact: manufacture and distribution of Mycenaean pottery, 1400–1100 BC', in J. G. P. Best and N. M. W. de Vries, ed., *Interaction and Acculturation in the Mediterranean: Proceedings of the Second Congress of Mediterranean Pre- and Protohistory, Amsterdam, 19–23 November 1980,* vol. II. Amsterdam: Grüner, pp. 179–96.

Sherratt, E. S. and Crouwel, J. H. (1987) 'Mycenaean pottery from Cilicia in Oxford', *Oxford Journal of Archaeology* 6: 341.

Shima, K. (1958) *Inkyo bokuji kenkyū*. Tokyo: Kyūko Shōin.

Shrimpton, G. (1987) 'Regional drought and the decline of Mycenae', *Échos du monde classique/Classical Views 31*. N.S. 6: 137−77.

Siegert, H. (1941−2) 'Zur Geschichte der Begriffe "Arische" und "arisch"', *Wörter und Sachen* 4: 73−99.

Silberman, N. A. (1989) *Between Past and Present: Archaeology, Ideology, and Nationalism in the Modern Middle East*. New York: Henry Holt.

Sima Qian (1959) *Shiji*, 10 vols. Peking: Zhonghua Shuju.

Simpson, W. K. (1953) 'New light on the god Reshef', *Journal of the American Oriental Society* 73: 86−9.

—— (1960) 'Reshep in Egypt', *Orientalia* 29: 63−74.

—— (1984a) 'Sesostris I, II, III and IV', in W. Helck and E. Otto, *Lexikon der Ägyptologie*, vol. V, cols 890−907.

—— (1984b) 'Sinuhe', in W. Helck and E. Otto, *Lexikon der Ägyptologie*, vol. V, cols 950−6.

Singer, I. (1983a) 'Western Anatolia in the 13th century B.C. according to the Hittite sources', *Anatolian Studies* 23: 205−17.

—— (1983b) 'Takuhlinu and Haya: two governors in the Ugarit letter from Tel Aphek', *Tel Aviv* 10: 3−25.

Smelik, K. A. D. and Hemelrijk, E. A. (1984) '"Who knows not what monsters demented Egypt worships?" Opinions on Egyptian animal worship in Antiquity as part of the ancient conception of Egypt', in H. Temporini & W. Haase, eds., *Aufstieg und Niedergang der römischen Welt: Geschichte und Kultur Roms im Spiegel der neueren Forschung* 17.4, *Religion (Heidentum: römische Götterkulte, orientalische Kulte in der römischen Welt [Forts.])*, ed. W. Haase, pp. 1852−2000.

Smith, E. B. (1968) *Egyptian Architecture as Cultural Expression*. Watkins Glen, NY: Century House.

Snodgrass, A. (1971) *The Dark Age of Greece: An Archaeological Survey of the Eleventh to the Eighth Centuries BC*. Edinburgh: Edinburgh University Press.

Snowden, F. M. S. (1970) *Blacks in Antiquity: Ethiopians in the Greco-Roman Experience*. Cambridge, Mass.: Harvard University Press.

—— (1983) *Before Color Prejudice: The Ancient View of the Blacks*. Cambridge, Mass.: Harvard University Press.

Soden, v. W. (1937) *Der Aufstieg des Assyrerreichs als geschichtliches Problem. Der Alte Orient* 37. Leipzig: Hinrichs.

Sourvinou-Inwood, C. (1973) 'The problem of the Dorians in tradition and archaeology', paper presented to the Third International Colloquium on Aegean Prehistory, Sheffield, August.

Speiser, E. A. (1930) *Mesopotamian Origins The Basic Population of the Near East*. Philadelphia: University of Pennsylvania Press.

—— (1933) 'Ethnic movements in the Near East in the second millennium BC: Hurrians and their connections with the Ḥabiru and the Hyk̦sos', *Annual of the American Schools of Oriental Research* 13: 13−54.

—— (1967) *Oriental and Biblical Studies: Collected Writings of E. A. Speiser*, ed.

J. J. Finkelstein and M. Greenberg. Philadelphia: University of Pennsylvania Press.

Spiegelberg, W. (1927) *The Credibility of Herodotus' Account of Egypt in the Light of the Egyptian Monuments*. Oxford: Blackwell.

Springborg, P. (1990) *Royal Persons: Patriarchal Monarchy and the Feminine Principle*. London: Unwin Hyman.

Spyropoulos, T. (1972a) 'Aigyptiakos Epoikismos en Boiotiai', *Archaiologika Analekta ex Athēnōn* 5: 16–27.

—— (1972b) 'Archaiotetes kai Mnemeia Boiotias-Phthiotidos', *Archaiologikon Deltion* 27.2: 307–26.

—— (1973b) 'Archaiotetes kai Mnemeia Boiotias-Phiotidos', *Archaiologikon Deltion* 28.2: 247–73.

—— (1973b) 'Archaiotetes kai Mnemeia Boiotias-Phthiotas', *Archaiologikon Deltion* 28.2: 247–73.

—— (1981) *Ampheion Ereuna kai meletai tou mnemeiou tou Ampheiou Thebon*. Sparta.

Stanley, D. J. and Sheng, H. (1986) 'Volcanic shards from Santorini (Upper Minoan ash) in the Nile Delta, Egypt', *Nature* 320. 24/4: 733–5.

Stech, T. (1985) 'Copper and society in Late Bronze Age Cyprus', in A. B. Knapp and T. Stech, eds., *Prehistoric Production and Exchange: The Aegean and East Mediterranean*. Los Angeles: University of California, Institute of Archaeology, Monograph 25, pp. 100–6.

Steinberg, R. (1981) *Modern Shadows on Ancient Greece: Aegean-Levantine Connections in the Late Bronze Age*. MA thesis, Cornell University.

Steiner, R. C. (1977) *The Case for Fricative-Laterals in Proto-Semitic*. New Haven, Conn.: American Oriental Society, vol. 59.

Steinhauser, W. (1937) *Glotta* 25: 229–38.

Steinkeller, P. (1986) 'Some observations on the Abu Salabikh–Ebla list of capital names (L. G. M.)', *Vicino Oriente* 6: 31–40.

Stella, L. A. (1951–2) 'Chi furono i Populi del Mare', *Rivista di antropologia* 39: 3–17.

Steuerwald, H. (1983) *Der Untergang von Atlantis—das Ende einer Legende*. Berlin: Kulturbuch Verlag.

Stevenson Smith, W. (1958) *The Art and Architecture of Ancient Egypt*. Harmondsworth and Baltimore: Penguin.

—— (1965) *Interconnections in the Ancient Near East: A Study of the Relationships between the Arts of Egypt, the Aegean and Western Asia*. New Haven and London: Yale University Press.

—— (1971) 'The Old Kingdom in Egypt and the beginning of the First Intermediate Period', in *Cambridge Ancient History*, 3rd edn., vol. I, pt 2A, pp. 145–208.

Stieglitz, R. R. (1976) 'The Eteocretan inscription from Psychro', *Kadmos* 15: 84–6.

—— (1978) 'Minoan mathematics or music', *Bulletin of the American Society of Papyrologists* 15: 127–32.

—— (1981a) 'The Letters of Kadmos: mythology, archaeology and Eteo-cretan', *Anatypo apo ton 1, 2 tomo ton pepragmenon tou 4 Diethnous Kretologikou Synedriou, Herakleion, 29 August–3 September 1976*, Athens.

—— (1981b) 'Labyrinth: Anatolian axe or Egyptian edifice', in L. Casson and M. Price, ed., *Coins, Culture and History in the Ancient World*. Detroit: Wayne State University Press, pp. 195–8.

—— (1982) 'Numerical structuralism and cosmogony in the ancient Near East,' *Journal of Social and Biological Structures* 5: 255–66.

Stock, H. (1949) *Die erste Zwischenzeit Ägyptens: Untergang der Pyramidenzeit Zwischen reiche von Abydos und Herakleopolis, Aufstieg Thebens*, Studia Aegyptiaca II. Rome: Pontificium Institutum Biblicum.

—— (1955) *Studien zur Geschichte und Archäologie der 13. bis 17. Dynastie Ägyptens: Unter besonderer Berücksichtigung der Skarabäen dieser Zwischenzeit. Ägyptologische Forschungen* 12. Glückstadt, Hamburg and New York: Augustin.

Stos-Gale, Z. A. (1984) 'Comment on Poursat "Une thalassocratie minoenne à Minoen Moyen II"', in R. Hägg and N. Marinatos, eds., *The Minoan Thalassocracy: Myth and Reality: Proceedings of the 3rd International Symposium at the Swedish Institute in Athens 31 May–5 June 1982, Skrifter utgivna av Svenska Institutet i Athen*, 4, p. 87.

Stos-Gale, Z. A. and Gale, N. H. (1982) 'The sources of Mycenaean silver and lead', *Journal of Field Archaeology* 9: 467–85.

—— (1984a) 'The Minoan thalassocracy and the Aegean metal trade', in R. Hägg and N. Marinatos, eds., *The Minoan Thalassocracy: Myth and Reality: Proceedings of the 3rd International Symposium at the Swedish Institute in Athens 31 May–5 June 1982. Skrifter utgivna av Svenska Institutet i Athen*, 4, pp. 59–63.

—— (1984b) 'The results of the examination of lead objects from Lithares', in Ch. Tzabella-Evjen, *Lithares*. Athens: Tameio Archaiologikon kai apallotrioseon, p. 217.

Strange, J. L. (1973) 'Biblical material on the origin of the Philistines', paper presented to the Third International Colloquium on Aegean Prehistory, Sheffield, August.

—— (1980) *Caphtor Keftiu: A New Investigation*. Leiden: Brill.

Stricker, B. H. (1949) 'The Corpus Hermeticum', *Mnemosyne* 4.2: 79–80.

Strøm, I. 'Aspects of Minoan foreign relations, LMI-LMII', in R. Hägg and N. Marinatos, eds., *The Minoan Thalassocracy: Myth and Reality: Proceedings of the 3rd International Symposium at the Swedish Institute in Athens 31 May–5 June 1982, Skrifter utgivna av Svenska Institutet i Athen*, 4, pp. 191–5.

Strommenger, E. (1964) *5,000 Years of Mesopotamian Art*, C. Haglund, trans. New York: Abrams.

Stubbings, F. H. (1959) *Mycenaean Pottery in the Levant*. Cambridge: Cambridge University Press.

—— (1973) 'The rise of Mycenaean civilization', in *Cambridge Ancient History*, 3rd edn., vol. II, pt. 1, pp. 627–58.

—— (1975) 'The expansion of Mycenaean civilization', in *Cambridge Ancient History*, 3rd edn., vol. II, pt. 2, pp. 165–87.

Stucchi, S. (1967) 'Il Giardino della Esperidi e le tappe della conoscenza greca della costa cirenaica', *Quaderni di archeologia della Libia 8* (Cirene e la Grecia): 19–73.

Suppe, F. (1977) *The Structure of Scientific Theories*, 2nd edn. Urbana, Chicago and London: University of Illinois Press.

Suret-Canale, J. (1974) *Sur le 'Mode de Production Asiatique'*, Paris: Centre des études et de récherches marxistes.

Symeonoglou, S. (1973) 'Kadmeia I: Mycenaean finds from Thebes, Greece', in *Studies in Mediterranean Archaeology 35*. Göteborg: Paul Åströms Förlag.

—— (1985) *The Topography of Thebes: From the Bronze Age to Modern Times*. Princeton: Princeton University Press.

Syncellus, Georgius (1719) *Chronographia*. Venice.

Szemerényi, O. (1960) *Studies in the Indo-European System of Numerals*. Heidelberg: Winter.

—— (1964) 'Structuralism and substratum: Indo-Europeans and Aryans in the Ancient Near East', *Lingua* 13: 1–29.

—— (1966a) 'Etyma Graeca I', *Sprache* 11: 1–24.

—— (1966b) 'The labiovelars in Mycenaean and historical Greek', *Studi miceni ed egeo-anatolici* 2: 29–52.

—— (1967) 'Iranica II'. *Sprache* 12: 190–226.

—— (1968a) 'The Development of *s* > *h* in Indo-European languages', *Sprache* 14: 161–3.

—— (1968b) 'Mycenaean: a milestone between Indo-European and historical Greek', *Atti e memorie del 1. Congresso Internazionale di Micenologia* 1: 715–25.

—— (1968c) 'Review of E. Masson, *Les plus anciens emprunts sémitiques en grec*', Indogermanische Forschungen 73: 192–7.

—— (1969) 'Etyma Graeca II', *Studia classica et orientalia, Antonio Pagliaro oblata*, III: 233–50.

—— (1970) 'Iranica III', in M. Boyce and I. Gershevitch, eds., *W. B. Henning memorial volume*. London: Asia Major Library, pp. 417–26.

—— (1971) 'Iranica IV', *Orbis* 19: 500–19.

—— (1971–81) 'Review of P. Chantraine, *Dictionnaire étymologique de la langue grecque*, Paris 1968–1980', *Gnomon* 43: 641–75; 49: 1–10; 53: 113–16.

—— (1972a) 'Etyma Graeca III', in *Mélanges de linguistique et de philologie grecques offerts à Pierre Chantraine*, Paris: Klincksieck, pp. 243–53.

—— (1972b) 'Review of G. Nagy, *Greek Dialects and the Transformation of an Indo-European Process*', Cambridge, Mass., 1970', *Kratylos* 14: 157–65.

—— (1974a) 'The origins of the Greek lexicon: ex oriente lux', *Journal of Hellenic Studies* 94: 144–57.

—— (1974b) 'Review J.-L. Perpillou, *Les substantifs grecs en -εύς*, Paris, 1972', *Kratylos* 18: 43–53.

—— (1975) 'Iranica V', *Monumentum H. S. Nyberg II. Acta Iranica* 5: 313–94.

—— (1978) 'Studies in the kinship terminology of Indo-European languages', *Acta Iranica* 16: 1–240.

—— (1979) 'Etyma Graeca IV', *Studi miceni ed egeo-anatolici* 20: 207–26.

—— (1980a) 'Semitic influence on the Iranian lexicon I', in Gary Rendsburg et al., eds., *The Bible World: Essays in Honor of Cyrus H. Gordon*. New York: KTAV Publishing, pp. 221–37.

—— (1986) 'Etyma Graeca V: Vocabula maritima tria', in *Festschrift Ernst Risch*. Berlin and New York: de Gruyter, pp. 425–50.

—— (1987) *Scripta Minora: Selected Essays in Indo-European, Greek and Latin*, ed. P. Considine and J. T. Hooker, 3 vols. Innsbruck: Innsbrucker Beiträger zur Sprachwissenschaft.

Sznycer, M. (1979) 'L'inscription phénicienne de Tekké près de Cnossos', *Kadmos* 18: 89–93.

Taylour, W. D. (1958) *Mycenaean Pottery in Italy*. Cambridge: Cambridge University Press.

—— (1964) *The Mycenaeans*. London: Thames & Hudson.

te Velde, H. (1970) 'The god Heka in Egyptian theology', *Jaarbericht van het Voorasiatisch-Egyptisch Genootshap. Ex Oriente Lux* 21: 175–86.

—— (1982) 'Mut', in W. Helck and E. Otto, *Lexikon der Ägyptologie*, vol. IV, cols. 246–8.

—— (1984) 'Schu', in W. Helck and E. Otto, *Lexikon der Ägyptologie*, vol. V, cols. 735–7.

Thapar, R. (1975) *The Past and Prejudice*. New Delhi: National Book Trust.

—— (1977) 'Ideology and the interpretation of early Indian history', in *Society and Change: Essays in Honour of Sachin Chaudhuri*. New Delhi, pp. 1–19.

Thieme, P. (1938) *Der Fremdling im Rgveda, eine Studie über die Bedeutung der Worte 'ari', 'arya', 'aryaman' und 'ārya'*. Leipzig: Brockhaus.

Thirlwall, C. (1835–44) *A History of Greece*, 8 vols. London: Longman.

Thissen, H.-J. (1980) 'Manetho', in W. Helck and E. Otto, *Lexikon der Ägyptologie*, vol. III, cols. 1179–81.

Thompson, L. A. (1989) *Romans and Blacks*. London: Routledge; Norman: University of Oklahoma Press.

Thomson, G. (1941) *Aeschylus and Athens – A Study in the Social Origin of Drama*. London: Lawrence and Wishart.

—— (1949) *Studies in Ancient Greek Society 1: The Prehistoric Aegean*. London: Lawrence and Wishart.

Thorpe-Scholes, K. (1978) 'Akrotiri: genesis, life and death', in C. Doumas, ed., *Thera and the Aegean World*, pp. 435–47.

Thucydides. (1954) *The Peloponnesian War*, R. Warner, trans. London: Penguin.

—— (1980) *Histories*. C. F. Smith, trans. 4 vols. Cambridge, Mass.: Harvard University Press (Loeb).

Traill, D. A. (1986) 'Schliemann's acquisition of the Helios Metope and his psychopathic tendencies', in Calder and Traill, *Myth, Scandal and History: The Heinrich Schliemann Controversy and the First Edition of the Mycenaean Diary*. Detroit: Wayne State University Press, pp. 48–67.

Treuil, R. (1983) *Le Néolithique et le Bronze Ancien Égéens les Problemes Stratigraphiques et Chronologiques*. Athens: École française d'Athènes.

Trigger, B. G. (1980) *Gordon Childe: Revolutions in Archaeology*. London: Thames & Hudson.

—— (1989) *A History of Archaeological Thought*. Cambridge: Cambridge University Press.

Trump, D. H. (1981) *The Prehistory of the Mediterranean*. Harmondsworth: Penguin.

Tsountas, C. and Manatt, J. (1897) *The Mycenaean Age*. Boston.

Tusa, V. (1973) 'La statuetta fenicia del Museo Nazionale di Palermo', *Studi Fenici* 1: 173−9.

Tylecote, R. F. (1976) *A History of Metallurgy*. London: Metals Society.

Tynes, S. (1973) 'Many Africans came to the Soviet Union during Turkish rule', *The Afro-American* 16 (February).

Tzavella-Evjen, Ch. (1984) Λιθαρές. Athens: Tameio Archaiologikōn kai Apallotriōseōn.

—— (1989) '*Litharés* revisited', *Boeotia Antiqua* 1: 5−12.

Ullman, B. L. (1927) 'The origin and development of the alphabet', *American Journal of Archaeology* 31: 311−28.

Usener, H. (1907) 'Philologie und Geschichtswissenschaft', in *Vorträge und Aufsätze*, 2 vols. Leipzig, vol. II, p. 11.

Uy Ban Khoa Học Xã Hôi Viêt Nam (1971) *Lịch Sử Viêt Nam I*. Hanoi: Nhà Xuât Ban Khoa Học Xã Hôi.

Van Berchem, D. (1967) 'Sanctuaires d'Hercule − Melqart: Contribution à l'étude de l'expansion Phénicienne en Méditeranée', *Syria* 44: 73−109; 307−38.

Van den Brink, E. C. M. (1982) *Tombs and Burial Customs at Tell el-Dab'a*. Vienna: Beiträge zur Ägyptologie 4. Berichte des Österreichischen Archäologischen Institutes in Kairo.

Vandier, J. (1972) 'Le temple de Tôd', *Textes et langages de l'Égypte Pharaonique: Cent cinquante années de recherches 1822−1972: Hommage à Jean-François Champollion*. Cairo: Institut français d'archaeologie orientale.

Van Royen, R. A. and Isaac, B. H. (1979) *The Arrival of the Greeks: The Evidence from the Settlements*. Amsterdam: Grüner.

Van Seters, J. (1966) *The Hyksos: A New Investigation*. New Haven, Conn.: Yale University Press.

—— (1983) *In Search of History: Historiography in the Ancient World and the Origins of Biblical History*. New Haven, Conn., and London: Yale University Press.

Varoufakis, P. (1982) 'The origin of Mycenaean and Geometric iron on the Greek mainland and the Aegean islands', in J. D. Muhly, R. Maddin and V. Karageorghis, eds., *Early Metallurgy in Cyprus. Acta of the International Archaeological Symposium: Early Metallurgy in Cyprus 4000−500 BC, Larnaca, Cyprus, 1−6 June 1981*. Nicosia: Peirides Foundation, pp. 315−22.

Vaux, R. d. (1967) 'Les Hurrites de l'histoire et les Horites de la Bible', *Revue Biblique* 74: 481−503.

—— (1971) 'Palestine in the Early Bronze Age', in *Cambridge Ancient History*, 3rd edn., vol. I, pt. 2, pp. 208−37.

Vellacott, P., trans. (1972) *Euripides: Orestes and Other Plays*. London: Penguin.

Ventris, M. and Chadwick, J. (1973) *Documents in Mycenaean Greek,* 2nd edn. Cambridge: Cambridge University Press.

Vercoutter, J. (1953) *L'Égypte et le monde égéen préhéllenique.* Paris: Maisonneuve.

—— (1954) 'Essai sur les relations entre Égyptiens et PréHellénes', *L'Orient Ancien Illustré* 6: 37–51.

—— (1956) *L'Égypte et le monde égéen préhellénique: Étude critique des sources égyptiennes (du début de la XVIIIe à la fin de la XIXe Dynastie).* Cairo: l'Institut français d'archéologie orientale.

—— (1975) 'Apis', in W. Helck and E. Otto, *Lexikon der Ägyptologie,* vol. I, cols. 338–50.

Vergote, J. (1959) 'Ou en est la vocalisation de l'Égyptien?', *Bulletin de l'Institut Français d'Archéologie Orientale* 58: 1–19.

—— (1962) 'Le roi Moiris-Mares', *Zeitschrift für ägyptische Sprache und Altertumskunde* 87: 66–76.

Vermeule, E. (1960) 'The fall of the Mycenaean Empire', *Archaeology* 13.1: 66–75.

—— (1964) *Greece in the Bronze Age.* Chicago: University of Chicago Press.

—— (1975) *The Art of the Shaft Graves of Mycenae: Lecture in Memory of Louise Taft Semple.* Cincinnati: University of Cincinnati Press.

—— (1979) *Aspects of Death in Early Greek Art and Poetry.* Berkeley and Los Angeles: University of California Press.

—— (1986) ' "Priam's castle blazing": a thousand years of Trojan memories', in M. J. Mellink, ed., *Troy and the Trojan War: A Symposium Held at Bryn Mawr College, October 1984,* pp. 77–92.

Vermeule, E. and Karageorghis, V. (1982) *Mycenaean Pictorial Vase Painting.* Cambridge, Mass., and London: Harvard University Press.

Vermeule, E. and Vermeule, C. (1970) 'Aegean gold hoard and the court of Egypt', *Curator* 13: 32–42.

Vian, F. (1960) 'Le mythe de Typhée et le problème de ses origines orientales', in *Éléments orientaux dans la religion grecque ancienne.* Paris, pp. 17–37.

—— (1963) *Les origines de Thèbes: Cadmos et les Spartes.* Paris: Études et Commentaires no. 48.

Vichos, Y. and Kyriakopoulou, V. (1989) Αύτοψια στον υποβρύχιο αρχαιολογικό χώρα τόυ Δοκόν, *Enalia* 3–4: 12–13. Summarised as 'The Dokos Project', *Enalia* 3–4: 20–1.

Vitaliano, D. B. (1978) 'Atlantis from a geologic point of view', in E. S. Ramage, ed., *Atlantis Fact or Fiction?* Bloomington: Indiana University Press.

Von der Mühll, P. (1952) *Kritisches Hypomnema zur Ilias.* Basel: Reinhardt.

Voss, J. H. (1827–34) *Mythologische Briefe,* 5 vols. Stuttgart: Metzler.

Voss, v. M. H. (1980) 'Horuskinder', in Helck & Otto, *Lexickon der Ägyptologie,* vol. III, cols. 52–3.

Vradii, V. P. (1914) *Negry batumskoy oblasti.* Batumi: G. Tavartkiladze.

Wace, A. J. B. (1924) 'Greece and Mycenae', in *Cambridge Ancient History,* 1st edn., vol. II, pp. 431–72.

—— (1964) *Mycenae: An Archaeological History and Guide*. New York: Biblio & Tannen.

Wace, A. J. P. and Blegen, C. W. (1939) 'Pottery as evidence for trade and colonisation in the Aegean Bronze Age', *Klio* 32: 138–9.

Wace, A. J. P. and Stubbings, F. H. (1962) *A Companion to Homer*. London: Macmillan.

Wachsmann, S. (1987) *Aegeans in the Theban Tombs. Orientalia Lovaniensa Analecta* 20. Leuven: Peeters.

Waddell, W. G. (1940) *Manetho*. Cambridge, Mass.: Harvard University Press (Loeb); London: Heinemann.

Wagler, P. R. (1894) 'Aithiopis', *Pauly Wissowa I*, cols. 1103–6.

Wainwright, G. A. (1915) 'Alasia-Alasa; and Asy', *Klio* 14: 1–36.

—— (1931) 'The emblem of Min', *Journal of Egyptian Archaeology* 17: 185–95.

—— (1949) 'Pharaonic survivals, Lake Chad to the west coast', *Journal of Egyptian Archaeology* 35: 167–75.

Walberg, G. (1986) *Tradition and Innovation: Essays in Minoan Art*. Mainz am Rhein: Philipp von Zabern.

Walcot, P. (1966) *Hesiod and the Near East*. Cardiff: University of Wales Press.

Wallace, P. (1973) *Commentary on Strabo's Description of Boiotia*. Ph.D. dissertation, Indiana University.

—— (1979) 'The dikes in the Kopais', in J. M. Fossey and A. Schachter, eds., *The Proceedings of the Second International Conference on Boiotian Antiquities* (held in Montreal), pp. 7–9.

Wang Guowei (1941) 'Jinben Zhushujinian Shuzheng' [A running commentary on the new version of the Bamboo Annals], in *Haining Wangjingshan Xiansheng Yishu* [*The Literary Remains of Wang Guowei*] 48 *quan*. Shanghai: Commercial Press.

Ward, W. A. (1961) 'Egypt and the East Mediterranean in the early second millennium BC', *Orientalia* 30: 22–45, 129–55.

—— (1971) *Egypt and the East Mediterranean World 2200–1900 BC: Studies in Egyptian Foreign Relations During the First Intermediate Period*. Beirut: American University of Beirut.

—— (1978) *The Four Egyptian Homographic Roots B3*. Rome: Studia.

—— (1986) 'Review of Giveon, *Egyptian Scarabs from Western Asia*'. *Bibliotheca Orientalis* 43: 702–5.

—— (1987) 'Scarab typology and archaeological context', *American Journal of Archaeology* 91: 507–32.

Wardle, K. A. (1973) 'Northwest Greece in the Late Bronze Age: the archaeological background', paper presented to the Third International Colloquium on Aegean Prehistory, Sheffield, August.

Warmington, B. H. (1960) *Carthage*. London: Robert Hale.

Warren, P. M. (1965) 'The first Minoan stone vases and Early Minoan chronology', *Kretika Chronika* 19: 1–43.

—— (1967) 'Minoan stone vases as evidence for Minoan foreign connections in the Aegean Late Bronze Age', *Proceedings of the Prehistoric Society* 33: 37–48.

—— (1969) *Minoan Stone Vases*. Cambridge: Cambridge University Press.

—— (1973) 'Crete, 3000–1400 B.C.: immigration and the archaeological evidence', in R. A. Crossland and A. Birchall, eds., *Bronze Age Migrations*. London: Duckworth: 41–7.

—— (1979a) 'The stone vessels from the Bronze Age settlement at Akrotiri, Thera', *Archaiologike Ephemeris* 82–113.

—— (1979b) 'The miniature fresco from Akrotiri', *Journal of Hellenic Studies* 99: 116–29.

—— (1981) 'Minoan Crete and ecstatic religion: preliminary observations on the 1979 excavations at Knossos', in R. Hägg and N. Marinatos, eds., *Sanctuaries and Cults in the Aegean Bronze Age: Proceedings of the First International Symposium at the Swedish Institute in Athens, 12–13 May 1980*. Stockholm: Skrifter utgivna av svenska Institutet i Athen 4, p. 28.

—— (1984) 'Absolute dating of the Bronze Age eruption of Thera (Santorini)', *Nature* 308: 492–3.

—— (1985) 'Review of *Minoan Pottery in Second Millennium Egypt* (B. J. Kemp and R. S. Merrillees)', *Classical Review* 35: 14–51.

—— (1987) 'Absolute dating of the Aegean Late Bronze Age', *Archaeometry* 29: 205–10.

—— (1988) 'The Thera eruption: continuing the discussion on dating, III. Further arguments against an early date', *Archaeometry* 30: 176–8.

Watkins, C. (1986) 'The language of the Trojans', in M. J. Mellink, ed., *Troy and the Trojan War, A Symposium Held at Bryn Mawr College, October 1984*, pp. 45–62.

Watrous, L. V. (1987a) 'The rise of the state in Central Anatolia and Crete in Middle Bronze I: a comparative view', paper given to the annual meeting of the Society for Biblical Literature.

—— (1987b) 'The role of the Near East in the rise of the Cretan palaces', in R. Hägg and N. Marinatos, eds., *The Function of the Minoan Palaces: Proceedings of the Fourth International Symposium at the Swedish Institute in Athens, 10–16 June 1984*, pp. 65–70.

Webster, T. B. L. (1958) *From Mycenae to Homer*. London: Methuen.

Wegner, M. (1933) 'Stilentwickelung der thebanischen Beamtergräber', *Mitteilungen des deutschen Instituts für ägyptische Altertumskunde im Kairo*, pp. 38–164.

Weill, R. (1923) 'L'installation des Israélites en Palestine et la légende patriarcale', *Revue de l'histoire des religions* 87: 69–120; 88: 1–4.

Weinberg, S. S. (1954) 'The relative chronology of the Aegean in the Neolithic period and the Early Bronze Age', in R. W. Ehrich, ed., *Relative Chronologies in Old World Archaeology*. Chicago: University of Chicago Press, pp. 86–107.

—— (1965a) 'The relative chronology of the Aegean in the Neolithic period and the Early Bronze Age', in R. W. Ehrich, ed., *Relative Chronologies in Old World Archaeology*. Chicago: University of Chicago Press, pp. 285–320.

—— (1965b) 'The Stone Age in the Aegean', in *Cambridge Ancient History*, 3rd edn., vol. 1, pp. 557–618.

Weinstein, G. A. and Betancourt, P. P. (1977) 'Problems of interpretation of the Akrotoiri radiocarbon dates', in C. Doumas, ed., *Thera and the Aegean World.* London, pp. 805–14.

Weinstein, G. A. and Michael, H. N. (1978) 'Radiocarbon dates from Akrotiri, Thera', *Archaeometry* 20: 203–9.

Weinstein, J. (1973) *Foundation Deposits in Ancient Egypt.* Ph.D. dissertation, University of Pennsylvania.

—— (1974) 'A statuette of the princesse Sobeknofru at Tell Gezer', *Bulletin of the American Schools of Oriental Research* 213: 49–56.

—— (1980) 'Palestinian radiocarbon dating: a reply to James Mellaart', *Antiquity* 54: 21–4.

—— (1981) 'The Egyptian empire in Palestine, a reassessment', *Bulletin of the American Schools of Oriental Research* 241: 1–23.

—— (1989a) 'The gold scarab of Nefertiti from Ulu Burun: its implications for Egyptian history and Egyptian-Aegean relations', in G. F. Bass, C. Pulak, D. Collon, and J. Weinstein, 'The Bronze Age shipwreck at Ulu Burun: 1986 campaign', *American Journal of Archaeology* 93: 17–29.

—— (1989b) 'Review of *Chronologies du Proche Orient, Chronologies in the Near East, Relative Chronologies and Absolute Chronology 16,000–4000 BP*; ed. Olivier Aurenche, Jacques Evin and Francis Hours, Oxford 1987', *Radiocarbon* 31: 101–3.

Weisburd, S. (1985) 'Excavating words: a geological tool', *Science News* 127.6: 81–96.

Weise, O. (1883) 'Miscellen', *Beiträge zur Kunde der indogermanischen Sprachen.* 7: 167–71.

Wente, E. F. and Van Siclen, C. C. III (1976) 'A chronology of the New Kingdom', in *Studies in Honour of George R. Hughes (Studies in Ancient Oriental Civilization,* No. 39). Chicago: Oriental Institute, pp. 217–61.

West, M. L. (1971) *Early Greek Philosophy and the Orient.* Oxford, Clarendon Press.

—— (1988) *Hesiod: Theogony.* Oxford: Oxford University Press.

West, S. (1977) 'The Sesonchosis romance', *Erotica Antiqua: Acta of the International Conference on the Ancient Novel at the University College of North Wales Bangor, 12–17 July 1976.* University of Wales, pp. 47–8.

White, G. (1986) '1985 Excavations on Bates Island, Marsa Matruh', *Journal of the American Research Center in Egypt* 23: 51–84.

Whitelaw, T. M. (1983) 'The settlement at Fornou Korifi Myrtos and aspects of early Minoan social organisation', in O. Krzyszkowska and L. Nixon, eds., *Minoan Society: Proceedings of the Cambridge Colloquium 1981.* Bristol: Bristol Classical Press, pp. 323–45.

Wiener, M. A. (1984) 'Crete and the Cyclades in LMI: the tale of the conical cups', in R. Hägg and N. Marinatos, eds., *The Minoan Thalassocracy: Myth and Reality: Proceedings of the 3rd International Symposium at the Swedish Institute in Athens 31 May–5 June 1982, Skrifter utgivna av Svenska Institutet i Athen,* 4, pp. 17–26.

Wilamowitz-Moellendorff (1931–32) *Der Glaube der Hellenen.* 2 vols. Berlin: Weidmann.

Wildung, D. (1984) *Sesostris und Amenenmhet: Ägypten im Mittleren Reich.* Freibourg: Office du Livre; Munich: Hirmer Verlag.

Wilkie, N. C. (1987) 'Burial customs at Nichoria: the MME Tholos', in R. Laffineur, ed., *Thanatos: Les coutumes funéraires en Égée à l'âge du bronze: Actes du colloque de Liège (21–23 avril 1986).* Université de l'État à Liège, Histoire de l'art et archaeologie de la Grèce antique, pp. 127–35.

Willetts, R. (1962) *Cretan Cults and Festivals.* London: Routledge & Kegan Paul.

Williams, B. (1980, 1985) 'The lost pharaohs of Nubia', *Archaeology* 5.3: 12–19. Reprint. *Journal of African Civilizations* 4.2 (1985): 38–52.

—— (1986) *The A-group Royal Cemetery at Qustul. Cemetery L.* Chicago: Excavations, between Abu Simbel and the Sudan frontier, 5. Oriental Institute Nubian Expedition 5.

Williams, R. J. (1981) 'The sages of Ancient Egypt in the light of recent scholarship', *Journal of the American Oriental Society* 101.1: 1–19.

Wilson, J. A. (1969) 'Egyptian myths, tales, and mortuary texts', in *Ancient Near Eastern Texts: Relating to the Old Testament*, ed. J. B. Pritchard, 3rd edn. with Supplement. Princeton: Princeton University Press, pp. 3–59.

Winkler, J. J. (1985) *Auctor & Actor: A Narratological Reading of Apuleius's The Golden Ass.* Berkeley and Los Angeles: University of California Press.

Winlock, H. E. (1940) 'Neb-Ḥepet Rēʿ Mentu-Ḥotpe of the Eleventh Dynasty', *Journal of Egyptian Archaeology* 26: 116–19.

—— (1947) *The Rise and Fall of the Middle Kingdom in Thebes.* New York: Macmillan.

Winter, I. J. (1976) 'Phoenician and North Syrian ivory carving in historical context', *Iraq* 38: 1–22.

Wiseman, D. J. (1953) *The Alalakh Tablets.* London: British Institute of Archaeology at Ankara, Occasional Papers 2.

Wolf, W. (1926) *Die Bewaffnung des altägyptischen Heeres.* Leipzig: Teubner.

—— (1929) 'Der Stand der Hyksos Frage', *Zeitschrift der Deutschen Morgenländischen Gesellschaft* 83: 67–79.

Wood, M. (1987) *In Search of the Trojan War*, 2nd edn. London: BBC Publications.

Woodside, A. (1971) *Vietnam and the Chinese Model: A Comparative Study of Nguyên and Ch'ing Civil Government in the First Half of the Nineteenth Century.* Cambridge, Mass.: Harvard University Press.

Woolley, L. (1938) 'Excavations at Al Mina, Sueidia, 1 & 2', *Journal of Hellenic Studies* 58: 1–30; 133–70.

—— (1953) *A Forgotten Kingdom.* London: Penguin.

Wortham, J. D. (1971) *British Egyptology 1549–1906.* Newton Abbot: David & Charles.

Wright, J. C. (1987) 'Death and power at Mycenae', in R. Laffineur, ed., *Thanatos: Les coutumes funéraires en Égée à l'âge du bronze: Actes du colloque de*

Liège (21–23 avril 1986). Université de l'État à Liège, Histoire de l'art et archaeologie de la Grèce antique, pp. 170–84.

Wyatt, W. (1970) 'The Indo-Europeanization of Greece', in G. Cardona, H. M. Hoenigswald and A. Senn, eds., *Indo-European and Indo-Europeans: Papers Presented at the Third Indo-European Conference at the University of Pennsylvania.* Philadelphia: University of Pennsylvania Press, pp. 89–111.

—— (1972) 'Greek dialectology and Greek prehistory', *Acta of the Second Colloquium on Aegean Prehistory: The First Arrival of Indo-European Elements in Greece.* Athens: Ministry of Culture and Science, pp. 18–22.

Xanthoudides, S. (1924) *The Vaulted Tombs of the Mesara: An Account of Some Cemeteries of Southern Crete,* trans. J. P. Droop. Liverpool: Liverpool University Press; London: Hodder & Stoughton.

Yadin, Y. (1963) *The Art of Warfare in Biblical Lands,* 2 vols. M. Pearlman, trans. Jerusalem: International Publishing.

—— (1968) 'And Dan, why did he remain in the ships?' *Australian Journal of Biblical Archaeology* I.1: 9–23.

—— (1973) 'And Dan, why did he remain in the ships?' in J. Best, ed., *The Arrival of the Greeks.* Amsterdam: Hakkert, pp. 55–73.

—— (1982) 'New gleanings of Resheph from Ugarit', in *Biblical and Related Studies Presented to Samuel Iwry.* Winona Lake, Ind.: Eisenbrauns.

Yakar, J. (1985) 'Regional and local schools of metalwork in Early Bronze Age Anatolia, pt. 2', *Anatolian Studies* 35: 25–38.

Yannai, A. (1983) *Studies on Trade Between the Levant and the Aegean in the 14th to the 12th Centuries BC.* D.Phil., Oxford University.

Yokoyama, T. (1978) 'The tsunami caused by the prehistoric eruption of Thera', in C. Doumas, ed., *Thera and the Aegean World,* pp. 277–89.

Yoyotte, J. (1982) 'Le Panthéon égyptien de J.-F. Champollion', *Bulletin de la Société Française d'Égyptologie: Séance solonelle Consacrée à la commémoration du Cent-Cinquantenaire de la Mort de J.-F. Champollion* 95: 76–108.

Zaccagnini, C. (1987) 'Aspects of ceremonial exchange in the Near East in the Late 2nd Millennium BC', in M. Rowlands, M. T. Larsen and K. Kristiansen, ed., *Centre and Periphery in the Ancient World.* Cambridge: Cambridge University Press, pp. 57–65.

Zhao Zhiquan and Liu Zhongfu (1984) 'Excavation of the palace site of the Shang Dynasty at Shixianggou Yanshi in Henan, spring 1984', *Kaogu* 4: 322–35.

Zhongguo Shehuikexueyuan Kaogu Yanjiusuo Shiyuanshi (1983) 'Fanshexing huisu ceding niandai baogao 10 [10th report of radiocarbon dating]' *Kaogu* 190: 646–52.

Ziegler, K. and Sontheimer, W. (1979) *Der Kleine Pauly: Lexikon der Antike: Auf der Grundlage von Pauly's Realencyclopädie der classichen Altertumswissenschaft,* 5 vols. Munich: Deutscher Taschenbuch.

Zimmer, H. (1879) 'Arisch', *Bezzenbergers Beiträge* 3: 137–51.

Zohary, D. and Hopf, M. (1988) *Domestication of Plants in the Old World.* Oxford: Clarendon Press.

索 引

（以下页码均为英文版页码，即本书边码）

Abkhaz，阿布哈兹，31，245，249，250，635

Abkhazia，阿布哈兹，249-50，256-7，637

Achaians，亚加亚人，52-3，443，452-60，499

Adams，William，威廉·亚当斯，65，205-6

Aegean，爱琴海的，413，449-50，513；documents，~文献，439-44；Egyptian contacts with，
与埃及的接触，50，146-53，306，361-3，406-23，432，433，445，447，450-2，475-7，526-7。
同时见 trade，~贸易。

Afroasiatic，亚非语系，73，193，260，290，369-73，422，498，635

Agamemnon，阿伽门农，33，52，452-3，475，517

Agesilaus，阿格西劳斯，125，126

Aischylos，埃斯库罗斯，83，130，259，262，263，265

Aitken，M. J.，艾特肯，288

Akhenaton，阿克那顿，50，428，451，472，476，477

Akkadian，阿卡德语，108，232，635，636

Akrotiri，阿克罗蒂里，43，276，382-90，414

Albright，William Foxwell，威廉·福克斯韦尔·奥尔布赖特，191，217，290，325-6，335，
411，419，420

Alexander the Great，亚历山大大帝，25，26，134，200-202，237-240，645

Alkmēnē，阿尔克墨涅，16，79-81，105-6，125-8，151。同时见 Athena，雅典娜

alphabet，字母表：introduction into Greece，~引入到希腊，4，501-2；West Semitic，西闪米
特语~，4，58-9，407

Alt，Albrecht，阿尔布莱希特·阿尔特，343

Amenōphis III，阿蒙诺菲斯三世，46，50，255，266-8，413，432-4，446，451，476，477，
480，481，488

Ammenemēs II（Amenemhe II），阿蒙涅姆赫特二世，25，30，188，216，217，221，224，258，268，269，272，512，524。同时见 Memnōn，门农

Ammenemēs III（Amenemhe III），阿蒙涅姆赫特三世，117，119，174，175，268

Am(m)on，阿蒙，80-1，105-6，112，118，169，170，181，184，195，244-7，262

Amphion and Zēthos, tomb of 安菲翁和仄托斯之墓，17，128-33，144，152，497，506

Anatolia，安纳托利亚，165-6，184，215-24，230-5，240-4，265-6，271，400，448，452-5，495，513，635; called Asia，~被称为亚洲，26，201-2，233，234，257，271，452

Anatolian 安纳托利亚语，217，272，635，639，641

Ancient Model，古代模式，1，4，8-9，11-12，149，203，235，361，402-4，436，439，526; Revised，修正的~，1-12，41，61，389，412，501，527

Anti-Semitism，反闪米特主义，39，321，336，340-3，522，523

Anubis，阿努比斯，91-2，95，263

Anukis，阿努吉斯，100-103，121。同时见 Athena Onka，雅典娜·翁卡

Apollo，阿波罗，89，109，111，113，295，499

Apollodoros，阿波罗多罗斯，478，502

Apollonios Rhodios（Apollonios of Rhodes），罗得岛的阿波罗尼奥斯，30-1，86，99，246-8，250-1，256，257，270，294-5

Aramaeans, Aramaic，阿拉姆语，192，635，637

Arbeitman, Yoël，约尔·阿尔贝特曼，419

archaeology，考古学，3，6-7，57，63-4，185，211，363，523

Areion，阿里翁，91，92，94-5

argument from silence，默证，22，166

Arkadia，阿卡狄亚，Arkadians，阿卡狄亚人，123，138-44，152

Arktinos of Miletos，米利都的阿克提诺斯，258

Armenia，亚美尼亚，Armenian，亚美尼亚语，218，229-30，636，642

Aryan，雅利安，14，66-7，75，321，339，341-2，636，641

Aryan Model，雅利安模式，1-12，40，57，66，75，105，154，235，263，267，310，323，397-404，469，494，525

Asia，亚洲，193，233，234。同时见 Anatolia，安纳托利亚

Assyria，亚述，Assyrian，亚述语，59，218-21，225，231，345，495，636

Astour, Michael，迈克尔·阿斯特，80，84，94，99，102，246，294-5，419，421，433，437-9，467-9，485

Åström, Paul，保罗·阿斯特罗姆，7，278，382，463

Athena，雅典娜，15，16，81，86，89，99，118，151，318; Athena Alalkomena，雅典娜·阿拉尔克墨纳，81，83，85-7，104-5，110; Athena Itōnia，雅典娜·埃托尼亚，81-3，86-7，105; Athena Onka，雅典娜·翁卡，100-104，121

Athens，雅典，81，87，90，478-9

Atlantis，亚特兰蒂斯，35，248，275，295-8

Atlas，阿特拉斯，35，99，298-304

Autochthonous Origin, Model of，原地生成模式，14-15，57，66

Axial Age，轴心时代，37-8，309-10，636

Babylon，巴比伦，37，59，225，231，461，511，636

Baillie, Michael，迈克尔·贝利，280-1，288，305，306

Balcer, Jack Martin，杰克·马丁·巴尔塞，136

Balkan, K., 博尔干, 219-20

Bamboo Annals,《竹书纪年》, 281, 284, 308-10

Barber, John, 约翰·巴伯, 305

Barnes, Barry, 巴里·巴恩斯, 11

Barthélemy, Abbé, 巴泰勒米神父, 138

Bass, George, 乔治·巴斯, 56, 466-7, 469, 472-3, 480-1, 488

Bates, Oric, 奥里克·贝茨, 95

Beckerath, Jürgen von, 尤尔根·冯·贝克拉特, 343

Bérard, Victor, 维克托·贝拉尔, 82-3, 92, 412, 499

Best, Jan, 詹·贝斯特, 401-2

Betancourt, Philip, 菲利普·贝当古, 278-9, 285-7, 289, 431, 446, 470

Bible,《圣经》, 6, 34, 35, 84, 85, 167-8, 231, 255, 275, 277, 278, 291-3, 355-8, 421, 485

Bietak, Manfred, 曼弗雷德·比塔克, 330-2, 345-6, 352

Bimson, John, and Livingston, David, 约翰·比姆森和大卫·利文斯顿, 356

Bintliff, John, 约翰·宾特里夫, 66

Birch, Samuel, 塞缪尔·伯奇, 369

Bisi, Anna Maria, 安娜·玛丽亚·碧斯, 375-6

Bisson de la Roque, F., 毕松·德拉罗克, 224

Black, 黑人: leaders, ~领导者, 260-2, 268, 270, 271; populations, ~民族, 30-2, 248-61, 271, 443-4

Black Athena（Vol.1）《黑色雅典娜》（第一卷）, 2

Blegen, C.W., 布利根, 430

Boiotia, 波伊奥提亚, Boiotians, 波伊奥提亚人, 15, 145, 517; cults and legends, ~的膜拜和传说, 79-105, 151-3, 497-500; and Egypt, ~与埃及, 15-19, 78-105, 120-51; and Herakles, ~和赫拉克勒斯, 119-20; irrigation works in, ~的灌溉工程, 134-41, 143

Book of Going Forth by Day（*The Book of the Dead*）,《白日前往之书》（《亡灵书》）, 86, 88, 172, 179, 263, 301-2, 636-7

Borgeaud, Philippe, 菲利普·博尔若, 170-1

Bossert, H.T., 博赛特, 233

Branigan, Keith, 基思·布兰尼根, 67, 70-1, 156, 161, 368

Breasted, James, 詹姆斯·布雷斯特德, 208, 210, 212-14, 340, 523

Bronze Age, 青铜时代, 76-7, 279, 330-2, 413; civilization, collapse of, ~文明的毁灭, 59-61, 306, 519; information on, 关于~的信息, 4-10, 37-8, 48

Brugsch, Heinrich, 海因里希·布鲁格施, 174-5, 369

Buchholz, Hans-Günter, 汉斯-冈特·布赫霍尔茨, 497

Buck, C.D., 巴克, 399, 401

Buck, Robert, 罗伯特·巴克, 511

Buddha, 佛, Buddhism, 佛教, 24, 37, 309

bull cults, 公牛膜拜, 22-5, 158, 165-6, 170, 173-85

Bunsen, Christian, 克里斯蒂安·本森, 195, 339

Burchardt, M., 伯查特, 340, 369

Burkert, Walter, 瓦尔特·伯克特, 75, 76, 89, 106, 165-6

Burney, C.A., 伯尼, 228, 229

Burton, A., 伯顿, 202, 204

Byblos，毕布勒，8，173，182-3，193，229，240，346，379，393，503，637，645

Cadogan, Gerald，杰拉尔德·卡多根，156，279，287

The Cambridge Ancient History，《剑桥古代史》，28，208-10，212，223，279，323，451，511

Canaan，迦南，Canaanite，迦南语，294，295，321，323，335，410，635，645。同时见 Levant，黎凡特；Phoenicia，腓尼基

Canaanite jars，迦南罐子，54，383，465，491-3

Catling, H.W.，卡特林，463-5，470，480

Caucasian，高加索语，Caucasus，高加索，30-1，245，250，272

ceramic periods，陶器时期，637，638，640，642，643; re-dating of，重新确定~的日期，41，51-2，446-7，515-16

Chadwick, John，约翰·查德威克，108，290，439-42，444，505

Champollion, J.F.，商博良，195，207

Chang, K.C.，张光直，311

Chantraine, Pierre，皮埃尔·尚特莱纳，85，139，140，171，178，370，388，444，482-4

Chassinat, E.，沙西纳，167，170

Cherry, John，约翰·彻利，155

Childe, Gordon，戈登·柴尔德，66-7，71-2，524，527

China，中国，362，410。同时见 chronology，年表；Mandate of Heaven，天命；Shang dynasty，商朝；Thera eruption，锡拉火山爆发；Xia dynasty，夏朝；Zhou dynasty，周朝

Chonuphis，克努菲斯，127，128

Chou, Hung-hsiang，周洪祥，281-4，307

Chronology, chronologies，年表: adjusted，调整过的，449-50，462，477，500-501，611注释189; Bronze Age，青铜时代~，20，133-5，201，330-2，449-50; Chinese，中国~，36，281-4，310-11; Cretan，克里特~，156，289-90，364-5，429-32; Egyptian，埃及~，27-9，50-1，156，206-14，320-36，523; Greek，希腊~，303-4，363-4，446-7，515-16; "high"，高位~，29，470; "long" 长的~，29-30，40，215-16，221，225，326，344，349; Mesoptamian，美索不达米亚~，29，40，214-16，221，225，325，344

Clark, M.E., and Coulson, W.D.E.，克拉克和科尔森，258，262

Cline, Eric，埃里克·克莱因，53，433-4，450，460，462，476-7，480，488

Coffin texts，棺文，87，102，173

Colchis，科尔基斯，30-1，228-30，245-57，271，637

Confucius，孔子，37，308-9，310

Cook, A.B.，库克，168-9

Cook, S.A.，库克，340

Coptic，科普特语，337，370-2，637，639

Crete，克里特，12-14，41-4，51，398; early Bronze Age，青铜时代早期的~，69-77，153; and Egypt，~与埃及，71-2，154-62，164-5，185-6，434-5，444; and Hyksos，~与希克索斯，377-81，525; influence of，~的影响，44，64，153，154，379，385; influences on，对~的影响，22，68，71，77，145，147，184-5，412; Mycenaean domination，迈锡尼控制~，276，428-32，458-9，465; Neolithic，新石器时代的~，67-70，184，393; palaces and tombs，~的宫殿和墓葬，158-62，185，364-7，377-80，429-32; Prepalatial period，前宫殿时期的~，21-5。同时见 chronology，年表；language，语言；Late Minoan period，后期弥诺斯时期；Minoan，弥诺斯；religion，宗教

cuneiform，楔形文字，6，162-4，218，637，647

Cyclades，基克拉泽斯，Cycladic islands，基克拉泽斯群岛，43-44，49，145，153，158，258，379，382-3，395，398，524

cylinder seals，圆柱形印章，59，224-5，353，466，496-7

Cyprus，塞浦路斯，232-4，378，460，462-5，469，471，480，494

Danaans，Danaoi，达那厄人，47，-48，52-3，418-23，443，453，456-60

Danaos，达那俄斯，47，59，137-8，151，355，363-4，403，404，421，422，447，500，502-4，507

Dark Ages（Greek），黑暗时代（希腊），8，24，50，257-8，447，638

Darwinism，达尔文主义，10，155

Dating，年代测定：controversies，争议，207-11，276-81，285-8；radio-carbon，放射性碳～，7，27-9，64，156，208-11，213，215-16，278-80，282，283，311，523。同时见 The Cambridge Ancient History，《剑桥古代史》；chronology，年表；dendrochronology，树木年代学

Delphos，德尔福斯，92，93，98，109

Demotic，世俗体，416，637-9

dendrochronology，树木年代学，34，64，210，215，279-81，283，638

Dennis，George，乔治·丹尼斯，97

Dessenne，André，安德雷·德塞纳，374-5，380

Diakonoff，I.M.，迪亚克诺夫，347，348

Dietrich，B.C.，迪特里希，262

diffusionism，传播论，64，66-7，72-4，523；modified，修正的～，21，643-4

Diodoros Sikeliotes，狄奥多罗斯，5，25，111，115，118，166，172-3，183，198-200，202-5，223，228，236-9，256-8，270，272，302，478，485，638

Dionysos，狄奥尼索斯，78，80，116，238-9，244

Dolgopolskii，Aron，亚伦·多尔戈波利斯基，73，290

Dorak Treasure，朵拉克宝藏，148-9，416

Dorians，多利安人，60，303，306，638，642

Doumas，Christos，克里斯托斯·杜马斯，382，387-8

Double-axe cult，对双斧的膜拜，双斧膜拜，76，168-70

Dow，Sterling，斯特林·道，162

Drews，Robert，罗伯特·德鲁斯，352，399，401，405

Dussaud，René，勒内·迪索，107

Early Helladic period，青铜时代早期，134，135，144-6，150-1，638

Early Minoan period，早期弥诺斯，155-7，162，638

Ebla，埃卜拉 Eblaite，埃卜拉语，144，211-13，638

Edwards，Ruth，鲁思·爱德华兹，438，498

Egypt，埃及：and Boiotia，～与波伊奥提亚，15-19，78-105，120-51；colonizations by，被殖民，234-5，248，424，445，450-2；contacts with Aegean，～与爱琴海的接触，50，146-53，306，361-3，409-23，432，433，445，447，450-2，475-7，526-7；and Crete，～与克里特，71-2，154-62，164-86，434-5，444；and Greece～与希腊，20，54-6，60，146，226，475，477-9，484，524；and Herakles，～与赫拉克勒斯，105-19；influence，影响，37，43，52，68，69，77，120-2，151-3，191，243，310，481，522，524；and Western civilization，～与西方文明，310。同时见 Hyksos，希克索斯；Middle Kingdom 中王国；Old Kingdom，古王国

Egyptian，埃及的：art，～艺术，424-5；calendars，～历法，104-5；cults and myths，～膜拜和神话，

236-40，262-6；documents and writings，～文献和作品，59-60，187-92，196-200，272，423，426-8；hydraulics，～水利，18，78，87-8，116-19，151。同时见 chronology，年表；language，语言；Mit Rahina inscription，米特拉辛纳碑文；religion，宗教；trade，贸易

  Elam，埃兰，Elamite，埃兰语，Elamites，埃兰人，32，153-4，256，259，318-19，638，639

  Eratosthenes，埃拉托斯特尼，110，118，501，639

  Erinys，厄里倪厄斯，91，93，94，98，99-100，121

  Erman，Adolf，阿道夫·埃尔曼，86

  Ethiopia，Ethiopians，埃塞俄比亚，埃塞俄比亚人，166-7，254，256-61，267，107，639

  euhemerism，犹希迈罗斯主义，31-2，239，640

  Euhemeros，犹希迈罗斯，16，239，640

  Euripides，欧里庇得斯，103，133，507

  Europa，欧罗巴，93，242-3，497-8，499

  Eusebius，尤西比厄斯，138，327，357-8，501

  Evans，Arthur，阿瑟·埃文斯，21，51，68，154，155，161，285-6，289，329，364，366，375，378，383，395，411，428-30，524，643

  Farag，Sami，萨米·法拉格，188

  Farnell，Lewis，刘易斯·法内尔，88-90

  Fick，Adolf，阿道尔夫·菲克，390

  figurines，小雕像，489-91

  Finley，Moses，摩西·芬利，58，515

  Fontenrose，Joseph，方滕罗斯，91，92，99，193

  Forrer，Emil，埃米尔·弗利尔，453

  Fossey，J. M.，约翰·福西，81，134

  Foucart，Paul，保罗·富卡尔，203，235

  Frankfort，Henri，亨利·法兰克福，375-6

  Frazer，James，詹姆斯·弗雷泽，142

  French，Elizabeth，伊丽莎白·弗伦奇，490

  Fréret，Nicolas，尼古拉·弗雷列，138

  Friedrich，Johannes，约翰尼斯·弗里德里希，290，503

  Fung Yu-lan，冯玉兰，311

  Furumark，A.，弗鲁马克，414，515

  Gale，N. H.，盖尔，480

  Gardiner，Alan，阿兰·加德纳，47，114，169，172，181，189，265，269-70，323，335-6，338，340，343，370-1，416-20

  Gauthier，H.，亨利·戈捷，170，175

  Georgacas，D. J.，乔加卡斯，233，234

  Georgia，Georgian，格鲁吉亚，格鲁吉亚人，217，229-30，249，250，640-2

  Ghirschman，Roman，罗曼·格尔斯曼，347，348

  Gibbon，Edward，爱德华·吉本，203，373

  Gilgamesh，吉尔伽美什，106-7，116

  Giveon，Raphael，拉斐尔·吉文，26，191

  Goedicke，Hans，汉斯·戈迪克，293，328

  Goodison，Lucy，露西·古迪逊，13-14，74-6

Gordon, Cyrus, 赛勒斯·戈登, 164, 415, 420, 421, 438-40, 466

Graham, James Walter, 詹姆斯·沃尔特·格雷厄姆, 159, 161

Graves, Robert, 罗伯特·格雷夫斯, 178, 270

Greece, 希腊: Archaic, 创始期~, 217, 310, 494, 636; Classical, 古典~, 118, 241, 310, 486, 526, 637; colonization of, ~的殖民, 66-7, 79, 361-3, 403-4, 410, 501, 522; and Egypt, ~和埃及, 20, 54-6, 60, 146, 226, 475, 477-9, 484, 524; Hyksos and, 希克索斯和~, 363, 401-8, 494, 501-2; influences on, 对~的影响, 72-3, 391-3; information on, 关于~的信息, 6-7, 12; mythologies, 神话, 261-6, 268, 456, 525。同时见 chronology, 年表; language, 语言; Mycenae, 迈锡尼; religion, 宗教; trade, 贸易

Griffin, 格里芬, 42, 49, 353, 375-7, 388

Griffiths, Gwyn, 格里菲斯, 113

Grote, George, 乔治·格罗特, 12, 297

Grumach, E., 格鲁马赫, 369

Gruppe, Otto, 奥托·格鲁普, 263

Gulia, Dmitri, 德米提·古里亚, 249

Gunn, Battiscombe, 巴蒂斯科姆·冈恩, 338

Güterbock, Hans, 汉斯·古特伯克, 455, 512

Haas, Herbert, 赫伯特·哈斯, 209-10

Habachi, Labib, 拉比卜·哈巴奇, 188

Haeny, Gerhard, 格哈德·黑尼, 188

Hall, H.R., 霍尔, 175, 340

Hammer, C.U., 哈默, 286, 287

Hammond, N.G.L., 哈蒙德, 391-2

Hammurabi, 汉谟拉比, 215, 231, 349

Han Dynasty, 汉朝, 315, 640

Hankey, Vronwy, 弗朗威·汉基, 433-4, 464, 471, 476-7

Hanno, 汉诺, 299

Harmonia, 哈莫尼亚, 16, 103, 129

Hatti, 哈梯语, 306, 514-15, 640

Hayes, William, 威廉·海耶斯, 338, 343, 427

Hebrew, 希伯来语, 255, 635, 637, 640

Hekataios of Abdera, 阿布德拉的赫卡泰奥斯, 357, 503

Hekataios of Miletos, 米利都的赫卡泰奥斯, 130, 502

Hekla III, 海克拉火山第三次喷发, 36, 38, 275, 281, 283, 305-7, 312, 316, 447, 496, 520, 521

Helck, Wolfgang, 沃尔夫冈·黑尔克, 26, 72, 147, 158, 193-4, 231, 232, 325, 343-4, 346, 353, 367, 401, 411, 440, 449, 452, 455, 476

Helladic, 希腊青铜时代, 404, 640。同时见 Early Helladic period, 青铜时代早期; Late Helladic period, 青铜时代晚期; Middle Helladic period, 青铜时代中期

Hellenistic, 希腊化的, 237, 641

Hellespont, 达达尼尔海峡, 242, 243, 246, 252, 641

Heltzer, Michael, 迈克尔·赫尔泽, 485

Herakles, 赫拉克勒斯, 16, 17, 31, 79, 81, 91, 99, 1094, 106, 151, 179-80, 240-1, 270, 299, 420-1; Boiotian, 波伊奥提亚的~, 119-20, 127-8; and Egypt, ~和埃及, 109-19; and hydraulics，～和水利工程，108-9，116-19，138

Herodotus，希罗多德，24，99，121，129，171-2，177，247，258，299，300，453，458，498，518，519，641

"Hieroglyphic Deposit"，"象形文字库"，380，394

Hieroglyphics，埃及象形文字，162.164，380，416，479，638，641

Hinz，W.，欣茨，254

Hittite, Hittites，赫梯语，赫梯人，52-3，217-19，222，223，232，242，339，340，447，452-6，460-3，495，513，641

Homer，荷马，17，47，52，57，121，133，138，172，177，193，251，258，261，262，265，270，299，418，429-30，491，497，498，514-15，526; *Illiad*，《伊利亚特》，5，79，180，192，254，263，453，456，496，516-18; *Odyssey*，《奥德赛》，83，180，457-8，473，516-17，575 注释 18。同时见 Odysseus，奥德修斯

Hood，Sinclair，辛克莱·胡德，68，71，184，378

Hooker，James，詹姆斯·胡克，140-1

horses，马: and chariots，～和马车，321-2，346-8，350-3，373; cult of~ 的膜拜，89-90，94-6

"Houses of Tiles"，"瓦建的房屋"，18-19，124，137，138，144

Hurrian, Hurrians，胡里安语，胡里安人，39，40，45，119，217，321-3，339，341，344-52，641

hydraulic works，水利工程，18，19，78，86，116-19，133-9，152-3

Hyksos，希克索斯，345-6，403，641; and Crete，～和克里特，41-2，377-81，525; ethnic composition of~ 的种族构成，38-41，44-5，321，333-4，338-45，359，401-2，406; and Greece，～和希腊，363，401-8，494，501-2; and Hurrians，～和胡里安人，348-52; invasion and rule in Egypt，～入侵和统治埃及，10，35，122，209，275，322-4，338，352-5，375-6，404，503; and Israelites，～和以色列人，355-8; rulers，统治者，52，327-30，335，502-4; and Thera，～和锡拉，43-49，381-2，386-9

Inachos，伊那科斯，137-8，243

Indo-European, Indo-Europeans，印欧语系，使用印欧语的人，12，73，131，150，152-3，217，218，228，322，339-41，347，352，363，398，641-2

Ionian, Ionians，爱奥尼亚语，爱奥尼亚人，89，242，306，453，460，642

Isis，伊希斯，75，91，98，261，478

Isokrates，伊索克拉底，128

isolationism，孤立主义，64-6，71，160，494，642

Israel, Israelites，以色列，以色列人，35，293，294，317，318，338，342-3，355-8

Jairazbhoy，R.A.，贾拉兹伯伊，246-7

Jason and the Golden Fleece，伊阿宋和金羊毛，30-1，246-50，268

Jaspers，Karl，卡尔·雅斯贝尔斯，309

Jerome，St.，圣杰罗姆，250，253

Josephus，约瑟夫斯，6，327，336-8，357

Junker，Hermann，赫尔曼·容克，341

Kadmos，卡德摩斯，16，17，58-9，79，84，103，129，130，151，152，447，497-504，506-7

Kaftu（Kftiw），卡夫图，46，412-15，428，431，432

Kallimachos，卡利马科斯，95

Kammenhuber, Anneliese，安纳利斯·卡门胡贝尔，345，347

Kantor, Helene，海伦妮·坎特，353，374

Kaphyai，卡夫亚伊湖，142，143

Karlgren, Bernhard，高本汉，313

Kartvelian，南高加索语，245，640，641

Kaş ship，卡什沉船，54，56，423，434，472-4，480，481，492，509，519

Kassites，加喜特人，59，253-5，339-41，345，349，509-11，642

Keightley, David，凯特利，311，314，597

Kekrops，凯克洛普斯，81，303-4，642

Kemp, Barry，巴里·肯普，209，214，225，279-80，289，431，446

Kempinski, A.，凯宾斯基，329，330

Kenyon, Kathleen，凯瑟琳·凯尼恩，350

Kitchen, K.A.，基钦，325

Knauss, J.，克瑙斯，134-6，138，139，142-3

Knossos，克诺索斯，42，48，51，71，72，154，162，174，329，378-80，383，429-32

Koestler, Arthur，阿瑟·凯斯特勒，2，10

Konsola, D.，康索拉，135

Kopais, Lake，科帕伊斯湖，18，79，81，83，87，117，121，125，133-5，137，142，143，145，152

Kossina, Gustav，古斯塔夫·科辛纳，67

Krauss, R.，克劳斯，325，327

Kretschmer, Paul，保罗·克雷奇默，119-20

Krzyszkowska, O.，科基斯库斯卡，156

Ktēsias of Knidos，尼多斯的克特西亚斯，259-60

Kuhn, T.S.，库恩，11-12

Kültepe，库尔特普，219-22

Kuniholm, Peter，彼得·库尼霍姆，215

Kythera，基西拉岛，147-8

Labib, Pahor，帕霍尔·拉比卜，341

labyrinth，迷宫，22，23，117，174-7，268

Ladōn，拉冬，16，98-9，101，117，138，141-2，499，500

Lamarche, Valmore，瓦莫尔·拉马什，280

Lambrou-Phillipson, Connie，康妮·朗布鲁-菲利普森，508-9

Lang, D.M.，朗格，229，245，247

language, languages，语言，45，253，264-5，381，400-401，642；in Crete，在克里特，71，152，162-4，370，440，524；Egyptian，埃及语，214，263-5，369-73，407，482-5，525，527，639；Greek，希腊语，12，45，51，56-9，150，152-3，263，363，440，454，482-5，498，501，525-7；Southern Aegean，爱琴海南部的～，407-8；and trade，～与贸易，482-5；written，书面～，8，152，162-4，218，502。同时见 alphabet，字母表；cuneiform，楔形文字；hieroglyphics，象形文字；Linear A，A 类线形文字；Linear B，B 类线形文字；Semitic，闪米特语；West Semitic，西闪米特语

Laroche, Emmanuel，拉罗什，419，482，514

Larsen, Mogens Trolle，摩根斯·特洛·拉森，219-20，221

Late Helladic or Mycenaean period，青铜时代晚期或迈锡尼时代，50-4，447-51，461-5，

475-7，487-9，513，642

　　Late Minoan period，晚期弥诺斯时期，51-2，156，276，279，289，428-32，450-2，460，477，643

　　Laurion，劳利昂，145，157，224，480，519

　　lead isotope analysis，铅同位素分析，479，522-3，643

　　Lepsius, Reichard，赖夏特·莱普修斯，118

　　Lerna，勒纳，137，138，150

　　Levant，黎凡特，Levantine，Levantines，黎凡特人，56，294，310，321，345，383，409，413，441；influence，～的影响，35，151-3，273，491，522；Sesōstris tradition，色梭斯特里斯的传说，240-4。同时见 Canaan，迦南；Phoenicia，腓尼基；trade，贸易

　　Libya，利比亚，95-8，114，122

　　Linear A，A 类线形文字，48，73，146，162-3，415，421，439，442，444，643

　　Linear B，B 类线形文字，48-9，73，139，146，162-3，372，439-44，483，504-5，643；tablets，泥板，6，19，49-50，429，430，449，454，498

　　Lloyd, Alan，艾伦·劳埃德，109，113，116，172，174，175

　　"long" chronology，"长"年表。见 chronology，年表

　　Lorimer, H.L.，洛里默，395，457-8

　　Loucas, Ioannis and Eveline，约安尼斯和伊夫林·卢卡斯，130，132，135

　　Luce, John，约翰·卢斯，297-8

　　Lung, G.E.，伦格，262，265

　　Lydia，吕底亚，266，639，643

　　Maccarrone, Nunzio，马卡罗内，483

　　Macqueen, James，詹姆斯·麦奎因，8

　　Mallory, J.P.，马洛里，348-9

　　Mandate of Heaven，天命，37，38，275，283，311-17，643

　　Manetho，曼涅托，5，39，195-7，200，202，205，209，223，236，266，268，321，324，327-9，335-7，339，343，349，357，411

　　Manning, Sturt，斯特尔特·曼宁，287

　　Mao Zedong，毛泽东，38，316-17

　　Marinatos, Nanno，南诺·马瑞纳托斯，384，386

　　Marinatos, Spyridon，斯派雷登·马瑞纳托斯，66，135，276，382，385-8，393，396-8，524，525，527，573 注释 144

　　Martin, G.T.，马丁，477

　　Matthiae, Paolo，保罗·马蒂埃，211-12

　　Matz, Friedrich，弗里德里希·马茨，157，380

　　Maxwell-Hyslop, Rachael，雷切尔·马克斯韦尔-希斯洛普，367，368

　　Mcneal, R.A.，麦克尼尔，3-4，65

　　Melaina/Melantho，墨兰纳/墨兰托，92-3，98

　　Mellaart, James，詹姆斯·梅拉特，27-9，148，208-9，213，214，217，221-4，226-9，232，269

　　Mellink, Machteld，马克泰尔德·梅林克，392，461

　　Memnōn，门农，32，33，243，258-63，265-9。同时见 Ammenemēs II，阿蒙涅姆赫特二世

　　Mencius，孟子，309，316

　　Mendenhall, George，乔治·门登霍尔，343

Menelaos，墨涅拉俄斯，52，452-3

Merrilees，Robert，罗伯特·梅里利斯，255，279-80，289，413，431，434，446，470，582 注释167，616

Mesopotamia，美索不达米亚，Mesopotamian，美索不达米亚人，69，108，132，211-13，253，255，257，310，318，346，375，436-7，495-7。同时见 chronology，年表

Meyer，Eduard，爱德华·迈尔，41，43，83，208，211-13，255，338-41，378-9，402，525，527

Michael，H.N.，迈克尔，279，287，288

Middle Helladic period，希腊青铜时代中期，279，389-92，396，399，401，643

Middle Kingdom，中王国，87，115-16，156，165，180，184，189，193-4，204-5，214，643

Middle Minoan period，中期弥诺斯时期，42，155，329，364-9，643

Min/Mēnēs（Mn），敏／美尼斯，23-4，46，76，117，119，158，166-77，180-2，207，412

Minoan，弥诺斯文化，Minoans，弥诺斯人，175，276，395-7，411-12，643；culture and society，~文化和社会，161，364-70，373-7，440；and Thera，~与锡拉，382-9。同时见 chronology，年表；Crete，克里特；Minos，弥诺斯

Minos，弥诺斯，22-4，46，171-8，180，181，379，411-12

Mironov，N.D.，米罗诺夫，341

Mit Rahina inscription，米特·拉辛纳碑文，5，183，187-9，194，205，216，226，230-5，269，270，427，435，512，524

Mitanni，米坦尼，39，188-9，321，339-41，347，495，641

Mont（Mntw），蒙特，23-4，30，81，106，112，118，169，178-83，224-6，231，234，240-1，271，491

Montelius，Oscar，奥斯卡·蒙特柳斯，66，67，73，524，527

Morgan，Lyvia，利维亚·摩根，383，385，387

Movers，F.C.，莫费斯，82-3

Muhly，James，詹姆斯·米利，392，397，399-401，405，468-9，480-1

Müller，Friedrich Max，弗里德里希·马克斯·缪勒，339，340，342

Müller，Karl Otfried，卡尔·奥特弗里德·缪勒，2，12，75，79，177

Muss-Arnolt，W.，玛斯-阿诺特，390，483

Mycenae，迈锡尼，Mycenaean，迈锡尼的，377，385，496，644；civilization，origins，~文明的起源，389-97，408；and Crete~，与克里特，276，428-34，458-9，465；and Egypt，~与埃及，54，475，477-9，484；late period and collapse~，后期和覆灭，57，306，447-50，519-21；and Levant，~与黎凡特，489-94；palaces，~宫殿，441-2，448；pottery，~陶器，53-4，448-50，460-5，515。同时见 Late Helladic period，青铜时代晚期；Shaft Graves，竖井墓；trade，贸易

Myres，John，约翰·迈尔斯，66-7

Nagy，Gregory，格雷戈里·纳吉，258

Needham，Joseph，李约瑟，312-13

Nēit，奈斯（埃及女神），76，82，86-9，101-2，105-6，115，121

Nephthys，奈芙蒂斯，75，91，93，94，98，103，121，261，478

Neptune，尼普顿，97-8

Nibbi，Alessandra，亚历桑德拉·尼比，415，417-18

Niebuhr，Barthold，巴托尔德·尼布尔，2，89，195

Nile River，尼罗河，35，79，87，100，104，117，251，275，302

Nilsson, Martin, 马丁·尼尔松, 73, 74, 165, 399, 401, 440, 456

Nimrod, 宁录, 255-6

Nobatai, 纳帕塔人, 96, 97

Nonnos, 农诺斯, 141, 242

Nubia, 努比亚, 96, 205, 206, 224, 228, 234, 253, 333

Odysseus, 奥德修斯, 85-6, 457-8, 473, 496, 498

Ōgygos, 奥吉格斯, 83-5, 122, 129

Old Kingdom, 古王国, 76, 77, 87, 123, 146-51, 156, 513, 644

Old Testament,《旧约》。见 Bible,《圣经》

Orchomenos, 奥尔霍迈诺斯, 124, 133-5, 138-41, 143, 144, 152, 500

Orphics, 俄耳甫斯, 119-20, 643

Osiris, 奥西里斯, 75, 93, 94, 172, 238-40, 242, 244, 261, 262, 268, 478

Page, Dennis, 丹尼斯·佩奇, 386

Paintings, 绘画: Cretan, 克里特, 365; Thera murals, 锡拉壁画, 49, 259, 383-9, 414, 494; tomb, 墓葬, 414, 423-5, 431, 458, 473

Palestine, 巴勒斯坦, Palestinian, 巴勒斯坦人, 71, 211, 293, 321, 322, 331-2, 342-4, 351。同时见 Syro-Palestine, 叙利亚-巴勒斯坦

Palmer, Leonard, 伦纳德·帕尔默, 51, 286, 289, 429-31, 505

Pan, 潘, 23, 166, 170-1

Pang, Kevin, 彭凯文, 36, 281-4, 307, 310

Parian Marble, 帕罗斯碑, 303-4, 403, 478, 500, 501

Parker, R.A., 帕克, 206, 216, 221, 320, 326, 332

Pausanias, 帕萨尼亚斯, 80-3, 101, 102, 129-30, 132-3, 138, 139, 142, 266, 267, 389, 644

Pax Aegyptiaca, 和平的埃及, 56, 60-1, 306, 465, 481, 494, 521, 526

Pegasos, 珀伽索斯, 94-5

Pelasgians, 佩拉斯吉人, 129, 458, 643

Pelops, 珀罗普斯, 52, 446-7, 452-6

Pendlebury, J.D.S., 彭德尔伯里, 21, 68, 147, 182, 367, 450

Pēneios, 佩奈渥斯河, 19, 99, 117, 141-2

Peoples of the Sea (Sea Peoples), 海洋民族, 47-8, 52, 420, 421, 462; invasions of, ~ 的入侵, 8, 59-60, 275, 291, 306-7, 415, 418, 422, 435, 447, 498, 516, 520

Persephone, 珀尔塞福涅, 91, 93, 94, 121

Persian Empire, 波斯帝国, 200, 201, 254, 644-5

Petrie, W. M. Flinders, 弗林德斯·皮特里, 7, 188, 350-1

Pettinato, Giovanni, 乔万尼·佩蒂纳托, 211-12, 422

Pheneos Lake, 菲尼奥斯湖, 138, 141-2

Pherekydes of Syros, 希罗斯的斐勒库德斯, 5, 17, 129, 151, 497

Philo of Byblos, 毕布勒的斐洛, 499

Phoenicia, 腓尼基, Phoenician, 腓尼基语, Phoenicians, 腓尼基人, 56, 82, 103, 109, 141, 289, 294, 298, 414, 443, 447, 466-7, 474, 497-9, 502-3, 506-9, 635, 637, 645。 同时见 Canaan, 迦南语; Levant, 黎凡特

Phoinix, 腓尼克斯, 82, 262, 498, 503

Phrygia，弗里吉亚，Phrygian，弗里吉亚人/语，217，218，244，306，447，645

Pierce, Richard Holton，理查德·霍尔顿·皮尔斯，370-2

Pindar，品达，80，95，249，452，453

Plato，柏拉图，35-6，248，251，275，295-8，302-5，338

Plutarch，普鲁塔克，5，93，94，124-6，142，171，238

Pokorny, Julius，尤利乌斯·波科尔尼，85，370

Pollinger Foster, Karen，卡伦·波林格·福斯特，384，386

Pomerance, Leon，利昂·波默朗斯，276-8，286，289，291-3，317

Porada, Edith，艾迪斯·鲍腊达，59，225，241，509-11

Poseidon，波塞冬，88-94，97-9，121，151，304，317，318

Posener, George，乔治·波斯纳，25-6，113，188，191，193-4，217，225，232，237，411

Powell, Barry, B.，巴里·B. 鲍威尔，165

Pulak, Cemal，杰马尔·普拉克，472，473，481

Pyramid Texts，金字塔铭文，47，87-8，102，164，178，416-17

Pyramids，金字塔，124，150，152，393；great，大~，131-2

racism，种族主义，67，75，89，234，359-60，404，444，522

Reinach, Salomon，萨洛蒙·雷纳克，67

religion，宗教，243-4；in Crete，克里特的~，13，16，24，74-6，164-6，174-85；Egyptian，埃及的~，75-6，87，91，116，164-5，167-77，184，244-5，262-6，478；Greek，希腊的~，75，262-6，525

Rendsburg, Gary，加里·兰斯伯格，420，421

Renfrew, Colin，柯林·伦弗鲁，12-15，21，65-8，70-4，136，155，160，164，524

Reshef，雷瑟夫，107，112-13，240-1，491

Rhadamanthys，拉达曼提斯，23-4，81，106，112，118，178-83，240

Robertson Smith, W.，W. 罗伯逊·史密斯，261

Ruijgh, C.H.，瑞格，171

Rundbauten，圆形建筑，17，18，135-8

Sais，赛斯，87，90，102

Santorini，圣托里尼岛。见锡拉

Sargon，萨尔贡，211-12，256

Sasson, Jack，杰克·沙逊，465-6，468-9

Säve-Söderbergh, T.，萨维-索德伯格，343

scarabs，圣甲虫（形宝石），75-6，157，331，354，374

Schachermeyr, Fritz，弗里茨·沙赫尔迈尔，375，467

Schachter, A.，沙克特，81，86，87，91，104，105

Schaeffer, Claude，克劳德·舍费尔，229

Schlegel, Friedrich von，施莱格尔，75

Schliemann, Heinrich，海因里希·谢里曼，44，58，389

Schwartz, Benjamin，本杰明·史华兹，309，313

Sea Peoples，海洋民族。见 Peoples of the Sea，海洋民族

Semelē，塞墨勒，79-80

Semitic，闪米特语，39，45，57，58，83，328-9，338，340-3，345，359，443，497，524，525，527；derivations，~的起源，85，140-1，260，351，372-3，376-7，421，440，499-500

Senwosre I, 森乌塞特一世, 25, 26, 115, 116, 119, 120, 188, 190, 194, 196, 200, 203, 216, 217, 221, 224, 239, 271, 272, 575 注释 14。同时见 Sesōstris, 色梭斯特里斯

Senwosre III, 森乌塞特三世, 116, 118-20, 196, 200, 221

Sesōstris, 色梭斯特里斯, 25-7, 30-3, 46, 115-19, 189, 412, 426; campaigns, ~ 的战役, 203-6, 223, 224, 226-30, 271-3, 524; and Egyptian tradition, ~ 与埃及传说, 182, 236-40, 257-8, 268-9; Levantine/Anatolian tradition, 黎凡特 / 安纳托利亚传说, 240-4, 266; link with Senwosre I, ~ 与森乌塞特一世的联系, 25, 26, 194, 195, 200; and Mit Rahina inscription, ~ 与米特·拉辛纳碑文, 230-5, 512; stories of, ~ 的故事, 196-204, 225, 226, 244-6, 256-7

Seth, 塞特, 75, 88, 89, 94-6, 192-3, 304, 317, 328, 332-4

Sethe, Kurt, 库尔特·泽特, 113, 173, 195, 202, 255, 269-70, 339-40, 416, 417

Shack, William, 威廉·沙克, 168

Shaft Graves, 竖井墓, 41-5, 49, 51, 262, 265, 355, 367, 382, 389-92, 394-5, 399-402, 404, 405, 408, 448, 525, 527

Shang dynasty, 商朝, 36-7, 61, 281-4, 307-16, 496, 646

Shujing (Book of History), 《书经》(《尚书》), 307-9, 310, 314

Sidon, 西顿, 503, 637, 645, 646

Sima Qian, 司马迁, 281, 284, 310

Sinuhe, 辛奴亥, 190, 191, 193, 225, 411

Smith, Elliot, 埃利奥特·史密斯, 66

Solon, 梭伦, 8, 35, 296-7, 318

Sophronius, 索福洛尼斯, 250, 253

Speiser, E.A., 斯派泽, 255

Speos Artemidos inscription, 斯庇欧斯-阿提米多斯的铭文, 340

Sphinx, 斯芬克斯, 42, 49, 374-5

Spiegelberg, Wilhelm, 施皮格尔伯格, 237

Spyropoulos, Theodore, 西奥多·斯皮罗普洛斯, 17, 128-31, 133, 135, 146, 151, 524

stelae, 石碑 / 柱形纪念碑, 293, 322-4, 394-5, 646

Stephanos of Byzantinum, 拜占庭的斯特凡诺斯, 82, 412

Stevenson Smith, William, 威廉·史蒂文森·史密斯, 149, 193, 214, 379, 413, 417

Stieglitz, Robert, 罗伯特·施蒂格利茨, 175

Stock, Hans, 汉斯·斯托克, 207, 326, 338, 341-2

Stos-Gale, Z.A., 斯托斯-盖尔, 480

Strabo, 斯特拉博, 67, 81, 82, 94-5, 139, 167, 174, 245, 247, 259, 268, 646

Strange, J., 斯特兰奇, 413-14, 476

Strøm, Ingrid, 英格力·斯特伦, 432

Stubbings, Frank, 弗兰克·斯塔宾斯, 41, 66, 378, 393, 395, 402-5, 453, 459, 461, 462, 467, 525, 527

Stucchi, S., 斯图奇, 386

sun, 太阳, sun worship, 太阳崇拜, 14, 74-6, 82

Symeonoglou, Sarantis, 萨兰蒂斯·西米奥诺格鲁, 130-1, 150-1, 511

Syria, 叙利亚, Syrian, 叙利亚人 / 叙利亚语, 156, 271, 368-9, 373-5, 436, 437

Syro-Palestine, 叙利亚-巴勒斯坦, Syro-Palestinian, 叙利亚-巴勒斯坦人, 39, 330-4, 342, 349-51, 354, 359, 368, 369, 374, 386, 397, 411, 414, 465, 474, 491, 525

Szemerényi, Oswald, 奥斯瓦尔德·切梅林伊, 369, 505

Tang，汤，309，311

Tell el Daba̱ˆa，泰尔埃德代巴亚，330-5，345，352-3，378，394-5，403

Thebes，底比斯，59，79，84，102，119，128，133-4，144，152，327，475，495，504-10; destruction of，～的毁灭，57，459，511-12，517-18; founding of，～的建立，17，58，129，151，497-501

Thelpousa，塞尔福萨，92，98-9，100，121，139

Thera，锡拉，289-91，380-1，647

Thera eruption，锡拉火山爆发，275-6，317-19; and China，～与中国，36-8，281-4，307，311，312，315; legends and traditions concerning，有关～的传说和传统记载;34-5，85，122，274-5，291-5，302-4; re-dating of，～年代的重新界定，33-4，41，43，276-81，285-9，321，326，398，431，446，504，525。同时见 Akrotiri，阿克罗蒂里

tholos, tholoi，穹隆顶蜂巢式墓葬，157，391，393，405，448，450

Thrace，色雷斯，226-8，235，236，244-5，271

Thucydides，修昔底德，496，517，519，647

Tiryns，梯林斯，18，124，136-8，144，306

Tôd Treasure，透德宝藏，30，180，221，224-6，234，271

trade，贸易，54-5，70，157，383，413，437; Aegean，爱琴海的～，70，437-8，479-82，485-9; direction of，～的方向，383，419，479，494; Egyptian，埃及的～，419-20，484-9; Hittite，赫梯的～，460-2; by Hyksos，通过希克索斯人进行的～，345-6; Levantine，黎凡特的～，71，465-7，471，473-4; in Mycenaean goods，迈锡尼商品中的～，53，56，442-3，460，465-79，512，513; network，～网络，77，479，487-94

Trojan War，特洛伊战争，57，58，258，430，452-3，515-17

Troy，特洛伊，57，58，222，232，260，261，268-70，495-6，512-15

Turin Canon，都灵纸草，207，213，214，239，324，325，327，328，334-6，338

Tuthmōsis III，图特摩斯三世，46-7，51-3，241，420，426-8，432，435，450-2，464，465，475-7，481，488，489，494，495，521

Tyre，推罗，497-8，502-3，645，647

Ugarit，乌加里特，Ugaritic，乌加里特的，6，49，56，117，436-9，441，442，462-3，469-70，474，485-6，489，647

van Seters, John，约翰·冯·赛特斯，333，334，343，344，351，354-5，393

Vaux, Roland de，罗兰德富，343

Ventris, Michael，迈克尔·文特里斯，429，439-42，505

Vercoutter, Jean，让·韦库特，47，413-17，427

Vermeule, Emily，埃米莉·弗穆尔，144，149，150，392，397，492-3

Vian, Francis，弗朗西斯·维安，192，294

Voss, Johann Heinrich，约翰·弗里德里希·福斯，170-1

Wace, A.J.B.，韦斯，429

Wachsmann, Shelly，谢利·瓦赫斯曼，424，425

Wainwright, G.A.，温赖特，169，233

Wallace, Peter，彼得·华莱士，134，156

Ward, William，威廉·沃德，26，156-8，182，193-4，331

Warren, Peter，彼得·沃伦，66-8，71，76，279，286，288，386

Watkins, Calvert, 卡尔弗特·沃特金斯, 514, 516

Watrous, L. Vance, 万斯·沃特罗斯, 157, 160-1

Weinberg, Saul, 索尔·温伯格, 68, 71, 415

Weinstein, Gail, 盖尔·温斯坦, 279

Weinstein, James, 詹姆斯·温斯坦, 209, 211, 472

West Semitic, 西闪米特语: alphabet, 字母表, 4, 58-9, 407; languages, ~语, 74, 80, 85, 97, 108, 109, 141-2, 152, 192, 357, 373, 415, 436, 497; myths and religion, ~神话和宗教, 107, 112-13, 168, 294-5, 421, 438

Wilamowitz-Moellendorff, U. von, 维拉莫维茨-默伦多夫, 178

Winckelmann, Johann Joachim, 温克尔曼, 161

Winlock, H., 温洛克, 328

Woolley, Leonard, 伦纳德·伍利, 377

Wyatt, William, 威廉·怀亚特, 399

Xia (Hsia) dynasty, 夏朝, 36-7, 282-4, 307-11, 314-17, 647

Yadin, Yigael, 伊加尔·亚丁, 112-13, 420

Yannai, Anita, 阿尼塔·亚奈, 437, 463, 464, 469-72, 489-90, 492, 493, 496, 497

Zeus, 宙斯, 24, 79-81, 87, 105, 106, 151, 167-9, 182, 192-3, 243, 245, 260, 456, 497-9

Zhou dynasty, 周朝, 61, 282-4, 308, 309, 313-16, 496, 647

Zoroaster, 琐罗亚斯德, Zoroasterianism, 琐罗亚斯德主义, 37, 309, 310, 647-8

译后记

一直觉得，对于认真的译者来说，每本书的翻译都是在履行与原文的契约，总有机缘巧合的相遇、苦乐参半的过程和略带遗憾的结局。

第一次听说《黑色雅典娜》还是 1994 年的冬天。在选修的希腊罗马神话课上，老师谈到有一本书震惊了西方学术界，其作者认为希腊文明的源头在非洲，所以"雅典娜"应该是"黑色的"。当时资讯并不发达，这种说法让我倍感新奇，印象颇深。国内学者对《黑色雅典娜》的评介始于 20 世纪 90 年代，但是直到 2011 年才出版了第一卷的中译本。2012 年初，三辉图书的编辑通过深圳大学的阮炜老师辗转找到我，邀我翻译该书第二卷。我深知做这样的翻译需要投入太多时间和精力，从实际的角度考虑未免得不偿失，却在犹豫之间蓦然想起多年前的冬日，坐在拥挤的教室里透过玻璃窗望见的一角蓝天，一时冲动就同意了。

能有机会翻译这部学术作品，既能追随作者探索未知的异域，也能以此纪念一心求学的时光，这也算是美好的相遇吧。然而，翻译这本书的艰难远远超出我的想象。收到样书时我就吃了一惊，全书竟然厚达 700 多页，仅各章的注释加起来就有近 100 页。作者思路开阔，旁征博引，时常从一个话题急转到另一个话题，提及的人物和事件简直浩如烟海，行文更是一个长句接一个长句，翻译时稍有疏忽就会出差错。

　　为了完成这本书的翻译，我用了三年时间，至少查了 5000 次陆谷孙的《英汉大词典》，拆分了 5000 个几十分钟译不出一句话的长句，通过谷歌搜索了 5000 次人名地名术语事件，浏览了上万个相关网页。译文全文近 50 万字，仅以每个字敲击两到三下键盘计算，我至少为这本书敲了 100 万下键盘。曾读到温瑞安《刀丛里的诗》后记的最后一段，他说："当我奋笔疾书，从中夜写到天亮，从二十三楼向风望海，天色渐明，维多利亚海港的星灯渐熄，这时我写完了刀丛的最后一句，忍不住泪，忍不住倦，忍不住前尘如梦，忍不住折断了我的笔，因为无法忍受它再去写另一篇文章。"当我在某个凌晨打出译文初稿的最后一行，腰酸背疼眼里含泪伸手轻抚笔记本和键盘时，终于明白了那是什么样的感受。

　　忠于原文是学术翻译的基本要求。我在每天开始翻译新的内容之前，都会检查前一天的译文是否有错漏。在初稿完成后的半年里，我逐词逐句对照原文复查了三次，之后又在添加与原文的对照页码时两次通读译文，调整了不够顺畅的词句。书中有大量的专有名词，凡是在第一卷中出现过的均延续了第一卷的译法。第一卷中未出现的人名均遵循商务印书馆《英语姓名译名手册》的译法或按惯例翻译。朋友周卉曾试着同我一起翻译第 12 章的初稿，虽然我的最终稿与她的译文相比已是面目全非，但是这在精神上给了我很大支持，让我在翻译到苦不堪言时感到自己并不孤单，还有很多人与我一样热爱翻译。

　　《黑色雅典娜》堪称不朽的经典著作，可想而知，作者贝尔纳先生在研究和写作过程中付出了多少心血。而在当今中国，又有多少人能如同贝尔纳一样历数年之沉潜，心无旁骛、苦心孤诣去完成一部厚重的专著呢？我在求学时代和漫游时代结束之后也曾陷入深深的寂寞和惶惑，想不清用心读书用心做翻译究竟有什么意义，然而翻译这本书最终让我重新真切地体会到，一个人真正热爱、真正为之努力的，将永远为他所拥有。

　　我原本想等到全书译完后再与贝尔纳先生沟通交流，并就原文中引起我疑问的一些地方向他请教。遗憾的是，到了 2013 年 6 月，这本书尚未译到一半，就得知了他在剑桥与世长辞的消息。每念及此，我都无比懊悔自己当初的怠惰。

　　面对《黑色雅典娜》这样一部巨著，谁都不敢说对译文有百分百的信心和把握，何况我并非古代文明研究的专业人士，不过，至少我已尽了最大努力做到文从字顺，将译文中的不足、不当甚至错讹之处降至最低。没有哪部译作可以成为不朽，译者注定默默无闻，以坚忍、淡泊和热诚追求自己的理想。然而作为译者，可以与无数奇异曼妙的词句不期而遇，可以用不同于其他读者的方式进入原文的世界，通过自己的诠释赋予原文新的生命，这正是独属于译者的幸福——只有在翻译的领域里，自由地跨越边界才不是问题。